Werner Fuchs-Heinritz

Biographische Forschung

Hagener Studientexte zur Soziologie

Herausgeber:
Heinz Abels, Werner Fuchs-Heinritz
Wieland Jäger, Uwe Schimank

Die Reihe „Hagener Studientexte zur Soziologie" will eine größere Öffentlichkeit für Themen, Theorien und Perspektiven der Soziologie interessieren. Die Reihe ist dem Anspruch
und der langen Erfahrung der Soziologie an der FernUniversität Hagen verpflichtet. Der
Anspruch ist, sowohl in soziologische Fragestellungen einzuführen als auch differenzierte
Diskussionen zusammenzufassen. In jedem Fall soll dabei die Breite des Spektrums der
soziologischen Diskussion in Deutschland und darüber hinaus repräsentiert werden. Die
meisten Studientexte sind über viele Jahre in der Lehre erprobt. Alle Studientexte sind so
konzipiert, dass sie mit einer verständlichen Sprache und mit einer unaufdringlichen, aber
lenkenden Didaktik zum eigenen Studium anregen und für eine wissenschaftliche Weiter-
bildung auch außerhalb einer Hochschule motivieren.

Werner Fuchs-Heinritz

Biographische Forschung

Eine Einführung in Praxis
und Methoden

4. Auflage

VS VERLAG FÜR SOZIALWISSENSCHAFTEN

Bibliografische Information der Deutschen Nationalbibliothek
Die Deutsche Nationalbibliothek verzeichnet diese Publikation in der
Deutschen Nationalbibliografie; detaillierte bibliografische Daten sind im Internet über
<http://dnb.d-nb.de> abrufbar.

4. Auflage 2009

Alle Rechte vorbehalten
© VS Verlag für Sozialwissenschaften | GWV Fachverlage GmbH, Wiesbaden 2009

Lektorat: Frank Engelhardt

VS Verlag für Sozialwissenschaften ist Teil der Fachverlagsgruppe
Springer Science+Business Media.
www.vs-verlag.de

Umschlaggestaltung: KünkelLopka Medienentwicklung, Heidelberg
Druck und buchbinderische Verarbeitung: Krips b.v., Meppel
Gedruckt auf säurefreiem und chlorfrei gebleichtem Papier
Printed in the Netherlands

ISBN 978-3-531-16702-2

Inhaltsverzeichnis

Vorbemerkung zur 3. Auflage

Für die vorliegende dritte Auflage ist das Buch erneut durchgesehen worden. Wegen der insgesamt kontinuierlichen Weiterentwicklung der biographischen Forschung in den letzten Jahren waren konzeptionelle Änderungen nicht notwendig. Abgesehen von einigen Straffungen machen Ergänzungen auf der Grundlage der neuesten Forschungs- und Methodenliteratur die Veränderungen in der Sache aus. Im Übrigen ist der Text in die neue deutsche Rechtschreibung übertragen worden.

Hagen, im Januar 2005   Werner Fuchs-Heinritz

Vorwort zur 2. Auflage

Die erste Auflage dieses Buches ist 1984 erschienen. Nach manchen Nachrichten hat es sich in der Soziologie wie in den Nachbarwissenschaften als brauchbarer Überblickstext erwiesen.

Für die jetzt vorgelegte zweite Auflage wurde der Gesamttext gründlich durchgesehen, wurde das Kapitel 1 leicht gekürzt. Seit Anfang der 1980er Jahre hat sich die Zahl der einschlägigen Studien und Forschungsberichte geradezu dramatisch erweitert; natürlich konnten nicht alle angeführt werden, sondern nur diejenigen, die eine exemplarische Bedeutung für die Darstellung haben. Verwiesen wird ausdrücklich auf Schriften, die wie diese in erster Linie Überblick und praktischen Rat bieten wollen. Erweitert wurden jene Textteile, die die in der biographischen Forschung verwendeten Forschungslogiken und Auswertungsverfahren darstellen (ohne daß deshalb „Einführungen" in die Objektive Hermeneutik oder in das narrative Verfahren erwartet werden dürfen). Schließlich wurden die Datenarchive skizziert und verzeichnet, deren Material für manche Forschungsfrage eine eigene Erhebung durch Interviews unnötig machen könnte. Im Schlußteil habe ich auf die frühere Polemik gegen die quantitative Sozialforschung verzichtet und stattdessen die eigenen Entwicklungsmöglichkeiten der biographischen Forschung zu beurteilen versucht.

Hagen, im Dezember 1999   Werner Fuchs-Heinritz

Einleitung

Dieses Buch führt in den Arbeitsbereich der biographischen Forschung in den Sozialwissenschaften ein. Unter biographischer Forschung werden alle Forschungsansätze und -wege in den Sozialwissenschaften verstanden, die als Datengrundlage (oder als Daten neben anderen) Lebensgeschichten haben, also Darstellungen der Lebensführung und der Lebenserfahrung aus dem Blickwinkel desjenigen, der sein Leben lebt.

Ob Lebensgeschichten als Datengrundlage in der sozialen Wirklichkeit vorgefunden (als private Lebensbeschreibung für die Familie z.B.) oder ob sie vom Sozialforscher mittels Interviews produziert werden, ist vorerst ohne Bedeutung. Ohne Bedeutung ist vorerst auch, ob es sich um Erzählungen bzw. Berichte über die ganze Spanne der Lebensführung handelt oder um Abschnitte daraus. Allerdings werden Verfahren der Herstellung biographischer Materialien durch Interviews bevorzugt erörtert. Dabei handelt es sich – im Unterschied zur Sammlung von bereits verfassten Lebensbeschreibungen – gewissermaßen um den typischen Weg biographischer Forschung. Zudem erlaubt er die Diskussion von Entscheidungen der Forschungspraxis, die bei der Sammlung und Interpretation bereits geschriebener Lebensgeschichten wegfallen.

Die Definition des Arbeitsbereichs biographischer Forschung vom Charakter der Daten her erfolgt in der Absicht, ein übersichtliches Kriterium angeben zu können. Biographische Forschung ist nämlich ein Arbeitsbereich in verschiedenen Wissenschaften, keine fest etablierte Teildisziplin, kein traditioneller Methodenbereich mit von allen gemeinsam verwendeten Grenzziehungen, Grundbegriffen oder Verfahrensschritten. Es ist diese Vielfalt und grenzüberschreitende Rolle, die mich veranlasst hat, nicht von biographischer Methode oder von Biographieforschung, sondern von *biographischer Forschung* zu sprechen (neuerdings auch: Rosenthal 2002) und das Abgrenzungskriterium zu anderen Arbeitsbereichen im Charakter der Daten zu sehen. Das folgt dem englisch-amerikanischen Begriff *biographical re-*

search, der gleichfalls eine Offenheit der Gegenstandsdefinition an-
zeigen will (vgl. Roberts 2002, 1).

Manche Autoren machen keinen Unterschied, aus welcher Quelle
die Erzählungen und Berichte über ein Leben stammen, ob aus dem
Munde dessen, der es erlebt hat, oder ob aus der Sicht eines anderen;
beide Textarten werden als *life history* bezeichnet.

Im Unterschied zu Fragebogendaten, Testergebnissen oder Beo-
bachtungsprotokollen handelt es sich bei *human documents* bzw. *personal documents* um Ausgangsmaterialien, die in der sozialen Wirklichkeit vom Forscher vorgefunden werden. Die Daten biographischer
Forschung werden hier so gefasst, dass sie – wie die Quellen in der
Geschichtswissenschaft – nicht durch eigene Forschungsinstrumente
und -bemühungen der Sozialwissenschaftler erst produziert werden
müssen. Gemeint sind Briefsammlungen, Familienchroniken, Tagebücher, Lebensbeschreibungen für die Kinder usw. Ähnlich ist der Be-
deutungsraum des aus der niederländischen Geschichtswissenschaft
übernommenen Begriffs der *Ego-Dokumente*: alle Quellen, aus denen
hervorgeht, welche Auskünfte ein Mensch – freiwillig oder unfreiwil-
lig – über sich selbst gibt (Schulze 1996).

Einige Autoren verstehen unter *life history method* auch Verfahren
der Untersuchung und Dokumentation der "Lebensgeschichte" von
Gruppen, von Organisationen, von größeren Sozialzusammenhängen.

Wieder andere betrachten biographische Forschung als den empirischen Teilbereich der Soziologie des Lebenslaufs oder gar aller Wissenschaften vom Menschen, verstehen darunter alle Forschungsansätze und -verfahren, die sich – unter welchen Gesichtspunkten und anhand welcher Daten auch immer – mit Lebenslaufproblemen befassen.

Der Begriff *autobiographische Dokumente* umschreibt alle Selbstbeschreibungen der Lebensführung, also sowohl literarisch-journa-
listisch als auch sozialwissenschaftlich produzierte Autobiographien.
Noch breiter ist die Gegenstandsbestimmung mit *erzählenden* bzw.
narrativen Texten: Sie schließt auch literarisch-fiktive Texte ein.

Auch die Bezeichnungen für den Arbeitsbereich sind nicht einheit-
lich: *Biographische* bzw. *autobiographische Methode*, *sozio-biographische Methode*, *Biographieforschung*, *life history approach*, *life*

history technique, Methode der persönlichen Dokumente, Dokumentenmethode sind neben *biographischer Forschung (biographical research)* in Gebrauch (vgl. Olagnero/Saraceno 1993, 9ff.). *Biographisch* ist übrigens, was selten bemerkt wird, im Grunde irreführend: *autobiographisch* müsste es heißen, wenn damit nicht die Verwechslung mit der literaturwissenschaftlichen Gattung nahegelegt würde. Hin und wieder firmieren die entsprechenden Erhebungs- und Auswertungswege auch als *case study, Einzelfallanalyse, (biographische) Kasuistik, Fallgeschichten, Lebenslauf-Analyse.* In der Geschichtswissenschaft hat sich – auch in deutscher Sprache – *Oral History* als Bezeichnung für Untersuchungen durchgesetzt, die Befragte als Zeugen von bzw. Informanten über zeitgeschichtliche Vorgänge befragen.

Diese Vielfalt der Begriffe und Bereichsbestimmungen (vgl. Schulze 1991, 136ff.) belegt: Biographische Forschung gehört keiner Disziplin allein an; weder Soziologie noch Psychologie, weder Ethnologie, Geschichtswissenschaft, Volkskunde noch Erziehungswissenschaft können sie allein für sich beanspruchen. Nicht einmal die Wissenschaftlichkeit biographischer Forschung ist durchweg anerkannt: Manche Verfahren und Produkte der biographischen Forschung haben eine traditionelle Nähe zur Sozialreportage, zur dokumentarischen Literatur. Unter den Sozialwissenschaftlern ist es nicht ausgemacht, ob diese Verfahren überhaupt zu den wissenschaftlichen gerechnet werden dürfen, ob es sich nicht um eine Übernahme journalistisch-literarischer Arbeitsweisen handelt.

Hier könnte sich die Frage stellen: Wenn schon die Sozialwissenschaftler sich nicht einig sind, wie soll ich als Leser diesen Arbeitsbereich jemals überblicken können? Ganz so schlimm ist es auch wieder nicht: Dass sich der Arbeitsbereich biographische Forschung noch in manchen Kontroversen und Unsicherheiten bewegt, ist ja herausgehoben worden, um Erwartungen des Lesers auf fertige Rezepte zu relativieren. Auch sollte man das Problem der Ungesichertheit nicht übertreiben. Sozialwissenschaftler sind besonders streitlustige und auf Originalität des eigenen Ansatzes bedachte Wissenschaftler. Es gibt keinen einzigen Arbeitsbereich, in dem sie sich einig wären; da steht biographische Forschung nicht allein. Und ganz offensichtlich befindet sich biographische Forschung auf dem Wege der Konsolidierung zu einem Arbeitsbereich, der über erprobte Schritte der Forschung verfügt.

Das Buch ist folgendermaßen aufgebaut:

Kapitel I macht mit dem Bereich vertraut, der Basis und Gegenstand biographischer Forschung ist: Die biographischen Kommunikationen, die die Menschen kennen und praktizieren, längst bevor sie von einem Sozialforscher biographisch befragt werden. Wann und wie (und mit welcher sozialen Leistung) wird über Lebensgeschichte gesprochen? Welche Verständnisfolien gibt es, die es uns erlauben, eine Lebensgeschichte zu erzählen und zu verstehen? Schließlich: Welche Probleme ergeben sich daraus, dass Lebensgeschichten als Datengrundlage biographischer Forschung aus der Perspektive des Ich heraus erzählt werden, während doch die Sozialwissenschaft sonst die Perspektive auf den übergreifenden Sozialzusammenhangs hat?

Auf dieser Grundlage informiert Kapitel II über charakteristische Ansätze der biographischen Forschung, gibt einen Einblick in die Geschichte des Arbeitsbereichs in den Sozialwissenschaften, erörtert wichtige Kontroversen, legt die theoretischen Orientierungen dar und stellt vier methodologisch bzw. methodisch eigenständige Ansätze vor.

Kapitel III folgt den Arbeitsschritten eines biographischen Forschungsprojekts und stellt die wissenschaftspolitischen, theoretischen und methodischen Entscheidungssituationen heraus, durch die der Sozialforscher im Laufe eines solchen Projekts geht. Zwar kann dieses Kapitel aus verschiedenen Gründen keine Anleitung zur Durchführung biographischer Befragungen sein, es informiert jedoch über die normalerweise auftretenden Aufgaben und die gegebenen Lösungsmöglichkeiten der Forschungspraxis.

I. Biographische Kommunikation im Alltag

Die Verfahren der Erhebung von Lebensgeschichten schließen an alltägliche Praktiken an, an kulturelle Formtraditionen, an Gewohnheiten
des sozialen Lebens. Wären es die Menschen nicht gewohnt, aus Lebensgeschichte zu erzählen, hätten sie nicht schon autobiographische
Texte gelesen, wüssten sie nicht, wie man im Sinnhorizont der Biographie denkt, spricht und handelt, ginge biographische Forschung ins
Leere.

1. Wann und wie Lebensgeschichte zur Sprache kommt

Biographie, Lebensgeschichte, der Lebensweg zwischen Geburt und
Tod – das sind Themen und Perspektiven, die uns im Alltag nicht
dauernd berühren. Im Allgemeinen leben wir in relativ stabilen Um-
gebungen, die uns Gewissheit auch für die Zukunft vermitteln. Die
Stationen sind absehbar, der Weg ist vielfach begangen, die Landkar-
ten scheinen zuverlässig. Wir haben meist Wichtigeres zu tun, als unser Handeln, unser Erleben in der Perspektive unseres Lebenslaufs zu
strukturieren. Nicht umsonst muss das *Memento mori* laut in die
selbstverständliche Dichte der Alltagsbeschäftigungen hineingerufen
werden, damit es überhaupt gehört wird. Dass wir Lebenspläne beraten, die Lebensführung insgesamt thematisch machen, kommt im Alltag eher selten vor.

Anders steht es mit Geschichten aus dem Leben. Die Ehegatten
tauschen am Abend aus, was ihnen am Tage widerfahren ist und was
sie gemacht haben. Die Stammtischrunde unterhält sich über Erlebnisse aus der letzten Woche und aktualisiert Geschichten aus früheren
Zeiten. Bei Familientreffen, bei Ehemaligentreffen und überraschenden Wiedersehen werden gemeinsame Erlebnisse wieder lebendig.
Auch die Konversation zwischen Menschen, die einander relativ
fremd sind, enthält oft Erzählungen aus dem Leben. Sicher, in diesen
Geschichten aus dem Leben wird der Bezug auf die Biographie als

sinnhafter Gesamtstruktur der Lebensführung selten deutlich gemacht. Eher werden sie dargeboten wie Pointen aus einem Roman oder einem Film. Dennoch handeln sie von lebensgeschichtlichen Ereignissen und Handlungen; sie sind gewissermaßen die Alltagsform biographischer Kommunikation und nehmen „unter den Erzählungen des Alltags ... nach Umfang und Häufigkeit einen bevorzugten Rang ein" (Lehmann 1978, 119f.).

Beide Formen der auf Lebensgeschichte bezogenen Mitteilungen und Erzählungen, ob sie diesen Bezug ausdrücklich machen oder nur andeuten, gelten im Folgenden als biographische Kommunikationen.

Skizzen

„Kennen wir uns nicht?" Manchmal kommt uns ein Gesicht, eine Stimme, eine Eigenart des Verhaltens bekannt vor. Soll ich ihn grüßen? Wenn ich ihn nicht wiedererkenne, könnte er beleidigt sein, eine peinliche Situation wäre die Folge. Da hilft die Frage, ob man sich nicht irgendwoher kennt. Ein Wort gibt das andere, und bald haben sich beide einer bestimmten Lebensphase erinnert, in der sie miteinander zu tun hatten.

„,Darf ich mich neben Sie setzen, Fräulein?' ‚Wenn Sie wollen.' Und das tat ich. ‚Wohin die Fahrt?' ‚LA.' Ich liebte die Art, wie sie ‚LA' sagte; ich liebe die Art, wie jeder an der Küste ‚LA' sagt; es ist und bleibt ihre eine und einzige goldene Stadt. ‚Da fahre ich auch hin!' rief ich. ‚Ich bin sehr froh, daß Sie mir erlaubt haben, neben Ihnen zu sitzen, ich war sehr einsam, und ich bin unheimlich viel gereist.' Und wir begannen, unsere Lebensgeschichten zu erzählen. Ihre Geschichte war die ... Wir erzählten und erzählten. Sie meinte, sie unterhielte sich gerne mit mir ... Der Bus stöhnte den Grapevine-Paß hinaus, und dann kamen wir hinunter zu dem großen, unregelmäßigen Lichtermeer. In stillschweigendem Einverständnis begannen wir, uns bei der Hand zu halten ..." (Kerouac 1968, 76)

„Wohnen Sie schon lange hier?" Wenn ich wissen will, wie der andere der geworden ist, der er heute ist, frage ich ihn nach seiner Geschichte und erfahre mehr darüber, wer er heute ist. „Es reicht in manchen Situationen nicht, zu wissen, daß einer einen bestimmten Beruf und ein bestimmtes Einkommen hat, ich will auch wissen, ob er aus gutem Haus stammt oder sich hochgearbeitet hat, schon lange hier wohnt oder neu zugezogen ist. Erst auf dieser Grundlage wird sein aktuelles Handeln mir ‚verständlich' und entscheide ich, ob er ‚zu mir' gehört oder nicht, ob ich mit ihm etwas zu tun haben will oder nicht, ob ich ihn mit Respekt behandle oder nicht." (Kohli 1980a, 506)

„Wo sind wir eigentlich hingekommen?" Krisen in Freundschaften, Liebesbeziehungen und Ehen führen oft dazu, dass lebensgeschichtliche Bedingungen ins Gespräch kommen. Krisen bringen in Erinnerung, wie es mit dem gesamten Leben steht. „Wie ist das eigentlich gekommen, dass wir so verständnislos nebeneinander her leben? Wie hat das eigentlich angefangen?" Indem man sich die Geschichte erzählt, kann eine neue Einigung erreicht werden. Allerdings kommt da leicht ein „So kannst du das doch nicht sagen! Das war doch ganz anders!" dazwischen, oder ein: „Ich verstehe überhaupt nicht, wie du das so erleben konntest!"

„So war ich also damals!" Oft schreiben die Eltern auf, wann ihr Kind laufen lernt, die ersten Worte spricht. Sie heben Fotos auf, Schulhefte, erste Briefe, Postkarten aus dem Schullandheim. Sie führen Buch über die Jahre, an die sich das Kind nicht erinnern wird. Wird es nach zehn, zwanzig Jahren mit diesen Erinnerungen konfrontiert, fällt es ihm oft nicht leicht, das alles ins Ich einzubauen, sich selbst zuzurechnen. Ein kleiner Zauber bleibt.

„Genau so war es! Wie konnte ich das nur vergessen?" Die Erinnerung wird durch das Gespräch mit anderen oft plötzlich erweitert. Erklärungen für das Vergessen werden notwendig, auch ein Einbau der neuen-alten Geschichte in die bisherige Biographierekonstruktion.

Wenn der Großvater erzählt... Ein altes, ein wenig überholtes Bild von lebensgeschichtlicher Kommunikation ist das von den Enkeln, die, um den Großvater oder die Großmutter geschart, deren Lebenserfahrungen in sich aufnehmen. Aber auch heute nutzt ein erheblicher Teil der Jungen die Möglichkeit, sich von Erwachsenen deren Lebenserfahrungen erzählen zu lassen. Anderen ist die Konstellation wenigstens durch Käpt'n Blaubär in der „Sendung mit der Maus" vertraut.

„Tja, das ist so gekommen ..." Wenn man erklären will, wie man heute ist und lebt, warum dies so und jenes so ist, was man von der Welt hält, kann man die Geschichte erzählen, wie es dazu gekommen ist. „Ich hab damals eben spät geheiratet"; „Mein Vater ist ziemlich autoritär gewesen ..."; „Irgendwie haben alle Männer, mit denen ich bis jetzt zusammen war ..." Meist besteht zwar als Alternative zum lebensgeschichtlichen Rückgriff die Erklärung durch Argumente und die Vorstellung einer Meinung. Im Unterschied dazu aber erlaubt die biographische Erzählung dem Zuhörer mehr Möglichkeiten des Sich-einfühlens. Und außerdem lässt sich über biographische Erzählungen schlechter debattieren als über Argumente, der Erzähler hat weniger Widerspruch zu befürchten.

„Aber durch den Krieg ist dann alles ganz anders gekommen!" Die „schlechten Zeiten" werden herangezogen, um verständlich zu machen, warum man es nicht weiter gebracht hat, warum man seine Lebensziele umgestellt hat, oder was man doch geleistet hat, obwohl die Startbedingungen damals ungünstig waren.

„Schon früher habe ich mir nichts gefallen lassen ..." So kann man belegen, dass man schon früher so war wie heute, dass man jemand ist, der sich selbst treu bleibt, auf den Verlass ist.

„Ich hab mich früher immer von meinem Mann unterdrücken lassen. Aber jetzt..." So kann man zeigen, dass man in Teilbereichen des Lebens anders geworden ist, emanzipiert statt früher folgsam, dynamisch statt früher schüchtern, aufgeklärt statt früher religiös. Die Lebensgeschichte zerfällt in zwei Zeiten, in die „alte" und die „neue" Zeit", in der erst das „richtige" Leben geführt werden kann. Die überholte Zeit wird so präsentiert, dass der Zuhörer verstehen kann, warum sich die Bekehrung oder die Wende ergeben hat. Oft sind hier Überzeugungsabsichten im Spiel: Beispielhaft kann man dem Zuhörer, der noch nicht über den Rand hinausschaut, vorführen, wie man es geschafft hat.

„Du bist ja ein ganz schöner Schnellstarter! In deinem Alter ...!" Wenn Ereignisse eintreten oder Schritte gemacht werden in einem Alter, das als nicht angemessen gilt – zu früh oder zu spät, unerwartet und überraschend –, wird das lebensgeschichtlich thematisiert.

„So gut habe ich mich noch nie gefühlt." Wie man sich im Leben fühlt, für wie erfolgreich oder glücklich man sich hält, das vergleicht man oft mit früheren Phasen oder Altersstufen. „Als ich in die Berufsausbildung kam, ging es mir nicht besonders gut ...", solche und ähnliche Erinnerungen bieten Möglichkeiten des Vergleichs mit anderen: „Und wie war das bei dir?"

Die Schulfreunde, die sich alle zehn Jahre wiedersehen; die Verwandtschaft, die zu einem Familienfest zusammenkommt; die Bekannten aus der gemeinsamen Heimat im Osten erzählen gern aus alten Tagen. Es macht Spaß, Ereignisse, an denen man beteiligt war, noch einmal durchzuleben, Begegnungen und Erlebnisse Revue passieren zu lassen. Die angenehmen und bereichernden Geschehnisse werden wieder herausgeholt, deutlich in der Absicht, die problematischen Seiten der damaligen Lebensführung zu übergehen, die kühlen Seiten der damaligen Beziehungen zwischen den jetzt Erzählenden auszusparen.

„Hör doch endlich auf mit den Geschichten von damals!" Allzu viel aus ferner Zeit zu oft wiederholt, erregt Widerstand bei den Zuhörern. „Ein Mensch, der sich nur an das erinnert, woran die anderen sich nicht erinnern, gleicht jemandem, der etwas sieht, was die anderen nicht sehen. Er hat in gewissem Sinne Halluzinationen und fällt seiner Umgebung unangenehm auf." (Halbwachs 1966, 229)

„So durften wir damals nicht mit unseren Eltern umspringen!" Wenn es darum geht, Jüngeren heute Einschränkungen aufzuerlegen, dann weisen die Älteren auf ihre eigenen Erfahrungen hin. Natürlich gibt es das auch in umgekehrter Richtung, wenn Ältere Jüngeren mitteilen wollen, dass sie sich dies oder jenes nicht gefallen lassen sollen: „Uns hat man ja damals noch gezwungen, aber ihr braucht ja heute nicht mehr ..." Oder: „Wenn der Lehrer hereinkam, mussten wir aufstehen. Gott sei Dank, dass ihr das heute nicht mehr müsst ..." Didaktische Absichten sind hier im Spiel.

Biographische Kommunikation bietet Möglichkeiten des Vergleichs mit der Lebensführung und dem Lebensverständnis von anderen, nicht nur im Sinne der Konturierung der eigenen Identität, sondern auch in der Absicht lebenspraktischen Lernens. Während ein

„Das hätte mir so nicht passieren können, das hätte ich anders gemacht ..." eher der Konturierung der Identität dient, haben andere Überlegungen Lernqualität: „Das könnte ich eigentlich auch so machen ..."; „Warum habe ich das damals nicht so gemacht ...?"

„Wenn ich damals nicht von der Schule gegangen wäre ...", „Wenn ich doch damals bloß nicht auf dich gehört hätte, als es um die neue Stelle ging ..." Das ist ein beliebtes Verfahren, Alternativen der Lebensgeschichte an bestimmten Wendepunkten festzumachen und von dort aus ganz andere Verläufe zu phantasieren. Man kann damit die heutige Lage begründen. Man kann damit heutige Not und Enge bedauern. Man kann sich damit wichtig machen, indem man mitteilt, dass man durchaus zu Höherem fähig gewesen wäre, zu einer glücklicheren und erfolgreicheren Entwicklung.

„Ja, ja, so ähnliche Schmerzen hatte ich auch schon ..." Ein Unwohlsein, eine Krankheit können Anlass für ausführliche lebensgeschichtliche Gespräche werden. Im Wartezimmer des Arztes werden manchmal Lebensgeschichten unter dem Gesichtspunkt der körperlichen Störungen aufgerollt. Auch auf der Parkbank in der Nähe des Altersheims kann man solche Gespräche hören.

„Wissen Sie, bei mir war das so ..."; „Wir haben damals, als die Kinder noch klein waren ..." Erzählung aus dem persönlichen Leben wird oft angeboten, um Gleichrangigkeit der Beziehung, um Entspannung in Vorgesetztenverhältnissen, um Distanz aus festen Rollenbeziehungen zu erreichen. Der Chef kann sich so als „Mensch" präsentieren, der Politiker als „lebensnah".

„Ja, so ähnlich ist es mir auch ergangen ..." Wenn sich Menschen als Angehörige einer benachteiligten Gruppe oder als vom gleichen Unglück betroffen erkennen, geraten sie leicht in den Austausch lebensgeschichtlicher Erzählungen. „Ich habe das damals halt so genommen ..."; „Das ist mir auch passiert, aber ich habe dann..." Sie versichern sich der gleichen leidvollen Erfahrungen, ähnlicher Benachteiligung durch andere. Später informieren sie sich vielleicht darüber, wie sie mit solchen Benachteiligungen fertig werden konnten, erzählen sie sich Geschichten von Durchsetzung und Bewährung.

„Wissen Sie, ich hatte eben eine unglückliche Jugend ...“ Die Erzählung der Lebensgeschichte kann so gestaltet werden, dass sie als „traurige Geschichte“ (Goffman 1967, 32) erklärt und begründet, warum ich es zu nichts gebracht habe, warum ich kriminell geworden bin, warum ich heute ein Trinker bin. Unter Menschen, die der gleichen benachteiligten Gruppe angehören bzw. die stigmatisiert werden, gibt es eine breite Erzählkultur dieser Art. In immer neuen Variationen teilt man sich mit, dass man unverschuldet in die Situation geraten ist, macht andere oder Umstände verantwortlich, das Schicksal oder eine Behinderung.

Im Eisenbahnabteil kann es geschehen, dass ein Mitreisender anfängt, ausführlich seine Familie zu beschreiben und aus seinem Leben zu erzählen. Deutlich geht es nicht darum, sich näher kennen zu lernen. In diesem Falle würde der Erzählende eine Gegenseitigkeit des Lebensberichts herausfordern. Ganz in seinen Erzählungen gefangen, eher wie im Selbstgespräch rattern die Szenen und Informationen herunter – der Gegenüber hat wenig Chancen, zu Wort zu kommen oder ein anderes Gesprächsthema vorzuschlagen. Es scheint, dass der Erzähler eine Situation benutzt, die zugleich Nähe und soziale Unverbindlichkeit – man wird sich wahrscheinlich nie wiedersehen – hat, um seine Vorstellungen von sich und seinem Leben zu erproben und zu testen, ob sie angenommen werden.

„Der soll sich bloß in acht nehmen! Wenn ich wollte, könnte ich da manche Geschichte erzählen...“ Erpressung und Drohung mit Erpressung arbeiten nach diesem Muster: Ich weiß etwas aus der Lebensgeschichte eines Gegners, eines Konkurrenten, ich kenne ein Ereignis, eine Verfehlung, die ihn, würde sie diesem oder jenem oder der Öffentlichkeit zugetragen, in erhebliche Nachteile versetzen würde. Er könnte sich bloßgestellt, blamiert, diskreditiert sehen. Die Drohung mit der Weitergabe von Wissen über problematische Punkte in der Lebensgeschichte eines andern ist eine scharfe Waffe.

Wie sich die Zeiten geändert haben! „Als wir jung waren, konnte man ...“; „Früher hat man das noch von Hand gemacht!“; „Das ist ja jetzt kein richtiger Winter mehr, es wird nicht mehr richtig kalt!“ Dass früher, in der eigenen Jugend, vieles besser war, das gehört zu den

Grundmustern der historisch-biographischen Erinnerung. Irgendwie werden die Zeiten immer schlechter (oder jedenfalls nicht gerade besser), das ist ein traditionsreiches Raster.

„Du hast das ja nicht durchmachen müssen!" Problematische Entscheidungen der Lebensgeschichte lassen sich durch den Hinweis auf zeitgeschichtliche Grenzen des Handelns legitimieren. „Wir konnten ja nicht anders ...", das war eine verbreitete Begründungsstrategie auf die bohrenden Fragen Jüngerer, warum so viele in der Hitler-Zeit mitgemacht, sich jedenfalls nicht gewehrt haben.

„Ach, ich will das gar nicht mehr hören!" Die Verbrechen der Nationalsozialisten schienen den Siegern im zweiten Weltkrieg, dann aber auch vielen Besiegten so monströs, dass die zwölf Jahre Hitler-Regime in Deutschland zu einer kompakten Zeit wurden, die nur noch als ganze verschwiegen und bedauert werden konnte. Niemand mehr – außer den Widerstandskämpfern – konnte Erinnerungen aus dieser Zeit erzählen, ohne dass Jüngere protestiert hätten. „Die liberalen Moralisten in den Redaktionen und Funkhäusern und die Linken aus den Generationen der Nachgeborenen sind nicht selten hochmütig umgegangen mit den Generationen, durch die der deutsche Faschismus hindurchgegangen war. Als hätte, wer nicht eindeutig widerstanden hatte oder wer nicht zu den Opfern zählte, kein Recht auf seine Lebensgeschichte. Für unsere Mütter und Väter haben wir gewiß den Gestus der Sieger fortgesetzt: Ihnen zur Strafe ihre Geschichte weggenommen, indem wir ihnen das Recht verweigerten, ihre Geschichten zu erzählen ... Von ihren Hoffnungen, Faszinationen, also der Aufbruchstimmung *ihrer* Jugend nur sprechen dürfen, um im gleichen Atemzuge abzuschwören: Alles sei nur Verführung gewesen, Verblendung, unvernünftige Hoffnung nach so viel Not und Arbeitslosigkeit ..." (Beck/Boehncke/Heinz/Vinnai 1980, 10f.). Hier hat eine politische Konstellation den Bruch der Höflichkeitsregel, niemandem in seine Lebenserfahrung hineinzureden, geradezu herausgefordert.

„Wie willst du das beurteilen? Du warst doch gar nicht dabei! Ich weiß schließlich, von was ich rede!" Lebensgeschichtlich begründete Erfahrung hat eine hohe Legitimationskraft. Im Meinungsstreit ist der Zeuge der Vorgänge privilegiert gegenüber denen, die nicht dabei waren. Denjenigen, die die Erfahrungen selbst gemacht und die selbst gehandelt haben, wird ein höheres Maß an Urteilskraft, an Recht zur Beschreibung zugestanden als denen, die die Vorgänge nur aus zweiter Hand kennen. Es widerspricht der Höflichkeit, wenn man – ohne selbst Zeuge zu sein – einen Zeugen belehren will.

„Vor 25 Jahren ist er als Lehrling in unsere Firma gekommen ...'' Tischreden bei Geburtstagen und Hochzeiten, Ansprachen bei Jubiläen der Betriebs- oder Vereinszugehörigkeit enthalten biographische Rückblicke. Die Menschen, die im Mittelpunkt der Feier stehen, sollen geehrt werden. Grundregeln sind dabei, dass in erster Linie die Geschichte erzählt wird, die den Anlass der Feier betreffen („wie sie sich kennengelernt haben''; „was er für die Firma geleistet hat''); zweitens, dass nur das Guthaben in der Bilanz erwähnt werden darf. Kritische Anmerkungen können, wenn überhaupt, nur als witzige auftauchen.

De mortuis nihil nisi bene. Anlässlich eines Todesfalls werden Bilanzen der Lebensgeschichte des Verstorbenen gezogen. Wie er war, ob er es einfach hatte im Leben oder schwer, ob er sich abgerackert hat oder ob ihm alles zugefallen ist, das sind Gesichtspunkte, unter denen sich die Hinterbliebenen aus dem Leben des Toten erzählen. Auch später noch werden solche Beurteilungen eines Toten oder Teilstücke aus seiner Lebensgeschichte weitererzählt – den Kindern, den Enkeln, auch Freunden und Bekannten: „Der Opa ist damals ...''; „Das hättet ihr erleben müssen, als die Großmutter ...'' Die Lebensgeschichte hört also nicht auf, erzählt zu werden, wenn man stirbt. Irgendwie ist der Tote erst endgültig tot, wenn sich niemand mehr an ihn erinnert (vgl. Fuchs 1969, 97), wenn niemand mehr aus seinem Leben erzählt.

Im Zusammenhang mit sozialen Bewegungen sind Gesprächskreise begonnen worden, die ausdrücklich dem Austausch lebensgeschichtlicher Erfahrungen dienen sollen. Frauen, Männer, Senioren eines Wohlfahrtsverbandes, Veteranen der Arbeiterbewegung finden sich zu solchen Treffen zusammen. Inzwischen haben Volkshochschulen und andere Einrichtungen diese Form in ihr Programm aufgenommen. Das Zusammentragen lebensgeschichtlicher Erfahrungen kann dabei ver-

schiedenen Zwecken dienen: Im einen Fall geht es um die „Aufarbeitung" von Leidens- und Unterdrückungserfahrungen, um daraus Perspektiven für ein freieres, selbständigeres Leben zu gewinnen. Im anderen Fall ist die Absicht zentral, das kollektive Gedächtnis einer
Gruppe, eines Verbandes, einer Sozialschicht zu sichern.

Wer sich um eine Arbeitsstelle bewirbt, muss nicht nur den Bewer-
bungsunterlagen einen Lebenslauf beilegen, sondern muss auch damit
rechnen, im Vorstellungsgespräch nach Abschnitten und Ereignissen
seiner Lebensgeschichte befragt zu werden. Der Chef bzw. das Perso-
nalbüro möchte aus lebensgeschichtlichen Daten prognostizieren, ob
der Bewerber die Position erfolgreich ausfüllen wird. Diese Verfahren
der Erfolgsprognose beruhen auf unterschiedlichen Kriterien und
Hypothesen, von der Erfahrung mit bereits Eingestellten bis hin zu
aufwendigen Untersuchungsbögen, Auswertungsverfahren und Tests.
Abgesehen von Entscheidungen über die Besetzung einer Berufsposition werden solche biographischen Prognoseverfahren auch bei Voraussagen des Erfolges in Bildungsgängen und bei Entscheidungen
über die Eignung für spezielle militärische Aufgabenfelder eingesetzt.

„Wann hatten Sie diese Beschwerden zum ersten Mal?" So fragt
der Arzt, wenn er einen Patienten vor sich hat, über den noch nichts
auf der Karteikarte steht. So fragt er auch, wenn neue Störungen der
Gesundheit aufgetreten sind, um sich eine Vorstellung von der Geschichte der Störung machen und ihre Therapiemöglichkeiten ab-
schätzen zu können. Nach dieser Geschichte fragt der Arzt insbesondere dann, wenn er ein Leiden nicht organisch verorten kann, wenn er
damit rechnet, dass die Störung der Gesundheit psychosomatisch
(mit-)verursacht ist.

Institutionen, die biographisch „forschen"

Die Sozialwissenschaftler sind nicht die einzigen, die biographische
Materialien sammeln und auswerten. Zeitschriften rufen zum Einsen-
den von selbst erlebten Geschichten auf und drucken solche Texte ab
(„Meine Geschichte"). Eine Anzeige in der „Zeit" (Dezember 1981)
bietet an: „Ihre Lebensgeschichte von Ihnen erzählt wird von mir aufgeschrieben. Sie erhalten gebundene Buch- und Toncassetten-

Exemplare in beliebiger Menge ..." Vor allem Behörden und Personal-
stellen, Verbände und Büros tragen biographische Daten über ihre
Mitglieder, ihre Kunden, Patienten, Klienten zusammen:
- Personalbüros bzw. Arbeitgeber sammeln in Personalakten Geschichten der Berufspositionen im Betrieb oder Büro, der Beförderun-
gen, der Veränderungen von Lohn und Gehalt, Vermerke über besondere Leistungen, Ehrungen, Verfehlungen und Abmahnungen.
- Die Schulleitung bzw. die Schulverwaltung sammelt Geschichten
von den Leistungen ihrer Schüler (Zeugnisse), ihren Verfehlungen
(„Einträge", „Klassenkonferenzen"), ihren Wegen über die Sprossen
des Klassensystems.
- Der Arzt trägt neben biographischen Daten (Name, Alter, Ge-
schlecht, Wohnanschrift usw.) die Geschichte der Krankheiten und
Behandlungen auf seinen Karteiblättern zusammen. Ebensolche Un-
terlagen sammelt das Krankenhaus.
- Bei den Standesämtern und Einwohnermeldeämtern sind unsere
Veränderungen von Familienstand, Wohnort usw. gesammelt.
- Bei den Finanzämtern sind Daten über die Geschichte unseres
Gehalts, der Steuervergünstigungen und Steuerzahlungen gesammelt.
- Die Krankenkassen führen Buch über jedes Rezept, jede Erkran-
kung, jeden Kuraufenthalt.
- Auskunftsstellen sammeln Daten über unsere Kreditwürdigkeit
und Zahlungsmoral.
- In den Unterlagen der Kirchengemeinde werden die Schritte unse-
res kirchlichen Lebens dokumentiert, von der Taufe bis zur Letzten
Ölung.
- Sozialämter sammeln Daten über die Menschen, die ihre Hilfe in
Anspruch nehmen, Angaben über Art und Höhe der Hilfeleistung,
häufig auch weitergehende Materialien über Lebenslage und Lebensgeschichte ihrer Klienten.
- Heime für Kinder und Jugendliche sammeln lebensgeschichtliche
Daten über die jungen Menschen, die in ihnen leben: Einweisungsbe-
scheide, Intelligenztest-Ergebnisse, psychologische Gutachten, Ar-
beitsnotizen der Pädagogen über Verhaltensprobleme, Verzeichnisse
von Verfehlungen, Bestrafungen und Delikten, Inspektionsberichte

von Hausbesuchen, Gutachten zur Erziehungspraxis und Lebensführung der Eltern.

- Polizeistellen sammeln Informationen über Straftaten, Tatmotive, Täter und über Gruppen, von denen man annimmt, dass sie häufiger als andere zu Straftaten neigen.

- Die Gerichte nehmen Auskünfte des Beschuldigten über seine Lebensgeschichte, psychologische Gutachten, pädagogische Beurteilungen, Zeugnisse, Listen von Delikten und Bestrafungen, psychiatrische Anamnesen zu den Akten der Strafverfahren.

- Die Strafvollzugsbehörde sammelt Daten über die „Führung" des Gefangenen, über seine Beteiligung an Gemeinschaftsangeboten, an Bildungsveranstaltungen, über Erfolge und Misserfolge der Versuche zur Resozialisation.

- Die Geheimdienste sammeln biographische Daten über Staatsfeinde im In- und Ausland, über verdächtige Personen, über feindliche Agenten, über Gruppen, von denen man annimmt, dass sie der staatlichen Ordnung feindlich gegenüberstehen. Als Hinweis mag hier der auf die Praktiken der Stasi in der ehemaligen DDR ausreichen.

- Auch aus religiösen Gründen kann die Sammlung von biographischen Daten sinnvoll sein: Die Genealogische Gesellschaft von Utah, eine den Mormonen (Kirche Jesu Christi der Heiligen der Letzten Tage) angeschlossene Organisation, trägt aus Kirchenbüchern, Standesamtsakten und anderen personengeschichtlichen Dokumenten aus aller Welt die biographischen Daten von Toten zusammen. Diese Glaubensgruppe hält es für möglich, Tote, wenn sie einmal identifiziert worden sind, nachträglich und stellvertretend durch Taufe in die Glaubensgemeinschaft aufzunehmen (wobei den Toten im Jenseits allerdings Entscheidungsfreiheit zugestanden wird, ob sie das wollen).

Aufgrund der Entwicklung der entsprechenden technischen Möglichkeiten vervielfachen sich die verfügbaren Datenmengen derzeit explosiv: „Tatsächlich vermehren sich offizielle Berichte und Daten in den entwickelten Ländern heute derart rasch, daß der Tag kommen könnte, an dem die staatlichen Einrichtungen den Lebensverlauf eines einzelnen Menschen besser kennen als dieser Mensch selbst" (Bertaux 1981a, 8; vgl. Wheeler 1976). Meistens jedoch werden hier Daten zusammengetragen, die zusammen keine Lebensgeschichten bilden. Es handelt sich fast immer um bürokratisch-knappe Personaldaten, um Gutachten und Dossiers, die nicht aus der Hand desjenigen stammen, von dem sie handeln. Ausnahmen hiervon finden sich bei Sozialeinrichtungen, psychiatrischen Institutionen, bei Gericht. Hier werden auch Protokolle von Berichten der Klienten abgefasst und zu den Akten genommen, hin und wieder auch von den Klienten selbst verfasste Erzählungen (z.b. die Lebensgeschichte eines straffälligen Jugendlichen, entstanden aus einem Gespräch mit dem psychologischen bzw. pädagogischen Gutachter).

2. Formtraditionen und Orientierungsfolien

„Mit Gott fang an,
Mit Gott hör auf.
Das ist der schönste Lebenslauf."
(aus einem Poesie-Album)

Lebensgeschichte verstehen wir meist als ganz privates Thema. Es lässt sich jedoch zeigen, dass wir bei der Strukturierung unserer Erfahrungen zu einer Lebensgeschichte, die andere verstehen können, auf gemeinsam geteilte Ordnungsprinzipien zurückgreifen, die es uns überhaupt erst erlauben, die privat-persönlichen Inhalte zu übermitteln bzw. aufzunehmen. Auch die alltäglichen Erinnerungsgeschichten an lustige Begebenheiten oder glückliche Ereignisse sind gefärbt von Erzählschemata der Volksüberlieferung – Märchen, Sage, Schwank (Neumann 1967, 281). „Jede Autobiographie, jeder ‚gelungene' Brief, jedes Gespräch, jede Erzählung" ist „sowohl durch Tradition als auch durch individuellen Stil geprägt" (Lehmann 1978, 199).

In der religiösen Unterweisung lernt man die Lebensgeschichten von Jesus und die der Heiligen kennen. Im Deutsch- und Geschichtsunterricht wird man mit Lebensbeschreibungen von Staatsmännern und Entdeckern bekannt gemacht. Jugendbücher handeln von Entwicklungen und Veränderungen in der Lebensführung. Die Astrologie

prognostiziert bestimmte Ereignisse für den ganzen Lebenslauf. Dass
man bei Bewerbungen ein *curriculum vitae* vorlegen muss und wie es
auszusehen hat, lernt man in der Schule. Man lernt, was ein Tagebuch
ist und wie man es führt. Man hört Älteren zu, wenn sie ihre Lebenserfahrungen erzählen, und lernt dabei, wie man das tun kann. Kurz
und gut, dass man eine Lebensgeschichte hat und wie man sie angemessen erzählt bzw. verstehen kann, das ist keine selbstverständliche
Gegebenheit unseres Daseins.

Ebenso wie das Kind lernt, dass es sterben wird, so lernt es auch,
dass sich seine Erfahrungen als Lebensgeschichte zusammenfügen
lassen, lernt es Möglichkeiten, die Lebensgeschichten anderer zu verstehen. Das jüngere Kind kann keine Lebensgeschichte erzählen, „da
es nicht über den zu deren Sinnerschließung notwendigen Zeitbegriff
... und die kognitiven Kompetenzen für die Erzählung einer Lebensgeschichte verfügt. Es kann weder einen Zusammenhang zwischen einzelnen, in der Vergangenheit erlebten Ereignissen herstellen, noch
kann es deren Reihenfolge rekonstruieren oder gar Gegenwart und
Zukunft im Spiegel der Vergangenheit verstehen. Neben diesem Mangel an kognitiven Kompetenzen verspürt ein Siebenjähriger auch keine Notwendigkeit, über sein bisheriges Leben nachzudenken... Weder
stehen für ihn biographische Entscheidungen an noch Reinterpretatio-
nen und Bilanzierungen seines bisherigen Lebens." (Rosenthal 1993,
104f.; in der Tendenz anders: Sander/Vollbrecht 1985, 13; Behn-
ken/Zinnecker 1998, 156ff.)

Die folgende Liste von Orientierungsfolien und Formtraditionen,
die biographische Kommunikation fundieren, ist nicht vollständig und
auch recht bunt. Das kann als Hinweis darauf gelesen werden, dass
biographische Kommunikation (und autobiographisches Denken und
Reden) nicht durch allein *eine* Praxis, nicht durch allein *einen* Textty-
pus fundiert wird. Das „autobiographische Wissen", so Sloterdijk
(1978, 21), „kann sich in vielfältigen Redeanlässen aussprechen, etwa
in Gespräch und Selbstgespräch, im Gebet und im Lied, in Grabin-
schriften, Regesten, Gerichtsreden, in wissenschaftlichen und künstle-
rischen Selbstcharakteristiken, im lyrischen Gedicht, in der Beichte, in

Briefen und Familienchroniken, literarischen Porträts, Romanen, Tagebüchern u.ä."

Beichte

Die Ohrenbeichte ist eine der ältesten Formtraditionen, die als Schuldbekenntnis und Bitte um Verzeihung für begangene Sünden, als Rechtfertigung des Lebens oder großer Lebensabschnitte (General-Beichte) bis heute biographische Kommunikation vorstrukturiert. Wenn auch die protestantischen Gemeinden die geheime Beichte selten praktizieren, ist sie doch als Gesprächsform überall bekannt. Sie hat zur Ausbildung bekennender Kommunikation übers eigene Leben historisch beigetragen; so jedenfalls sieht es Znaniecki (1927, 288): „Die Technik, vermittels derer Bekenntnisse anderer Menschen über solche Erlebnisse, die sie vor anderen oder gar vor sich selbst verborgen halten, anzuregen sind, ist schon von altersher in Verbindung mit der religiösen Beichte ausgebildet worden."

Unter diesem Blickwinkel kann noch das biographische Interview heute als Fortsetzung der Tradition der Beichte aufgefasst werden. Auch hier erfolgt die Versicherung, dass niemand sonst die „Bekenntnisse" hören oder lesen wird, wird das Beichtgeheimnis garantiert. Auch der Sozialforscher gibt zu erkennen, dass er nicht „persönlich" an den Bekenntnissen des Befragten interessiert ist, dass er kein „normales" Gespräch über dessen Leben führen will, sondern stellvertretend zuhört, mitschreibt oder aufs Tonband aufnimmt – ähnlich wie der Beichtvater in Stellvertretung (Gottes) zuhört.

Natürlich ist das biographische Interview nicht die einzige Fortsetzung der kulturgeschichtlichen Linie von der Beichte her: Auch im Einzelgespräch mit dem Strafverteidiger kann man „offen sprechen" und alles bekennen, ohne dass das für den Strafprozess von Nachteil wäre bzw. im Gerichtssaal offenbar würde. Auch im Kontakt mit Beamten der staatlichen Verwaltungen ist – bereichsspezifisch – ein Verbot der Weitergabe von Informationen gewährleistet. Auch beim Psychoanalytiker kann man sicher sein, „alles sagen" zu können, ohne dass es aus dem Therapiezimmer hinausgetragen wird.

Anamnese

Zu den Kunstlehren des Arztes gehört die Erhellung der Vorgeschich-
te der Krankheit durch Befragung des Kranken. Die Anamnese „steht
am Anfang der ärztlichen Untersuchung und sollte mit dem spontanen
Bericht des Patienten über seine Beschwerden beginnen. Im geeigneten Moment ist der Arzt dann aufgefordert, durch gezielte Fragen die
Anamnese zu erweitern und zu vertiefen." (Biefang 1977, 15) Als
Ergänzungsinformation zum Untersuchungsbefund hat diese Krankheitsgeschichte für den Arzt erhebliche Bedeutung für die Diagnose.
Zudem gilt diese Gelegenheit für den Kranken, sein Herz auszuschüt-
ten, auch als geeignetes Mittel, um ein Vertrauensverhältnis zwischen
ihm und dem Arzt herzustellen.

Das Gelingen einer sukzessiven Interpretation der Angaben des
Kranken zur Krankheitsgeschichte setzt beim Arzt Verstehensbereitschaft (also auch Zeit) und Verstehensfähigkeit voraus. Verschiedent-
lich wird kritisiert, dass der Arzt weder ausreichend Zeit für ein ein-
fühlendes Verständnis und eine vorsichtige Übersetzung der Erinnerungen des Patienten in seine Kategorien habe – „die häufigste Einstellung gegenüber der biographischen Anamnese ist eine aus der
Zeitnot verständliche, aber nicht entschuldbare Gleichgültigkeit"
(Clauser 1963, 1), noch sei der Arzt aufgrund seiner naturwissen-
schaftlich orientierten Ausbildung in der Lage, die alltagsweltlichen
Informationen des Patienten zu verstehen und angemessen in diagnos-
tische Begriffe zu überführen.

Für den Verlauf des anamnestischen Gesprächs gibt es keine ausgearbeitete Methodenlehre; Ansätze hierzu werden in Anlehnung an
die sozialwissenschaftliche Lehre vom Interview erörtert (Biefang
1977). Nur die psychiatrisch und psychotherapeutisch orientierten
Mediziner werden in ihrer Ausbildung mit Techniken der Gesprächsführung vertraut gemacht, denn zu ihrem theoretischen Paradigma
gehört die Annahme von der Beteiligung des Patienten an Krankheit
und Krankheitsverlauf.

Biographie und Autobiographie

Wichtige Vorgabe für lebensgeschichtliche Reflexion und Kommunikation sind die Biographie und die Autobiographie als traditionsreiche Formen der Beschreibung bzw. Selbstbeschreibung individuellen Lebens. Seit den Heldenliedern, Heiligenlegenden und Königschroniken enthält diese Formtradition einen wichtigen Grundsatz: Die individuelle Entwicklung kann nur dann legitim für eine öffentliche Aufnahme (auf dem Buchmarkt, in einer Leser- oder Höreröffentlichkeit) dargeboten werden, wenn sie in irgendeiner Weise auf etwas Allgemeines bezogen wird. Nicht jedes Leben, nicht jede Lebensgeschichte kommt für eine Veröffentlichung als Biographie bzw. Autobiographie in Frage. Das wird im Brockhaus aus dem Jahre 1851 (Band 2) ausgesprochen: „Die wahre Biographik, als ein Zweig der Geschichtsschreibung, kann nur auf Individuen von allgemeinerm menschlichen Interesse, also auf durch ihre Schicksale, Stellung und Thätigkeit weltgeschichtliche oder wenigstens durch moralische oder psychologische Lebensmomente ganz besonders ausgezeichnete Personen ihre Anwendung finden ...“

Gedruckte Autobiographien (gewöhnlich auch Biographien als Lebensbeschreibungen aus der Hand eines anderen) enthalten deshalb eine Begründung dafür, warum die Lebensgeschichte überhaupt veröffentlicht wird, was den Autor bewogen hat, seine Lebensbeschreibung der Öffentlichkeit zur Verfügung zu stellen, was das moralisch Wertvolle, das Lernpotenzial ist. Wer seine Lebensgeschichte ohne Legitimation dem anonymen Leserpublikum des Buchmarkts vorlegt, könnte als eitel oder aufdringlich gelten. Lebensgeschichte ist nur dann ein akzeptabler Stoff, wenn sie nicht nur als Ausdruck individueller Existenz, sondern auch als Hinweis auf einen die Individualität überschreitenden Wert vorgestellt wird.

In der Literaturwissenschaft wird diese Begründung für die Veröffentlichung persönlicher Lebenserfahrung – einschließlich der Versicherung wahrheitsgetreuer Darstellung – „autobiographischer Pakt“ genannt (Lejeune 1973, 1994; Sloterdijk 1978, 249), Pakt im Sinne einer Vereinbarung zwischen Autor und Leser. Zwei Beispiele: Im

Sinne der Auffassungen der alten Arbeiterbewegung begründet Adelheid Popp, warum sie ihre Jugenderlebnisse aufgeschrieben hat: „Ich schrieb die ‚Jugendgeschichte einer Arbeiterin' nicht, weil ich sie als etwas individuell Bedeutsames einschätzte, im Gegenteil, weil ich in meinem Schicksal das von hunderttausenden Frauen und Mädchen des Proletariats erkannte, weil ich in dem, was mich umgab, was mich in schwere Lagen brachte, große gesellschaftliche Erscheinungen wirken sah." (zit. nach Klucsarits/Kürbisch 1975, 244) Und schon Mechthild von Magdeburg entschuldigt sich in ihrer Selbstbeschreibung aus dem 13.Jahrhundert mehrfach für die Abfassung des Textes. „Es ist ein häufig wiederkehrender Zug, daß die Frommen sich erst nach längerer Zeit und erst auf Geheiß des Beichtigers entschließen, ihre Seelenerlebnisse niederzuschreiben." (Mahrholz 1919, 15)

Nach hergebrachtem Verständnis ist eine autobiographische Rückwendung auf das eigene Leben erst im reiferen Alter angemessen, dann, wenn die eigene Lebensführung als Gestalt erkennbar wird und hinreichend viel gehandelt und erlebt worden ist, das der umfassenden Selbstreflexion lohnt. Das ändert sich gerade: „Heut schreiben Burschen mit 25 Jahren ihre Autobiographie; was für arme Teufel." (Rosenstock-Huessy 1958, 34) Zu dieser Veränderung trägt unter Umständen die biographische Forschung selbst bei, die ja auch Jugendliche und manchmal sogar Kinder (vgl. Grunert/Krüger 1999, 237f.) zu einem Rückblick aufs bisherige Leben auffordert.

Memoiren

Memoiren stammen zwar ebenso wie die Autobiographie aus der Hand dessen, der beobachtet und erlebt hat (anders bei der Biographie). Der Unterschied besteht darin, dass „die Tradition dieser Art Literatur dem Autor gewöhnlich vorschreibt, seine eigene Person in den Hintergrund zu stellen" (Znaniecki 1927, 289), nicht von der persönlichen Entwicklung und vom individuellen Geschick zu sprechen. Als literarische Gattung sind Memoiren Berichte über die Ereignisse in der Welt, die Taten und Handlungen des Berichterstatters, Beschreibungen von historischen Begebenheiten, von sozialen und kulturellen Verhältnissen – aber keine Eröffnung des Innenlebens, keine

Bekenntnisse seelischer Entwicklungen und Krisen. „Die Autobiographie erinnert das vergangene Leben, die Memoiren hingegen trachten dessen Ablauf möglichst genau an Hand von Belegen zu rekonstruieren" (Neumann 1970, 60). In diesem Sinne sind Memoiren oft sehr sachliche Texte, so z.b. der „Unterricht eines Papiermachers an seine Söhne, diese Kunst betreffend" aus dem Jahre 1766 (vgl. Redlich 1968, 343).

Tagebuch

Die tägliche Selbstbeobachtung im Tagebuch stammt in erster Linie aus religiös-moralischen Traditionen. So haben die Herrnhuter das Tagebuch als wichtigen Weg der Gewissenserforschung und Vervollkommnung der Persönlichkeit angeraten (Mahrholz 1919, 169). An der selbstquälerischen Genauigkeit, mit der hier Vergehen gegen Gott und die Menschen aufgezeichnet und gute Vorsätze versprochen werden, lässt sich ablesen, dass die Beichte als Formtradition im Hintergrund steht; das Tagebuch ersetzt die Selbstbeschuldigung im Beichtstuhl. Für diesen religiös-selbsterzieherischen Sinnzusammenhang hat der tägliche Zeitbezug des Tagebuchs eine lebensgeschichtliche Linie: Es geht nicht um die Erfahrungen und Erlebnisse des Tages, die aufgezeichnet werden, sondern um das ganze Leben.

Daneben haben auch andere Traditionen zum Tagebuch geführt, so das Haushaltsbuch, in dem das Familienbudget verzeichnet wird, und das Familienbuch, das wichtige Ereignisse der Familiengeschichte festhält. Auch Haushalts- und Familienbücher geben, wenn auch weniger explizit, den täglichen Stoffen, die aufgezeichnet werden, eine übergreifende Zeitlinie vor: die des Haushalts oder der Familie.

Beziehungen zwischen Tagebuch und Autobiographie werden dadurch deutlich, dass Tagebücher häufig Ausblicke auf das ganze Leben enthalten oder dass sie mit kurzen Rückblicken auf den bisherigen Lebensgang beginnen (vgl. Bernfeld 1978, 32). Umgekehrt werden Autobiographien häufig auf der Grundlage von Tagebüchern verfasst.

Brief

Einen Brief zu schreiben statt sich zu besuchen und miteinander zu sprechen, das ist ein bereits in den alten Hochkulturen bekanntes Mittel der Kommunikation. Briefe in diplomatischer Funktion, Kanzleibriefe, Verwaltungsmitteilungen, Geschäftsbriefe, Kirchenbriefe, auch brieflicher Austausch zwischen Gelehrten sind die wichtigsten Funktionsfelder. Privatbriefe, die dem Austausch von Erfahrungen des privaten Lebens dienen, treten als Gattung erst in der Neuzeit hervor; Liebes- und Freundschaftsbriefe, Bekenntnis- und Grußbriefe, die einen Besuch ersetzen sollen, werden vom 17.Jahrhundert an zu einem gewohnten Kommunikationsmittel der Gebildeten und des Mittelstandes. Briefwechsel und Brieffreundschaft werden zu eigentümlichen Formen der Sozialbeziehung; Ratschläge und Anweisungen zur Abfassung entsprechender Briefe (Briefsteller) kommen in Umlauf (Musterbriefe zur Einübung in den Briefstil für den diplomatischen Verkehr sind aus dem alten Ägypten bekannt).

Zuerst haben Postkarte, Telegramm und Telefon, dann die neuen Kommunikationsmedien Fax, E-Mail und SMS sowie die vielfältigen Erleichterungen, zu reisen und sich wirklich zu besuchen, neue Möglichkeiten des Austauschs über das Privatleben erbracht. Die Beziehungsform Brieffreundschaft verliert an kultureller Hochschätzung und sinkt ab zu einer Alltagspraxis bei Jugendlichen, „um mit sozialen Fernwelten von Altersgleichen in Kontakt zu treten – jenseits von Elternhaus und Heimatgemeinde" (Zinnecker 1981b, 439).

Dem Tagebuch ist der Privatbrief (jedenfalls seit der zweiten Hälfte des 19.Jahrhunderts) den Inhalten nach ähnlich, er ist „Seelenbesuch, Gefühlsausdruck, Selbstentäußerung" (Bürgel 1979, 28). Er enthält Erlebnisschilderungen, innere Erfahrungen, Zwischenbilanzen der Persönlichkeitsentwicklung, religiöse und weltanschauliche Erwägungen, Mitteilungen also, die nicht für die Öffentlichkeit bestimmt sind. Allein der Brief als literarisches Mittel (Briefroman, fiktive Briefwechsel) legt auf Schutz (Briefgeheimnis) keinen Wert, richtet sich ebenso wie die anderen literarischen Genres an ein anonymes Leserpublikum. Im Unterschied zum Tagebuch richtet sich der Brief jedoch an einen wirklichen Anderen, an den Empfänger des Briefes; mit diesem und (im Normalfall) mit keinem anderen Menschen sollen die Mitteilungen aus dem Privatleben geteilt werden.

Lebenslauf

Lebensläufe schreibt man als Unterlage bei einer Bewerbung um eine Arbeitsstelle (vgl. Hoerning 1991, 18f.). Seit langem rankt sich um diese Beilage zu einem Bewerbungsschreiben ein System von Regeln für Form, Inhalt und angemessene Gestaltung. In der Schule üben das die Schüler, früher handschriftlich, heute meist mit PC geschrieben und tabellarisch angeordnet. Im Buchhandel sind Anleitungen zum Abfassen eines Lebenslaufs erhältlich, sei es als Briefsteller (z.B. Friedrich 1978), sei es als Abschnitt in einem Buch mit Ratschlägen für die erfolgreiche Bewerbung.

Diese Kunstlehren für die Abfassung eines Lebenslaufs begründen sich so: Der Bewerber soll einen informativen, übersichtlichen und schön geschriebenen Lebenslauf abfassen, damit er seine Chancen verbessert, die Stelle, auf die er sich bewirbt, zu bekommen. Der Arbeitgeber nutzt den Lebenslauf als eine Informationsgrundlage, um Bewerber in die engere Wahl zu ziehen und sie zu einem mündlichen Vorstellungsgespräch zu laden; er verfügt über eine Analysemethode. Die Ratgeber für die Abfassung eines Lebenslaufs „verraten" diese Analysemethode der Arbeitgeber an diejenigen, die sich bewerben.

Die Bewerbung ist eine Situation, bei der der Arbeitsuchende meist am kürzeren Hebel sitzt. So können Fragen danach auftauchen, ob man sich im Lebenslauf kleine Schwindeleien erlauben kann, wie man seine Gründe für den Stellungswechsel am besten formuliert, ohne dass der neue Arbeitgeber die Schuld bei einem selbst vermutet, wie „Lücken" im Lebenslauf zu behandeln sind (Zeiten der Arbeitslosigkeit, Beschäftigung in ABM-Stellen, Aufenthalt in einer Entziehungskur), welche Angaben man nicht machen muss und auch besser nicht macht (Personal-Enzyklopädie 1977, 528ff.; auch Engels 1979, 44; Dröll 1978, 124ff.).

Lebensläufe sind „bezogen auf gesellschaftlich vorgezeichnete Laufbahnen oder Karrieren" (Schulze 1979, 58). Auch wenn sie in

Aufsatzform abgefasst sind, haben sie keine Erzählstruktur, sondern sind in bürokratischer Berichtsform geschrieben. Strukturen dieser Formtradition tauchen in biographischen Interviews hin und wieder auf, gewöhnlich am Anfang des Interviews, wenn der Befragte sich noch keine Vorstellungen machen kann, was der Sozialforscher eigentlich von ihm erwartet.

Akte

Beim Sozialamt, bei Gericht, in vielen Stellen der staatlichen Verwaltung werden Akten über Fälle und Personen geführt: Persönliche Entwicklung, Straftaten, soziale Auffälligkeiten, psychologische, pädagogische und psychiatrische Gutachten (hierzu Böttger/Wolff 1992; Hoffmann-Richter 1995; Hoffmann-Richter/Finzen 1998), Gesundheitsberichte, Inspektionsberichte über die Wohnung, Verzeichnis der Hilfegesuche und Hilfeleistungen.

In der Akte werden lebensgeschichtliche Daten und Berichte zusammengetragen, die zu einer Biographie werden, die ohne den betreffenden Menschen verfasst wird. Auch gehen seine Auffassungen von den Dingen meist nicht bestimmend ein. In einer Untersuchung von Jugendamtsakten findet Brusten (1973, 91f.): „Situationsdefinitionen, Darstellungen des Sachverhalts und Erklärungen der Betroffenen wurden offenbar seitens der Instanzen generell nicht für erforderlich gehalten, oder aber von den aktenführenden Instanzenvertretern selbst in entsprechenden Vermerken selektiv zusammengefaßt und nur in dieser Form als weitere Unterlagen abgeheftet."

Akten werden für die Zwecke der jeweiligen Institution abgelegt, im Hinblick auf die adäquate „Behandlung" von Klienten, Delinquenten, auffälligen Jugendlichen usw. Deshalb sind sie immer schon Momente einer „social organization" von Delinquenz, von Bedürftigkeit, von Auffälligkeit (Cicourel 1968). Sie sind – neben mündlichen Verhandlungen und Gesprächen – wichtige Mittel der Institutionen der sozialen Kontrolle „festzustellen", was vorliegt, wie es gekommen ist, welchen Charakter die Person hat, um die es geht. Deutet sich ein festes Bild von der Persönlichkeit des Klienten bzw. von der Struktur des „Falles" an, liegt eine Verlängerung dieser Diagnose in die bisherige Lebensgeschichte des Klienten nahe, eine einseitige Rekonstruktion der Biographie des Klienten aus der aktuellen Problemlage (vgl. Müller 1980, 40). Diese Unterlagen bilden dann oft die Orientierungsrahmen für Entscheidungen über die Behandlung des Klienten (Aich 1973). Ich habe gewissermaßen zwei Lebensgeschichten: Eine, die ich kenne und erzählen kann, und eine, die meine Beobachter, Gutachter und Richter in ihren Unterlagen zusammentragen.

Laudatio und Nachruf

Mit der Akte gemeinsam haben die älteren Formtraditionen der Laudatio, der Leichenpredigt, des Nachrufs und anderer Würdigungen (eines Lebenden oder eines Verstorbenen), dass die Lebensgeschichte einen anderen als ihren Träger zum Autor hat.

Im Gegensatz zur Akte geht es bei diesen Ehrungen jedoch allein um die positiven Seiten der Lebensgeschichte. Dunkle Punkte, Fehlentwicklungen und ambivalente Charakterisierungen des zu Ehrenden sind ausgeschlossen. Um dies auf jeden Fall zu erreichen, wird manchmal heimlich die Abfassung entsprechender Texte in die Hand des zu Ehrenden (oder seiner nahen Verwandten) gelegt. Gutachten werden mit dem beraten, über den das Gutachten Aussagen macht. Die Festschrift zum 60. Geburtstag eines herausragenden Wissenschaftlers planen seine Schüler mit seiner Ehefrau zusammen. Das Material für die Leichenpredigt ist oft vom Verstorbenen selbst zu seinen Lebzeiten vorbereitet worden (Bog 1975, 154).

Allegorien der Lebensalter

Wiedergeburt zu einem zweiten Leben, Jungbrunnenhoffnungen, Lebensalterseinteilungen nach kosmologischen oder astrologischen Zeiten, das Leben Jesu als Bild von Erlösung – solche Überlieferungen aus dem Altertum, aus dem frühen und dem mittelalterlichen Christentum wie auch spätere Entwürfe von Jugend und Alter bei Philosophen und Dichtern sind uns heute bekannt, wenn auch oft nur noch als Allegorien. Ihre genaue Herkunft kennen wir meist nicht. Ihre ursprünglich heilige Bedeutung ahnen wir nur noch. Dennoch geben sie unserer alltäglichen Lebensweisheit Anhaltspunkte und bestimmen manche Redensart. Vielleicht wirken sie sogar in sozialwissenschaftlicher Theoriebildung nach.

Die vermutlich verbreitetste Allegorie ist die vom Lebensbogen: Sie ist „nach dem Bild einer Bergbesteigung konzipiert: Nach der Kindheit bereitet man sich in der Jugend auf den Aufstieg vor und rüstet sich aus. Im jungen Erwachsenenalter beginnt die Besteigung, die im mittleren oder reifen Erwachsenenalter auf dem Höhepunkt zugleich glückt und endet. Danach kommt der weniger kraftvolle, eher zögernde Abstieg, die Rückkehr ins Tal der Lebensaktivität." (Fuchs 1981a, 253f.)

In der Überlieferung der Sprichwörter und Redensarten tritt das Leben als Weg, als Wanderschaft, als Jahrmarkt, als Spiel und Schauspiel auf (Wander 1964, II, 1835ff.). Daneben kennen wir das Bild vom Leben als Reise, oft als Schiffsreise. In Shakespeares Julius Caesar (4.Aufzug, 3.Szene) heißt es:

„Gezeiten gibt es auch im Tun der Menschen:
Nimmt man die Flut wahr, führet sie zum Glück;
Versäumt man sie, so muß die ganze Reise
Des Lebens sich durch Not und Klippen winden.
Wir sind nun flott auf solcher hoher See,
Und müssen, wenn der Strom uns hebt, ihn nutzen,
Wo nicht, gehn Schiff und Gut verloren."

Die Astrologie bietet, abgesehen von Tageshoroskopen und von Voraussagen für die nächste Woche oder das nächste Jahr, auch Annahmen über die Verlaufsstrukturen des Lebenslaufs, über Höhepunkte und Gefährdungen, über thematische Dominanzen in einzelnen Lebensphasen, z.B.: „In seinem Lebenslauf hat der Steinbock-Mensch eine ausgesprochene Krisenzeit, das ist die Jugend, und eine meist sehr gute Phase, die erstaunlich spät liegt. Warum die Jugend schwierig ist, kann man sich leicht beantworten: Alles, was den Steinbock später auszeichnen wird, was seine Eigenart und oft auch seine Überlegenheit ausmacht, gereicht ihm in Kinder- und Jugendjahren oft zum Nachteil. Ist man jung, ist man noch ein Niemand, so kann man eben nicht den eigenen Willen durchsetzen, die eigenen Pläne verfolgen. So hatte etwa der große Steinbock-Mann Isaac Newton, geboren am 25. Dezember 1642 (nach anderen Quellen am 4. Januar 1643) eine schwierige Kindheit ..." (Körner 1976, 39f.)

Schließlich ist auch ein Lebensverständnis recht alt, das nicht eine geordnete Abfolge von Lebensabschnitten enthält, sondern im Gegenteil Möglichkeiten des Bruchs solcher Lebensordnung: Vorstellungen von der inneren Erneuerung, von der religiösen oder politischen Erweckung, von der Wiedergewinnung von Jugendlichkeit, von der Wiedergeburt während des Lebens und gegen den Lauf des Alterns. Rosenmayr (1978, 24) führt dieses Bild von der Wiedergewinnung des Lebens auf frühchristliche Endzeithoffnungen, auf die christliche Mystik, aber auch auf bürgerliche Entwürfe zurück: „Vorgestellt wird eine Lebensentwicklung, die auf einer Interaktion zwischen einem überzeitlichen, dem Menschen aber in Grenzerlebnissen zugänglichen und sich ihm erschließenden Sein beruht, dem die Möglichkeit zu wirksamer geistiger Neubelebung und Wiedergeburt während und trotz aller Prozesse physischen Alterns zu verdanken ist."

Auf dieses Bild vom Bruch der natürlichen Lebensordnung zu Alter und Tod hin durch den Kontakt zu einem wahren Sein (innerhalb oder außerhalb des Diesseits) dürften bis heute wichtige Vorschläge zurückgehen: Das Bild von der Begegnung mit dem Göttlichen oder einem Sendboten Gottes, der Erweckung; das Bild von der Erfahrung der Welt, die sich im Rausch auftut, die nicht altert und verfällt, sondern immer neue Erfahrungen ermöglicht; das Bild von der Suche nach der wahren Identität, unternommen in therapeutischen und meditativen Unternehmungen; das Bild von der Möglichkeit, Menschen zu wahren Menschen erziehen zu können – unabhängig von ihrem Lebensalter; das Bild von der Selbsterziehung zu einem neuen Menschen (als Politisierung oder als Konstruktion einer neuen Identität); das Bild von der Möglichkeit, jung zu bleiben, ganz gleich, wie alt man wird, indem man Kontakt zu denen hält, die „das Neue" vertreten; das Bild vom Aussteigen aus der Karriere, aus der Normalität, um zum „wirklichen Leben" zu gelangen.

Altersnormen und Normalbiographien

Wichtige Vorgaben für die Organisation und Kommunikation von Lebensgeschichte sind sozial institutionalisierte Vorstellungsmuster vom Lebenszyklus. Ihr Kern ist die Vorstellung von der Erwartbarkeit und Durchschnittlichkeit von Ereignissen und Entwicklungen im Lebenslauf, der vor einem liegt und den man durchgangen ist. Altersnormen, systematisiert zu einer über den ganzen Lebenslauf hinweg gültigen Zeittafel, sind zeitlich und inhaltlich mehr oder weniger tolerante Vorschriften, wann man im Leben dies oder jenes erreicht bzw. gemacht (auch erlebt) haben soll oder sollte. Wer zu früh, zu spät oder gar nicht diesen oder jenen Schritt erreicht, wird als abweichend wahrgenommen: als Spät- oder Frühentwickler, als Sonderling, als ewiger Junggeselle, als alte Jungfer, als Versager usw.

Als Ergebnis aus empirischen Untersuchungen berichten Neugarten/Datan (1978, 173f.): „Es scheint einen festen Satz sozialer Altersdefinitionen zu gehen, wodurch ein Bezugsrahmen geschaffen wird, der die Erfahrungen des Erwachsenenlebens als geordnet und rhythmisch erscheinen läßt. Obwohl die Ansichten je nach Alter und Geschlecht und vor allem entsprechend der sozialen Klasse ein wenig schwanken (z.B. beginnen das mittlere Alter und das hohe Alter nach Ansicht von Männern und Frauen aus der Arbeiterklasse früher als nach Ansicht der Mittelklasse), überraschte bei dieser Untersuchung der hohe Grad der Übereinstimmung. Erwartungen, die den besten Zeitpunkt für bedeutende Ereignisse im Leben betreffen, können ebenfalls festgehalten werden. Befragte Personen antworten bereitwillig auf Fragen wie z.B. ‚Mit welchem Alter sollte ein Mann am besten heiraten?' oder ‚Was ist das beste Alter, um Großmutter zu werden?', und sie nennen spontan chronologische Altersangaben für Ausdrücke wie z.B. ‚eine reife Frau' oder ‚der Zeitpunkt, zu dem ein Mann seinen beruflichen Höhepunkt erreicht haben sollte' ... Es scheint auch einen präskriptiven Zeitplan zu geben, demzufolge wichtige Ereignisse entlang der Lebenslinie des einzelnen angeordnet werden, ebenso wie übereinstimmende Definitionen des chronologischen Alters, das der jeweiligen Phase innerhalb der Lebensspanne entspricht. So stimmten z.b. die meisten Männer und Frauen der Mittelklasse darin überein, daß ein Mann zwischen 18 und 22 jung ist, zwischen 40 und 50 im mittleren Alter, und daß er zwischen 65 und 75 alt ist ...“

Daneben gibt es Altersnormen, die durch Gesetz und andere Institutionalisierung gesichert werden: Die Regelungen über das Rentenalter, über die Mündigkeit mit 18 Jahren, die Regelungen des Jugendschutzes (wann man ins Kino darf, Alkohol kaufen oder in der Öffentlichkeit rauchen darf), die Mindestaltersbestimmungen für die Teilnahme an Wahlen, für die Eheschließung, für den Erwerb des Führerscheins usw.

Über den Lebensverlauf hinweg ergeben sich so Zeitpläne (ich kann erwarten, in dem und dem Jahr aus der Berufsarbeit auszuscheiden) und Verjährungszeitpläne (erste Sexualerfahrungen sollte man bis zum 25. Lebensjahr gemacht haben). Zusammen bilden sie eine Normalbiographie, die das Erreichen und Durchschreiten bestimmter Stationen des Lebenszyklus als angemessen und durchschnittlich zugleich anzeigt. Ereignisse oder Statusübergänge, die „unerwartet“ oder zum „falschen“ Zeitpunkt eintreten (Hoerning 1980b), müssen ohne solche Orientierungshilfen aus generellen sozialen Vorstellungsmustern verarbeitet werden.

Wie sich Normalbiographien nach sozialer Schicht, nach Geschlecht (Levy 1977; kritisch: Adolphy 1982), nach Berufsgruppe usw. unterscheiden und wie sie sich im Zuge langfristiger historischer Trends sowie zeitgeschichtlicher Einbrüche ändern, kann hier nicht untersucht werden. Immerhin haben sie eine erhebliche Stabilität, sonst könnte man sich kaum erklären, warum gerade die Generationen, die zwei Weltkriege und eine Wirtschaftskrise durchgemacht haben, deren Normalität der Lebensführung also mehrfach gebrochen wurde, dennoch an die Jüngeren den Vorstellungshorizont von Normalbiographien weitergegeben haben. Eher werden die gesellschaftlichen Krisen, die den Normalverlauf der Biographie für die meisten Menschen unmöglich gemacht haben, zu Ausnahmeerscheinungen erklärt, als dass umgekehrt der Vorstellungshorizont der Normalbiographien aufgegeben würde. Erst mit dem Auftreten von gegenkulturellen Lebensentwürfen seit den 1960er Jahren scheint sich die Geltung der Normalbiographien gelockert zu haben. Einzelne Schritte der jugendlichen Statuspassage werden in anderer als der vorgeschriebenen Sequenzordnung gegangen (Fuchs 1981a, 194ff.).

Laufbahnen und typische Lebenswege

Das Grundmuster einer Laufbahn ist der Berufsweg eines Beamten: Ohne ernsthaft aus der Bahn geworfen werden zu können, gelangt er von Station zu Station, beginnt als Anwärter, wird Inspektor, wird zum Oberinspektor befördert, beendet seine Berufsarbeit als Pensionär. Laufbahnen sind so organisiert, dass eine Abfolge von Schritten in fester Reihenfolge zu absolvieren ist.

In der modernen Gesellschaft hat diese Institutionalisierung von Berufslaufbahnen auch auf andere Bereiche übergegriffen. Administrative Arbeiten in der Wirtschaft, Funktionärstätigkeit und Angestelltenberufe nähern sich in ihrer Verlaufsstruktur diesem Muster an. Das Schul- und Bildungssystem weist eine vergleichbare Sequenzstruktur auf, wenn auch eher als Verzweigungssystem von Bahnen organisiert. Wer die mittlere Reife nicht absolviert hat, gelangt nicht zum Abitur. Wer das Abitur nicht absolviert hat, gelangt nicht zum Studium. Wer die Vordiplomprüfung nicht absolviert, wird nicht zum Examen zugelassen. Sicher, es gibt Ausnahmen aus dieser festen Sequenz (zweiter Bildungsweg u.a.), aber sie sind Ausnahmen.

Ähnlich wie eine Laufbahn stellen wir uns meist auch die typischen Lebenswege von Berufsgruppen vor. „Jedermann würde z.B. einen 32jährigen Universitätsprofessor oder Staatssekretär als ‚jungen' Professor bzw. Politiker bezeichnen, nicht aber einen chronologisch gleichaltrigen Industriearbeiter als ‚jungen' Arbeiter" (Pieper 1978, 61). Ebenso „weiß" man, dass der Schriftsteller bis an sein Lebensende in ungewisser Lage arbeitet und lebt, risikoreich, aber auch abwechslungsreich. Ein Ratgeber für die Abfassung von Bewerbungen empfiehlt: „Alter muß zur Position passen. Nicht mit 62 Jahren als Reisender bewerben, nicht mit 24 Jahren als Vorstand eines 2000-Mann-Unternehmens" (Personal-Enzyklopädie 1977, 529).

Wie fest strukturiert, in welcher Sequenzfolge, mit welchen Möglichkeiten und Grenzen der Lebensführung dieser oder jener Beruf ausgestattet ist, das ist Basiswissen aller Gesellschaftsmitglieder: „Es gibt ein Hintergrundwissen, das ein Repertoire typischer Lebensabläufe einschließt; d.h. der einzelne hat eine mehr oder weniger realistische Kenntnis von üblichen Lebensläufen in der Gesellschaft, und dieses Wissen liefert die Horizonte für seine eigene Planung... Diese Laufbahntypen sind in hohem Grade anonym. Einigen von ihnen ist der einzelne in seiner bisherigen Erfahrung überhaupt nie begegnet. In der Einbildung kann man, gewöhnlich durch eine phantasierte Rekonstruktion der eigenen Vergangenheit, die meisten dieser Laufbahnen selbst ‚ausfüllen‘. So hat ein Fabrikarbeiter eine ziemlich realistische Vorstellung vom typischen Lebensablauf eines Juristen, auch wenn er mit der Gesellschaftswelt eines Juristen nur minimale oder überhaupt keine Kontakte hat. Der Fabrikarbeiter weiß zwar, daß er kaum in der Lage sein wird, gerade diese Lebensrolle ‚auszufüllen‘, er kann sich aber ohne große Schwierigkeiten vorstellen, daß er dazu fähig gewesen wäre, wenn sein Leben an bestimmten Wendepunkten anders verlaufen wäre." (Berger/Berger/Kellner 1975, 64f.)

Natürlich weiß man, dass solche typischen Lebenswege nur grobe Folien sind; sie sind keine Rezepte für die Lebensplanung, dies schon deshalb nicht, weil die Bilder und Kenntnisse von den typischen Lebenswegen keineswegs alle Lebensbereiche umfassen, sondern meist nur den Bereich der Berufsarbeit.

Persönlicher Lebensplan

Was man aus seinem Leben machen will, Ziele und Sinn des Lebens – um solche Themen drehen sich vielfältige Gedanken und Gespräche. Von Kind an sind wir in Situationen gekommen, in denen uns die Vorstellung eines eigenen Lebensplans abverlangt wurde. Das fängt an mit „Was willst du denn einmal werden?", geht über tiefschürfende Erörterungen über den Sinn des Lebens in der Jugend bis hin zur Frage des Vorgesetzten, was man sich noch so vorgenommen habe. Schon wenn das Kind „weiß nicht" antwortet, kommt das nicht gut an. Wer ohne solche Zukunftsentwürfe lebt, wird unter Umständen kräftig sanktioniert und manchmal sozial ausgegrenzt (in die psychiatrischen Institutionen z.B.).

Die Schwierigkeiten, einen persönlichen Lebensplan zu entwickeln und zu leben, scheinen in unserer Zeit größer zu werden. Es ist möglich, dass das auf eine Relativierung des Lebensplans angesichts vieler Möglichkeiten zurückgeht. Unsere Gesellschaft erweckt zumindest den Anschein, als ob wir dauernd die Wahl unter mehreren Lebensplänen hätten, als ob wir so, wie wir leben, eigentlich nicht leben müssten (Ziehe 1980, 49f.). Wenn der persönliche Lebensplan in den Alltagstrott der Laufbahnen eingemündet ist, haben wir zudem oft das Gefühl, den Ichbezug auf andere Weise garantieren zu müssen: durch ironische Distanz dem Weg gegenüber, den wir einmal eingeschlagen haben und der sich jetzt so verengt ausnimmt, durch kleine Ausbruchsversuche aus dem festgelegten Lebensplan (Cohen/Taylor 1977).

Diejenigen, die im Ganzen oder in Teilschritten ihres Lebensplans Schiffbruch erleiden oder gar die Fähigkeit zur Planung nicht aufbringen, können sich an Berater wenden (was zunehmend häufiger geschieht: Littmann 1980). „Einige von diesen Leuten können Experten sein, die für das Gesamtprojekt relevant sind, beispielsweise Psychiater. Von anderen nimmt man an, daß sie für größere oder kleinere Teilabschnitte des Projektes behilflich sein können, beispielsweise Erziehungsberater oder Reiseagenten ..." (Berger/Berger/Kellner 1975, 67)

Kollektive Lebensentwürfe

Neben- und gegeneinander gibt es Vorschläge zum „richtigen" Leben, die sich aus einer kollektiven Zukunft heraus begründen. Organisationen, politische und soziale Bewegungen, Kirchen und Verbände, Teilkulturen und Subkulturen – sie alle verfügen über mehr oder weniger deutliche Antizipationen der richtigen gemeinsamen Zukunft und darin zugleich über Vorschläge, wie heute angemessen zu leben sei.

Am Beispiel der Sioux deutet Erikson (1966, 16) die Wirkung solcher kollektiver Vorgaben für individuelle Möglichkeiten an: „In den Resten der alten Sioux-Identität war die vorgeschichtliche Vergangenheit immer noch eine ganz reale Macht. Der besiegte Stamm verhielt sich so, als folgte er einem Lebensplan, in dem sich passiver Widerstand gegen eine die Identitätsreste ihrer vergangenen Lebensweise nicht integrierenden Gegenwart mit Träumen von der Wiederkehr des alten Zustandes verband; die Zukunft sollte also in die Vergangenheit zurückführen, die Zeit wieder geschichtslos, der Raum grenzenlos, die Tätigkeit schrankenlos zentrifugal und die Büffelherden unerschöpflich werden. Ihre amtlich bestallten Erzieher dagegen predigten ihnen einen Lebensplan mit zentripetalen und ortsgebundenen Zielen. Haus, Herd und Bankkonto, was alles seinen Sinn von einem Lebensplan her empfängt, in welchem die Vergangenheit überwunden und das volle Maß der Wunscherfüllung in der Gegenwart einem immer höheren Lebensstandard in der (immer weiter zurückweichenden) Zukunft geopfert wird."

Ältere Kommunisten berichten, dass sie in ihrem Leben die Vorsorge fürs Alter nicht so wichtig genommen, dass sie z.B. auf die Bildung von Eigentum verzichtet haben, weil sie lange Jahre in der Erwartung des gesellschaftlichen Umsturzes gelebt haben. Ehemalige Anhänger des Nationalsozialismus dürften damit gerechnet haben, bei einem anderen Ausgang des Zweiten Weltkrieges ihre technische und Organisationserfahrung in eroberten Gebieten verwenden zu können und zu einem besseren Leben zu kommen.

Bei den Aktiven in den sozialen Bewegungen tritt oft der kollektive Lebensentwurf ganz an die Stelle des individuellen; Lebensführung und Teilnahme an der sozialen Bewegung verschmelzen miteinander. Besonders aus der Arbeiterbewegung gibt es hierüber viele Zeugnisse. Seine Entwicklung nach Eintritt in die Schweizer Sektion der Internationalen Arbeiter-Assoziation beschrieb Johann Most so: „Von da ab fühlte ich mich eigentlich erst als Mensch; es schwebte mir endlich ein Lebenszweck vor Augen, der über den bloßen Kampf ums Dasein und die Befriedigung augenblicklicher individueller Bedürfnisse hinaus ging; ich lebte mich ins Reich der Ideale hinein ... Der Privatmensch schrumpfte sozusagen in mir zusammen ... Die Sache der Menschheit war fortan meine Sache" (zit. n. Emmerich 1974, 145).

Was bei politisch konturierten Bewegungen leicht zu erkennen ist, dürfte auch beim normalen Gang der Gesellschaft wirken und auch für ruhige Mehrheitslagen gelten: Man denke an die Hoffnung auf den endlosen Fortschritt von Technik, Wirtschaft und Wohlstand in den 1950er Jahren, die große Mehrheiten in ihren biographischen Entscheidungen geprägt hat. Auch der Vorschlag zum „aufgeschlossenmodernen" Lebensstil, der seit Jahrzehnten in den Illustrierten und in den populären Ratgeberschriften für Erziehung und Selbsterziehung ausgebreitet wird, ist ein Beispiel.

Solche kollektiven Lebensentwürfe enthalten Aussagen und Vorschriften darüber, was die Menschen in der Sozialwelt miteinander verbindet, was sie verbinden sollte, wer oben, wer unten leben sollte, wo der eigene Bereich ist und wo die Grenzen des Alltags sind, was richtiges Leben ist. Für die moderne Gesellschaft ist charakteristisch, dass mehrere kollektive Lebensentwürfe mit teilweise sich ausschließenden Zukunftslinien und Lebensvorschriften nebeneinander wirken, „ein frommes Leben vor Gott" aus christlicher Tradition z.B., neben „die Weltgeschichte verändern" aus sozialistischer, neben „Leistung für die Gemeinschaft und für den eigenen Nutzen" aus bürgerlicher Tradition. Über die Richtigkeit und Angemessenheit führen die Anhänger der kollektiven Lebensentwürfe eine dauernde Diskussion oder gar einen Streit, der manchmal nicht nur mit Worten ausgetragen wird.

Die Leistung der kollektiven Lebensentwürfe besteht in erster Linie darin, die Perspektive der individuellen Lebensführung in eine Beziehung zur Zukunft von Gruppen und großen Kollektiven zu bringen. Sie formulieren die Hoffnung, dass auch andere ähnlich leben und leben wollen, selbst wenn man sie nicht kennt und nie kennenlernen wird. Sie vermitteln zwischen der beeinflussbaren Welt des Einzelnen und der fernen Sozialwelt, von der man nicht einmal die Gegenwart immer ausreichend kennt. Eine Legitimation des individuellen Lebenssinns aus einem gemeinsamen Lebensplan vieler Menschen ist zudem geeignet, eine Verunsicherung aller Lebensplanung in Schach zu halten: den Tod. Indem sich der Einzelne in seiner Lebensplanung auf kollektive Lebensentwürfe bezieht, gelingt ihm eine Distanzierung von seiner Endlichkeit, kann er sein Leben als sinnvolle Episode in einem größeren Vorgang auffassen.

Vorstellungsmuster wissenschaftlicher Herkunft

Zu den Vorgaben für die Ordnung und Sinnstiftung in Lebenserfahrungen gehören auch die (sozial-)wissenschaftlichen Theorien und Deutungen, die vielfach in ihren Wirkungen bis hinein in das Alltagsgespräch reichen. Entwicklungspsychologie, Sozialisationstheorie, Psychoanalyse, Klassen- und Rollentheorien, neuerdings Identitätstheorien – sie alle sind in das Alltagsgespräch und das Alltagsverständnis aufgenommen worden, wenigstens im Umkreis der modern gesinnten Angestellten- und Akademikerkultur.

Dass psychoanalytische Denkweisen über den Lebenslauf in das Alltagsgespräch eingedrungen sind, bedarf keines Beleges. Jeder von uns hat schon einmal mit Hilfe dieser Muster versucht, sich etwas zu erklären oder anderen einen Hinweis zu vermitteln. Auch in der Belletristik, in gedruckten Autobiographien (Auernheimer 1978; Picard 1978, 14), im Theater und im Kino ist dieses Muster verbreitet.

Ebenso spürbar ist die Wirkung des Konzepts von Entwicklung (Persönlichkeitsentwicklung) aus Entwicklungspsychologie bzw. Persönlichkeitstheorie. Über die Popularisierung dieses Konzepts durch Erziehungsberatung ist es weit verbreitet worden. In seinem Grundgedanken ist es aus der Biologie übernommen: Es ist ein Wachstumsbild, das hier leitet. Natürliche Sequenzen (Lebensalter), Linearität des Fortschritts, Irreversibilität und Zielgerichtetheit des Prozesses sind als Vorstellungsstrukturen von der Entwicklung der Persönlichkeit durch dieses biologische Grundmuster geprägt.

Folgenreich fürs Alltagsverständnis war auch die Klassentheorie der Arbeiterbewegung. Die durch Marx und Engels nahegelegte Bestimmung des historischen Subjekts als Proletariat wirkte sich in der alten Arbeiterbewegung so aus, dass die Klasse als Subjekt und die Subjekte – die einzelnen Arbeiter – als seine Momente aufgefasst wurden. So gibt es bei älteren Funktionären der Gewerkschaften und der Arbeiterparteien noch heute die Haltung, das eigene Leben nicht allzu wichtig zu nehmen und also auch nur knapp zu berichten, dagegen in erster Linie die Teilnahme an und die Leistungen für die politische Bewegung detailliert zu erzählen (Borsdorf 1978, 602; Galm 1981, 7; Eickhoff-Vigelahn 1982, 58).

3. Merkmale biographischer Kommunikation

Freiwillig oder abverlangt

In manchen Konstellationen beginnen wir die biographische Kommunikation von uns aus, in anderen wird uns die lebensgeschichtliche Erzählung abverlangt. Die Vermutung liegt nahe, dass sich dieser Unterschied damit deckt, ob die Situation alltäglich-offen oder nach den Regeln institutioneller bzw. administrativer Bedingungen gestaltet ist. Das ist jedoch nicht so: Auch in der freien Luft der nicht-institutionellen biographischen Kommunikation kann der Zwang auftreten, über sich und seine Lebensgeschichte etwas zu erzählen, was man nicht oder so nicht erzählen will.

Jeder hat ein paar Dinge zu verschweigen. Jeder kennt ein paar Ereignisse aus seiner Lebensgeschichte, die – wären sie bekannt – ihn diskreditieren würden: große Geheimnisse (eine „dunkle Vergangenheit" als Krimineller, als Prostituierte, als Rauschgiftkonsument), kleine Geheimnisse (der Seitensprung vor zehn Jahren, den ich meiner Ehefrau nicht gebeichtet hatte; die Zeit der Arbeitslosigkeit, die ich in meinem Bewerbungsschreiben nicht angegeben habe; eine Entziehungskur). Diejenigen Interaktionspartner, die darüber Bescheid wissen, können uns mit Fragen nach diesen Abschnitten unserer Biographie in Verlegenheit bringen. Sollen wir sagen: „Das geht Sie nichts an!"? Sollen wir einen Täuschungsversuch unternehmen? Sollen wir alles ehrlich zugeben, um mit dieser Demutsgeste beim Fragenden Verständnis zu gewinnen, vielleicht auch die Zusicherung, Dritten gegenüber diskret zu sein?

Umgekehrt sind keineswegs alle institutionellen Konstellationen mit dem Zwang, die Lebensgeschichte preiszugeben, ausgestattet. Den Erziehungsberater, den Therapeuten, den Arzt sucht man auf, um Rat und Hilfe zu erhalten. Ihren Fragen nach der Biographie wird man bereitwillig antworten. In Bewerbungssituationen dagegen ist man indirekt genötigt, weil man etwas erreichen will und zur Preisgabe lebensgeschichtlicher Informationen angehalten wird (Schraml 1964, 879). Anders steht es vor Gericht, bei der Fürsorge, bei einem Bewährungshelfer: Solchen Befragungen nach der Lebensgeschichte kann man nicht aus dem Wege gehen, ist man einmal in die entsprechende Situation geraten. Immerhin bleiben hier Möglichkeiten, „taktisch" zu erzählen, die Lebensgeschichte so zu präsentieren, dass möglichst wenig Nachteile zu erwarten sind.

Einseitig oder reziprok

Wenn der Arzt die Geschichte unserer Beschwerden aufnimmt, kommen wir nicht auf die Idee, ihn umgekehrt nach seiner Krankheitsgeschichte zu fragen. Ein solches Ansinnen auf Gegenseitigkeit würde ihn auf den Gedanken bringen, man sei nicht richtig im Kopf. Auch Therapeuten, Sozialarbeiter, Erziehungs- und Eheberater oder Richter würden sich wundern, wenn der Klient Reziprozität der lebensgeschichtlichen Erzählung einfordern würde. Gehört es doch zu den Grundregeln ihres beruflichen Handelns, vor Interventionen und Entscheidungen ausreichend über den „Fall" aus dem Munde des Klienten selbst informiert zu sein. Als Verhandlungstaktik für Personalleiter bzw. über die Besetzung von offenen Stellen entscheidende Ämter empfiehlt ein Ratgeber: „Nach Möglichkeit sollte der Bewerber sprechen, da man um so mehr von ihm erfahren kann. Das Gespräch sollte informell verlaufen, da der Bewerber somit aus der Reserve gelockt wird und er sich zu erkennen gibt ..." (Personal-Enzyklopädie 1977, 541)

Außerhalb von institutionell geregelten Konstellationen dagegen ist eigentlich immer die Möglichkeit vorhanden, den Spieß herumzudrehen. Ja, es sieht so aus, als ob man sogar legitimiert sei, auch den andern biographisch auszufragen, nachdem man sich selbst ein Stück weit geöffnet hat. Es kann ein Verstoß gegen die Höflichkeit sein, wenn ich mich auf Dauer der Reziprozitätsforderung des anderen, der sich schon lebensgeschichtlich geöffnet hat, verweigere. Wenn ich dann noch mit knappen Angaben antworte, kann ich für arrogant oder für übermäßig schüchtern gehalten werden.

Recht auf Darstellung und Beurteilung

In den meisten Konstellationen gilt eine Grundregel: Wer seine Lebensgeschichte erzählt, hat das Privileg des „Zeugen", ist allein berechtigt zu Darstellung und Beurteilung des Stoffes, hat das letzte Wort – eben weil er die Dinge selbst erlebt hat. Ausnahmen sind dann gestattet, wenn der andere, der meine Lebensgeschichte erzählt (bei einer Feier, einer Ehrung, einer formellen Vorstellung), sich auf die Nennung der „positiven" Seiten beschränkt.

Wer diese Höflichkeitsregel verletzt, einem Interaktionspartner nicht in die Wissensbereiche hineinzureden, die seiner Erfahrung entstammen, riskiert eine Interaktionskrise. Es gibt allerdings eine Reihe von vorsichtigen Mitteilungen, um auszuprobieren, ob der Gesprächspartner daran interessiert ist, seine Erzählungen aus seinem Leben zur Diskussion zu stellen: „Wenn ich mich mal in dich hineindenke, dann würde ich sagen ...", oder: „Ich kann das ja nicht beurteilen, ich hab ja nicht dringesteckt. Aber ..." Mischt sich der Zuhörer allzu weit ein, beansprucht er das Recht auf Beurteilung der gehörten Lebensgeschichte, kann man sich dagegen leicht wehren: „Sie haben das doch gar nicht miterlebt! Wie wollen Sie das denn wissen!" Entsprechend verfahren Versuche zur Beilegung der entstandenen Interaktionskrise: „Hast ja recht, jeder erlebt das natürlich anders ..." Oder: „Schon klar, ich kann das ja nur von außen beurteilen ..."

Diese Kompetenzverteilung kann suspendiert werden durch eine ausdrückliche Vereinbarung. Wenn ich zu Beginn mitteile, dass ich Rat suche, dass ich Hilfe bei der Lösung einer Lebensproblematik erwarte, dann ist der Zuhörer berechtigt, Darstellungen in Frage zu ziehen und eigene Beurteilungen zu formulieren. Interaktionskrisen können in solchen Beratungsgesprächen des Alltags dann entstehen, wenn der zur Beratung Herangezogene seinerseits aus seiner Lebensgeschichte erzählt – zur Belehrung des Ratsuchenden, vielleicht auch, um ihn durch den Bericht eigenen Erfolges auszustechen. In solchen

Verläufen kann man es dann noch einmal mit der Aufforderung versuchen: „Jetzt lass dich doch mal auf meine Probleme ein!"

Wenn wir institutionell geregelte biographische Kommunikationen eingehen oder eingehen müssen, wissen wir, dass hier die Rechte auf Darstellung und Beurteilung anders verteilt sind. In Beratungs- und Therapiesituationen liegt das Recht auf Darstellung des Lebensstoffes bei uns (sogar als Pflicht), dagegen wird das Recht auf Beurteilung und Interpretation den Vertretern der Institution zugestanden. Entsprechend sind die Rechte vor Gericht, beim Sozialfürsorger, im Gespräch mit dem Mitarbeiter des Heims verteilt. Die Vertreter der Institution haben sogar das Recht, die Erzählungen des Klienten zu unterbrechen oder bestimmte Erzählungen als ohne Informationsbeitrag zur Lösung des Falles zurückzuweisen (für Mitarbeiter des Sozialamts: Quasthoff 1979).

Preisgabe

Der wichtigste Unterschied zwischen institutionell geregelten Konstellationen und solchen im Alltagsgespräch scheint der zu sein, dass die Vertreter der Institutionen biographische Informationen auf Karteiblättern, in Akten und Dossiers verobjektivieren und unserem Zugriff entziehen. Dadurch entsteht eine Lebensgeschichte von mir, die unabhängig von meinen Erzählungen und meist ohne meinen Einfluss weiter existiert (und von Fall zu Fall bei Entscheidungen der Institution herangezogen werden kann). Jedoch gibt es ähnliche Vorgänge auch im Alltag außerhalb der institutionellen Konstellationen. Schließlich „speichert" auch der Gesprächspartner, mit dem ich lebensgeschichtliche Informationen austausche, einige Dinge über meine Vergangenheit. Ja, er kann sie auch schriftlich niederlegen, im harmlosen Fall in seinem Tagebuch oder in seinem Manuskriptentwurf für spätere Memoiren, im gefährlicheren Fall in Dossiers für spätere Erpressungsmöglichkeiten. Auch in diesen Konstellationen entsteht also eine Lebensgeschichte von mir, die von mir abgelöst ist und auf die ich nur begrenzten Einfluss habe.

Gewiss, der üblen Nachrede kann man sich zu erwehren suchen. Man kann auch gleich in der biographischen Kommunikation die Verabredung vorschlagen, dies oder jenes vertraulich zu behandeln. Aber ganz sicher sein kann man nicht, ob nicht biographische Kommunikation später, wenn sich die Fronten eventuell verschoben haben, wenn der Freund zum Gegner geworden ist, Nachteile einbringen wird.

Hinzu kommen politische und zeitgeschichtliche Konstellationen, die die unbefangene Erzählung aus der Lebensgeschichte erschweren. Die Zeit des Nationalsozialismus und die Umerziehung ab 1945 haben in Deutschland derart tiefgreifende Brüche der historischen Kontinuität bewirkt, dass hier besonders komplizierte Bedingungen der biographischen und historischen Rekonstruktion, ja der Rekonstruktionsfähigkeit vorliegen. Es ist bekannt, wie viele sich später kaum an bestimmte Vorgänge erinnern konnten. Ehemalige Nationalsozialisten können sich z.B. nicht erinnern, was aus jüdischen Mitbewohnern im Mietshaus geworden ist (Weyrather 1982, 52). Manche Kriegserlebnisse und die Beteiligung an bestimmten Organisationen damals sind tabu. Vergleichbare Probleme der Erinnerung gibt es auch bei ehemaligen Gegnern des nationalsozialistischen Regimes: Sie erinnern sich gut an Widerstand und Unterdrückung, kaum aber an die Kompromisse, die sie mit dem Regime eingegangen sind. Mitglieder der KPD, die ja ab 1956 noch einmal verboten war, sprechen selbst ungern von den 1950er und 1960er Jahren. Zu nahe noch sind ihnen staatliche Benachteiligung und Verfolgung (Hess/Mechler 1973, 72; Poppinga/Barth/Roth 1977, 12f.).

Biographische Kommunikation geht also immer das Risiko der Preisgabe ein. Sie vollzieht sich deshalb selten ohne Vorsicht. In fast jeder Situation dürfte die Vorsicht walten, nicht alles preiszugeben – der andere könnte es benutzen: zu einem Witz, zu einem Gerücht, zu einer üblen Nachrede. Weder der Sozialarbeiter noch der Kriminalbeamte, weder der Freund an der Theke noch die Ehefrau beim Frühstück bekommen alles zu hören.

Die biographischen Anderen

Ich bin nicht der Einzige, der biographische Kenntnisse über mich hat. Es sind viele Menschen, insbesondere meine nahen Interaktionspartner, die meine Lebensgeschichte oder Teile daraus kennen, hin und wieder besser als ich selbst, z.B. die frühe Kindheit (zu autobiographischen Kindheitserinnerungen: Heinritz 1994). Biographie in diesem Sinne ist auch ein Wissensbestand, den andere über mich haben und an dem ich mich dauernd orientieren muss. „Biographie' wird über andere vermittelt und durch andere organisiert." (Grathoff 1980, 294; zum Begriff der „biographischen Anderen": Goffman 1967, 85ff.) Ich bin also keineswegs der Souverän meiner Erinnerungen und Interpretationen, die ich als meine Lebensgeschichte vorstellen kann, sondern ich muss sie abstimmen mit denen, die andere davon haben.

Mit einigen dieser „wissenden" Interaktionspartner stehe ich ständig, mit anderen hin und wieder im Austausch darüber, „wie es damals war", „was wir damals erlebt haben", „was mir damals passiert ist, als die anderen ..." Es spricht einiges dafür, dass es solche Gespräche sind, die meine eigene lebensgeschichtliche Erinnerung wach halten. „Die subjektive Wirklichkeit von etwas, das nie besprochen wird, fängt allmählich an, hinfällig zu werden." (Berger/Luckmann 1969, 164)

Diesen Gesichtspunkt der Absicherung der Lebensgeschichte durch die Gespräche mit an der Vergangenheit beteiligten Menschen, der Fundierung lebensgeschichtlicher Erinnerung durch Teilhabe am „kollektiven Gedächtnis" hat Halbwachs herausgearbeitet. Er zeigt, dass es sich bei Erinnerungen immer um Rekonstruktionen aus der Gegenwart handelt, die notwendig soziale Bezüge – Anhaltspunkte durch andere Menschen, durch soziale Bedingungen oder kulturelle Produkte – brauchen, um angemessen zustande gebracht werden zu können. „Jede noch so persönliche Erinnerung, selbst von Ereignissen, deren Zeuge wir alleine waren, selbst von unausgesprochenen Gedanken und Gefühlen, steht zu einem Gesamt von Begriffen in Beziehung, das noch viele außer uns besitzen, mit Personen, Gruppen, Orten, Daten, Wörtern und Sprachformen, auch mit Überlegungen und Ideen, d.h. mit dem ganzen materiellen und geistigen Leben der Gruppen, zu denen wir gehören und gehört haben." (Halbwachs 1966, 71)

Innerhalb dieser fundierenden Leistung der Kommunikation mit den biographischen Anderen ergeben sich im Einzelnen oft Abstimmungsprobleme und Aufgaben der Vermeidung von Konflikten.

Schwierig wird die Situation z.B., wenn ich nicht weiß, was andere aus meiner Lebensgeschichte wissen. Leicht kann es dann passieren, dass ich ertappt werde bei einer Neuinterpretation der Vergangenheit, die den Kenntnissen anderer widerspricht. Ist es einem z.b. endlich gelungen, bei seinen jetzigen Freunden und Kollegen als kraftvoll-leistungsorientierte Persönlichkeit dazustehen, kommt doch glatt ein Freund aus der Studienzeit daher, der ausführlich erzählt, wie schüchtern man damals gegenüber den Dozenten war, wie verträumt man sich auf das Examen vorbereitet hat.

Das Problem besteht hier darin, dass zwei oder mehrere Gruppen von Interaktionspartnern je verschiedene Lebensgeschichten von mir kennen. Weiß die Familie und wissen die Nachbarn im Ort z.B. über meinen Schulbesuch, meine Jugendstreiche und meine Ausbildung aus eigener Anschauung Bescheid, so weiß der neue Freundes- und Kollegenkreis in der Stadt über meinen Berufsweg danach, meine Ehe und die Kinder Bescheid. Auch ohne Versuche zur Täuschung dieser Gruppen dürften sie verschiedene Vorstellungen von meiner Lebensgeschichte insgesamt haben. Aus beruflichem Erfolg und heutigem Lebensstil liegen Rückschlüsse auf Jugend und Kindheit nahe. Umgekehrt haben sich die Menschen im Heimatdorf aus meiner damaligen Geschichte Bilder davon gemacht, was aus mir geworden sein wird. Diskrepanzen meiner Lebensgeschichte bei verschiedenen Interaktionspartnern und Gruppen sind also fast unvermeidbar.

Sie stellen sich dann besonders scharf, wenn ich zu solchen Diskrepanzen beitrage, indem ich „falsche" oder uminterpretierte Nachrichten über die jeweils fehlende Zeit gebe. Berühren sich die Interaktionskreise mit jeweils verschiedenen Lebensgeschichten von mir, können sich überraschende, ja peinliche Szenen ergeben. „Was, das hab ich ja gar nicht gewusst von dir!"; „Sowas, das hätte ich dir nie zugetraut!"

Dann muss – in leichteren Fällen – erklärt werden, warum man dies und jenes nie erwähnt hat. In schweren Fällen ist und bleibt man bloßgestellt. Das Doppelleben ist aufgedeckt, es kann nicht mehr zu einem Leben mit unterschiedlichen Nuancen umdefiniert werden. „Der klassische Fall ist hier der der Prostituierten, die, angepaßt an ihre Großstadtrunde und die Kontakte, die sie darin routinemäßig hat, fürchtet, über einen Mann aus ihrer Heimatstadt zu ‚stolpern‘, der natürlich in der Lage sein wird, ihre augenblicklichen sozialen Attribute zu erkennen und die Neuigkeiten nach Hause zu bringen." (Goffman 1967, 101)

Färbung aus dem Heute

Lebensgeschichte stammt aus dem Heute, handelt aber vom Gestern. Sie ist retrospektiv. Kindheitserinnerungen sind Erinnerungen des Erwachsenen an die Kindheit, „in der Kindheitserzählung verschränken sich damit Kindheits- mit Erwachsener-Erfahrung" (Schonig 1979, 14). Anders als beim Tagebuch, bei dem Erlebnis und Niederschrift zeitlich nahe beieinander liegen, sind lebensgeschichtliche Erzählungen immer Rekonstruktionen der Vergangenheit aus dem Heute, keine Abbilder; sind sie „nicht das Sammelsurium dessen, was ein einzelner insgesamt objektiv durchlebt hat, sondern sie sind strukturierte Selbstbilder" (Fischer 1978, 319) aus der Gegenwart. Insoweit die Gegenwart „in der Form von Plänen und von Projektionen auf die Kinder" (Bertaux-Wiame 1981, 257f.) Verweise auf das enthält, was sich aus der Gegenwart künftig ergeben kann oder soll, kann die Rekonstruktion der Vergangenheit auch als (verdeckter) Entwurf von Zukunft aufgefasst werden.

Mit jeder Veränderung meiner Lebenslage und meines Selbstverständnisses ändert sich auch meine Auffassung von der Vergangenheit, verschieben sich die Strukturierungsprinzipien, kommen andere Ereignisse in den Vordergrund der Erinnerung, werden andere vergessen. Ein instruktiver Beleg für diesen Sachverhalt stammt aus einer Befragung von Bäckern: „Wir versuchten zu rekonstruieren, was die Lehrzeit in einem handwerklichen Bäckereibetrieb in den 20er Jahren bedeutete. Im Jahre 1976 befragten wir zu diesem Zweck Rentner, die sie erlebt hatten. Einige sind ihr ganzes Leben lang abhängig Beschäftigte geblieben, alle (sieben an der Zahl) erinnern sich ungemein gut an die Härten der Lehrzeit (das Aufstehen um Mitternacht, die lange Arbeitszeit, die Schimpfereien usw.). Anders die, die sich mit 25 oder 30 als Handwerker selbständig gemacht hatten; sie hatten den bedrückenden Aspekt dieses Lebensabschnittes aus ihrem Gedächtnis radiert; sie erinnerten sich an diese Zeit als an den Lebensabschnitt, in dem sie ihren Beruf gelernt haben." (Bertaux/Bertaux-Wiame 1980, 111)

Die Überlegung, dass die lebensgeschichtliche Erinnerung eine gefärbte Rekonstruktion ist, führt zur These, dass nicht nur die Zukunft offen ist, sondern auch die Vergangenheit: „Die gängige Auffassung, daß die Vergangenheit im Unterschied zum ewig strömenden Fluß der Gegenwart fest stehe, starr und unveränderlich sei, ist also falsch. Ganz im Gegenteil, sie ist geschmeidig, biegsam und dauernd im Fluß für unser Bewußtsein, je nachdem die Erinnerung sie umdeutet und neu auslegt, was sich ereignet hat. Wir haben also so viele Leben wie wir Lebenseinstellungen haben. Wir mögen nicht davon lassen, unsere Biographie umzuschreiben, so wie die Stalinisten die sowjetische Enzyklopädie immer wieder umschreiben, indem sie bestimmte Tatsachen in den Vordergrund rücken, um andere schmählicher Vergessenheit anheim zu geben." (Berger 1969, 67)

Bedeutsame Wende- und Bruchpunkte der Lebensführung können zu einer grundlegenden Neudefinition der eigenen Zukunft und zugleich der Vergangenheit führen. Bekehrungen im religiösen Sinn; auch politische Überzeugungswechsel; der Tag, an dem man sich als Homosexueller outete; an dem man von einem Polizisten verprügelt wurde und die Funktionsweise des Staates durchschaute; die Umstrukturierung durch eine Psychoanalyse oder eine andere Therapie – sie alle führen oft zu vollständigen Umwertungen der bisherigen Lebensgeschichte, zu Neufassungen.

Interaktive Absicherung

Neukonstruktionen der Vergangenheit müssen interaktiv abgesichert werden. Ohne dass wichtige Interaktionspartner meiner veränderten Lebensgeschichte zustimmen, wird sie kaum lange aufrechterhalten werden können.

Natürlich haben wir dabei einige Wahlfreiheit: Wir können meist Einfluss darauf nehmen, wen und welche Gruppe wir uns als Garanten einer umgearbeiteten Lebensgeschichte wählen. Der Verbrecher, der sich nach langer Haft eine bürgerliche Identität in einer anderen Stadt zulegen will, wird den Kontakt mit seinen früheren Interaktionskreisen meiden. Das könnte ihn den Erfolg seines Versuchs kosten. Der Student vom Lande, der sich in der Universitätsstadt der aufgeschlossen-progressiven Lebensweise anschließt, wird es vermeiden, seine Eltern in die Wohngemeinschaft zu holen, in der er jetzt wohnt. Seine studentischen Interaktionspartner könnten bei dieser Gelegenheit etwas aus seiner Lebensgeschichte hören, was er noch nie preisgegeben hat: Wie andächtig er zur Erstkommunion gegangen ist, wie liebevoll-ausgeglichen das Verhältnis zu seinen Eltern gewesen ist.

Umarbeitungen der Lebensgeschichte also stehen immer in Gefahr, zurückgewiesen zu werden – von den (früheren) Interaktionspartnern, die die neue Lebensgeschichte anders kennen und die Gesichtspunkte der Umarbeitung nicht akzeptieren. In den meisten Fällen stehen Uminterpretationen der Lebensgeschichte in Zusammenhang mit Änderungen im Interaktionskreis. Veränderungen im Lebenskreis (Aufstieg, regionale Mobilität usw.) führen zu Neubearbeitungen der Lebensgeschichte. Neubearbeitungen der Lebensgeschichte führen zu Veränderungen im Interaktionskreis. Um dies auf weniger dramatische Vorgänge zurückzunehmen: In biographischen Kommunikationen versuchen wir, unsere lebensgeschichtlichen Erzählungen so zu gestalten, dass der Zuhörer sie akzeptieren kann, sie nicht als Ausdruck einer „falschen" Lebensweise oder -auffassung zurückweisen wird. So kommt es, dass wir in jeder Kommunikation unsere Lebensgeschichte ein wenig anders erzählen. Wir versuchen, die Verstehensbereitschaft, die Kriterien für akzeptable Lebensweise und Lebensauffassung beim jeweiligen Gegenüber zu berücksichtigen.

Die Darstellungs- und Berichtsleistung der lebensgeschichtlichen Erzählung wird durch diese situative Rücksicht beeinträchtigt. Es entsteht auch eine „zeitgeschichtliche Verzerrung": Was heute erzählbar, verstehbar und sozial akzeptabel zu sein scheint, kann anderen Kriterien und Normen folgen als noch vor zwanzig, dreißig Jahren. Noch vor wenigen Jahrzehnten wäre die Geschichte einer Scheidung anders (zögernder, verschämter) erzählt worden als heute. Frühere Tabuthemen haben sich versachlicht aufgrund des Modernisierungsschubes der 1960er und 1970er Jahre. Zentrale Lebensthemen könnten sich in ihrer Zentralität verschoben haben. In der Interaktionsbeziehung von biographischer Kommunikation steckt selbst der Rahmen der sozialen Akzeptabilität, ein Rahmen, der sich im Verlauf der Zeitgeschichte permanent verschiebt.

Zeitlinie der Erzählung

Auf keine Weise kann die Erinnerung das vergangene Leben so reproduzieren, wie es damals gewesen ist. Das geht schon deshalb nicht, weil ich nachträglich den Verlauf der Dinge überblicken kann, während ich in der damaligen Situation unsicher war, was die Zukunft bringen wird. „Schon die Tatsache, daß der Erinnernde das als eine zusätzliche Vergangenheit kennt, was damals noch unbekannte und nicht einmal gewisse Zukunft war, muß den Blick auf Episoden, Zustände und Empfindungen, Entscheidungen und Konsequenzen notwendig beeinflussen. Es kann nicht wieder in der Form erzählt werden, in der seinerzeit erlebt wurde; jeder Versuch zu einer derartigen Wiederherstellung muß sich im Ansatz bereits als gebrochen erweisen." (Wuthenow 1974, 19) Daraus folgt, dass die zeitliche Anordnung der Erlebnisse und Vorgänge in der lebensgeschichtlichen Erzählung in jedem Falle eine nachträglich gewonnene Strukturierungsleistung ist.

Grob lassen sich folgende Möglichkeiten der zeitlichen Strukturierung des lebensgeschichtlichen Stoffes nennen:

a) Die Erzählungen sind ohne eindeutige Zeitlinie. Ereignisse und Geschehnisse aus unterschiedlichen Lebenszeiten werden nebeneinander berichtet, ganz ohne Versuch zu einer Ordnung in der Zeitachse. Solche Erzählformen sind gängig am Stammtisch und in anderen Situationen, in denen die lebensgeschichtliche Erzählung eher Unterhaltungswert zu haben scheint, wo es darum geht, eine Pointe zu gestalten, eine *story* zum Besten zu geben. Die Erinnerungen ans Familienfest, die Formen, wie man sich an der Theke, im Verein und in Freundschaften miteinander bekannt macht bzw. sich an gemeinsame Erlebnisse erinnert, haben die Form des „Weißt du noch ...", des „Als ich damals ..." Sie fassen das Leben auf wie eine Kommode, in der die

Erinnerungen nebeneinander liegen und herausgenommen werden können, ohne eine Linie vom Jahre null bis heute zu ziehen.

Nun handelt es sich hier meist um Situationen, in denen es als aufdringlich oder ungewöhnlich gälte, finge man damit an, eine zeitlich systematisierte Lebensgeschichte zu erzählen. Für solche offene Situationen vermutet Bahrdt (1982, 41), „der Gesprächsablauf, bei dem zunächst ja noch nicht feststeht, daß ein Teilnehmer faktisch sein Leben erzählt", könnte „typische Einstiegsgelegenheiten schaffen, die unverfänglich sind, z.b. den Zuhörer noch nicht in seiner Zuhörerrolle festlegen. Erst wenn er sich als solcher zugänglich erweist, greift man weiter in die Vergangenheit zurück, bis schließlich in extenso Geschichten erzählt werden, die sich zu einer Lebensgeschichte vervollständigen (z.b. in der Eisenbahn: Gespräch über Reiseziel – Gespräch über Kinder und Enkel, die man besucht, Erzählungen über Heirat, Jugend und Kindheit der jetzt erwachsenen Kinder, dann erst Bericht über den eigenen Lebenslauf)."

Auch in der klassischen psychoanalytischen Situation wird eine Erzählform ohne lineare Zeitstruktur privilegiert: Der Analytiker fordert zur ungeordneten Assoziation der Erinnerungen auf, verlangt nicht, dass eine Zeitstruktur oder Systematik der Argumentation eingehalten wird.

b) Die Erzählweise folgt dem Muster der „Naturgeschichte" der Ereignisse, der Geschichte von Anfang bis zum Ende – nämlich dem Heute. Innerhalb dieses Zeitmusters „zuerst war das, dann kam das, am Schluss war das – und hier sitze ich und erzähle das alles" lassen sich zwei Möglichkeiten unterscheiden, wie die damals ungewisse Zukunft nachträglich dargestellt wird:

- Der Erzähler kann eine Spannungsgeschichte entwickeln, indem er den Zuhörer durch alle früheren Gefährdungen hindurchführt, wie er fast sein Leben im Krieg verloren hätte, wie er beinahe einem Verkehrsunfall zum Opfer gefallen wäre – obwohl doch der Zuhörer sicher sein kann, dass der Erzähler noch einmal Glück hatte, sonst würde er ja nicht hier sitzen und erzählen. Der Erzähler fingiert nachträglich eine ungewisse Zukunft, von der aber beide wissen, dass sie inzwischen ihrer Risiken beraubt ist durch den weiteren Gang der Dinge.

- Der Erzähler kann auf diese Fiktion früherer ungewisser Zukunft verzichten und in allen Erzählteilen bereits durchscheinen lassen, wie es ausgegangen ist. Dieses Zeitmuster der Erzählung dürfte kulturgeschichtlich älter sein als das der Spannungsgeschichte (Lugowski 1976; Gumbrecht 1980). Auch Märchen und Sagen erzählen in der Sicherheit des *happy end*. Auch Bekehrungsgeschichten, die die Lebensgeschichte in zwei Großabschnitte aufteilen, in die „Zeit davor" und in das in der Bekehrung erlangte richtige Leben, erzählen die „Zeit davor" meist im Hinblick auf das später erreichte eigentliche Leben. „Wenn man genauer zusieht, wird man ... feststellen können, daß die Bekehrung sich schon in den Geschichten vorher ankündigt und daß sich die ersten Ansätze weit zurückverfolgen lassen in Geschichten, selbst wenn sie nach der Tradition den eruptiven Charakter aufweist, den die Bekehrung des Apostels Paulus trägt." (Schapp 1953, 129)

c) Schließlich kann lebensgeschichtliche Erzählung nur einer Linie, einem thematischen Bereich aus dem Gesamtstoff der biographischen Erfahrungen folgen und daraufhin gestaltet sein. Die Geschichte der Ehe, die Geschichte des Umgangs mit Accessoires in der Jugend (Zinnecker 1983), die Geschichte der Wohn- und Stadtumfelderfahrungen (Herlyn 1980), das sind Beispiele für biographische Kommunikationen, die nicht notwendigerweise zu einer Gesamtdarstellung der Lebensführung gelangen (aber durchaus können). Die zeitliche Strukturierung kann in diesem Falle sowohl dem Muster „erst das, dann das" folgen als auch ohne eindeutige Zeitlinie bleiben, orientiert allein an der Vorstellung der Erfahrungen im Hinblick auf eine Problematik, ein Thema der Lebensführung. Eingeleitet durch „Da muss ich Ihnen noch ein Ding erzählen ..." oder „Ich kann mich noch erinnern, wie ..." fügen sich die Geschichten zu einer thematischen, aber nicht zeitlichen Reihe (Beispiele in Poppinga/Barth/Roth 1977).

Von der sozialwissenschaftlichen Frauenforschung wird davor gewarnt, nichtlineare Erzählweisen (und damit Nichtlinearität in der biographischen Erfahrungsweise) zu übersehen (Becker-Schmidt 1994,

157ff; auch: Dausien 1994). Lebenslauf und Lebenserfahrungen (bei Frauen wegen ihrer oft mehrfach wechselnden Teilhabe an Familie und Berufssphäre) seien durch Sprünge und Diskontinuität charakterisiert. Alte Lebenswünsche würden gegebenenfalls nach langer Latenzzeit wieder aufgenommen; Erwartungen für die Zukunft bestimmten die Vorbereitung in der Gegenwart; von einem neuen Niveau der Erfahrungen könnten frühere Lebenserfahrungen neu geordnet werden usw. Die Warnung richtet sich gegen die verbreitete Vorstellung von einer linear sich aufschichtenden Lebenserfahrung, wie sie aus interaktionstheoretischer Perspektive nahegelegt werde (Becker-Schmidt 1994, 173).

Routine und Außergewöhnliches

„Auf ein gutes Leben sieht man gern zurück", sagt das Sprichwort (Wander 1964, II, 1835). Umgekehrt: Über Lebensjahre oder Abschnitte der Lebensführung, in denen sich wenig ereignet hat, wird so gut wie nichts erzählt. Welchen Sinn sollte es haben, sich mühsam an ereignislos aufeinanderfolgenden Monate oder Jahre zu erinnern und sie anderen zum Besten zu geben? „Man sagt, daß die schlechten Erinnerungen vergessen und nur die guten im Gedächtnis behalten werden; aber hinterläßt nicht ein enormer Teil des Alltags überhaupt keine Erinnerungen, weder schlechte noch gute?" (Bertaux/Bertaux-Wiame 1980, 111)
Wer sein Leben eingespannt zwischen Arbeitstag, Sorge für die Familie und neuem Arbeitstag verbringt, kann es nur schwer als sinnvollen Zusammenhang erleben und also nur schwer erzählen. „Wenn zahlreiche Arbeiter ihr Leben zusammenhanglos und subjektiv als sinnvoll nur in einzelnen Alltagsaktivitäten erfahren, so können sie in ihren Erinnerungen keine markante Entwicklung beschreiben. Ihr Alltagsleben ist Privatleben, bestimmt von der Not und Sorge um die Reproduktionsbedingungen ihrer Arbeitskraft." (Bollenbeck 1976, 58) Vermutet wird, dass "sich zunächst einmal der proletarische Alltag überhaupt gegen jede erzählende Darstellung" sperrt (Liebel/Schonig 1978, 139).

Schon die ältere Kritik an der Verwendbarkeit von Arbeiterautobiographien als Datengrundlage für sozialwissenschaftliche Fragestellungen hatte dies Motiv herausgehoben: „Vom Abenteuer erzählt man –
die Eintönigkeit des Arbeitsalltags trägt man stumm." (Geiger 1931,
243) Der Alltag der Berufsarbeit insbesondere wird kaum Inhalt von
Erzählungen. „Nur wenn die abnorme Schwere des Arbeitsalltags oder
die Gefährlichkeit eines Berufs herausgestrichen werden, wird die
Schilderung ... detailliert und lebendig. Zur eigentlichen Illustration ...
dienen stets Fälle, in denen man Augen- oder Ohrenzeuge war, wie
etwas ‚passierte'." (Neumann 1967, 275) In die gleiche Richtung
weist eine Erfahrung aus einem Forschungsprojekt über Berufsbiographien von Ingenieuren: „Die Erzählung einer Laufbahn ist mühsam –
denn es gibt wenig zu erzählen, dagegen viel zu beschreiben ... Da die
Absolvierung einer Laufbahn immer eine ‚Befolgung' von institutionalisierten Erwartungen ist, kann die Darstellung einer Laufbahn auch
kaum als die Verkettung überragender Ereignisse in einer handlungs-
starken Geschichte erzählt werden ..." (Hermanns 1981, 85f.) Allerdings: Auch Außergewöhnliches kann, wenn es sich wiederholt, Routine werden. „Erzählungen der Zivilbevölkerung über die Bombenan-
griffe im Zweiten Weltkrieg zeigen dies Phänomen... Die sich Tag
und Nacht wiederholenden Situationen in den Kellern und Bunkern
werden erzählerisch nur noch bei herausragenden Angriffen ausgebaut, ansonsten in verdichteten Situationen – so wie es immer wieder
war – beschrieben." (Rosenthal 1993, 79)

Menschen, die den ausgetretenen Wegen folgen und dabei durch
äußere Umstände nicht unterbrochen werden, haben also weniger zu
erzählen als solche, die sich mehrfach umgestellt haben oder umstel-
len mussten, die irgendwie außergewöhnlich leben. „Von sehr kon-
formistisch lebenden Individuen ist keine besondere Anstrengung autobiographischer Selbstdurchleuchtung zu erwarten. Für solche Individuen verschwindet die gesamte Dimension der sozialen, politischen,
psychodynamischen Lebenslaufbedingungen in den Selbstverständlichkeiten des normalen Ablaufs ... Der Außenseiter als Subjekt eines
‚unordentlichen', gestörten Lebens, steht in viel größerem Maß als der
Eingefügte unter Reflexionsdruck, denn er ist derjenige, der an vielen

Stellen ‚gestolpert' ist, dem viele Störerfahrungen zugemutet wurden und der die gesellschaftlichen Ordnungsangebote für sein Leben nicht hat akzeptieren können ..." (Sloterdijk 1978, 113f.)

Hier ist indirekt ein Problem der Auswahl von Befragten für biographische Studien angesprochen: Außenseiter, Menschen mit außergewöhnlichen Sozialerfahrungen scheinen geeigneter zu sein als diejenigen in der Mitte der Straße, auf der sich der Sozialprozess bewegt, jedenfalls unter dem Gesichtspunkt der Erzählfähigkeit ihrer Lebensgeschichten.

Erzählbarkeit

Ob wir spannend und interessant aus unserer Lebensgeschichte erzählen, ist in institutionell geprägten Situationen meist gleichgültig; denn der Vertreter der Institution hört ja nicht aus Neugier an fremdem Schicksal zu, nicht wegen der gelungenen Dramatisierung einzelner Episoden. Anders verhält es sich in Situationen außerhalb institutioneller Regelungen: Hier wird das Gespräch durch das Gespräch selbst gehalten, hier kommt es darauf an, den Kommunikationspartner zu einem interessierten Zuhörer zu machen, seine Aufmerksamkeit durch spannende Geschichten über ungewöhnliche Begebenheiten zu fesseln. Deutet er keine wirkliche Beteiligung an meinen biographischen Erzählungen an, bricht er gar die Kommunikation ab, ist dies für mich nicht nur eine misslungene Kommunikation, sondern ein Misslingen beim ich-nahen Thema Lebensgeschichte.

Diese Konstellation erbringt für die Vorauswahl der Stoffe, Episoden und Gestalten aus der Erinnerung für biographische Erzählungen und Berichte ein Selektionskriterium, das der Erzählbarkeit. Was sich nicht erzählen lässt, wird nicht erzählt. Man kann vermuten, dass dies Selektionskriterium bereits die Erinnerung bestimmt, „selbst wenn vorläufig nur ein innerer Monolog stattfindet" (Bahrdt 1982, 26).

Diese Selektions- und Gestaltungsregel dürfte den Beteiligten an einem Alltagsgespräch bekannt sein. Daraus kann eine allseits gegebene Toleranz gegenüber Retuschen, Übertreibungen und Zuspitzungen angenommen werden. Es besteht „in der Regel zwischen dem Erzähler von selbsterlebten Geschichten und seinen Zuhörern ein stil-

ler Konsens darüber, die Wahrheitsfrage nach Möglichkeit auszu-
klammern. Jedermann weiß, im Eifer des Erzählens werden oft, bewußt oder unbewußt, objektive Tatsachen zugunsten des Erzählers
korrigiert oder umgedeutet." Erst wenn der Erzähler diese Toleranz-
grenze zur Fiktion hin deutlich überschreitet, kann er durch ein zö-
gernd-verständnisvolles „Na, na!" oder durch den Hinweis, jetzt gehe
er aber wirklich zu weit, auf die „Grenzen des Zumutbaren" aufmerksam gemacht werden (Lehmann 1978, 205).

Ich und die Sozialwelt

Subjekt einer biographischen Erzählung ist der Erzähler als zugleich
derjenige, der die Erlebnisse erlebt und die Bedingungen mitgemacht
hat. Wie präsentiert der Erzähler sein Ich in der Lebensgeschichte?
Stellt er es vor als die Sonne, um die die anderen Menschen und die
Dinge kreisen? Stellt er es vor als Zentrum von Handlungen und
Handlungsmöglichkeiten oder als Zentrum von Erleiden?

Formtraditionen, die Gewohnheiten von Teilkulturen, Berufsgruppen und sozialen Klassen spielen hier eine Rolle. Als Ergebnis einer
Durchsicht von Autobiographien von Wissenschaftlern merkt Kohli
(1981c, 452) an, „daß in vielen Selbstdarstellungen von Wissenschaftlern sich eine Identitätsdoktrin ausspricht, die dem handelnden Subjekt, dem Ich als Organisator des Werks und als Garant von dessen
Kontinuität eine besonders zentrale Stellung einräumt." In diesem
Zusammenhang schlägt Kohli sechs Typen von „Kontinuitätssicherung" vor, also von Darstellungsformen des Verhältnisses von Ich und
Sozialwelt in der Lebenszeit:

„1. autonom geschaffene Lebensgeschichte
2. zielgerichtete Lebensgeschichte (d.h. Durchhalten einer übergeord-
neten Zielrichtung durch das Subjekt, das sie trotz der Kontingenz der
Lebensumstände verwirklicht, indem es sich diese immer wieder un-
tertan macht)
3. institutionelle Lebensgeschichte (d.h. Einpassung in institutionell
vorgegebene Strukturen, z.B. in das Muster der Karriere)

4. suchende Lebensgeschichte (d.h. immer erneute Ansätze und Richtungsänderungen)
5. Lebensgeschichte als Spielball (d.h. als Ergebnis des Parallelogramms der äußeren Kräfte)
6. selbstreflexive Lebensgeschichte (d.h. Problematisierung der Möglichkeit der Kontinuität und damit des Ich-Sagens)" (Kohli 1981c, 452).

Bestimmte Konstellationen legen bestimmte Verknüpfungsformen von Ich und Sozialwelt nahe: Vor Gericht, beim Bewährungshelfer kann es geboten sein, die Lebensgeschichte entschuldigend zu erzählen, so, als ob man dabei kaum beteiligt gewesen sei – etwa als „Sozialisationsbericht", wie ich gemacht und beeinflusst worden bin, oder als eine, in der ich nur als einflussloser Spielball ungünstiger Einflüsse vorkomme, als Leidenszentrum. In solchen Situationen wäre es taktisch unklug, das handelnde Ich als Leitfaden der Erzählung zu präsentieren; die Vertreter der Institutionen könnten das als mangelnde Einsicht, als mangelnde Reue über die Tat ansehen.

Übergreifender Sinn

Kulturelle Traditionen und soziale Regeln verlangen, dass wir alle Abschnitte und Teile der Lebensführung aus einem übergreifenden Sinnzusammenhang heraus erzählen (können).

Durchgängig akzeptiert ist die Vorstellung, dass ein jeder Mensch nur eine Biographie hat. Ironisch merkt Goffman hierzu an, dass diese Vorstellung „mehr durch die Gesetze der Physik als durch die der Gesellschaft garantiert ist. Jedes und alles, was ein Individuum getan hat und actualiter tun kann, wird als in seiner Biographie faßbar verstanden, wie es das Jekyll-Hyde-Thema in Stevensons Erzählung veranschaulicht, selbst wenn wir einen Biographie-Spezialisten anheuern müssen, einen Privatdetektiv, der die fehlenden Fakten ergänzt und die entdeckten für uns verbindet ... Man bemerke, daß diese umfassende Einzigkeit der Lebenslinie in scharfem Kontrast zu der Vielzahl von Ichs steht, die man in dem Individuum findet, wenn man es aus der Perspektive der sozialen Rolle betrachtet, wo es, wenn das Auseinanderhalten der diversen Rollen und der entsprechenden Bezugs-

gruppen gut gehandhabt wird, ganz bequem verschiedene Ichs aufrechterhalten und bis zu einem gewissen Grad beanspruchen kann,
etwas einmal Gewesenes nicht länger zu sein." (Goffman 1967, 81f.;
auch: Goffman 1980, 599) Einen ähnlichen Gedanken hat Bourdieu
(1990, 76) bei seiner radikalen Zurückweisung der Biographieforschung vorgebracht: Er spöttelt über die „Neigung, sich dadurch zum
Ideologen seines eigenen Lebens zu machen, daß man im Dienst einer
allgemeinen Intention gewisse signifikante Ereignisse auswählt und
zwischen ihnen eigene Beziehungen stiftet, um ihnen Kohärenz zu
geben – wie die, die ihre Setzung als etwas, was Ursachen hat oder
häufiger als etwas, das auf ein Ziel führt ..." (vgl. Alheit 1992, 22ff.)[1]
    Viele gängige Verständnismuster wirken zusammen, um Einord-
nung der Lebenserfahrungen in einen übergreifenden Sinnzusammenhang zu ermöglichen – Charakter, Identität, Persönlichkeit. Schon
Knigges Lehre von den Umgangsformen wandte sich scharf gegen
(adlige) Launenhaftigkeit und Wechselhaftigkeit der Selbstpräsentation: „Sei, was Du bist, immer ganz und immer derselbe! Nicht heute
warm, morgen kalt; heute grob, morgen höflich und zuckersüß; heute
der lustigste Gesellschafter, morgen trocken und stumm wie eine Bild-
säule!" (Knigge 1964, 71)
    Diese Regel unseres Alltagsverständnisses erlaubt uns, in der Viel-
falt und Widersprüchlichkeit der Lebenserfahrungen und Erinnerungen Ordnung zu schaffen und zu halten. Was sich damit nicht oder
nicht ganz verträgt, kann zu einer Phase der Vorbereitung, des Noch-
Nicht, zum Umweg auf dem Wege zum „eigentlichen" Leben, zu einer Vorstufe der Hauptgeschichte usw. definiert werden.
    Wir tun dies jedoch nicht ganz freiwillig. Die Systematisierung von
widersprüchlichen oder weit auseinander liegenden Lebenserfahrungen hin auf einen übergreifenden Sinn unseres Lebens wird uns abverlangt – im biographischen Gespräch, im alltäglichen Umgang mit unseren nahen Interaktionspartnern, durch grundlegende Regeln unserer
Sozialwelt. Spielerisch zumindest oder in kurzen Auszeiten versuchen

---

1 Bourdieu hat seine Kritik an der Biographieforschung in dem Buch „Das Elend der Welt" später korrigiert
und selbst biographisches Material zentral gemacht (vgl. Apitzsch 2003, 98).

wir, nicht nur eine Lebensgeschichte zu haben, sondern andere wenigstens als Möglichkeit zu erproben. Kleine und große Flips aus der
geordneten Lebensgeschichte (Tagträume, der tägliche Rausch, Identifikation mit Filmen) unternehmen wir gern, um dann ernüchtert in die
Geschichte zurückzukehren, die wir als unsere eigentliche kennen und
erzählen (Cohen/Taylor 1977).

Lebensgeschichten in der Geschichte

Einschnitte, Phasen, Umbrüche der Zeitgeschichte bilden in lebensge-
schichtlichen Erzählungen Markierungspunkte, Hilfen bei der Periodisierung, oft auch Anlass zu ausführlichen Berichten über die eigene
Beteiligung bzw. das durch historische Ereignisse erlittene Schicksal.
     Dabei orientiert sich Lebensgeschichte nicht immer an den in der
Geschichtsschreibung und in den Medien gegebenen offiziellen Ge-
schichtsbildern nach Periodisierung, Wertung und Relevanzen. Aus
Befragungen von Arbeitern ergab sich: „Wie ein harter Block sitzt die
Zeit des Nationalsozialismus als die des Faschismus im Geschichtsbild der wissenschaftlichen Literatur, durch die Einschnitte 1933 und
1945 abgesetzt vom Vorher und vom Nachher. In Lebenserinnerungen
von Arbeitern aber tauchen diese zwölf Jahre nicht oder nicht in erster
Linie als Zeit des Faschismus auf. Mit ihnen assoziiert man nicht nur
Krieg, politische und wirtschaftliche Entrechtung, Menschenvernich-
tung. Manche erinnern sich auch oder zuerst an die durch die HJ er-
möglichte Selbständigkeit von den Eltern, an Gemeinschaftserlebnisse
in Situationen der Gefahr, an Erfahrungen von Solidarität im Familienverband, daran, wie sich die Spreu vom Weizen trennte in der Zeit
der Not ... Die Entwicklung in der Bundesrepublik erscheint in der
Geschichtsschreibung der Arbeiterbewegung als Folge von Rück-
schritten, halbherzigen Neuanfängen und versäumten Chancen ... An
die gleichen Jahrzehnte knüpfen viele Menschen anders gefärbte, weniger mutlose Erinnerungen: Assoziationen an die wenn auch nur begrenzt erreichbaren Möglichkeiten, gut zu leben, besser als jemals
zuvor seit Entstehung der Arbeiterschaft als sozialer Klasse ..." (Fuchs
1980a, 141f.)

Die Gefahren und Katastrophen insbesondere des Zweiten Weltkrieges haben für manche so große Bedeutung, dass sie – nach ihrer
Lebensgeschichte befragt – kaum andere Phasen und Stationen ihrer
Entwicklung erzählen. Aus einer Hamburger Studie wird berichtet:
„In Einzelfällen waren die Erzähler nach einer episodenhaften Schilderung ihrer Kindheit sofort zum Thema Krieg gekommen und hatten
danach kaum noch etwas aus ihrem weiteren Leben, z.b. aus der
Nachkriegszeit und der Gegenwart, zu erzählen gewußt" (Lehmann
1982, 72; zum Krieg als „Biographiegenerator": Heinritz 1990).

Bezüge der biographischen Erzählung auf die kollektive Geschichte werden deutlich durch Vorgaben strukturiert, die aus einem „kollektiven Gedächtnis" an gemeinsam erlebte und durchlebte geschichtliche Prozesse stammen, die „Leitlinien des lebensgeschichtlichen Erzählens" (Lehmann 1982, 77ff.) ausmachen. Als Beispiel gibt Lehmann (1982, 83) den Einschnitt um das Jahr 1950, der sich weniger
als Einschnitt geschichtlicher Erinnerung, sondern in erster Linie als
Einschnitt im Modus der biographischen Erzählung bemerkbar mache:
„Nach 1950 ... spielt das politische Geschehen kaum mehr eine Rolle
im lebensgeschichtlichen Erzählen. Jetzt dominieren private Ereignisse oder Erfahrungen mit halböffentlichem Charakter. Die Leitlinien
des Erzählens ergeben sich dementsprechend aus Urlaubsreisen, aus
Arbeitsplatzwechsel, Firmengeschichte, Wohnungswechsel und aus
dem Erwerb von Konsumgütern."

4. Soziale Funktionen biographischer Kommunikationen

Aus der Lebensgeschichte wird wahrscheinlich immer im Hinblick auf
eine jetzt bestehende soziale Situation erzählt, nie aus dem Wunsch
nach bloßer Bekanntgabe der vergangenen Ereignisse – immer geht es
ums Erreichen einer sozialen Wirkung beim Zuhörer, um eine interaktive Leistung in der Erzählsituation. Eindeutig lässt sich das bei institutionell geprägten Situationen zeigen: „Dem Anwalt erzählt man die
Geschichte nicht, um sie ihm bekanntzugeben, sondern um ihn zu veranlassen, in der Geschichte tätig zu werden ... Der Anwalt ... soll We-

ge finden, um einem zum Recht zu verhelfen, der Richter soll eine Entscheidung treffen. Der Arzt, dem man seine Krankheitsgeschichte erzählt, soll die Krankheit heilen, der Geistliche soll Rat oder Trost gewähren. Überall wird der Versuch gemacht, von einer Geschichte aus einen anderen oder eine andere Stelle in die Geschichte einzuspannen, diese zu veranlassen, eine Geschichte fortzusetzen oder zum Abschluß zu bringen, gleichsam die Geschichte zu ihrer eigenen zu machen." (Schapp 1953, 107f.) Diese Perspektivität auf eine soziale Funktion hin gilt jedoch auch für die biographischen Kommunikationen in nicht institutionell geregelten Situationen. In diesem Sinne stellt Fischer (1978, 313) fest, „daß erzählte Lebensgeschichten alltagsweltliche Deutungssysteme darstellen, in denen Wissens- und Handlungselemente situationsflexibel zum Zwecke sozialer Orientierung verbunden werden."

Die in der Literatur vorliegenden Versuche zur Systematisierung der sozialen Leistungen biographischer Kommunikation sind heterogener Herkunft und bislang kaum auf gemeinsame Perspektiven bezogen worden. Nebeneinander stehen Vorschläge aus der Linguistik, aus der volkskundlichen und der literaturwissenschaftlichen Erzählforschung, aus der Sprachsoziologie, aus der Psychologie und anderen Disziplinen. Einige Bestimmungen sind abstrakt, andere laufen breit in Genre-Systematiken aus. Einige privilegieren die literarischen Formtraditionen oder die aus der Volkserzählung (Lügengeschichte, Märchen, Schwank, Rechtfertigungsgeschichte), andere einzelne Motive aus der sozialwissenschaftlichen Theorie (Identitätspräsentation, Sinnkonstitution in der Interaktion).

Gegen vorschnelle und formalisierte Systematisierungsschritte hat sich Schenda (1981, 76f.) gewandt: Welche Einsicht bringt eigentlich der Nachweis, so ist er zu verstehen, dass sich sowohl in einer Heiligenlegende als auch in Erzählungen aus einem Oral-History-Projekt zur Weltkriegserfahrung „Glücksgeschichten" finden? Was haben wir von dem Nachweis, dass „traurige Geschichten" nicht nur von Alkoholikern oder Strafgefangenen heute, sondern auch in frühbürgerlichen Bekenntnissen erzählt werden? Schenda will zeigen, „daß auch die Funktionen-Differenzierung so fragwürdig ist wie die Genre- oder

die Motiv-Einteilung, wenn man sie einseitig, ausschließlich oder a-
historisch anwendet, also eine Geschichte, aus dem Zusammenhang
gerissen, in eine bestimmte Schachtel wirft."

Wir fügen diesem Plädoyer für die Rücksicht auf die historischen
Kontext, in denen Lügengeschichten, Identitätspräsentationen oder
Geschichten mit individualisierender Funktion erzählt werden, hinzu:
Die empirischen Belege für die angenommenen sozialen Funktionen
von Erzählformen und Kommunikationsarten stehen weithin noch aus.
Da ist es für weitere Forschungen anregend, wenn hypothetische Ordnungsprinzipien ausgearbeitet werden. So ist Kohlis Versuch der Unterscheidung nach Fremdverstehen, Selbstdarstellung und Selbstver-
stehen (Kohli 1980a) aufzufassen, so Nittels Zuspitzung auf Präsentation und Anerkennung der Identität (Nittel 1983), so Lehmanns Versuch anhand von Formtraditionen der Volkserzählung (Lehmann
1978; 1980/81). Als verbindliche Lösungen aber können sie nicht ü-
bernommen werden. Dagegen sprechen auch Einseitigkeiten, z.B.
Kohlis Behauptung, biographische Thematisierung sei durchweg
„subsidiär", setze „dann ein, wenn die Zugehörigkeit zu einem Status
oder das ‚Mitfahren' in einer Karriere problematisch wird" (Kohli
1980a, 515).

Begnügen wir uns angesichts dieses Standes der Klärung mit der
Feststellung, dass biographische Kommunikation unterschiedliche
soziale Leistungen erbringt (und häufig mehreren Funktionen zugleich
dient). Auf einer mittleren Abstraktionsebene und ohne Anspruch auf
abschließende Systematisierung lassen sich folgende nennen:

Unterhaltung

Es gibt ein freischwebendes Interesse an lebensgeschichtlichen Erzählungen, an Geschichten aus dem Leben. Das kann Gespräche in Gang
bringen und am Laufen halten, hat Unterhaltungswert für eine Gruppe.
Ein Bruch, eine Problematisierung der Selbstverständlichkeiten der
Alltagswelt ist hier nicht nötig, um biographische Kommunikation
herauszufordern.

Die Redensart „Seinen Lebenslauf beim Dill erzählen" beschreibt
einen geizigen Gastgeber, der seine Gäste durch Geschichten aus sei-

nem Leben vom schlechten Essen ablenken will (Wander 1964, II, 1866). Ganz ähnlich wie der Austausch von sensationellen Nachrichten aus den Medien, von Anekdoten, ähnlich auch wie die Erzählsituation von klassischen Volksüberlieferungen (Märchen usw.) ist hier die kommunikative Wirkung wichtiger als die sachliche Information. Die Erzähler schneiden ein wenig auf, übertreiben um der Pointe willen, suchen die Zuhörer zu fesseln. Leicht kann es da geschehen, dass Erlebnisse anderer vom Erzähler als eigene Lebenserinnerung ausgegeben werden (Neumann 1967, 282). Es ist bislang kaum untersucht, unter welchen Bedingungen der Unterhaltungswert durch lebensgeschichtliche Stoffe erreicht wird, und unter welchen durch Gespräche über das Wetter, die Unpünktlichkeit der Bundesbahn, einen Bankraub, das letzte Fußballspiel, die heutige Jugend.

Übermittlung von Lebenserfahrung

Biographische Kommunikation dient der Weitergabe von Lebenserfahrungen, von der älteren zur jüngeren Generation, von den Alteingesessenen zu den Neuankömmlingen, von den alten zu den neuen Mitgliedern, von denen mit mehr Erfahrungen zu denen mit weniger. Die „Neuen" gewinnen so Anhaltspunkte dafür, was alles auf sie zukommen wird, was sie im Leben erwartet und wie man damit umgehen könnte. Wissen über den Neuen noch unbekannte Bereiche der Sozialwelt wird so weitergegeben, insbesondere Wissen über erwartbare zukünftige Stationen der Lebensführung sowie Anhaltspunkte, welche Handlungsalternativen an solchen Stationen gegeben sein werden.

Dass die Selbstverständlichkeit der Übermittlung von Lebenserfahrung insbesondere zwischen den Generationen heute gestört ist, weil die Neuankömmlinge sich anderen Lebensproblemen gegenüber sehen als es ihnen die Lebenserfahrung der Älteren nahelegt, gehört zu den zentralen Fragestellungen der Jugendforschung (Fuchs 1981a, 124ff., 305ff.; Zinnecker 1981b, 604ff.).

Ausbau und Abstimmung der Lebensgeschichte

In biographischen Kommunikationen mit nahen Interaktionspartnern erfahre ich etwas über mich und meine Vergangenheit. Ich stimme meine Selbstauffassung mit der Auffassung der anderen von mir ab, entdecke leise Diskrepanzen oder große Widersprüche zwischen der Lebensgeschichte, die ich erzähle, und der, die andere von mir wissen, versuche, diese verschiedenen Lebensgeschichten aufeinander abzustimmen. Ich nehme neue Informationen auf, erinnere Vergessenes und gestalte so meine Lebensgeschichte als wichtigen Teil meiner Selbstauffassung.

Auch mit Interaktionspartnern, die mir nicht so nahe stehen, „bearbeite" ich meine Lebensgeschichte in der biographischen Kommunikation. Ich erhalte Anhaltspunkte, welche Teile der biographischen Erzählung „ankommen", welche Pointierung und welcher Aufbau der Geschichte akzeptabel sind und welche nicht. „Wenn der einzelne über seine Erlebnisse spricht, möchte er durch den Inhalt der Mitteilung seiner Umgebung ein bestimmtes Bild seiner eigenen Existenz vermitteln. Das ist für seine Position innerhalb der Gruppe wichtig; es hat aber auch Konsequenzen für sein persönliches Selbstbild." (Lehmann 1978, 201) Hören die anderen anteilnehmend und verstehend zu, kann ich sicher sein, dass sie meinen Identitätsentwurf nicht abweisen. Diese Erprobungsmöglichkeit kann explizit gemacht werden, etwa durch: „Ich habe da ein Problem. Hör dir doch mal an ... Gib mir doch mal einen Rat, wie ich diesen Abschnitt oder jenen Vorgang aus meiner Lebensgeschichte verstehen, auffassen, bewerten kann oder soll ..." Das Gespräch wird dann ausdrücklich zur Arbeitskonferenz über Aspekte meines Identitätsentwurfs gemacht, vorausgesetzt der andere ist dazu bereit. Es ist klar, dass diese Ausdrücklichkeit nur bei solchen Interaktionspartnern angezielt werden kann, von denen wir annehmen, dass sie die damit verbundene partielle Hilflosigkeit nicht ausnutzen.

Zusammenfassend: „Die biographische Selbstpräsentation mit den Erzählungen biographischer Erlebnisse sowie theoretischen Kommentaren über den eigenen Lebensweg dient ... zur Herstellung von Konsistenz oder Kontinuität. BiographInnen erzählen über ihr Leben, weil sie sich über ihre zum Teil brüchige Vergangenheit, Gegenwart und antizipierte Zukunft vergewissern möchten. Mit der Erzählung versuchen sie, entweder ihr Leben in einen konsistenten Zusammenhang zu bringen und sich die Geschichte ihrer Veränderungen zu erklären, oder aber ... Zusammenhänge in der Erzählung zu vermeiden oder geradezu aufzulösen, sofern diese für sie bedrohlich und unangenehm sind." (Rosenthal 1993, 133)

Manche Handlungsprobleme gehen uns noch lange nach, über manche biographische Entscheidungen grübeln wir noch Jahre, manche Niederlagen versuchen wir nachträglich noch zu wenden, wenigstens in Gedanken. Hätte ich? Wenn ich doch! Besser wäre gewesen ... Das hilfreiche Wort, die richtige Lösung von einem Problem fallen uns oft erst zu spät ein. Manchmal gelingt die Einordnung solcher oft schmerzlicher Begebenheiten ins biographische Verständnis nur durch „Korrekturen der Wirklichkeit" (Lehmann 1978, 213). Die nachträglich gefundene schlagfertige Antwort, die Lösungsformel, die uns damals gefehlt hat in schwieriger Lage, wird in der Erzählung kurzerhand in den berichteten Vorgang eingefügt. Das gibt der Geschichte von dem Ereignis aus unserem Leben die Pointe, die ihr sonst fehlen würde. Das erlaubt dem Erzähler wenigstens eine nachträgliche Problemlösung, er hat „die Situation mehrmals in Gedanken durchgespielt und bringt sie nun endlich in der für ihn glücklichsten Version zu einem erzählerischen Happy-End" (Lehmann 1978, 214).

Nicht nur überraschende, sondern auch erwartete Situationen in der Lebensführung legen es nahe, die bisherige Lebensgeschichte zu bilanzieren und im Hinblick auf eine Neuformulierung der Pläne für die Zukunft zu besprechen. Die traditionellen Übergänge – Kommunion bzw. Konfirmation, Schulabschluss, Eheschließung, Pensionierung – bieten solche Anlässe. Auch Abschnitte des Lebensalters – der 18. und der 21. Geburtstag, der 30., 40., 50. usw. Geburtstag – und Einschnitte im Kalender – Sylvester vor allem – haben dieses Anregungspotenzial für „Bilanzgespräche".

Biographische Kommunikation kann genutzt werden, um eine bisher nicht mögliche Zukunft zu eröffnen, einen Umstieg in der lebensgeschichtlichen Richtung zu erreichen. Eine möglichst umfassende Thematisierung der Lebensgeschichte mit ihren ungelebten Alternativen und übergangenen Seitenstraßen kann mich in die Lage versetzen, mich zuerst reflexiv, dann auch lebenspraktisch aus der Bahn herauszulösen. Ich gewinne Distanz gegenüber den bisher aufgehäuften Pflichten und Bindungen, kann sehen, dass sie nicht die einzige Lösung waren und sind, dass andere hätten ergriffen werden und also jetzt ergriffen werden können. „Selbstbefreiung" nennt Kohli (1980a, 510) diese Leistung biographischer Thematisierung. In der Kommunikation erfordert das, dass ich dem anderen ein Einspruchsrecht zugestehe, die Möglichkeit zu sagen, dass ich „etwas falsch sehe", dass man jenes „auch anders auffassen könnte". Ist die Wende in der biographischen Richtung erreicht, hat die neue Zukunft begonnen, bedarf es oft weiterer Absicherungen in biographischen Kommunikationen. Man erzählt, wie man „neu angefangen" hat, wie man „ausgestiegen" ist, wie man sich hat scheiden lassen, wie man eine Partei verlassen hat.

In entlasteten Lebenssituationen, im Urlaub und in anderen Auszeiten, vor allem im Alter kann biographische Kommunikation erbringen, dass wir uns die Dinge noch einmal in Ruhe ansehen, frühere Urteile revidieren und insgesamt abgeklärter beschreiben. Halbwachs (1966, 159f.) hat hierfür eine anregende Vermutung: Solange wir unter dem Druck unserer gesellschaftlichen Existenz leben, verstrickt und in Konkurrenz verwickelt, können wir oft nicht die bereichernden Begegnungen mit anderen Menschen würdigen. Es sei gut, dass der Mensch, "wenn er vom Handeln ausruht und sich wie ein Wanderer zurückwendet, um den zurückgelegten Weg zu überblicken, dort all das entdeckt, was die Ermüdung, die Anstrengung, der aufgewirbelte Staub und die Mühe um rechtzeitige Ankunft ihn zu betrachten hinderte ... Wenn wir auf diese Art nachträglich über unsere Gefährten, unsere Freunde, unsere Eltern urteilen, sind wir vielleicht gerechter gegen sie. Die Gesellschaft zeigt uns vielleicht im gegenwärtigen Augenblick nur ihre am wenigsten anziehenden Seiten: erst auf die Dauer verändert sich unser Eindruck durch die Überlegung und die Erinnerung. Wir entdecken, daß die Menschen uns gerne mochten, während sie uns doch zugleich unter Druck hielten."

Vieles spricht auch dafür, dass die Erzählung der eigenen Lebensgeschichte heilende Wirkungen haben kann, heilend auch im therapeutischen Sinne. Die Begründung für diese Wirkung sieht Rosenthal (1993, 167f.) in der „Gestaltmehrdeutigkeit" der erlebten Lebensgeschichte, in ihrer – allerdings durch schwerwiegende Lebenserfahrungen usw. – begrenzten Interpretierbarkeit. „Trotz dieser Begrenztheit bietet die erlebte Lebensgeschichte eine vom Autobiographen wohl kaum wahrnehmbare Vielfalt an Deutungen. Realisiert er auch nur einen Teil dieser Vielfalt, erlebt er, daß er sein Leben auch noch anders als bisher sehen kann, lernt er, sich als Autor seines Lebens und nicht als seinem Leben passiv Ausgelieferter zu verstehen. Das Erleben von Reorganisationen der biographischen Sicht schenkt dem Erzähler ein Gefühl von Autonomie und bringt zudem die Möglichkeit einer unbeschwerteren Sicht auf die Vergangenheit. Auch der psychoanalytische Therapieprozeß und die darin zentrale Erinnerungsarbeit kann – wie jede Therapieform, in der das lebensgeschichtliche Erzählen oder das Ausagieren lebensgeschichtlicher Erlebnisse, wie im Psychodrama, ein wesentlicher Bestandteil ist – als derartige Reorganisation verstanden werden." Mindestens erhöht sich die Chance, Mitgefühl und Verständnis bei anderen für eine schwerwiegende, gar traumatische Lebenserfahrung zu gewinnen, wenn man davon erzählt. „Können sich Autobiographen ... nicht mitteilen, können sie über das Erlittene nicht erzählen, werden sie nur wenig Mitempfinden von anderen erfahren, die das Erlebte nicht mit ihnen teilen und selbst nicht Ähnliches erlitten haben. Fremderlebtes ist noch am ehesten nachvollziehbar, wenn es ausführlich erzählt wird, kaum jedoch, wenn nur kurze Andeutungen und Berichte präsentiert werden." (Rosenthal 1993, 172)

Nachweis sozialer Basiskompetenzen

Durch lebensgeschichtliche Kommunikationen können sich Menschen gegenseitig versichern, dass sie über soziale Basiskompetenzen verfügen: Sich zu erinnern an frühere Erlebnisse und Geschehnisse, eine

durchgehende Zeitlinie zu kennen und dabei doch Entwicklungssta-
dien, Phasen und Lebenszyklusabschnitte unterscheiden, die Lebensgeschichte von Anfang an bis heute erzählen zu können.

Wer sich an seine Jugend nicht erinnern kann, wer die Geschehnisse und Erlebnisse nicht wenigstens grob datieren und sequenzieren
kann, wer sich in früheren Stadien der Lebensführung nicht wiederer-
kennt, wird als irgendwie nicht richtiges Mitglied der Gesellschaft
angesehen. Ein solcher Mensch trifft früher oder später auf Versuche
der anderen, ihm „die Sprach- und Handlungskompetenz abzuspre-
chen, ihn vom ‚normalen' Verkehr der Gesellschaftsmitglieder auszu-
grenzen und ihn im schlimmsten Fall als verrückt zu erklären" (Nittel
1983, 35). Störungen der Fähigkeit, sich seiner Identität über die Lebensgeschichte zu vergewissern, werden von den betroffenen Menschen selbst als Einschränkung ihrer Identität erlebt. Man denke an die
häufigen Klagen älterer Menschen, sie könnten sich nicht mehr an
alles erinnern. Als wunderlich gilt übrigens auch der, der nur noch
Geschichten von früher erzählt, der nur noch „die Vergangenheit als
Glied des subjektiven Lebensraums" (Thomae 1978, 309f.) kennt, sie
nicht auf Gegenwart und Zukunft bezieht.

Durch Erzählungen über mein besonderes Schicksal, die außergewöhnlichen Ereignisse, die ich erlebt und „mitgemacht" habe, kann
ich andere von meiner persönlichen Besonderheit überzeugen, davon,
dass ich kein Durchschnittsmensch bin. Nachweis der eigenen Individualität gehört gleichfalls zu den sozialen Basiskompetenzen. Der
Erzähler „sieht sich durch seine besondere Geschichte als einen Menschen, dessen Leben durch ein sonst nie dagewesenes Erlebnis ausge-
zeichnet ist" (Lehmann 1978, 208), und kann durch die Aufnahme
dieser außergewöhnlichen Erlebnisse als solcher von anderen angenommen werden. „Unter den unzähligen Formen der Identitätspräsentation nimmt die biographische Erzählung ... eine prononcierte Stellung ein." (Nittel 1983, 87) „Die Erzählung einer Lebensgeschichte,
d.h., die Erzählung von Geschichten über unerwartete und von den
vorgegebenen Fahrplänen abweichende Ereignisse, dient, neben der
Stiftung von Gemeinsamkeiten mit anderen Menschen, der dichten
und ausführlichen Präsentation eines einzigartigen Lebens, das von

niemandem geteilt wird." Der Erzähler muss, wie Rosenthal (1993, 110) hier im Anschluss an Goffman sagt, sich zugleich als jemand darstellen, der so ist wie jeder andere, *und* als jemand, der ein einzigartiges Lebensschicksal hat.

Durch biographische Kommunikation kann ich meinen Anspruch geltend machen, vom Leben etwas zu verstehen oder – aufgrund spezieller Lebenserfahrungen – von diesem oder jenem Thema. Ich kann begründen, dass ich mitreden kann, dass ich ein vollwertiger Kommunikationspartner bin. Weil der Zeuge eines Vorgangs, weil derjenige, der Lebenserfahrung hat, für informierter und kompetenter in diesem Bereich gehalten wird, in dem er eigene Erfahrungen vorweisen kann, dient die lebensgeschichtliche Erzählung oft zur Begründung von Kompetenz.

Nachweis der Normalität

Durch biographische Kommunikation kann man deutlich machen, dass man ein „normaler Mensch" ist. Ein langhaariger Mittvierziger kann dadurch, dass er von Frau und Kindern erzählt, den Haupteindruck wieder verwischen, er sei irgendwie nicht normal. Der Chef im Büro, der Politiker im Fernsehen, der Richter in der Verhandlungspause – sie können durch Erzählung aus ihrer Lebensgeschichte mitteilen, dass sie im Grunde ganz normale Menschen sind.

Der Mensch denkt, Gott lenkt. Oder: „Biographische Handlungsplanung oder Erwartungsfahrplan" und „realer Lebensverlauf" klaffen immer auseinander (Nittel 1983, 71). Das ist keine Sache, die ich mit mir allein auszumachen habe, sondern die „praktische Erklärungen" an andere verlangt (Scott/Lyman 1976). Denn diese kennen als meine „biographischen Anderen" meine früheren Handlungsplanungen und fragen sich jetzt, was daraus geworden ist; oder sie haben als Fernerstehende mindestens aus generellen Orientierungsmustern heraus begründete Erwartungen an meine biographische Entwicklung bis heute. Hier setzen Rechtfertigungen und Entschuldigungen an.

Wenn wir im Leben etwas zu spät oder zu früh tun oder erreichen, wenn sich die berufliche Entwicklung nicht „laufbahngemäß" anlässt, wenn sich unser Lebensplan als unerfüllbar herausstellt, stellen sich

Anlässe zur Begründung ein. Wir können dann die Gründe so darlegen, dass wir die Geschichte erzählen, wie es dazu gekommen ist: durch nachteilige Umstände, ungerechte Ausgangsbedingungen, durch Mangel an Alternativen. Für einen Gesprächspartner offenbare Problemlagen, Benachteiligungen oder Fehlschläge können durch eine lebensgeschichtliche Herleitung „erklärt" und verständlich gemacht werden. Ich kann erzählen, wie es dazu kommen musste, obwohl ich es ganz anders vorgehabt hatte. „Umgekehrt kann es auch um den Nachweis gehen, daß ich nicht einfach Glück gehabt habe, sondern daß alles Positive sich meinen eigenen unablässigen Bemühungen verdankt." (Kohli 1980a, 507)

Bevor noch der Gesprächspartner bemerkt hat, welche Fehlschläge ich einstecken musste, welche unerwünschten Dinge mir geschehen sind, in welch unangenehme Bedingungen ich mich verstrickt habe, kann ich der zu erwartenden Legitimierungsforderung des anderen durch eine „Rechtfertigungsgeschichte" (Lehmann 1980/81, 59) begegnen. Z.B. kann ich ausmalen, wie ich mich schon früher gegen eine unabwendbare Entwicklung gestemmt habe, welche Kosten ich auf mich genommen habe, die unerwünschte Situation nicht heraufziehen zu lassen, wie unausweichlich sich die Benachteiligung oder der Fehlschlag herausgestellt hat. Oder wir können ein gewisses Maß an Abweichung von der Normalität für normal erklären: „Das kann jedem mal passieren ...", „Sie sind eben noch nicht so weit ..."

Kennen lernen und festlegen

Durch biographische Kommunikation lernt man sich kennen, gelangt man zu einem Wissen, mit wem man es zu tun hat, wird man miteinander vertraut. Um entscheiden zu können, ob und wie ich jetzt und künftig mit einem anderen umgehen kann und will, reichen mir in vielen Situationen die Informationen nicht aus, die ich aus seinem Erscheinungsbild entnehmen oder die ich rasch erfahren kann bzw. bereits kenne (Geschlecht, Alter, Beruf, Wohngegend usw.). „Das Wesentliche, was wir von den Menschen kennen, scheinen ihre Geschichten und die Geschichten um sie zu sein." (Schapp 1953, 105)

Durch biographische Kommunikation kann man sich auch vertraut machen im Sinne einer persönlichen Beziehung, eines Gemeinsamkeitsgefühls, einer Vereinbarung, heute oder künftig gemeinsam zu leben, zu arbeiten, sich zu engagieren. Wenn Menschen soziale Verbindungen eingehen – sich lieben, sich einem Verein anschließen, einer politischen Bewegung – stimmen sie sich nicht nur über Gegenwart und Zukunft ab, sondern erarbeiten sich eine gemeinsame Erinnerung.

In Gesprächen werden die individuellen Geschichten zunehmend in eine gemeinsame Vergangenheit integriert. Das beschreiben Berger/Kellner (1965, 229) für die Ehe: „Die ausgeprägten und von den beiden Menschen durchlebten subjektiv begriffenen Einzelbiographien werden nun im Verlauf des Gesprächs redigiert und neu interpretiert ... Das Paar schafft sich also nicht nur seine gegenwärtige Realität, sondern durch Begründung gemeinsamer Erinnerungen, in die die Einzelerinnerungen der Partner integriert werden, auch eine neuinterpretierte vergangene Wirklichkeit." Erinnerungen und Geschichten, die in dieser Weise eine „solidarisierende Funktion" erbringen, werden oft wiederholt, gehören zum Standardprogramm von Gruppen, die sich regelmäßig wiedertreffen, werden oft von mehreren Erzählern gemeinsam reproduziert. Typisch ist hier die „Wie-wir-Geschichte" (Lehmann 1978, 210).

Durch biographische Informationen kann ich eine Auffassung vom anderen, ein Urteil über seine Persönlichkeit ausbauen und begründen. Wenn ich einen anderen als asozial oder kriminell einstufen will, wenn ich den Nachweis führen will, dass mein Lehrer ungerecht ist, dass meine Ehefrau nicht sparsam, dann liegt es nahe, dieses Bild auch aus der Vergangenheit des anderen heraus zu begründen. Das Muster dafür ist: „Schon damals ...", „Schon immer ...", „Seit ich dich kenne ..." Dem gleichen Muster folgen Gutachten und Dossiers bei Gericht und der Fürsorge, die klären wollen, ob die Tat oder die Erziehungsschwierigkeit in der Lebensgeschichte der Person, über die verhandelt wird, angelegt ist. Besonders konsequenzenreich wird das, wenn der andere, dessen Lebensgeschichte ich auf frühere Anzeichen für mein heutiges Urteil hin durchsuche, kein Recht des Wider-

spruchs, der Korrektur oder der Benennung von Zeugen für seine eigene Auffassung von den Dingen hat, etwa, weil er „seine" Akte nicht
kennt.

Maßnahmen zur Veränderung der Persönlichkeit eines Klienten
und entsprechende Behandlungspläne begründen sich nicht nur aus
lebensgeschichtlichen Informationen über den Klienten, sondern beinhalten oft auch einen Umbau der Lebensgeschichte. Die Gehirnwä-
sche, die Umerziehung unter Druck, die persönlichkeitsbezogenen
Maßnahmen im Strafvollzug oder in psychiatrischen Einrichtungen
bedienen sich dieser Möglichkeit: Der Gefangene, der Klient, der Patient wird veranlasst, seine Lebensgeschichte solange zu bearbeiten,
anders zu erzählen, bis er eine Variante komponiert hat, die von denjenigen akzeptiert wird, die Druck auf ihn ausüben bzw. das Recht
haben, ihn für geheilt zu erklären.

Schwächer ausgeprägt ist dieser Vorgang recht alltäglich: In neuen
Handlungsbereichen, Rollenfeldern, institutionellen Positionen ange-
langt, gerät man unter den Druck, seine bisherige Lebensführung neu
zu interpretieren – im Hinblick auf die Verstehensbereitschaft der jetzt
neuen Interaktionskreise. Wer in einer bestimmten Szene akzeptiert
werden will, wird durch leisen Druck veranlasst, seine Lebensgeschichte ein wenig verändert zu erzählen, um dann mit seiner neuen
Persönlichkeitsvorstellung angenommen zu werden.

5. Gesellschaftliche Voraussetzungen biographischer Kommuni-
kation

Alle Studien, die sich mit der Geschichte der Autobiographie als literarischer Form, mit der Entstehung des Individualitätsanspruchs, mit
der Durchsetzung des Identitätsgefühls als Ausdruck eines besonderen
Lebens im Sozialzusammenhang beschäftigen, stimmen überein, dass
diese Prozesse zusammenhängen mit der Entstehung und Entwicklung
der modernen, der bürgerlichen Gesellschaft. Das heißt nicht, dass es
Autobiographie nicht schon in der Antike gegeben habe, dass selbst-
bewusste Ich-Erzählung erst mit der bürgerlichen Lebensweise aufge-

kommen sei. Aber die Entfaltung der modernen Wirtschafts- und Lebensweise hat die Formen und Inhalte biographischer Reflexion und Kommunikation zu jenem breiten Feld werden lassen, das wir heute kennen.

In statischen Gesellschaften dürfte es keinen großen Bedarf für biographische Kommunikation gegeben haben: „Wenn Biographie im wesentlichen der Herstellung von persönlicher Kontinuität im Lebenslauf dient, so kann angenommen werden, daß sie um so weniger erforderlich ist, je stärker diese Kontinuität schon sozial vorgegeben ist. Die Erhöhung der Diskontinuität im Lebenslauf im Zuge des gesellschaftlichen Differenzierungsprozesses hat also wahrscheinlich zur Erhöhung des Stellenwertes von Biographie geführt, ebenso die höhere Mobilität ... Dagegen kann gesagt werden, daß Biographie als Erzeugung von lebensgeschichtlicher Kontinuität und als sinnvolle Deutung des Lebenslaufs in statischen Gesellschaften für den einzelnen kein Problem ist, weil sie schon selbstverständlich kollektiv – im Rahmen der Institutionalisierung des Lebenslaufs – gegeben ist." (Kohli 1978, 27f.; auch: Kohli 1980a, 516)

Für die Gattung Autobiographie entwickelt Mahrholz (1919, 9) diesen Entwicklungszusammenhang zur bürgerlichen Lebensführung: Was die bürgerliche Lebensauffassung „in den schärfsten Gegensatz zur mittelalterlichen Weltansicht bringt, ist ihre Loslösung des einzelnen aus den fest gegebenen, tragenden Verbänden, in denen der mittelalterliche Mensch lebt und als deren Beauftragter er sich fühlt und weiß. Diese Loslösung des einzelnen aus der Gruppe wird nun am deutlichsten bemerkbar durch die Tatsache, daß seit dem ausgehenden Altertum zum ersten Male wieder mit dem Aufkommen des Bürgertums das Leben des einzelnen als Besonderes bemerkt, beachtet und beschrieben wird. So ist die eigene Lebensbeschreibung nur möglich auf dem Boden der individualistisch-bürgerlichen Gesinnung, ist deutlicher Ausdruck dieser Lebensstimmung, ist Form dieses Individualismus." (für Frauenautobiographien: Heinritz 2000, 13ff.)

In der modernen Gesellschaft verlangt und ermöglicht die selbst verantwortete Beweglichkeit der einzelnen Menschen im sozialen Raum, Grund und Moment der modernen Individualisierungsprozesse,

die Selbstvergegenwärtigung in Lebensgeschichte. „Die individuelle
Lebensgeschichte von Durchschnittsmenschen wird ... dann zu einem
Mittel der Identitätssicherung und wird dort für erzählenswert gehalten, wo nicht nur Vereinzelte, sondern die Mehrheit einer sozialen
Gruppe im Lauf ihres Lebens gezwungen wird, die überschaubare
soziale Umwelt ihres Herkunfts-Milieus zum mindesten zeitweilig zu
verlassen, wenn das Leben der meisten Menschen Phasen relativer
Vereinzelung und bewußter Neu-Integration in neuen, zunächst unver-
trauten sozialen Umwelten mit sich bringt, insbesondere, wenn ohne
das Durchlaufen solcher Phasen typische Lebensziele gar nicht erreicht werden können. Am Ende dieses Prozesses braucht nicht die
‚unverwechselbare Persönlichkeit‘ oder das ‚originale Lebenswerk‘ zu
stehen. Immerhin wurde aber bewußt ein Weg zurückgelegt, der so
und nicht anders die Sache eines auf sich selbst zurückgeworfenen
Individuums war. Wer dies selbst durchgemacht hat, interessiert sich
auch dafür, wie es andern in dieser Hinsicht gegangen ist, ob es ihm
ähnlich oder ganz anders gegangen ist. Das ergibt Erzählstoff."
(Bahrdt 1982, 31)

Zudem müssen sich die Menschen unter den modernen Lebensbedingungen der Beweglichkeit häufig erst miteinander bekannt machen,
wenn sie in neue Lebenskreise hineingeraten. „Jeder muß mehr oder
minder für den neuen Wirkungskreis seine Geschichten erst offenle-
gen, seine Karten auf den Tisch legen, die Karten, die in alten Zeiten
jeder, der mit ihm in Berührung kam, von Anfang an kannte." (Schapp
1953, 116) Kein Zweifel, diese Notwendigkeiten aufgrund von Mobilität und Beweglichkeit sind auch Chancen, Chancen im Hinblick auf
die persönliche Gestaltbarkeit der Identität durch die Präsentation der
Lebensgeschichte in den häufiger gewordenen „neuen Situationen".

Man kann diesen Mikro- und Makroebene verbindenden Gedanken
zuspitzen: Dass wir lebensgeschichtlich kommunizieren, dass wir uns
aus einer individuellen Biographie heraus verstehen, ist ein Mittel, um
mit der Differenziertheit der gesellschaftlichen Bereiche fertig zu
werden. In Lebensgeschichte bringen wir das zusammen, was die
Entwicklung der sozialen Handlungsfelder und Sinnwelten in der Geschichte der modernen Gesellschaft zerlegt hat. Biographie und Le-

bensgeschichte ist ein Kitt, die auseinanderdriftenden Teilwelten der modernen Gesellschaft im Individuum zu verbinden.

Nun sind diese Modernisierungsprozesse nicht nur über die Menschen hereingebrochen, sondern wurden von den Menschen auch gewollt: Machtvoll drängten die Landarbeiter aus den spätfeudalen Verhältnissen in die Industrie und die Städte, um dort ein eigenes Leben führen zu können. Die von der Französischen Revolution proklamierten Menschenrechte hatten ihnen die Legitimation dafür geliefert und liefern bis heute weitergehenden Individualisierungsprozessen den Wertrahmen.

Die Verbreitung von Individualitätsverständnis, Identitätsanspruch und Zurechnung einer eigenen Lebensgeschichte setzte im Verlaufe der letzten Jahrhunderte nicht mit einem Schlag ein und hat auch nicht die Lebensauffassungen aller Schichten und Gruppen gleichermaßen erreicht. Vieles spricht so dafür, dass es etwas mit den geschichtlichen Erfahrungen größerer Sozialgruppen zu tun hat, wie ein ihnen angehörender Mensch seine Lebensgeschichte thematisiert. „So wie sich im Laufe der letzten beiden Jahrhunderte das biographische Denken und die biographische Lebenspraxis – das Handeln aus einem selbstverantwortlichen Ich heraus, der Entwurf einer persönlichen Lebenslinie – im Schichtaufbau der Gesellschaft von oben nach unten durchgesetzt hat und weiter durchsetzt, inzwischen große Teile der Arbeiterschaft erreicht hat, so ergreift dieser Prozeß der Individualisierung und Biographisierung der Lebenspraxis und der sie begleitenden Sinnwelten jetzt das Jugendalter (ganz ähnlich, wie er jetzt Lebensführung und Lebensverständnis vieler Frauen zu bestimmen beginnt)." (Fuchs 1981b, 8; kritisch: Brose/Hildenbrand 1988; Kohli 1988)

Eine Reihe von Autoren stimmt in der Diagnose überein, dass seit den 1960er Jahren ein neuer Modernisierungsschub, eine neue „Individualisierungswelle" und neue Anforderungen und Möglichkeiten zu biographischer Kommunikation wirksam sind.

6. Der Charakter der Daten: Ein Grundproblem biographischer Forschung

Wenn jemand sein Leben erzählt, so erzählt er es als Geschichte von Entscheidungen, Entwicklungen, Handlungen und Erleiden. Das Ich stellt seine Wege durch die Bedingungen dar; Faktoren des sozialen Lebens werden als günstige oder widrige berücksichtigt. Absichten und Zwecke angesichts von Umständen bilden die Struktur der Erzählung. Lebensgeschichten bestehen auf der Souveränität des Ich, mindestens auf seiner zentralen Wichtigkeit als Leidenszentrum des Geschehens. Insofern sind Lebensgeschichten Erzählungen von der Besonderheit des eigenen Lebens. Sie weigern sich, die Lebensführung als Episode im großen Strukturzusammenhang von Gesellschaft und Geschichte zu fassen. Lebensgeschichten sind in gewissem Sinn Widerstandsgeschichten, Geschichten gegen den großen Sozialzusammenhang.

Sozialwissenschaft denkt anders. Sie interessiert sich in erster Linie nicht für das Einzelleben, nicht für die individuellen Geschicke zwischen Geburt und Tod, nicht für das Singuläre (vgl. Chanfrault-Duchet 1987, 13ff.; Fuchs-Heinritz 1998, 17f.). Ihre Perspektive richtet sich auf die Stabilität bzw. den Wandel größerer sozialer Systeme oder Teilzusammenhänge, in denen die individuellen Wege Teilmomente, Beiträge, Einzelströme ausmachen. Sozialwissenschaftliche Theorien übergehen den Souveränitätsanspruch bzw. Zentralitätsanspruch des Ich, ja leugnen ihn oft. Sie gehen davon aus, dass die Lebensführung der einzelnen Menschen gesellschaftlich bedingt ist. Ursachen und Wirkungen strukturieren ihre Auffassung von den Vorgängen. Sie sehen noch andere Kräfte am Werk außer den individuellen Absichten und den darauf bezogenen Umständen: Sozialisationsprozesse prägen die Möglichkeiten und Selbstverständnisformen der Individuen; Regeln und Konventionen lenken; institutionalisierte Handlungsmuster schreiben vor; soziale Systeme werfen verbindliche Lebenspläne aus; gesellschaftliche Totalität bestimmt die Einzelnen bis in ihr Selbstverständnis als Handlungs- oder Erlebniszentrum des eigenen Lebens.

Lebensgeschichten sind so grundlegend widerständig gegen das, was die Sozialwissenschaften von ihnen wollen: Auskünfte über soziale Verhältnisse und Vorgänge aus „unpersönlicher" Sicht. Für die Oral History hat Thompson (1988, 236f.) ein ähnliches Dilemma beschrieben: „Das individuelle Leben ist der wirkliche Träger der historischen Erfahrung. Mehr noch, die Auskunftsleistung in einer jeden Lebensgeschichte kann ganz nur verstanden werden als Teil des ganzen Lebens. Aber um Verallgemeinerung möglich zu machen, müssen wir die Informationen zu jedem Thema einer ganzen Serie von Interviews entnehmen, indem wir sie aus einem neuen Gesichtspunkt heraus ordnen, um sie sehen zu können ..." Bei der Erörterung methodischer Probleme der Verwendung von Autobiographien in der Sozialgeschichte der Erziehung beschreibt Schulze (1991, 162f.) das gleiche Problem: Die Informationen in Autobiographien „über gesellschaftliche Gegebenheiten, über pädagogische Einrichtungen und Verhaltensweisen sind unvollständig, perspektivisch verzerrt, subjektiv gefärbt und zum größeren Teil geschichtsfern. Das autobiographische Individuum ist in der Regel nicht darauf eingestellt, bestimmte soziale Gegebenheiten und Verhältnisse sachgemäß zu beschreiben. Es hebt vielmehr hervor, was ihm in seiner Kindheit und Jugend bedeutsam erschien, was ihm Vergnügen bereitete, Furcht einflößte oder seinen Zorn hervorrief. In die Sachdarstellung mischen sich Gefühlsäußerungen und einseitige Werturteile. Und vieles von dem, was das autobiographische Individuum erinnert, scheint nur für es selbst und einen relativ kleinen Kreis von Verwandten, Bekannten, Freunden und Weggenossen bedeutsam, kaum aber von öffentlichem Interesse."

Lebensgeschichten als Datenmaterial der Sozialforschung und die gängigen Fragehorizonte der Sozialwissenschaften stehen quer zueinander. Ja, es kann die Frage gestellt werden, ob Lebensgeschichten sich überhaupt als Datenmaterial für Sozialwissenschaft eignen. Taugen sie zu mehr als zur Erfüllung eines gespannten Interesses an fremden menschlichen Schicksalen, zur Sensibilisierung und Erweiterung der Sozialerfahrung des Lesers? „Kann man also überhaupt aus Geschichten etwas lernen, das darüber hinausgeht, sie zu verstehen?" (Baacke 1979, 28)

Ist biographisches Material nicht für sozialwissenschaftliche Fragestellungen brauchbar? Können biographische Erzählungen – weil im
Kern „anti-gesellschaftliche" Texte – auf keine Weise in sozialwissenschaftliche Forschung Eingang finden? Es ist dieses Dilemma, das die
Gegner der biographischen Forschung in ihren abschätzigen Bemerkungen vom „bloß subjektiven Material", vom „quasi-literarischen
Charakter" der Verfahren aussprechen. Der biographischen Forschung
stellt sich dies Verhältnis in besonderer Schärfe: Ihr Material sind erzählte Lebensgeschichten von einzelnen Menschen, deren Perspektiven sich nicht mit den gewohnten Perspektiven sozialwissenschaftlichen Argumentierens vertragen. Biographische Forschung muss zeigen, dass und wie dieses Ausgangsmaterial dennoch zu sicheren und
ertragreichen Forschungsresultaten verarbeitet werden kann.

II. Geschichte, Forschungsziele, Kontroversen

1. Geschichte der biographischen Forschung

Die wissenschaftsgeschichtlichen Wurzeln der biographischen Forschung sind vielfältig: Von Goethes ‚Dichtung und Wahrheit' her kommt das Interesse am Werden der Persönlichkeit im Entwicklungsroman und dann auch als Thema der Psychologie. Aus der Völkerkunde stammt das Interesse an der Beschreibung herausragender Persönlichkeiten bei den „primitiven" Völkern. Aus Psychologie und Psychiatrie stammt die intensive Beschäftigung mit dem Lebensgang eines einzelnen Menschen, und zwar nicht, weil er sich um Volk und Staat verdient gemacht hat und also eine Biographie verdient, sondern weil die Störungen eines „normalen" Menschen Arbeitsbereich der Wissenschaft geworden sind. In den Sozialwissenschaften entsteht ein Interesse für die Lebensbedingungen der unteren Sozialschichten und führt zu monographischen Zugängen. Die kulturelle Ermutigung, die von SPD und Gewerkschaften auf die Arbeiterschaft ausging, hat dazu beigetragen, dass viele Arbeiter eine Autobiographie verfassten und damit das Recht auf ein eigenes Leben beanspruchten.

Biographische Forschung bildet in der Geschichte der Sozialwissenschaften keine Hauptströmung, eher ein verzweigtes Nebensystem. Das hängt damit zusammen, dass die Sozialwissenschaften, gleichgültig ob durch Comte, Marx, Durkheim oder M.Weber angeregt, ihre Hauptaufgabe darin gesehen haben, die Gesellschaftlichkeit des Lebens und die gesellschaftliche Produziertheit des Individuums nachzuweisen. Das Ich „als (Mit-)Organisator seiner Lebensprozesse" begrifflich zu fassen, blieb in diesem Programm „anstößig" (Kohli 1980a, 504). In seinem Spätwerk kam zwar Simmel (1918) mit seiner Idee vom „individuellen Gesetz" an eine biographietheoretische Grundlegung heran; wegen der moralphilosophischen Einkleidung dieses Gedankens blieb er aber ohne Wirkung. Im Grunde verfügten nur die amerikanischen Interaktionstheoretiker (Cooley, Mead) über eine klare Vorstellung vom individuellen Leben als eigener und sozial bedeutsamer Verlaufsstruktur.

Lebensgeschichte blieb so (mit der Ausnahme des Interaktionismus) aus dem Interessenfeld der großen Theorieentwürfe ausgeschlossen. Unterstützt und ergänzt wurde diese Ausblendung von der Psychologie. Die Psychoanalyse versuchte gewissermaßen den Nachweis der Abgeleitetheit des Ich und seiner Lebensführung von der anderen Seite, vom Triebleben her. Auch der Behaviorismus als lange dominierende Strömung der akademischen Psychologie bemühte sich darum, das bewusste Ich als Handlungszentrum des Menschen zu relativieren.

Dennoch, Freuds Verfahren und Entdeckungen hatten Einfluss auf die Entstehung der biographischen Forschung in den Sozialwissenschaften, waren für sie von geradezu „geschichtlicher Bedeutung" (Thomae 1969, 82). Haben doch ausführliche Erzählungen aus der Lebensgeschichte bei der Begründung und Ausarbeitung der Psychoanalyse durch Freud und seine Schüler eine entscheidende Rolle gespielt – als Erfahrungsmaterial, dann auch als Verfahren der Heilung. Assoziierte Erinnerungen im therapeutischen Gespräch, die freie Selbstdarstellung des Patienten – vom Analytiker aufgegriffen und verstehend gedeutet – machen den Kern der Heilung (und der gemeinsamen Erkenntnis) aus. In diesem Sinne kann die psychoanalytische Technik als „ein biographisches Verfahren" gelten (Schraml 1965, 258), in diesem Sinne hat Freud „in der großen psychoanalytischen Krankengeschichte eine Kategorie wissenschaftlicher Literatur geschaffen, die ohne Vorbild war" (Bittner 1978, 337).

Wichtig war zugleich die methodische Skepsis der Psychoanalytiker gegenüber Erinnerungen: Sie könnten ein Geheimnis verdecken, könnten etwas anderes meinen, als sie vorgeben. Seit Freud heißen solche Erinnerungen an scheinbar belanglose Ereignisse und Situationen in der (frühen) Lebensgeschichte, die eine geheime Beziehung zu einem zentralen Thema, einem bedeutenden Ereignis haben, Deckerinnerungen. Zur biographischen Forschung hat Freud auch beigetragen durch Untersuchungen, die sich auf biographisches und autobiographisches Material zu Personen der Geschichte stützen.

Durch diese theoretische und methodisch-therapeutische Zentralität der Lebensgeschichte hat die Psychoanalyse – dann auch in der Folge ihrer großen öffentlichen Bekanntheit – mit durchgesetzt, dass nicht nur die Großen der Geschichte und der Kultur eine Biographie haben, sondern dass ein jeder ein besonderes Lebensdrama lebt. Gerade dadurch, dass vor der Psychoanalyse „noch nie in der Geschichte der Menschheit auf das Studium eines einzelnen Menschenlebens so viel Zeit und Mühe verwendet worden ist" (Schraml 1965, 260), hat sie zur inzwischen gängigen Selbstwahrnehmung beigetragen, dass jedermann eine Biographie hat.

In der Literatur zur biographischen Forschung finden sich zwei Abgrenzungen zur Psychoanalyse: Zum einen weisen Vertreter der biographischen Forschung die Idee zurück, dass alle (wichtigen) Persönlichkeitszüge ein für allemal durch die in der Kindheit durchlebten Triebkonstellationen festgeschrieben sind. Hier wehrt man sich gegen eine Überschätzung der Bedeutung der Kindheit für die weiteren Lebensmöglichkeiten (Allport 1947, 79); die Annahme von der lebensgeschichtlich frühen Festlegung würde im übrigen das Interesse für die ganze Lebensgeschichte obsolet werden lassen (in dieser Richtung: Rosenthal 2002, 139). Zweitens wird angemerkt, dass die Menschen keineswegs allein oder dominant durch unbewusste Konstellationen getrieben werden, sondern zu weiten Teilen durchaus über ihr Leben berichten können, dass ihnen ihre Lebensführung bewusst sei (andernfalls müsste eine andere Erhebungsmethode als die der Befragung gesucht werden).

Manchmal hat man den Eindruck, dass ein Teil des wissenschaftlichen Engagements biographischer Forscher (der frühen Jahre jedenfalls) aus dem Versuch rührt, Freud in diesen beiden Punkten zurückzuweisen und die große Irritation, die seine Annahmen vom Unbewussten und von den Triebkonflikten in der Kindheit ausgelöst haben, zu überwinden. Bemerkenswert ist etwa, dass Allport (1947, 9f.) in seinem Überblick über die Verwendung von *personal documents* in der Psychologie den Freudschen Ansatz im Kapitel über den „unkritischen Gebrauch" biographischen Materials abhandelt. Auch forschungspragmatisch kann die Abgrenzung von der Psychoanalyse

begründet sein, etwa durch den Hinweis, Freud habe den zweiten vor
dem ersten Schritt getan: „Für den Soziologen und Sozialpsychologen
... sind m.E. zurzeit Bekenntnisse über bewußte, unverdrängte Erlebnisse wichtiger. Denn es fehlt uns noch an methodisch gesammeltem
und bearbeitetem Material über die gewöhnlichsten sozialen Vorgänge; wir wissen nicht einmal ob und in welchem Maße wir zwecks ihrer
Erklärung zu den durch die Psychoanalyse entdeckten Faktoren unsere
Zuflucht werden nehmen müssen, weil wir diese Vorgänge überhaupt
erst systematisch zu erforschen beginnen." (Znaniecki 1927, 289)

Weitere Anregungen für biographische Forschung gehen auf Diltheys programmatische Vorstellungen für die Psychologie als Wissenschaft zurück (vgl. Marotzki 1991a, 188ff.; Marotzki 2000, 178ff.),
auf kriminologische Fallstudien, auf die detaillierte Beschäftigung der
Psychiatrie mit einzelnen Lebensverläufen, auf das Interesse von Völkerkundlern nachzuweisen, dass die „primitiven" Kulturen nicht von
Kollektivmechanismen und Gruppenseelen beherrscht sind, sondern
durchaus individuelle Lebensvarianten bereitstellen (Thomae 1969,
75ff.). Wie sehr in der Völkerkunde und der Kulturanthropologie der
USA Neugier am kulturellen Gegenüber wirksam war, lässt sich ablesen an der langen Reihe von Porträts, Biographien und Autobiographien über und von Indianerhäuptlingen sowie anderen herausragenden Persönlichkeiten dieses Gegners und Fremden im eigenen Land,
die seit dem 19.Jahrhundert in großer Fülle erschienen sind (Langness
1965, 5ff.; Paul 1979, II, 212ff.; Paul 1998).

Als Beginn der biographischen Forschung in der Soziologie betrachten die meisten die Untersuchung von Thomas und Znaniecki
über den polnischen Bauern in Polen und in den Vereinigten Staaten
von Amerika, in erster Auflage ab 1918 erschienen (Thomas/Znaniecki 1958).

Wegen des Umfangs und des weiten Horizonts dieses Werks ist es
schwer, einen Eindruck von seiner Anlage und seinen Ergebnissen zu
geben. Schon andere fanden es nicht einfach „zu entscheiden, wo sie
anfangen, wo sie aufhören und auf welche Bereiche sie sich konzentrieren sollten" (Madge 1968, 55). Band I der Neuausgabe von 1958
enthält neben einer theoretischen und wissenschaftstheoretischen Be-

gründung des Vorgehens eine Untersuchung der Geschichte der Sozialorganisation in Polen, insbesondere der bäuerlichen *community* mit ihrer beherrschenden Familienordnung, die Individualisierung kaum verlangt und kaum zugelassen hat, sowie der Formen der Auflösung dieser Gemeinschaft in der Gegenwart. Material sind hier Sammlungen von Briefen (insbesondere zwischen Polen in der Heimat und in den USA), Leserbriefen sowie Presseartikel. Band II enthält die umfangreiche Lebensgeschichte von Wladek W., von diesem selbst geschrieben und von Thomas und Znaniecki durch Fußnoten kommentiert. Die Herausgeber leiten diesen Text so ein: „Wir werden jetzt der Lebensgeschichte eines Menschen folgen, der mitten in diesem Wandlungsprozeß lebt, der in seiner Umgebung keinen Platz für sich findet, weil seine grundlegenden Einstellungen ganz und gar dem alten Typ der Sozialorganisation entsprechen, während er aufgrund seines Sozialstatus nicht länger dieser Sozialorganisation zugehört und ohne dauerhafte Anleitung in verschiedenartige neue Bedingungen geworfen ist, denen er sich immer nur partiell und unvollständig anpassen kann." (Thomas/Znaniecki 1958, II, 1117)

Ausdrücklich wird dieser Lebensbericht als Abbild allgemeinerer sozialer Prozesse und Bedingungen aufgefasst. Die Untersuchung menschlicher Persönlichkeit diene ebenso wie das Studium anderer Daten der Bestimmung sozialer Gesetzmäßigkeiten. Auch wenn jedes Individuum Besonderheiten in seiner Sichtweise und seinen Erfahrungen aufweise, „können wir diese Besonderheiten zum Zwecke der wissenschaftlichen Verallgemeinerung vernachlässigen, ganz ebenso, wie der Naturwissenschaftler die Besonderheiten ignoriert, die ein jedes Ding oder einen jeden Vorgang in gewisser Weise einzigartig machen. Indem wir die Erfahrungen und Einstellungen eines einzelnen Menschen analysieren, erhalten wir immer Daten und elementare Fakten, die nicht ausschließlich auf dieses Individuum begrenzt sind, sondern die als mehr oder weniger allgemeine Klassen von Daten und Fakten behandelt werden und so für die Bestimmung von Gesetzmäßigkeiten des sozialen Prozesses genutzt werden können. Gleichgültig, ob wir die Materialien für die soziologische Analyse aus detaillierten Lebensberichten von konkreten Individuen oder aus der Beobachtung von Massenphänomenen gewinnen – die Probleme der soziologischen Analyse sind die gleichen." (Thomas/Znaniecki 1958, II, 1831f.)

Allerdings haben biographische Materialien besondere Vorzüge: „Wir sind sicher, daß persönliche Lebensberichte – so vollständig wie möglich – den *perfekten* Typ von soziologischem Material darstellen, und daß, wenn die Sozialwissenschaft andere Materialien benutzen muß, dies nur auf die praktische Schwierigkeit zurückgeht, derzeit eine ausreichende Anzahl von solchen Lebensberichten zu erhalten, um das ganze Feld der soziologischen Probleme abdecken zu können, sowie auf den enormen Arbeitsaufwand, der für eine angemessene Analyse der Vielzahl von persönlichen Materialien notwendig ist, um das Leben einer sozialen Gruppe zu charakterisieren." (Thomas/Znaniecki 1958, II, 1832f.) Unter dem Druck praktischer Erfordernisse müsse die Soziologie, entgegen der vorherigen Phase der allgemeinen Spekulation, vollständigere Dokumente sammeln, als sie besitzt. „Und da das konkrete soziale Leben nur konkret ist, wenn es zusammen genommen wird mit dem individuellen Leben, das dem sozialen Geschehen zugrunde liegt, da das persönliche Element ein konstitutiver Faktor von allem sozialen Geschehen ist, sollte die Sozialwissenschaft nicht an der Oberfläche des sozialen Prozesses bleiben, wo sie nach Meinung einiger Schulen schwimmen soll, sondern muß die wirklichen menschlichen Erfahrungen und Einstellungen erreichen, die die volle lebendige und aktive soziale Wirklichkeit unterhalb der formalen Organisation der sozialen Institutionen oder hinter den statistisch tabellierten Massenphänomenen erreichen. Diese sind ja für sich genommen nur Symptome von unbekannten sozialen Prozessen und können nur als provisorische Basis für soziologische Hypothesen genommen werden." (Thomas/Znaniecki 1958, II, 1834f.)

Allerdings sei die Sozialwissenschaft auf Kriterien dafür angewiesen, welche lebensgeschichtlichen Dokumente wissenschaftlich bedeutsam sind. Nicht alle Lebensgeschichten aller Individuen könnten untersucht werden, die an einem sozialen Geschehen beteiligt sind; so müssten einige repräsentative Fälle ausgewählt werden, deren gründliche Untersuchung Verallgemeinerungen für alle Fälle erlaubt, um die es bei der Untersuchung geht. Solche Kriterien erhoffen sich Thomas und Znaniecki von einer Theorie der menschlichen Individuen als Sozialpersönlichkeiten.

Zur Entstehung der Autobiographie werden folgende Informationen gegeben: Für die Abfassung hat Wladek Geld erhalten. Bald aber haben Ehrgeiz, literarisches Interesse und Interesse am eigenen Leben die Oberhand gewonnen. Wladek schrieb erstaunlich schnell – in drei Monaten – einen doppelt so langen Text als er dann abgedruckt wurde. Außer Verbesserungen von Zeichensetzung und Orthographie ist der Text für die Herausgabe nicht verändert worden. „Die Aufrichtigkeit der Autobiographie ist unbezweifelbar. Ihre Quelle ist die Selbstzufriedenheit des Autors, der ganz naiv den Vorschlag des Herausgebers annahm, meinte, alles, was ihn betrifft, sei ebenso interessant für andere wie für ihn selbst, und der überhaupt nicht unterschied zwischen wissenschaftlichem und unmittelbarem Interesse. Es finden sich natürlich Fälle von einseitiger Präsentation von Geschehnissen und Leuten, aber das haben wir durchgängig in den Fußnoten angemerkt... Er scheint nicht absichtlich gelogen zu haben. Er kannte unsere Maßstäbe nicht, und jedwede Färbung oder Auslassung kann unser Verständnis seiner Persönlichkeit nicht hindern. Dann gibt es eine weitere Quelle von Ungenauigkeit: Ganz offensichtlich bemerkt er bestimmte Seiten der Dinge nicht ... Seine Erinnerung weist oft eine Art negative hedonistische Selektion auf, er berichtet für bestimmte Abschnitte seines Lebens eher die unangenehmen als die angenehmen Einzelheiten ... Im Text findet sich eine geringe Konsistenz des Standpunkts. Während seiner Beschreibung wechselt er den Standpunkt in der gleichen Weise, wie er ihn im Leben gewechselt hat, z.B. ist seine momentane Einstellung zu einem Familienangehörigen abhängig davon, welche Phase seiner Beziehung zu diesem er sich gerade in Erinnerung ruft." (Thomas/Znaniecki 1958, II, 1912f.)

Der Lebensbericht Wladeks wird begleitet von Fußnoten, in denen sich die Herausgeber interpretierend und verallgemeinernd dazu verhalten. Da werden Informationen zu Wladeks Lebensbericht angefügt, die allgemeine Lebensbedingungen betreffen; sie werden zum Teil auch aus den anderen verfügbaren Daten (Briefsammlungen in Band I) bezogen. Dann werden entscheidende Ereignisse des Lebenslaufs herausgehoben, Beziehungsformen und -entwicklungen bezeichnet. Andere Fußnoten machen aufmerksam auf Lücken in der Autobiographie; Situationsdeutungen Wladeks, die den Herausgebern ungewöhnlich erscheinen, werden notiert, Besonderheiten der Erzählweise und der Erinnerungsweise angemerkt, auch Vermutungen, ob die Erinnerung korrekt ist.

Eine naheliegende Frage an das Dokument stellen Thomas und Znaniecki nicht: Es könnte sein, dass Wladek darauf aus war, viele Seiten zusammenzubringen. Für die Anzahl der Seiten hat man ihn bezahlt in einer Situation, in der er keine Arbeit finden konnte, seine Frau ein Kind erwartete und er vor Not nicht ein noch aus wusste. Ausschmückung kleiner Erlebnisse, Verlängerung des Textes durch ausführliche dialogische Darstellungsweise, vielleicht auch andere Mittel der Erweiterung seines Lebensberichts nach Seiten mag er benutzt haben, um seine Lebenssituation zu bessern (so schon Dollard 1949a, 142f.). Voraussetzungen für eine solche Literarisierung seiner Lebensgeschichte hatte Wladek: Er war relativ belesen und galt in seiner Familie als guter Geschichtenerzähler (Chalasinski 1981, 122f.).

Je weiter die Kommentare von Thomas und Znaniecki gehen, je allgemeiner die Aussagen werden, umso eher machen sie den Lebensbericht Wladeks zum Illustrationsmaterial für vorweg gefundene allgemeine Züge der Lebensbedingungen und der Lebensweise polnischer Bauern. Fußnoten dieser Art holen nichts aus der Autobiographie heraus, sondern nehmen Details der Lebensgeschichte zum Anlass für die Darlegung allgemeiner sozialpsychologischer Zusammenhänge. Ob dieser oder jener Vorgang, dieses oder jenes Ereignis typisch ist, ergibt sich nicht aus der Untersuchung des Texts, sondern muss von außen hinzugefügt werden. Das ganze Buch wirke planlos verfasst und ohne durchgehende Logik von Darstellung und Analyse, meint Peneff (1990, 62). So bleibt die Frage in mancher Hinsicht offen, in welcher Weise Thomas und Znaniecki ihr Postulat und Analyseversprechen einlösen, dass sich der Sozialforscher in die Erfahrungen und in die Situationsdefinitionen des Berichterstatters hineinzudenken habe, um die Beziehungen zwischen Einstellungen und sozialen Gegebenheiten verstehen zu können.

Abschließend legen die Autoren eine Zusammenfassung ihrer Interpretationen vor. Sie heben die strukturelle Beziehung zwischen Wladeks Persönlichkeitsentwicklung und den vielfältigen Sozialmilieus, durch die er gegangen ist, hervor, sehen in dieser Beziehung zwischen Persönlichkeit und dem ungeschlossenen, desorganisierten Sozialmilieu die Gründe für seine schwankende Lebensführung.

Mit dieser Studie haben Thomas und Znaniecki für wichtige Forschungsprobleme, die sie selbst ansprechen, im Grunde keine Lösung vorgelegt: Wann eine Lebensgeschichte als repräsentativ, als typisch für Sozialgruppen und Sozialmilieus angesehen werden kann, wird nicht ausgeführt. Möglicherweise haben sie gedacht, dass es ausreiche, einen einfachen Menschen aus den unteren Sozialschichten zu nehmen, um damit einen für alle geltenden Fall zu erreichen. Ebensowenig gelöst ist die Aufgabe, wie man über die verstehende Interpretation und vorsichtige Erweiterung einer einzigen Lebensgeschichte zu allgemeinen Gesetzen des sozialen Wandels und der Entwicklung der Sozialpersönlichkeit gelangen kann. Immerhin erfahren wir aus anderer Quelle (Robert E. Park), dass Wladeks Lebensgeschichte nicht die einzige Autobiographie eines polnischen Immigranten war, die Thomas und Znaniecki zur Verfügung stand (Madge 1968, 61; dazu kritisch: Paul 1979, I, 209).

So geht die interessierte Aufnahme dieser Studie in der Sozialwissenschaft und ihre Anregungsfunktion für weitere Arbeiten möglicherweise nicht allein auf die Benutzung biographischer Materialien und den Analyseversuch zurück, sondern auch auf die wissenschaftlichen Perspektiven, die Thomas und Znaniecki für die künftige Entwicklung der Sozialwissenschaft skizziert haben. Sie entwerfen eine Sozialwissenschaft, die ausdrücklich objektive *und* subjektive Elemente des sozialen Lebens berücksichtigt. Sozialgeschichtlich darin begründet, dass die moderne Gesellschaft von allen Gesellschaftsmitgliedern ein Mindestmaß an individueller Initiative, persönlicher Entscheidung und Beteiligung verlangt (anders als die stabilen, regelhaften Ordnungen der bäuerlichen Gesellschaft Polens mit geringer Indi-

vidualisierung im Familienverband), konzipieren sie eine soziologische Forschung, die objektive („value") und subjektive („attitude")
Anteile an den Wirkfaktoren berücksichtigen kann. Ohne die Hereinnahme der Vorstellungswelt der einzelnen Menschen werde man sich
nicht erklären können, warum verschiedene Menschen auf ein gege-
benes Phänomen unterschiedlich reagieren. Diese Überlegungen sind
später als „Thomas-Theorem" („Wenn Menschen eine Situation als
real definieren, dann hat sie reale Konsequenzen") bzw. als „humanis-
tischer Koeffizient" (Znaniecki 1969, 139) ausformuliert worden.

Dass in den Sozialwisenschaften ein objektivistisches Verständnis
von den Kausalbeziehungen im sozialen Leben fortdaure, führen
Thomas/Znaniecki auf Entstehungsbedingungen der Sozialwissenschaft zurück. Historisch habe Sozialwissenschaft mit der Untersuchung von Problemen der politischen und juristischen Regelung zu
Zeiten relativer Stabilität begonnen, zu Zeiten, in denen man sich zudem auf Gewalt als ein vergleichsweise sicheres Mittel verlassen
konnte, um Stabilität zu erreichen, auch wenn die erwünschten Einstellungen der Menschen nicht vorhanden waren. Nach ihrer Meinung
berücksichtigen Annahmen von einer allein objektiv verursachten
Kausalbeziehung im sozialen Leben nicht, dass die Menschen nicht
mehr in stabilen Ordnungen leben, die ihnen Entscheidungen und Interpretationen als Individuen kaum abverlangten. Dieser Realzusam-
menhang theoretischer Orientierungen und methodischer Entscheidungen bei Thomas und Znaniecki geht manchen späteren Arbeiten
und methodologischen Beiträgen verloren. Das Problem wirklicher
sozialer Entwicklung zur Individualisierung der Lebensführung als
Basis für die Möglichkeit biographischer Forschung wird verkürzt zur
theoretisch-methodologischen Entscheidung für einen Forschungsansatz neben anderen.

Diese Studie ist trotz aller Schwächen ein energischer Schritt hin
zur empirischen Orientierung der Soziologie, ein Bruch mit der klassischen Tradition, die auf die Ausbildung von Gesellschaftstheorie als
Aussagensystem über den Sozialzusammenhang hinarbeitete. Biographische Forschung bei Thomas und Znaniecki gesteht den subjektiven
Prozessbeschreibungen und Strukturdeutungen soziale Wirklichkeit

und Wirkkraft zu; sie schließt Absichten und Entscheidungen der Menschen nicht aus der Gesellschaft als ihrem Gegenstand aus. Viele sehen seitdem die besondere Leistungsfähigkeit der biographischen Forschung im Vergleich zu anderen Forschungsstrategien darin, dass sie die Sicht einzelner Menschen von ihrer jeweils eigenen Lebensführung berücksichtigt, ja zum Material-Zentrum des Vorgehens macht. Eine weitere wichtige Neuerung dieser Studie muss darin gesehen werden, dass sie die Lebensgeschichte eines „einfachen Menschen" zum Datenmaterial der Sozialforschung geadelt hat (Adamski 1981, 31).

Hier ist nicht der Ort, um der Diskussion über die Zusammenarbeit von Thomas und Znaniecki und über ihre jeweiligen Anteile an diesem Werk (Markiewicz-Lagneau 1982, 172ff.; Madge 1968, 54; Paul 1979, 1, 170f.) eine weitere Verästelung hinzuzufügen. Solche Klärungsversuche weisen ja nur darauf hin, dass die Studie über den polnischen Bauern als Klassiker anerkannt ist. Aufschlussreich sind aber zwei Anekdoten dazu, wie Thomas darauf gekommen ist, autobiographische Texte als Datenmaterial zu verwenden. In einem Lebensbericht führt er den Anfang seines „Interesses am Dokument auf einen langen Brief zurück, den ich eines regnerischen Tages auf dem Weg hinter meinem Haus aufsammelte; es war der Brief eines Mädchens, das an einem Ausbildungskurs in einem Krankenhaus teilnahm; er richtete sich an ihren Vater und drehte sich um die familiären Beziehungen und Mißstimmigkeiten. Mir schien es damals, als könnte man eine Menge lernen, wenn man im Besitz einer Reihe solcher Briefe wäre" (zit. nach Baker 1981, 255). Die andere Geschichte über den Anfang der biographischen Forschung stammt von Janowitz (berichtet bei Paul 1979, I, 168): „Bei einem Gang durch das Polen-Viertel Chicagos habe plötzlich jemand" über Thomas` Kopf „einen Mülleimer geleert. Als Thomas zur Seite sprang, sah er ein Paket wohlgeordnete Briefe zur Erde fallen. Er nahm sie an sich und entdeckte beim Lesen (sie waren in polnischer Sprache), daß sie eine Fundgrube für den Forscher darstellten." Welche von beiden Geschichten stimmt oder ob überhaupt eine von beiden (so Bennett 1981, 123), soll hier nicht interessieren. Mindestens sind sie gut erfunden: Die Entdeckung einer

sozialwissenschaftlichen Methode passiert nicht nach langen Arbeits-
stunden am Schreibtisch, sondern beim Gang durchs Forschungsfeld;
im Schmutz der Straße findet Thomas den neuen Materialbereich der
Sozialforschung. In diesem Zusammenhang ist auch ein biographisches Detail zu einem anderen einflussreichen Soziologen in Chicago
von Bedeutung: Robert Ezra Park, der „die Kraft hinter der riesigen
Woge von Feldforschung" der Chicago-Schule jener Jahre war (Madge 1968, 88), war bis zu seinem Eintritt ins soziologische Department
von Beruf Journalist gewesen. Die meisten Studien der Chicago-
Schule sind, so Bude (1993, 409f.), in gewissem Sinne Reportagen.

Zu breiter Forschungsaktivität regt diese Studie in der amerikanischen und – vermittelt über Znaniecki – in der polnischen Soziologie
an.

Im Umkreis der Chicago-Schule der Soziologie, der „biographi-
sierenden Chicago-Schule" (Rosenmayr 1979, 56), werden die Anregungen von Thomas und Znaniecki von Kollegen und Studenten aufgegriffen. Untersuchungen zur Problematik der Immigranten, zur Lebensweise von Kriminellen und devianten Gruppen, zu anderen Fragen einer urbanisierten, durch Massenelend, nationale und kulturelle
Differenzen und Kriminalität charakterisierten Gesellschaft entstehen
(vgl. Plummer 1983, 40ff.). Die Stadt Chicago wird das „Laboratori-
um" dieser Forschergruppe (Bennett 1981, 151ff.). Leserbriefe, Auszüge aus Autobiographien, Briefe, Selbstzeugnisse aus kulturellen und
religiösen Organisationen von Minderheiten, Informationen aus der
Fürsorge, den Wohlfahrtsverbänden usw. werden als „illustratives
Material" (Park/Miller 1969) für die kulturellen Traditionen der Einwanderergruppen und ihre Auseinandersetzung mit den Lebensbedingungen in den USA genutzt. Oft verbunden mit teilnehmender Beobachtung gehen biographische Befragungen, Aktenanalysen, Einzel-
fallmaterialien unterschiedlicher Art in Studien über besondere Lebenswelten ein: über die Taxi-Dance Hall (Cressey 1932, 54ff.), die
Hobos (Anderson 1961, 61ff.), über Prostituierte, über einen Dieb,
über Stadtteile und Viertel Chicagos (Zorbaugh 1929; Übersicht in:
Paul 1979, I, 231ff.), über Veränderungen im Familienzusammenhalt
aufgrund der Wirtschaftskrise (Cavan/Ranck 1938). Im Hintergrund

dieser Studien steht die wissenschaftspolitische Absicht, den umlaufenden Vorurteilen zu widersprechen, wonach Kriminalität, Gewalt, soziale Unordnung auf Merkmale bestimmter Einwanderergruppen (Polen, Italiener) zurückgingen (Peneff 1990, 54f.).

Als zweiter Höhepunkt der biographischen Forschung jener Jahre können die 1930 und 1931 zuerst erschienenen Arbeiten von Clifford R.Shaw gelten (Shaw 1966; 1968); ihnen gelingt eine methodisch klarere Beziehung zwischen autobiographischem Zeugnis und anderen Forschungsdaten, als dies der Studie über den polnischen Bauern möglich war.

Die Arbeit über den „Jack-Roller" (Shaw 1966) ist eine Einzelfallstudie über einen jugendlichen Straftäter, der im Buch als Stanley auftritt (ähnlich angelegt die Arbeit über Sydney: Shaw 1968). Es handelt sich dabei um einen Fall aus 200 ähnlichen Studien über jugendliche Mehrfachtäter unter siebzehn Jahren, die alle zum Zeitpunkt der Untersuchung unter Bewährungsaufsicht waren. Zu Stanley hatte Shaw sechs Jahre lang Kontakt. In diesen Jahren habe er Verhalten, Verhaltensprobleme und sozialen Hintergrund des Jungen intensiv erforschen können.

Durch die Studie will Shaw den Wert der *own story* (svw. Eigenbericht) für das Studium und die Behandlung des straffälligen Jugendlichen demonstrieren. „Der lebensgeschichtliche Bericht ist ein vergleichsweise neues Mittel soziologischer Forschung im Bereich der Kriminologie, obwohl in anderen Bereichen bereits vielfach Gebrauch von solchen Materialien gemacht worden ist. Der Lebensbericht selbst ist der Eigenbericht des Straffälligen über seine Erfahrungen, abgefaßt als Autobiographie, als Tagebuch oder in der Folge einer Reihe von Interviews präsentiert. Die einzigartige Charakteristik solcher Dokumente ist, daß sie in der ersten Person berichtet sind, in den eigenen Worten des Jungen, und nicht übersetzt in die Sprache derer, die den Fall erforschen." (Shaw 1966, 1) Dazu „sollte jede Fallstudie ... folgendes enthalten: die Familiengeschichte, medizinische, psychiatrische und psychologische Ergebnisse, den offiziellen Bericht über Arrestierungen, Delikte usw., eine Beschreibung der Spielgruppen-Beziehungen und anderes nachprüfbares Material, das Licht werfen kann auf die Persönlichkeit und die heutigen Erfahrungen des jeweiligen Delinquenten. Im Licht solcher zusätzlicher Materialien kann man das persönliche Dokument genauer bewerten und interpretieren. Möglicherweise sind Interpretationen von Lebensgeschichten ohne solche zusätzlichen Fallmaterialien in dieser oder jener Weise fraglich." (Shaw 1966, 2)

Die Lebensgeschichte könne zu drei Aspekten der Lebensweise von Straffälligen Informationen beitragen:

a) „Der Eigenbericht des Jungen ist von hoher Bedeutung als Mittel, um die persönlichen Einstellungen, Gefühle und Interessen des Kindes festzuhalten; in anderen Worten, er zeigt, wie er seine Rolle in Beziehung zu anderen Personen auffaßt, und die Interpretationen, die er von den Situationen hat, in denen er lebt. In diesem persönlichen Dokument legt das Kind seine Gefühle der Unter- und Überlegenheit dar, seine Ängste und Probleme, seine Ideale und seine Lebensphilosophie, seine Widersprüche und psychischen Konflikte, seine Vorurteile und Rationalisierungen." (Shaw 1966, 4)

b) „Mithilfe persönlicher Dokumente ist es nicht nur möglich, die Traditionen, Sitten und moralischen Maßstäbe von Nachbarschaften, Institutionen, Familien, Banden und Spielgruppen zu untersuchen, sondern auch die Art und Weise, wie diese kulturellen Faktoren in die Verhaltenszüge des Kindes integriert werden. Der Lebensbericht erschließt auch die stärker intimen, persönlichen Situationen, in denen das Kind lebt; d.h. die Einstellungen, Gesten und Aktivitäten der Menschen, mit denen es engeren Kontakt hat." (Shaw 1966, 7f.)

c) „Es kann kaum Zweifel geben, daß Verhaltenszüge und vielleicht die gesamte Persönlichkeit stark beeinflußt sind von den Bedingungen und Erfahrungen in Situationen, die dem einzelnen Menschen im Leben entgegentreten. Deshalb wird irgendeine Handlung eines einzelnen nur verstehbar im Licht ihrer Beziehung zur Folge von vergangenen Erfahrungen im Leben des Individuums." (Shaw 1966, 13f.)

Zur Erhebung des Materials sind je nach Persönlichkeit des Jugendlichen verschiedene Verfahren angewendet worden, meist aber das Interview. Es brauchte mehrere Interviews über einen längeren Zeitraum hinweg, um eine möglichst vollständige Lebensgeschichte herzustellen. Die Gespräche wurden stenographisch aufgezeichnet und dann transkribiert. „Eine Übersetzung der Geschichte in die Sprache des Interviewers würde in vielen Fällen die ursprüngliche Bedeutung erheblich verändern." (Shaw 1966, 21f.) Von älteren Jugendlichen konnten schriftliche Dokumente erlangt werden. In jedem Fall aber wurde die Lebensgeschichte als Moment einer *total case history* verstanden, damit sie überprüfbar und interpretierbar wurde.

Die Wahrheitstreue von Stanleys Lebensbericht sieht Shaw als bewiesen an, weil Informationen aus Akten und anderen Aussagen damit – den Fakten nach, nicht den damit verbundenen subjektiven Vorstellungen – übereinstimmen. Einen zweiten Beweis für die Wahrheitstreue des Berichts sieht er darin, dass er in zahlreichen Begegnungen mit Stanley zur Auffassung gekommen ist, dass die wesentlichen Vorstellungen und typischen Reaktionsweisen von Stanley zutreffend beschrieben worden sind.

Ähnlich wie Thomas/Znaniecki begleitet Shaw den Eigenbericht mit Fußnoten. Diese enthalten ergänzende Informationen aus anderen Quellen: Aussagen des Bewährungshelfers; Schilderungen der Bedingungen in einer Besserungsanstalt aus einer anderen Perspektive; Informationen darüber, wie sich die Organisation und die Erziehungspraxis in Heimen und Anstalten verändert haben, seit sich Stanley dort aufgehalten hat; Verweise auf Ergebnisse aus anderen Fallstudien; Verweise auf Beobachtungsmaterial. Hinzu kommen Interpretationen der allgemeinen sozialen Bedingungen der Entstehung von abweichenden Verhaltensweisen. Nicht beschrieben werden: Art und Häufigkeit der Kommunikation zwischen Stanley und Shaw; Rolle von Bewährung und Strafvollzug bei der Herstellung des schriftlichen Lebensberichts; mögliche Übernahme der Situationsdefinitionen des Forschers durch Stanley, um Vorteile herauszuholen dadurch, dass er sich einsichtig zeigt. Insgesamt spricht nämlich einiges im Text Stanleys dafür, dass er die Sichtweise des Soziologen übernommen hat (vgl. Dollard 1949a, 220): Shaws sozialökologische These von der Entstehung krimineller Karrieren deutet Stanley an seinen Familienbedingungen, an den Freundschaftsbeziehungen auf der Straße und im Heim aus. Überall war es die Umwelt, die ihn hat hineinrutschen lassen. Es ist unbekannt, wie Stanley diese soziologische Sichtweise kennenlernte und sich in der Hoffnung auf Vorteil, Freundschaft oder Anerkennung in diese Sichtweise hineindachte. Mit Sicherheit aber ist seine Erzählweise in diesem Lebensbericht nicht die, die er unter seinesgleichen benutzen würde. Denn sein Bericht enthält an verschiedenen Stellen Auskünfte darüber, wie sich die Jungen auf der Straße, als Tramper, im Keller der Erziehungsanstalt unterhalten: Taten, Tricks und Erfahrungen mit der Polizei werden – um als richtiges Bandenmitglied gelten zu können, vielleicht auch, um sich die Zeit zu vertreiben – voller Ausschmückungen und Übertreibungen erzählt.

Ab 1930 wird die Entfaltung der biographischen Forschung in der Soziologie der USA verunsichert und dann zurückgedrängt. Zwei andere, bis heute einflussreiche Forschungslinien setzen sich nach und nach durch: Einerseits die neu entwickelten Möglichkeiten des statistischen Kalküls, andererseits die mit dem Namen von Parsons verbundenen Ansprüche einer soziologischen Systemtheorie (die sich auf weite Strecken ohne eigene empirische Forschung entwickelt).

Die jetzt an der Studie von Thomas und Znaniecki vorgebrachte Kritik betont die Fraglichkeit der Gültigkeit von Schlüssen und Interpretationen aus subjektiv-autobiographischem Material. Scharf weist Lundberg (1926) die Diskussion über die Alternative von Fallstudie und statistischen Verfahren zurück: Die *case method* sei überhaupt keine eigene wissenschaftliche Methode, sondern nur „der erste Schritt" darin. Einzelfälle seien ohne Wert, wenn nicht eine Vielzahl solcher Materialien zu Verallgemeinerungen und zu Mustern von Verhalten kombiniert würden. Die Entwicklungschance von Fallberichten und Interviews sieht er daher in einer Standardisierung zum Zwecke statistischer Weiterbearbeitung.

Andere versuchen die Zuverlässigkeit von Verkodungsschritten bei autobiographischen Materialien nachzuweisen und finden, „daß praktisch die gleichen Resultate durch Klassifizierung von Antworten auf einen Fragebogen herauskommen wie bei Klassifizierung von Schlüssen, die mit einem weitaus größeren Arbeitsaufwand aus Lebensgeschichten gewonnen werden" (Cavan/Hauser/Stouffer 1930, 203).

Selbst bei den Wortführern der biographischen Forschung (und der teilnehmenden Beobachtung bzw. der Ethnographie) deuten sich Verunsicherungen über den Wert der von ihnen privilegierten Verfahren im Vergleich zu solchen mit „objektiveren" Ergebnissen an. Mit dem Grundsatz, dass, wenn Menschen eine Situation als real definieren, diese auch reale Konsequenzen hat (Thomas-Theorem), hatte Thomas zwar Zweifel an der Brauchbarkeit subjektiver Materialien für die Sozialwissenschaft zurückweisen können (Faris 1970, 18). In einem Buch im Jahre 1928 aber hält er statistische Verfahren und die *case method* für gleichberechtigt (Young 1962/63, 384). Shaw rechnet 1930 damit, dass irgendwann einmal Fragebogen und Persönlichkeitsskala die Arbeit mit *personal documents* ersetzen werden (Shaw 1966, 30).

Im Geiste dieser Zeit, in der Vorschläge zur quantitativen Prüfung von Theorien großen Einfluss gewinnen (Glaser/Strauss 1967, 14), setzt Blumers kritischer Rückblick auf die Studie von Thomas/Znaniecki an der Frage der Theorieprüfung an. Sein Beitrag war im Auftrage des *Social Science Research Council* erarbeitet worden und hatte einer Tagung dieser Vereinigung als Diskussionsmaterial gedient.

Blumers Hauptargument ist, dass Thomas und Znaniecki entgegen ihren methodologischen Ansprüchen das biographische Material weniger zur Herausarbeitung oder Überprüfung von Theorien der Sozialpersönlichkeit oder des sozialen Wandels benutzt, sondern ihre theoretischen Überlegungen offensichtlich weithin unabhängig vom Datenmaterial entwickelt haben (Dollard hatte das bereits 1935 vorgebracht: Dollard 1949a, 180). Durch Interpretation des Materials selbst jedenfalls seien sie nicht zur Formulierung von sozialen Gesetzmäßigkeiten vorgestoßen; allenfalls spekulative Verallgemeinerungen seien sichtbar (Blumer 1939, 18f.).

Die Interpretation von Wladeks Autobiographie könnte stimmen, sie sei jedoch nicht überprüfbar. Da auch bei den anderen biographischen Materialien (Briefe usw.) offen bleibe, welchen Beitrag sie zur Analyse und zu den theoretischen Vorschlägen erbracht haben, stellt Blumer die Frage nach der Bedeutung dieser Art von Daten allgemein (Blumer 1939, 47ff.). Es bestehe das Dilemma, dass die Güte einer

Interpretation und ihre Verallgemeinerbarkeit davon abhängen, welche Theorie und welches begriffliche Vorverständnis angewandt wird (und wieweit diese dem Leser vertraut sind). Angesichts dieses Dilemmas hält Blumer dafür, dass die Angemessenheit und Richtigkeit einer Interpretation von Erfahrung, Einsicht und sozialer Kenntnis des Interpreten abhängt. Ein Interpret, der mit den Problemen der Menschen im sozialen Leben vertraut ist und der sich speziell in dem Lebensbereich, der untersucht wird, auskennt, wird eine bessere Interpretation von *human documents* erarbeiten können als einer, der diese Qualifikationen nicht hat. Spätere Stellungnahmen zur Studie von Thomas und Znaniecki haben diese Argumente Blumers mehr oder weniger übernommen (Allport 1947, 19ff.; Angell 1951, 182; Madge 1968, 83ff.; Bierstedt in: Znaniecki 1969, 14; Fuchs 1979a, 124ff.; Paul 1979, I, 213ff.; Kohli 1981b, 281).

Das *Social Science Research Council* setzt die Diskussion in den folgenden Jahren fort und beauftragt weitere Sozialwissenschaftler mit Stellungnahmen zu den Möglichkeiten und Grenzen der *personal documents* (Redfield 1947, IX). Zuvor schon, 1935, hatte sich der Psychologe Dollard um die Entwicklung der Erhebung von Lebensgeschichten zu einer anerkannten wissenschaftlichen Methode bemüht (Dollard 1949a) und hatte im Jahre 1938 Möglichkeiten gerade auch für soziologische Fragestellungen – der Gemeindeforschung – aufgezeigt (Dollard 1949b, 435).

1942 legt der Psychologe G.W.Allport seinen Überblick über die Bedeutung der *personal documents* für die Psychologie vor; dabei berücksichtigt er übrigens ausführlich die deutschsprachige Psychologie des Lebenslaufs (Ch.Bühler) und die Tagebuchforschung (Bernfeld). Bei aller Kritik an der bisherigen Verwendung biographischen Materials zu illustrativen Zwecken oder als Beleg für eine vorweg als richtig akzeptierte Theorie schreibt Allport ein engagiertes Plädoyer für die Methode der persönlichen Dokumente, ausdrücklich gegen die damals in den Sozialwissenschaften der USA „vorherrschende wissenschaftliche Stimmung" (Allport 1947, 126). Allein schon die Breite der Aufgaben in der Psychologie, für die *personal documents* als Datenmaterial eingesetzt werden, rechtfertige eine intensive Beschäftigung mit diesem Forschungsweg und weitere Versuche der Verfeinerung und methodischen Absicherung (Allport 1947, 52). Gegen die „Objektivisten", die Positivisten, die Vertreter des statistischen Kalküls besteht Allport darauf, dass sowohl nomothetische als auch idiographische Ansätze in der Psychologie leistungsfähig seien. Der Glaube, „verallgemeinertes Wissen über die menschliche Natur könne das Wissen über besondere Expressionen der menschlichen Natur aus dem Felde schlagen, ist ein schwerer Fehler, der sowohl von Psychologen wie von Soziologen nicht selten begangen wird" (Allport 1947, 56f.). Gesetzesähnliche, geordnete Beziehungen gebe es auch im Einzelfall, im Leben eines Menschen, ohne dass sie in der gleichen Weise auch nur in einem anderen Leben wiederkehren müssten; Gesetzmäßigkeit sei nicht identisch mit Häufigkeit eines Merkmals in einer gegebenen Population. Kein Vertreter einer nomothetischen Wissenschaftskonzeption „kann sagen, was sich seine Frau als Weihnachtsgeschenk wünscht, indem er allgemeine Gesetze der Psychologie zu Rate zieht" (Allport 1947, 59).

Im Streit zwischen nomothetischen und idiographischen Wissenschaftskonzeptionen versucht Allport also eine vermittelnde Position: Er erkennt die Brauchbarkeit biographischen Materials für die Vorbereitungsphase einer quantitativen Studie an, akzeptiert die Möglichkeit, biographisches Material nach dem Modell einer quantitativen Untersuchung zu erheben und auszuwerten, verlangt unter anderem mehr Beachtung der Auswahlmöglichkeiten und -schritte (bei Tagebuchforschungen). Zugleich besteht er darauf, dass die Methode der persönlichen Dokumente sich in diesen Möglichkeiten nicht erschöpft: Er hält sie für alle Ansätze unverzichtbar, die sich um die einzigartige Struktur einer Persönlichkeit und ihrer Lebensgeschichte bemühen, sei es, um Theorien zu korrigieren oder um neue Theorieentwürfe zu fördern, sei es zu den Zwecken der Voraussage persönlicher Entwicklung, der Kontrolle und Rehabilitation. Übrigens sei der Psychologe auch aus Gründen seiner eigenen Offenheit für sein Gegenstandsfeld darauf angewiesen, sich von Zeit zu Zeit mit konkreten Einzelfällen zu befassen, um sich nicht in lebensfremden Abstraktionen zu verlieren (Allport 1947, 56).

1945 legt das *Social Science Research Council* drei weitere Stellungnahmen zu Stand und Entwicklungsmöglichkeiten der *personal document method* vor, und zwar von einem Historiker (Gottschalk 1951),
einem Kulturanthropologen (Kluckhohn 1951) und einem Soziologen
(Angell 1951).

Für die Kulturanthropologie legt Kluckhohn (1951, 109ff.) eine
ausführliche Einführung in die Feldforschung mit dem Hauptziel der
Erarbeitung von biographischen Materialien vor, vom Eintritt ins Feld
bis zur Publikationsstrategie. Es handelt sich um den ersten umfangreichen Versuch, die Entscheidungen während eines biographischen
Projekts zu beschreiben und die in jedem Schritt möglichen Alternativen zu bedenken. Weil es der Kulturanthropologe im Regelfall mit der
Erhebung von biographischen Daten durch Interviews zu tun hat – die
Sammlung von bereits geschriebenen autobiographischen Texten oder
von Briefen ist bei den meisten Völkern und Stämmen nicht möglich
(Kluckhohn 1951, 79) –, kann dieser Text auch als eine erste Einführung ins biographische Interview gelten. Insgesamt stellt Kluckhohn
zwar einen breiten Gebrauch von *personal documents* in der Kulturanthropologie fest. Allerdings würden Probleme der Auswahl und der
Erhebung sowie der Dokumentation der Erhebungssituation kaum
beachtet. Unentwickelt seien auch die Möglichkeiten der Interpretation und der Analyse; hierfür legt er eine Reihe von Anregungen vor
(Kluckhohn 1951, 133ff.).

Für die Soziologie gibt Angell 1945 im gleichen Band (Angell
1951) einen Überblick über die *personal document method* – unzufrieden mit der bisherigen Entwicklung seit der großen Studie von
Thomas/Znaniecki und skeptisch im Hinblick auf die weitere Entwicklung. Auf der Grundlage von 22 Untersuchungen aus den Jahren
1920 bis 1940, die biographische Materialien verwendet haben, sieht
er hauptsächlich drei Forschungsinteressen wirksam: den Versuch, die
historischen Abfolgen in der Entwicklung einer Person (oder einer
anderen sozialen Einheit) zu erklären; den Versuch, mithilfe von *personal documents* die soziologische Theorie zu erweitern; den Versuch,
durch Verbesserung der entsprechenden Erhebungs- und Interpretationsverfahren zum Fortschritt der Methoden beizutragen (Angell 1951,

185). Skeptisch ist er besonders gegenüber dem erstgenannten Interesse an der Erklärung einer Entwicklung, dem Verstehen biographischer bzw. historischer Abfolgen. Studien aus diesem Umkreis (darunter auch die von Shaw zur Jugenddelinquenz) litten unter unscharfer Formulierung der Hypothesen und theoretischen Folgerungen. Wegen ihrer Vagheit könnten sie kaum anhand von anderen Fallstudien (z.b. von Jugendlichen aus dem gleichen Milieu mit nicht-krimineller Laufbahn) oder von anderen Forschern überprüft werden (Angell 1951, 200).

In der Methode seien zwar eine Reihe von wichtigen Fortschritten erreicht worden, so besonders durch das von Shaw praktizierte Verfahren, den Befragten zur Abfassung eines autobiographischen Textes nach bestimmten Richtlinien zu veranlassen, sowie durch gezielte biographische Interviews (statt allein bereits verfasste schriftliche *personal documents* zu sammeln). Insgesamt aber habe das Verfahren eine „langsame Entwicklung" genommen (Angell 1951, 228). Gründe dafür sind: Zuviel Energie sei in Studien gesteckt worden, die ohne Absicht, Hypothesen zu testen, sich für die Entwicklung einer Person oder andere historische Abfolgen interessieren. Die bisherigen analytischen Werkzeuge seien zu unscharf geblieben, um das Datenmaterial wirklich zu durchdringen; in diesem Zusammenhang lobt Angell mehrfach Parsons' Anstrengungen um begriffliche Schärfe.

Schließlich führt er auch Gründe in der Entwicklung der Profession ins Feld: Die *personal document method* habe vergleichsweise wenige Anhänger gefunden. Abgesehen von der herrschenden Tendenz, nur das als „wirkliche Wissenschaft" anzusehen, was gezählt oder gemessen werden kann (Angell 1951, 229f.), spielen auch Karrierebedingungen für jüngere Sozialwissenschaftler eine Rolle: Die Erhebung und Analyse von biographischem Material ist zeitaufwendiger und mühsamer als Arbeiten, die dem dominanten Forschungsstil des statistischen Kalküls folgen.

Die fortschreitende Professionalisierung der Soziologie, ihre stärkere Eigenentwicklung in Verfahren, Begriffen und Theorie, ihre höhere Selbstreferenz als wissenschaftliche Fachgemeinschaft lassen biographische Forschung zurücktreten, die sich ja nicht nur an die

Fachkollegen als Publikum gerichtet hatte, sondern mehr oder weniger Bestandteil der Debatte über die Zukunft der Gesellschaft und der Gruppen auch außerhalb der Sozialwissenschaft gewesen ist (Bennett 1981, 235ff.).

Zudem war das Theoriepotenzial der biographischen Untersuchungen kaum ausgearbeitet worden. Das Postulat von Thomas und Znaniecki, nur durch Berücksichtigung auch der subjektiven Perspektiven der Menschen und Gruppen könnten soziale Prozesse erklärt werden, enthielt ja eine weitreichende Annahme: Die moderne Gesellschaft wird nicht mehr durch institutionalisierte Herrschaft, durch eingespulte Normen und unbefragten Gehorsam zusammengehalten, sondern, je weiter sie auf dem Wege der Demokratisierung gelangt ist, durch die Verknüpfung von heterogenen Lebenserfahrungen, Milieuperspektiven und Weltanschauungen. Die biographische Methode – und jegliche Sozialforschung, die die Perspektiven von Individuen und Teilgruppen berücksichtigt – ist insofern der Grundstruktur der modernen Gesellschaft angemessen. Dieses implizite Theorem bei Thomas und Znaniecki und anderen war implizit geblieben. Es rächte sich jetzt, dass die qualitativen Sozialforscher zu wenig Mühe auf die methodologische Begründung (und die methodische Standardisierung) ihrer Vorgehensweisen verwendet hatten (vgl. Kelle 1994, 35).

Auch Überlegungen zu einem veränderten „gesellschaftlichen Problemdruck" gegenüber der Zeit um 1918 sind plausibel: „Der neue gesellschaftliche Problemdruck" in den USA der 1930er und 1940er Jahre „stand im Zusammenhang mit der Überwindung der Wirtschaftskrise und später der gesellschaftlichen Formierung für den Krieg. Möglicherweise bot dies den ‚hermeneutischen' Ansätzen weniger gute Entwicklungsbedingungen" (Kohli 1981b, 281; ähnlich: Bertaux 1980a, 199).

Wie auch immer – die Vertreter der quantitativen Prüfung von Theorien setzen sich durch; Intensivbefragung, biographische Forschung und andere qualitative Schritte werden zur Vorstudie einer quantitativen Hauptstudie, zur Exploration vor dem eigentlichen Schritt empirischer Forschung, zum Hilfsmittel bei der Formulierung von spezifischen Hypothesen und bei der Interpretation quantitativ erhobener Daten. Selbst Fürsprecher der *case-method* betonen jetzt angesichts ihres ungesicherten Status als wissenschaftlicher Methode diese Hilfsfunktionen für statistisch angelegte Forschungswege (Burgess 1945, 36f.). Qualitative Forschung erhält die Aufgabe von „Handlangerdiensten für quantitative Sozialforschung" zugewiesen (Glaser/Strauss 1979, 92); bis heute bestimmt diese Aufgabenteilung den Hauptstrom der methodischen Arbeit und Diskussion. Als eigenständiger Forschungsweg erleidet biographische Forschung einen „Zusammenbruch..., ebenso plötzlich und radikal, wie ihr Erfolg und ihr Prestige in den zwanziger Jahren gewesen war" (Bertaux 1981a, 5).

Allein Sozialwissenschaftler, die sich zum Interaktionismus rechnen, verwenden weiter biographische Datenmaterialien und interessieren sich für die Verlaufsformen von Lebensgeschichten. Es geht dies auf die Nähe von biographischer Forschung zu dieser sozialwissenschaftlichen Schule zurück; da sie auf der Berücksichtigung der Perspektiven der handelnden Menschen besteht, liegt ihr die Verwendung lebensgeschichtlicher Erzählungen und ähnlicher Materialien nahe. Eine Vorliebe der Interaktionisten für die biographische Forschung hat sich so über Jahrzehnte hinweg gehalten. In seinem 1970 zuerst erschienenen Methodenbuch bezeichnet Denzin (1975, X) *life histories* als eine der fünf Hauptmethoden der interaktionistischen Soziologie, und Faraday/Plummer (1979, 779) nennen den symbolischen Interaktionismus einen „Verbündeten" der „life history technique".

Bestimmenden Einfluss auf die Entwicklung der Sozialwissenschaften behielt biographische Forschung nur in Polen, was wegen der seltenen Polnisch-Kenntnisse bei Sozialwissenschaftlern anderer Länder international geringe Bedeutung erlangte. Diese polnische Sonderentwicklung geht auf Znaniecki zurück. Am Soziologischen Institut Posen regte er 1921 einen Wettbewerb mit Geldpreisen und Auszeichnungen an für den besten autobiographischen Text, geschrieben von einem Arbeiter, und erarbeitete eine „Sammlungstechnik für Autobiographien" (Znaniecki 1927, 290). Über hundert zum Teil sehr ausführliche Texte aus dieser Bevölkerungsgruppe kamen zusammen (Chalasinski 1981, 120).

Nach diesem Erfolg hat sich diese Erhebungsmethode in der polnischen Sozialwissenschaft etabliert. Tagebücher, Lebensbeschreibungen, Memoiren, „Erfahrungstexte" aus verschiedenen sozialen Gruppen (junge Bauern, Arbeitslose, Schüler, Lehrer) wurden auf diese
Weise in großer Zahl erhoben und als Beschreibungen dieser Sozialgruppen veröffentlicht. Nach der Unterbrechung durch den Zweiten
Weltkrieg wurde diese Forschungstradition wieder aufgenommen,
wenn auch in den ersten Jahren unter dem neuen Regime zögernd.
1961, als erneut ein großer Wettbewerb für Tagebücher aus der jungen
Bauerngeneration veranstaltet wurde, erlangte die Methode wieder
große Bedeutung; Ende der 1960er Jahre wurde ein Zentralarchiv für
entsprechende Materialien eingerichtet (Bukowski 1974; Lubas-
Bartoszynska 1994). Allerdings ist die Position der Forschungen mit
autobiographischen Texten im Nachkriegspolen nicht mehr derart unumstritten wie vor dem zweiten Weltkrieg (Adamski 1981).

Charakteristisch für die polnische Traditionslinie der biographischen Forschung ist, wenigstens für die Jahre ab 1930, dass sie über
die wissenschaftlichen Fachgemeinschaften hinausgreift und Teil literarischer, kultureller und journalistischer Diskurse wird. Gedruckte
Autobiographien von Bauern und Arbeitern werden fast zu Bestsel-
lern, erhalten trotz ihrer oft mangelhaften schriftsprachlichen Korrekt-
heit Lob und Anerkennung in führenden Kulturzeitschriften. In Polen
entsteht eine Bereitschaft, die Probleme der Gesellschaft über das Medium von autobiographischen Dokumenten aus dem Volke zu disku-
tieren. Forschung verbindet sich mit einem Prozess der gegenseitigen
Information der Sozialschichten über ihre Lebensprobleme, verbindet
sich mit Volks- und Erwachsenenbildung. Biographische Forschung
wird eine „soziale Bewegung" (Kohli 1981b, 285), wird Moment des
sozialen Wandels.

Diesen „Enthusiasmus für die Autobiographie", diese „Manie für
Wettbewerbe" im Polen der 1930er Jahre erklärt Markiewicz-Lagneau
(1974) aus einer speziellen sozialen und kulturellen Konstellation: Die
durch die Aufrufe vor allem angesprochenen unteren Sozialschichten
wollten gesellschaftlich und kulturell endlich auch zu Wort kommen,
fanden aber kaum andere Möglichkeiten dafür als die Teilnahme an

einem wissenschaftlich organisierten Aufruf. Und die Intelligenz konnte ihren kulturellen Führungsanspruch hinter ihrem Populismus beibehalten; sie war es ja, die das Volk zu Wort kommen ließ und behielt in Gestalt der Sozialforscher die Auswahlkriterien in der Hand. Die Verallgemeinerung der von Znaniecki begonnenen Erhebungsmethode hat den Soziologen „eine neue Möglichkeit in die Hand gegeben, auf die Gesellschaft Einfluß auszuüben" (Markiewicz-Lagneau 1974, 602). Dieser Charakter der biographischen Forschung als Teil auch außerwissenschaftlicher Orientierung setzt sich nach dem Zweiten Weltkrieg fort. Wenn nach Schätzungen an den Aufrufen zwischen 1946 und 1972 rund 250 000 Polen teilgenommen haben, dann handelt es sich in der Tat nicht nur um eine erfolgreiche Erhebungsmethode, sondern zugleich um „ein bemerkenswertes soziales Phänomen" (Markewicz-Lagneau 1974, 594).

Die deutschsprachige Sozialwissenschaft der 1920er Jahre ist weder durch die Arbeiten der Chicago-Schule noch durch die Aktivitäten in Polen angeregt worden. Dies ist deshalb merkwürdig, weil es biographieanalytische Ansätze in der mit Jugend befassten Kriminologie gab (Gruhle 1912) sowie eine inzwischen lange Tradition von Autobiographien insbesondere aus der Arbeiterschaft. Die deutsche Sozialwissenschaft hat auf diese Selbstzeugnisse und literarischen Stimmen aus der Arbeiterschaft zurückhaltend reagiert. Selten ist ihnen der Status von Quellen zuerkannt worden, gewöhnlich bemühen sich die Beiträge um den Nachweis der Unzuverlässigkeit und Einseitigkeit. Die Arbeiterautobiographie gilt als „Modeprodukt, ähnlich wie ... der Kriegsroman" (Geiger 1931, 241). Allenfalls als Ergänzung zur Statistik wird sie akzeptiert (Koch 1929, 129). Ja, man macht sich lustig darüber, „daß sogar dem Proletarier befreundete Intellektuelle gleich Missionaren oder Ethnologen in eine ihnen kategorisch fremde psychische Welt eindringen zu glauben müssen, um das Wesen des proletarischen Menschen zu erfassen" (Geiger 1931, 239). Im Einzelnen werden folgende Einwände gegen die Verwendbarkeit der Autobiographien aus der Arbeiterschaft als Material für sozialwissenschaftliche Ziele vorgebracht:

a. Diejenigen Arbeiter, die ihre Lebensgeschichte schreiben, sind „Ausnahmeerscheinungen" in ihrem Milieu. Sie „überragen durch ihre allgemeinen Fähigkeiten und besonders durch ihre umfassendere Bildung den Durchschnitt der übrigen Klassenangehörigen" (Koch 1929, 148).

b. Die Form Autobiographie entspricht nicht der Lebensauffassung von Arbeitern. „Wenn freilich die Biographie sich als Schilderung des Lebensgangs eines Ausnahmemenschen darstellt, wenn in ihrem Zentrum die einmalige Individualität des Verfassers steht, dann haben wir es wohl mit einem für die Arbeiterschaft als solche a-typischen Dokument zu tun." (Geiger 1931, 242) Belege für diese Vermutung werden darin gesehen, dass verhältnismäßig viele Arbeiterautobiographien Aufstiegsgeschichten sind, die aus der inzwischen gewonnenen beruflichen oder politischen Position einen Blick zurück in den Abgrund tun.

c. Bei einigen Arbeiterautobiographien handele es sich eher um politische Memoiren von Führern der Arbeiterorganisationen als um Material über das Durchschnittsleben der Klasse.

d. Die Texte seien oft politisch-aufklärerisch gefärbt, etwa wenn „der Schreiber im Bewußtsein der Wichtigkeit des gedruckten Wortes sich in Positur setzt und nun mit seinen Reflexionen ‚zu den eigenen Klassengenossen und zu der bürgerlichen Welt spricht'"(Geiger 1931, 244).

e. Die „fast allen Autobiographien entgegentretende Versuchung, ihre persönliche Haltung zu rechtfertigen und im Maße dieser Selbstverteidigung als Ankläger ihrer Umwelt aufzutreten", sei bei Arbeitern als Autoren besonders stark wirksam. „Haben wir es doch bei ihnen nicht nur oft, sondern fast regelmäßig mit Menschen zu tun, die – nicht ohne Gefühl für ihre überdurchschnittliche Begabung – in starkem Maße von der Befürchtung gequält werden, durch ein besonders hartes äußeres Schicksal trotz eifrigen und unermüdlichen Strebens von der Erreichung des ihnen voranschwebenden Zieles immer wieder erneut zurückgeworfen zu werden und manche ihrer Kräfte und Fähigkeiten auf diese Weise verkümmern sehen zu müssen." (Hirschberg 1928, 6f.)

f. Die vorliegenden Autobiographien und Memoiren stammen aus sehr verschiedenen Perioden und Räumen, können also zusammen kein Gesamtbild vom alltäglichen Leben der Klasse geben. Es fehlen ganz Selbstzeugnisse aus den untersten Schichten der Arbeiterschaft (Koch 1929, 134 und 166).

Aufgrund solcher Vorbehalte kommt es nicht zu einer breiteren Beschäftigung der Sozialwissenschaftler mit diesen Materialien, sie gelten „mehr als Symptom denn als Tatsache" (Koch 1929, 166). Allein in Psychologie und Pädagogik (vgl. Heinritz 1997) gelingt eine Akzeptierung biographischen Materials als wissenschaftlich legitimer Daten. Die Kinder- und Jugendpsychologie dokumentiert Tagebücher und Aufzeichnungen der Eltern über die Entwicklungsprozesse der jungen Persönlichkeit, Briefwechsel und andere biographische Materialien werden zusammengetragen und unter Fragestellungen der Entwicklungs- und der Persönlichkeitspsychologie interpretiert.

Einflussreich für Erziehungswissenschaft und Psychologie, weniger für die Soziologie, sind die Arbeiten von Charlotte Bühler geworden. Sie stellen einen Höhepunkt biographischer Forschung in der Psychologie der 1920er und 1930er Jahre dar, orientiert vor allem an Fragen nach der Verlaufsform der Pubertät (Jugendforschung) und nach der Struktur des Lebenslaufs insgesamt (Psychologie des Lebenslaufs). Die zugrundeliegenden theoretischen Konzepte beruhen auf biologisch begründeten Ablaufformen des Lebenslaufs, auf Reifungs- und Alterungsvorgängen: Allen Lebensläufen sei wesentlich eine Verlaufsstruktur eigen, die nach einer Phase der Expansion der Lebensaktivität auf einen Lebenshöhepunkt führt, um dann wieder abzufallen. Formalstrukturen des Lebenslaufs – im Hinblick auf Entstehung, Höhepunkt und Abfall der Produktivität im Leben (bei Schriftstellern und Künstlern z.B. die Entstehung der Werke in der Sequenz) – werden herausgearbeitet und vergleichend betrachtet. Neben solchen Ablaufvorstellungen (Expansion, Stabilität, Reduktion) stammt aus dieser Arbeitsrichtung die Konzeption von Daseinsthemen, die in einzelnen Altersphasen besondere Bedeutung für den Lebensvollzug und das Lebensverständnis haben (Bildung, Beruf, Familienleben).

Unter dem nationalsozialistischen Regime dann erhielt biographische Forschung keine Chance; dies nicht nur wegen der Vertreibung vieler Sozialwissenschaftler, sondern auch weil zentrale Ideologeme des Nationalsozialismus einem „biographischen Denken" widersprachen, insbesondere die Lehren von Rasse und Vererbung. Immerhin entstanden im Kontext der Versuche, umherziehende Bettler, Landfahrer und andere Nichtsesshafte zur Arbeit anzuhalten und nach Möglichkeit die „gesunden" Elemente wieder in die „Volksgemeinschaft" einzubeziehen, auch biographische Untersuchungen – wenn auch an festen Typologien orientiert (Polligkeit 1938).

Erst in den letzten vier Jahrzehnten hat biographische Forschung nach diesen zersplitterten und abgebrochenen Linien in mehreren Ländern gleichzeitig einen Neuanfang gefunden.

Zwar war Anfang der 1950er Jahre für die Sozialpsychologie ein Versuch unternommen worden, ältere Anregungen aus der amerikanischen Literatur (Dollard) zu einer „grundsätzlichen Vorbesinnung" auf die biographische Methode zu nutzen (Beck 1952, 203). Und seit Mitte der 1950er Jahre befasste sich eine Gruppe von Psychologen unter der Leitung von Hans Thomae mit der Sammlung und theoretischen Einordnung von biographischen Daten. Der Umriss einer „psychologischen Biographik" (Thomae 1968, 103ff.; vgl. Thomae 1998) entsteht, fundiert durch Rückgriffe auf in der Psychologie bislang erprobte explorative und anamnestische Verfahren und entsprechende Interpretationswege. Unzufrieden mit historischen oder literaturhistorischen Biographien als Ausgangsmaterial hält es Thomae für notwendig, „Biographien über ‚Durchschnittsmenschen'" zu erheben und zu analysieren. Längsschnittbeobachtungen werden durchgeführt, Analysen von Tagesläufen als Untereinheiten des Lebenslaufs, eine Fülle von lebensgeschichtlichen Berichten und Zeugnissen wird zusammengetragen.

Diese Psychologie des Lebenslaufs versteht sich konsequent empirisch, sie wendet sich gegen die ungeprüfte Übernahme hergebrachter Lebensablaufmodelle. Sowohl zu den biographischen Konzepten, die das Werk von Ch.Bühler bestimmen, in erster Linie aber zu neueren „Aufgabenmodellen" des Lebenslaufs (Erikson, Havighurst, Peck) stellt Thomae (1978, 299) fest: „Generell ... zeigen auch diese neueren Versuche einer vergleichenden Psychologie der Lebensalter die Orientierung an einem Ablaufmodell, das an der klassischen Theorie des Dramas orientiert ist: Nach mehreren Vorbereitungsphasen wird irgendwann ein Höhepunkt erreicht, von dem aus das Geschehen dann entweder dem tragischen Ende oder doch einer weniger erfüllten und wertvollen Zeit zustrebt." Die empirische Gültigkeit solcher Entwicklungsmodelle und Lebenslaufdramaturgien sei durchaus fraglich (Thomae 1968, 194ff.); es sei nicht ausgemacht, dass hohe Lebensaktivität mit Jugend und nicht mit dem Alter zu tun hat. Auch andere Fähigkeiten und Merkmale der Persönlichkeit (z.B. Zukunftsorientierung) entwickeln sich im Alter nicht notwendig zurück.

Trotz aller Vorläufer steht dieser Arbeitsbereich für Thomae 1968 am Anfang, „im wesentlichen sind die Prinzipien einer psychologischen Biographik ... erst zu entwickeln" (Thomae 1968, 105; vgl. Jüttemann 1998). Zur breiteren Diskussion über biographische Forschung in mehreren Sozialwissenschaften hat Thomaes Arbeitsansatz jedoch direkt kaum beigetragen, allenfalls indirekte Verbindungslinien sind sichtbar. Es könnte das, wie Straub (1989, 9ff.) vorgebracht hat, daran liegen, dass dieser psychologische Vorschlag methodologisch nicht eindeutig genug war (nämlich trotz aller Offenheit für biographische Dokumente auf eine Gesetzeswissenschaft Psychologie hoffte).

Ähnliches gilt für die Bemühungen der anthropologischen und psychosomatischen Medizin um eine medizinische Biographik, eine „biographische Medizin" (Clauser 1963; Biefang 1977, 175ff.). Aus den Erfahrungen der Psychiatrie, der Psychoanalyse und der medizinischen Anamnesetechnik heraus werden differenzierte Erhebungsverfahren (Eigenbericht des Patienten, abgefasst nach einer Anleitung des Arztes; Tagebücher, Traumerinnerungen, Briefe und Gedichte, andere persönliche Dokumente wie Zeugnisse und Ehrungen, Erinnerungen der Eltern) sowie theoretisch orientierte Auswertungsstrategien (Pathobiogramm, sukzessive Charakterisierung der speziellen biographischen Verlaufsprozesse) diskutiert und für Diagnose und Therapie erprobt. Auf die Methodendiskussion der Sozialforscher erlangten diese Bemühungen jedoch keinen Einfluss.

Die Pädagogik verfügt zwar seit langem über Lehren vom Einzelfall, über Kunstlehren für pädagogisches Handeln in Situationen sowie über mannigfache Erfahrungen mit autobiographischem Material als Informationsquelle über Bildungsprozesse (vgl. Heinritz 1997). Ja, man kann sogar der Auffassung sein, dass Kernfragen der Pädagogik (wie leben lernen?) direkt aufs Themenfeld führen müssten. „Eigentlich gäbe es für die pädagogische Wissenschaft gute Gründe, sich eingehender mit Biographie und Autobiographie zu befassen." (Schulze 1991, 155; ähnlich Krüger/Marotzki 1996, 7; vgl. Krüger 1999, 14; Schulze 2002) Zu einer empirischen Forschungsstrategie ergaben sich von hieraus aber nur Ansätze. Henningsen hat 1962 Überlegungen hierzu vorgelegt: Autobiographie gilt ihm als der „ideale Gegenstand der Erziehungswissenschaft" (Henningsen 1962, 461; vgl. Marotzki 1991b, 91ff.), weil sie, abgesehen von ihrem Wert als Quelle zur Geschichte der Schule und anderer pädagogischer Einrichtungen, zugleich Ausdruck des Lebenslaufs als Bildungsprozess ist (und dadurch selbst bildende Wirkungen haben kann). Noch 1967, kurz vor der empirischen Wende der Pädagogik zur Erziehungswissenschaft, verlangt Gamm die Ausarbeitung einer pädagogischen Kasuistik, die neben der Lösungsproblematik in pädagogischen Handlungssituationen auch Forschungsleistungen erbringen soll (Gamm 1967). Die rasche Übernahme der Methodenlehre der quantitativen Sozialforschung durch die Erziehungswissenschaftler in den folgenden Jahren hat diese Ansätze dann wieder abgebrochen.

Mit einem gewissen Recht können die Volkskundler wegen ihrer Erforschung des Alltäglichen und Nahen als „die heimlichen ‚Softies' der Sozialwissenschaften" gelten, wie Bausinger (1982, 6) formuliert hat. Dennoch hat sich die Volkskunde erst in den letzten Jahrzehnten stärker dem „‚durchschnittlichen Erzähler' in alltäglichen Erzählsituationen" (Lehmann 1978, 199) zugewandt. Zwar hatte Bausinger bereits 1958 ein entsprechendes Plädoyer für die Sammlung und Interpretation alltäglicher Erzählungen abgegeben (Bausinger 1958), jedoch ohne die biographische Erzählung zu nennen und zudem am Nachweis interessiert, dass sich auch in alltäglichen Erzählungen im Nachklang an Zeitungsnachrichten, Filme und Romane z.B. Strukturmuster aus Märchen, Sage und Schwank nachweisen lassen, den traditionellen Gegenständen volkskundlicher Erzählforschung. Neumann (1967) hat dann die „bislang von der Folkloristik so vernachlässigten ‚Erzählungen aus dem Leben'" als wichtigen Gegenstand der Erzählforschung herausgehoben, ein Vorschlag, der allerdings erst in den 1970er Jahren zu einer breiteren Diskussion und zu eigenständigen biographischen Forschungsvorhaben führte (Lehmann 1977; 1993).

In der Geschichtswissenschaft der USA hat die Erhebung von Quellen durch biographisch-historische Interviews und ihre Bearbeitung hin zu erschließbarem Archivmaterial (Oral History) eine zwar inzwischen jahrzehntelange Tradition (Grele 1990, 3ff.). Entsprechende programmatische Vorschläge stammen von A.Nevins aus dem Jahre 1938; 1948 führte Nevins das erste Oral-History-Interview mit einem Kommunalpolitiker zum Bau einer Untergrundbahn (Niethammer 1978, 464). Erste Oral-History-Archive entstanden in den folgenden Jahren (Starr 1980). Die 1966 gegründete *Oral History Association* bemühte sich um Anerkennung der Verfahren in der Zunft, um Arbeitstagungen sowie um Klärung von forschungsethischen Problemen.

Jedoch hat sich dieser Arbeitsbereich in der Geschichtswissenschaft fast ohne Kontakt zur Diskussion in den anderen Sozialwissenschaften entwickelt, wohl vor allem deshalb, weil diese ältere Oral History vor allem Angehörige der Eliten befragte (vgl. Caunce 1994, 10). Erst als sich Oral History in den 1960er und 1970er Jahren den Lebensauffassungen und zeitgeschichtlichen Erfahrungen der unteren Sozialschichten, der regionalen und ethnischen Minderheiten zugewandt hat, ergaben sich Berührungen mit der in anderen Sozialwissenschaften neu beginnenden biographischen Forschung (Thompson 1975). Bekannt wurde die Oral History in Westdeutschland erst Ende der 1970er Jahre, als Erfahrungen und Arbeiten aus USA und England hier vorgestellt wurden (Niethammer 1978; Samuel 1980). Diese späte Berührung mit der biographischen Forschung in anderen Sozialwissenschaften hat mehrere Gründe: Eine geringe methodische Reflektiertheit vieler Oral-History-Projekte, ihr vordringliches Ziel, Datenmaterial für historische Archive bereitzustellen, schließlich ihre Nähe zur Memoirenproduktion von Staatsmännern und Wirtschaftsführern (Niethammer 1978).

Seitdem aber hat sich, angeregt vor allem durch das von Niethammer geleitete Projekt über die Arbeiterschaft im Ruhrgebiet seit den 1930er Jahren (LUSIR-Projekt) und ein zweites über biographische Wege in der DDR (Niethammer 1988; Niethammer/von Plato/Wierling 1991), ein Diskussionszusammenhang mit den anderen Sozialwissenschaften entwickelt: Das narrative Interview wird als besonders geeignetes Verfahren der Erhebung angesehen (Niethammer 1978, 480); die Ähnlichkeit der Probleme von Erhebung und Auswertung in Geschichtswissenschaft und Soziologie ist deutlich; manche Projekte nutzen Fragestellungen und Verfahren aus beiden Diskussionslinien, sind im Schnittbereich von Oral History und soziologisch-biographischer Forschung angesiedelt. Allerdings versteht sich die Oral History manchmal als eine Art Kulturbewegung, die sich aus kulturpolitischen Gründen der Rettung der Erinnerungen von „einfachen Leuten" verschrieben hat und an der ein jeder, der diese Ziele teilt, auch wenn er nicht über methodische Kompetenzen verfügt, teilnehmen soll (so Caunce 1994). Dem will neuerdings der Vorschlag begegnen, statt von Oral History besser von „Erfahrungsgeschichte" zu sprechen (von Plato 1998, 60f.), um die Bindung an die Disziplin Geschichtswissenschaft zu betonen.

Das frühere Interesse von Soziologie und Sozialpsychologie an Autobiographien und Einzelfallstudien setzen nach 1945 am ehesten die Jugend- und Familiensoziologie fort. Hier finden wir „Eigenberichte" (Thurnwald 1948, 152ff.) und ausführliche Auszüge aus biographischen Interviews und biographische Porträts (Jaide 1969, 103ff.). Die methodenkritische Diskussion in den USA, die im Zusammenhang mit dem Niedergang der Chicago-Schule der Soziologie geführt worden war, wird jedoch nicht aufgenommen. Biographische Materialien werden eher zu illustrativen Zwecken eingesetzt, selbständige methodische Erörterungen finden sich kaum. Zwar enthält das von René König herausgegebene „Handbuch der empirischen Sozialforschung" seit seiner ersten Ausgabe 1962 einen Beitrag des polnischen Sozialwissenschaftlers Szczepanski über die biographische Methode (Szczepanski 1974). Anzeichen für eine interessierte Aufnahme gibt es aber erst in den 1970er Jahren.

Seit Ende der 1960er Jahre haben Entwicklungspsychologen begonnen, die bisherigen Altersgrenzen ihres Arbeitsgebietes (Kindheit, Jugend) zu überschreiten und sich an der Ausarbeitung einer Lebenslaufperspektive zu versuchen. *Life-span developmental psychology*, Entwicklungspsychologie der Lebensspanne oder ähnlich sind hier die Bezeichnungen. Diesen Versuchen der Entwicklungspsychologie parallel sind solche in der soziologischen und erziehungswissenschaftlichen Forschung über Sozialisation (vgl. Dausien 2002). Sozialisation, zeitweise gleichbedeutend mit Erziehung und Aufzucht der Kinder geworden, wird nunmehr als Prozess aufgefasst, der lebenslang andauert. Erwachsenensozialisation (vgl. Nittel 1999) und lebenslange Sozialisation sind hier die Stichworte.

Fast gleichzeitig interessiert sich die Industriesoziologie für die lebensgeschichtliche Dimension von Bewusstseins- und Erfahrungsbildung, werden Ansätze zu einer Soziologie des Lebenslaufs vorgelegt, die die hergebrachte Arbeitsteilung zwischen Jugendsoziologie, Soziologie des Erwachsenenalters und Alterssoziologie zu überwinden versprechen, entdecken Erziehungswissenschaftler den Informationswert autobiographischer Materialien für die Sozialgeschichte der Erziehung wieder und halten sie Biographie und Lebenslauf zunehmend mehr für zentrale Zugangsdimensionen zu ihrem Gegenstand, „dem Aufwachsen von jungen Menschen in unserer Gegenwart" (Herrmann 1991, 50).

Andere schließen aus Überlegungen zum schichtspezifischen Sprachverhalten, dass die biographische Forschung besonders zur Untersuchung solcher Sozialgruppen geeignet sei, bei denen Erzählungen hochgeschätzte Mittel der Alltagskommunikation sind. Den Vorzug biographischer Befragung gegenüber Meinungs- und Einstellungsforschung sieht Bahrdt darin, dass Arbeiter über eine Form des Sprechens (und Denkens) verfügen, an die die knappen, standardisierten Fragen der quantitativen Forschung nicht herankämen. „Die Artikulationsform, die Angehörige unterer Schichten, darunter auch Arbeiter, benutzen, wenn sie über ihre Situation nachdenken, d.h. auch ihre gegenwärtige Situation dadurch erklären, daß sie sie in ihrer Bedingtheit durch vergangene Situationen und in ihrer Bezogenheit auf Zukunft anvisieren, ist die erzählte Geschichte, die anekdotische Erzählung von prägnanten Erlebnissen oder auch die weitausholende Erzählung des eigenen Lebens." (Bahrdt 1975, 13f.)

Die neue Frauenbewegung interessiert sich seit ihrem Erstarken Ende der 1960er Jahre wissenschaftlich wie praktisch (in Gesprächskreisen z.b.) für Fragen danach, „wie eine Frau eine Frau wird", und hat insofern einen erheblichen Einfluß auf das Wiedererstarken der Autobiographieforschung (Roberts 2002, 77f.). Dazu kommt die deutliche Präferenz der Frauenforschung für qualitative Forschung, weil die, so wurde vermutet, „weiblich" und also den Problemem der Frauenforschung angemessen sei (vgl. Kraul 1999, 460ff.).

Überraschend schließen sich von unterschiedlichen theoretischen Horizonten her Interessen zusammen und lassen biographische Forschung zu einem breiten Arbeitsbereich werden. Selbst abschätzige Beurteilungen dieser Entwicklung verhehlen ihre Überraschung nicht, sei es, dass sie das Wort des Literatursoziologen Löwenthal von der „biographischen Mode" (Löwenthal 1955) wieder aufnehmen, sei es, dass sie von einer „biographischen Hausse" sprechen (Kröll 1981, 182) oder von einem „merkwürdigen Interesse an Biographien" (Grunenberg/Voigt 1977). Entsprechend und rasch entwickelt sich das auf internationaler Ebene: Biographische Forscher aus Italien, Frankreich, Polen, Kanada, Westdeutschland, der Schweiz, England, aus Ländern der Dritten Welt bemerken, dass sie an ähnlichen Fragen arbeiten und dass sie in ähnlicher Distanz zum quantitativen Hauptstrom der Sozialforschung stehen. Internationale Konferenzen Ende der 1970er Jahre befördern den Austausch und die gemeinsame Selbstwahrnehmung von Forschergruppen. Für die Soziologie war eine Arbeitsgruppe auf dem Weltkongress für Soziologie 1978 in Uppsala besonders wichtig, für die Oral History die erste Europäische Oral History Konferenz in Essex im März 1979 (vgl. Grele 1985, X).

Soll für die westdeutsche Sozialwissenschaft ein Forschungsansatz genannt werden, der als erster biographische Forschung wieder thematisiert und durch Rückblicke auf die Traditionen diesen Zugang erneut erproben will, so muss die Untersuchung über das Verhältnis von Arbeit und Freizeit im Lebenszusammenhang von Arbeitern am SOFI Göttingen genannt werden, die Anfang der 1970er Jahre den sozio-biographischen Ansatz formuliert (Osterland 1973) und 1975 erste Interpretationen und methodische Erfahrungen vorlegt (Bahrdt 1975). Noch in späteren Veröffentlichungen aus dieser Forschergruppe spürt man, wie sehr hier „wissenschaftliches Neuland" (Deppe 1982, 23) betreten worden ist.

Für Frankreich hat Daniel Bertaux 1976 durch einen internen Bericht über die „méthodologie de l'approche biographique en sociologie" die zentrale Anregung gegeben und auch die Wiederaufnahme der Leistungen der Chicago-Schule befördert (vgl. Heinritz/Rammstedt 1989, 255ff.; Peneff 1990, 71ff.; Trebitsch 1992, 25; Olagnero/Saraceno 1993, 36ff.).

Die große Hoffnung des Neubeginns der biographischen Forschung besteht nach Kohli (1978, 24) darin, Subjektivität in sozialwissenschaftlichen Studien zu ihrem Recht kommen zu lassen: „Damit kann verschiedenes gemeint sein. Als erstes bedeutet es – gegenüber objektivistisch-materialistischen Ansätzen – den Bezug auf ‚Sinn' (Wissensstrukturen, Deutungsmustern etc.). Das verweist darauf, was in den ‚interpretativen' Ansätzen in der Soziologie auf dem Programm steht. Zweitens heißt Einbezug von Subjektivität die wissenschaftliche Wahrnehmung der eigenen Sinnstrukturen der untersuchten Subjekte. Der Forscher stellt sich auf den Standpunkt des handelnden Subjekts und versucht nachzuvollziehen, wie es die Welt, in der es lebt, ausgehend von seiner Person kognitiv konstruiert. Drittens kann mit Einbezug von Subjektivität die Wahrnehmung der individuellen Besonderheiten in den Lebensverhältnissen gemeint sein. Damit wird hervorgehoben, daß über die gängigen verallgemeinernden Abstraktionen zur Kennzeichnung sozialer Lagen die wirklichen Lebensverhältnisse in ihrer jeweiligen besonderen Ausprägung nicht adäquat zu erfassen seien. Viertens kann mit Einbezug von Subjektivität der Versuch gekennzeichnet werden, die individuellen Handlungsbeiträge des Subjekts wahrzunehmen. Gegenüber den verbreiteten Spielballmodellen wird in handlungstheoretischer Sicht daran festgehalten, daß das Subjekt selber aktiv an der Gestaltung seiner Lebensverhältnisse beteiligt ist." Vor allem jüngere Sozialwissenschaftler, die ihre Kritik an der quantitativen Sozialforschung im Positivismusstreit der 1960er Jahre erworben hatten, sehen in biographischer (und allgemeiner: qualitativer) Forschung eine Chance. Grundsatzerklärungen beziehen sich oft auf diese Debatten in der Sozialwissenschaft (Ferrarotti 1981), ein Aufsatz beginnt mit: „Einst war ich ein Positivist." (Bertaux 1981b, 29)

Die Frage liegt nahe, welche wissenschaftspolitischen und gesellschaftlichen Trends zu diesem Neubeginn der biographischen Forschung (und auch zur biographischen Welle in Literatur, Film und Alltagsgespräch) beigetragen haben. Einen Zusammenhang zur Wiederentdeckung des „subjektiven Faktors" nach einer Phase abstrakten Theoretisierens benennen Baacke/Schulze (1979, 7): „Die grundlegende Idee verdankt sich einer Einsicht, die gerade um Reform bemühte Pädagogen, gerade Anhänger der Kritischen Theorie, Vertreter der Studentenbewegung machen mußten, daß eine umfassende gesellschaftskritische Programmatik fehlgeht, wenn sie nicht den Anschluß im Subjekt sucht. Inzwischen sind wir dabei, den sogenannten subjektiven Faktor wieder zu entdecken... Das pädagogische Interesse an Interaktionstheorien, Deutungsmustern und am Alltagswissen von Personen und Gruppen fügt sich ebenso in diesen Zusammenhang. Die ‚gesellschaftlichen Bedingungen‘ finden ihren Counterpart im Detail einer Biographie, einer Situation, eines Erlebnisse."

Daneben dürfte eine Überlegung zum Wandel der Sozialstruktur erklärungskräftig sein: So wie der Beginn der biographischen Forschung bei Thomas und Znaniecki mit der Erfahrung von Traditionsauflösung und Individualisierung verbunden war, könnte der von mehreren Autoren beobachtete neue Individualisierungsschub der letzten Jahrzehnte die reelle Basis des Neuanfangs bilden. Haben doch verschiedene Autoren ein wachsendes „Bedürfnis nach einer individuellen Lebensdeutung" (Rosenmayr 1979, 47), eine „soziokulturelle Freisetzung" (Ziehe/Stubenrauch 1982), einen zeitgeschichtlichen Individualisierungsschub (Beck 1983), eine Zunahme der „Biographisierung" (Fuchs 1981b; 1983) konstatiert. Schulze (2002, 25) zufolge haben sich „die den Lebenslauf regulierenden gesellschaftlichen Strukturen und Institutionen der Altersgruppen, der Ständeordnungen, der Laufbahnen und Traditionen so weit gelockert oder aufgelöst und die Angebote an Lebensentwürfen und Entscheidungsmöglichkeiten so sehr vervielfacht, dass Lebensläufe immer unterschiedlicher und immer weniger voraussehbar sind und dass die Ansprüche an die biographische Kompetenz, an die Fähigkeit, das eigene Leben zu gestalten, ständig zunehmen." (vgl. Marotzki 2000, 176ff.; Knoblauch 2000, 624)

Innerhalb dieser politischen und sozioökonomischen Entwicklungsbedingungen müssen zwei Faktoren erwähnt werden, die den Neubeginn biographischer Forschung befördert haben:

Erstens das Alter von Zeugen bestimmter gesellschaftlicher Entwicklungen und die damit geringer werdende Chance, sie überhaupt noch als Befragte erreichen zu können. Wer mittels biographischer Befragung die Alltagskultur von SPD und Gewerkschaften vor dem Ersten Weltkrieg erforschen will, wird bald keine Zeitzeugen mehr finden. Das gleiche gilt bald auch für spätere Entwicklungsphasen der Arbeiterbewegung oder für die Erfahrung des Zweiten Weltkriegs und seiner Folgen. „Beinahe täglich sterben heutzutage Angehörige der Kriegsgeneration hinweg, und mit jedem Dahingehenden verschwindet auch ein Lebenslauf, ein Stück Geschichte" (Brednich 1979, 285). Und weil das normale gesellschaftliche Gedächtnis wegen der politischen, sozialen und militärischen Katastrophen des letzten Jahrhunderts so oft gebrochen wurde, die Jungen den Alten zeitweise gar nicht mehr zuhören wollten, wenn die ihre Lebenserfahrung weitergeben wollten, versuchen jetzt Oral History und biographische Forschung, bevor es zu spät ist, wichtige zeitgeschichtliche Vorgänge durch mündliche Überlieferung zu sichern (Köhler 1979, 148ff.). So steckt im Wiederaufleben der biographischen Forschung – jedenfalls im Umkreis zeitgeschichtlicher Themen – der Versuch, Erfahrungen und Erinnerungen zu retten. Das erinnert bis hinein an den Versuch, vor allem Material zu bergen, das unwiederbringlich verloren gehen wird, und Analysen auf spätere Zeiten zu verschieben, an die Arbeitsweise von Völkerkundlern und Kulturanthropologen: Unter dem Eindruck, dass die Kulturen der nordamerikanischen Indianer bald untergehen würden, ist zu Beginn des 19.Jahrhunderts vor allem gesammelt und zusammengestellt worden, was an Informationen überhaupt noch erreichbar war (Langness 1965, 9).

So weit diese beiden Auslöser – Modernisierung und Individualisierungsschub, Wunsch nach Sicherung der Lebenserfahrungen der älteren Generationen – auch auseinander zu liegen scheinen (Morin 1980, 331ff.), so können sie doch als Ausdruck ein und derselben Erschütterung der soziokulturellen Kontinuität gedeutet werden, die seit den 1960er Jahren spürbar geworden ist.

Zweitens hat beim Neubeginn der biographischen Forschung eine technische Bedingung eine Rolle gespielt: die Verfügbarkeit von Tonbandgeräten. Das vermutet Niethammer für die Durchsetzung der Oral History: „Die Einführung, Verbreitung und Vervollkommnung von Tonbandgeräten seit den 50er Jahren hat ... ein für jedermann handhabbares Protokollinstrument zur Verfügung gestellt, das es erlaubte, die Aufnahme von Autobiographien und Erinnerungen weit über den Kreis derer zu erweitern, die aus eigenem Antrieb an der Niederschrift ihres Anteils an der Geschichte interessiert und dazu auch noch in der Lage waren und deren Bericht darüber hinaus für ein weiteres Publikum so interessant war, daß sich die Publikation für den Buchmarkt lohnte." (Niethammer 1980, 8f.; vgl. Yow 1994, 3)

Der leichten Verfügbarkeit solcher Geräte für den Forscher entspricht auf der Seite der Befragten die Gewohntheit des Umgangs mit Tonaufnahmen; das Tonbandgerät ist „offenbar ... zu einer alltäglichen Erscheinung geworden." Kaum jemand noch erschrickt über seine Stimme auf Band, das Gerät „provoziert ... kaum mehr Abwehrhaltungen" (Lehmann 1979/80, 40; vgl. Lamnek 1995, 2, 97). Immerhin aber berichtet Nienaber (1995, 177) aus ihrer Studie über Aussiedler aus Russland, Polen und Rumänien, einige Befragte hätten sich gegen die Aufzeichnung auf Tonband gewehrt: Sie hatten „in ihrem bisherigen Leben bereits Erfahrungen mit den nachteiligen Folgen von Abhörmechanismen der Geheimdienste in ihren Heimatländern gemacht ..., so daß die Interviewerin einige Überzeugungsenergie darauf verwenden mußte darzulegen, daß sie z.B. die Tonbandaufzeichnungen nicht dem KGB nach Moskau oder der ‚Securitate' nach Rumänien zusenden werde." Im ganzen aber: Die veränderten technischen und sozialen Bedingungen der Aufnahme mündlicher Lebensgeschichten erklären die heutige Dominanz des lebensgeschichtlichen Interviews und der Interpretation mündlich produzierter Texte über die Sammlung und Auswertung geschriebener autobiographischer Materialien.

In mancher Beziehung nimmt der Neuansatz der biographischen Forschung ältere Ziele wieder auf. Nach wie vor interessieren sich viele für die Dunkelfelder und Problemgruppen der Gesellschaft, für die ganz anders lebenden und denkenden, die abweichenden Gruppen. Angehörige der Rauschgift-Szene, Vagabunden, jugendliche Straftäter, fremdenfeindliche Gewalttäter (z.B. Frindte/Neumann 2002) und ähnliche Forschungsthemen setzen die Linie von der Chicago-Schule der Soziologie fort. Auch das Motiv, benachteiligte Gruppen und Schichten zu einer angemessenen Repräsentation ihrer Lebens- und Weltauffassungen in der öffentlichen Diskussion (Buchmarkt) zu verhelfen, spielt eine deutliche Rolle. Noch 1931 hatte Burgess festgestellt, dass der Leser durch die *life-history* mit solchen Menschen „bekannt wird, die weit entfernt von der beschützten Routine seiner eigenen Existenz leben ..." (Burgess 1968a, XI). Diese thematische Großrichtung ist auch heute spürbar in Untersuchungen über jugendliche Außenseiter (z.B. Helsper u.a. 1991), Angehörige der Rauschgiftszene, Stadtstreicher (vgl. Girtler 1987), über die biographische Bedeutung von Sozialhilfebezug (Buhr 1995; Buhr/Hagen 2001).

Gegenüber diesem klassischen Interesse für deviante und problematische Lebensformen hat sich der Bereich der Lebenswege und Milieus, die heute untersucht werden, aber bedeutsam erweitert: Immigranten und Aussiedler (z.B. Sander 1996), Berufsbiographien und Karriereformen (z.B. Giegel 1995), Berufsverläufe von Arbeitern (z.B. Deppe 1982; Brose 1983), Handwerkern (u.a. Bertaux/Bertaux-Wiame 1981; Zarca 1987), Lehrern (z.B. du Bois-Reymond 1994), Sozialarbeitern (Nagel 1997), Technikern (Füßl/Ittner 1998), Ingenieuren (Hermanns/Tkocz/Winkler 1984), freischaffenden Theaterkünstlern (Schüngel 1996) und Professoren (Schmeiser 1994), Integrationsformen von Arbeit und Leben bei Zeitarbeitern (Brose/Wohlrab-

Sahr/Corsten 1993; Wohlrab-Sahr 1995), Verarbeitung von organisatorischen Neuerungen in Betrieben (z.B. Hartz 2004), Übergänge von
der Schule in die Berufsausbildung und von dort in die Berufstätig-
keit, insbesondere bei jungen Frauen (z.b. Oechsle/Geissler 1993;
Krüger 2003), Altersnormen, Jugendbiographie und Jugendmilieus
(u.a. Lenz 1986; Fuchs-Heinritz/Krüger 1991; Kalicki 1996), Zeiterfahrung und Orientierungen bei Jugendlichen (z.B. Sander/Vollbrecht
1985; Cavalli 1985; Leccardi 1990), Zeitgestaltung bei älteren Menschen (Burzan 2002), biographische Muster bei Frauen, die zu später
erster Mutterschaft führen (Herlyn/Krüger 2003), Arbeitslosigkeit
(z.B. Heinemeier 1991; Baumeister u.a. 1991; Vonderach/Siebers/Barr
1992; Mutz u.a. 1995), Interesse an Erwachsenenbildung (vgl. Ka-
de/Seitter 1998), Entschluss zur Teilnahme am zweiten Bildungsweg
bzw. am Fernstudium, Sozialisation durch die Schule, Bildungsverläu-
fe und Bildungserfahrungen (z.b. Kokemohr/Marotzki 1989; Nittel
1992; Lanfranchi 1993), Erziehungserfahrung über mehrere Generationen hinweg (Ecarius 2002), Interesse am Computer bei Jugendlichen
(Baerenreiter 1989; Baerenreiter/Fuchs-Heinritz/Kirchner 1990), Entscheidung für bestimmte Studiengänge (z.B. Alheit 1995), religiöse
Sozialisation und Religion in der Lebensgeschichte (u.a. Comenius-
Institut 1993; Klein 1993), religiöse Konversion (z.B. Wohlrab-Sahr
1998), Zugehörigkeit zu sogenannten Psychokulten (z.B. Fuchs-
Heinritz/Kolvenbach/Heinritz 1998), Krankheitsverläufe (u.a. Fischer
1982; Gerhardt 1986; Hanses 1996), Pflege von Angehörigen bei
Russlanddeutschen (Schnepp 2001; Schnepp/Duijnstee/Grypdonck
2002), Pflegepersonal mit Migrationshintergrund (Dencker 2002),
Berufsbiographie und Gesundheitsverhalten (Giegel/Frank/Billerbeck
1988), biographische Perspektiven von Mädchen und Lebenswege von
Frauen (u.a. Levy 1977; Eckart/Jaerisch/Kramer 1979; Ley 1984; Diezinger 1991; Geissler/Oechsle 1996; Keddi/Pfeil/Strehmel/Wittmann
1999), soziale Abstiegsprozesse (z.B. Schmeiser 2003), ehrenamtliche
Tätigkeit (Jakob 1993), Lebenswege von bestimmten Generationen
(z.B. Schenda 1982; Heinritz 1991a), Zweiter Weltkrieg, Nationalsozialismus, Stalinismus und deren Weiterwirken im sozialen Gedächtnis (u.a. Fuchs 1985; Hoerning 1985; Bude 1987; Rosenthal 1987,

1995; Schröder 1988; Lehmann 1989; Kudera 1989; Kuhn 1990; O-
berlaender 1990, 1996), Heimatvertriebene (z.b. Müller-Handl 1993;
von Engelhardt 2001), Kalter Krieg und Grenzgänger (Hoerning
1993), Lebenswege durch die Wiedervereinigung Deutschlands hindurch (z.b. von Wensierski 1994, 1996; Brüsemeister 1998), Probleme des europäischen Vergleichs (Hinweise bei: Apitzsch 2003,
104ff.), allgemein biographische Um- und Neuorientierungen sowie
veränderte Identitätsformen (z.b. Oevermann 1988) und viele andere
Themen deuten auf eine große Verbreiterung der Felder hin, für die
sich biographische Forschung heute interessiert (Bertaux 1980a, 203;
Marotzki 1991b, 83).

Noch Allport hatte 1942 in seinem Überblick über die Forschungen
in der Psychologie die wörtlich aufgezeichneten Interviewprotokolle
neben Autobiographien, Tagebüchern, Briefen und projektiven Verfahren abgehandelt, allerdings wegen den neuen Aufzeichnungsgerä-
ten dem Interviewprotokoll eine bedeutendere Zukunft prognostiziert
(Allport 1947, 94). Im Vergleich zu den älteren Arbeiten benutzt biographische Forschung heute vor allem das Interview zur Produktion
des Datenmaterials. Mit dieser Wende im Erhebungsverfahren und im
Charakter des Materials hat die frühere Konzentration auf *personal
documents*, auf bereits geschriebene biographische Zeugnisse (Briefe,
Tagebücher, Familiengeschichten, Autobiographien), an Bedeutung
verloren. Der Begriff *persönliche Dokumente* wird in der letzten Zeit
kaum noch verwendet (Ausnahme: Paul 1979).

Dadurch, dass sich biographische Forschung mit den entwickelten
Verfahren der quantitativen Forschung auseinandersetzen muss, will
sie sich in dieser Konkurrenz behaupten, machen sich die an ihr arbeitenden Sozialwissenschaftler zu allen Arbeitsschritten eines biographischen Forschungsprojekts mehr methodische und auch grundlagentheoretische Gedanken, als dies noch zur Zeit von Thomas und Znaniecki etwa möglich war. Diese Anstrengung in der Konkurrenz mit
dem standardisierten Fragebogen und der Umfrageforschung hat bis
zu eigenen Befragungs- und Interpretationsverfahren geführt (z.B.
narratives Interview).

Gefördert und unterstützt wird biographische Forschung in ihrem Neuansatz dadurch, dass Biographie, Lebenslauf, Lebenszyklus Themen und Konzepte der theoretischen Diskussion in den Sozialwissenschaften werden, die die Überwindung tradierter Arbeitsteilung versprechen (vgl. Blossfeld/Huinink 2001).

Schon Allport hatte 1942 im Material der *personal documents*, in der Beschäftigung mit spezifischen Problemen des menschlichen Lebens eine Möglichkeit für interdisziplinäre Kooperation gesehen, damals im Hinblick auf eine Zusammenarbeit zwischen Soziologie und Psychologie (Allport 1947, 47). Jetzt zeigen sich mit dem Neuanfang der biographischen Forschung wiederum Innovationsschübe über die Grenzen der Teildisziplinen und Disziplinen hinweg: Eine Zusammenarbeit von Jugend- und Alterssoziologie deutet sich an, eine Soziologie des Erwachsenenalters tritt hinzu (Pieper 1978). Die neue Auffassung, dass Sozialisation nicht auf Kindheit und Jugend beschränkt ist, sondern sich auf den ganzen Lebensgang erstreckt, lässt Möglichkeiten der Kooperation von Sozialisationsforschung und Persönlichkeitspsychologie entstehen (Kröll/Matthes/Stosberg 1980), erweitert den Horizont von Sozialisationsforschung in Richtung auf die Berücksichtigung zeitgeschichtlicher Veränderungen (Kohli 1980d, 307ff.). Die Wiederentdeckung der biographischen Forschung in der Psychologie wird vor allem durch wissenschaftsgeschichtliche und konzeptionelle Schriften von G.Jüttemann befördert (so Rosenthal 2001, 270). Hinzu kommen Ansätze, die Arbeitsbereiche von Altersforschung, Sozialisationsforschung und Arbeitssoziologie bzw. -psychologie gemeinsam zu konzeptualisieren (Kohli 1980c). Der 1978 (in: Kohli 1978) nach langer Zeit wieder abgedruckter Aufsatz von K.Mannheim über „Das Problem der Generationen" regt eine theoretischen Fassung des Verhältnisses von Biographie und Generation an (so Apitzsch 2003, 85). Forschungsansätze der Sozialgeschichte (besonders der Familie) nutzen das Lebenslauf-Konzept, das des Familienzyklus und der Kohorte in einer auch für Soziologie und historische Sozialisationsforschung bedeutsamen Weise (Elder 1978; Elder/Rockwell 1978). Die gleichzeitige Entwicklung der biographischen Forschung und der Oral History lässt Hoffnungen aufkommen,

„die makrosoziologischen Strukturbedingungen und das mikrosoziale Zusammenspiel von Einzelverläufen" könnten in einer „umfassenden historisch-soziologischen Erklärung" (Rosenmayr 1979, 49; ähnlich: Thompson 1988, 262) zusammen begriffen werden.

Diese sachlichen Bereicherungen und theoretischen Erweiterungen lassen es berechtigt erscheinen, dass inzwischen nicht mehr von biographischer Methode als einem Forschungsweg neben anderen gesprochen wird, sondern von Biographieforschung als einem selbständigen Forschungsansatz in der Soziologie und in den benachbarten Wissenschaften (vgl. Fuchs-Heinritz 1998, 3). Durch Biographieforschung wird ausgedrückt, dass der Arbeitsbereich mehr als nur methodische Pontenziale enthält (so Fischer/Kohli 1987, 26; Fischer-Rosenthal 1990, 11f.), dass er mithelfen kann bei der Herausbildung einer Soziologie, die nicht länger in makro- und mikrosoziale Perspektiven zerfällt. Mindestens ist soziologische Biographieforschung insofern über die biographische Methode hinaus, als sie gezielt nach der sozialen Bedeutung ihres Gegenstandes fragt und nicht nur die Eingewöhntheit biographischer Denk- und Sprechweisen methodisch-instrumentell nutzt: „Wie bauen Gesellschaftsmitglieder gemeinsam Biographien auf, welche gesellschaftlichen Baupläne gibt es dazu, und welche soziale Aufgabe haben Biographien? ... Welchen *Sinn* und welche Bedeutung hat Biographie für Gesellschaftsmitglieder im Laufe sozialisatorischer und sozio-historischer Entwicklungen erlangt? Welche *Funktionen* nimmt sie ein auf der lebensweltlichen Ebene des sozialen Handelns und welche im Gesamtgesellschaftlichen? Wie werden biographische Strukturen erzeugt, erhalten und verflüssigt?" (Fischer-Rosenthal 1991b, 253; vgl. Fischer-Rosenthal 1990, 12f.; Altheit/Hoerning 1989). Das Neue besteht also in der Wende „from biography as sociological *method* to biographical *research*" (Chanfrault-Duchet 1993, 212).

2. Charakteristische Forschungsziele

In diesem Buch werden die Grenzen des Arbeitsbereichs der biographischen Forschung nicht nach theoretischen Konzepten, methodologischen Grundpositionen oder einzelnen Verfahrensvarianten gezogen, sondern vom Charakter der Daten her – erzählte (bzw. aufgeschriebene) Lebensgeschichten. Diese zugleich präzise und weite Grenzbestimmung umfasst, wie sich bereits ergeben hat, ein Spektrum von Ansätzen und Zielen. Eher illustrative Verwendung biographischen Materials steht neben biographieanalytischen Versuchen, intensive Einzelfalldarstellung und -untersuchung neben Studien, die dem Modell quantitativer Sozialforschung folgen. In diesem Abschnitt werden die wichtigsten Forschungsziele, für die biographisches Material erhoben und interpretiert wird, vorgestellt. In Forschungsprojekten treten sie, das sollte bei dieser Übersicht bedacht werden, manchmal miteinander kombiniert auf.

a) Ein wichtiges Ziel der Erhebung und Publikation von Lebensgeschichten ist bei verschiedenen Autoren, sich selbst als Sozialwissenschaftler neue Erfahrungen zugänglich zu machen und die jüngeren Sozialwissenschaftler während ihrer Ausbildung an den Hochschulen über unterschiedliche Lebens- und Weltauffassungen, über die kulturelle Vielfalt in der Gesellschaft zu unterrichten. „Erzählungen können uns sensibilisieren. In der Sozialwissenschaft neigen wir ja, um uns zu orientieren, schnell zu Klassifizierungen und Typisierungen. Da gibt es ‚Unterschicht‘ und ‚Mittelschicht‘ und ihnen zugeordnete ‚Erziehungsstile‘; da gibt es eine ‚bürgerliche Sozialisation‘ oder die ‚Selektions-, Integrations- und Qualifikationsfunktion‘ der Schule. Indem wir mit solchen Generalisierungen hantieren, verlieren wir aber leicht die Wirklichkeit aus dem Blick, die meist widersprüchlicher, differenzierter, facettenreicher ist.“ (Baacke 1979, 20)

Sozialwissenschaftler entstammen meist den mittleren Sozialschichten, bringen in ihre Ausbildung und in ihre berufliche Arbeit, die selbst wiederum durch Mittelschichtnormen der Kommunikation und der Weltorientierung geprägt ist, eine bestimmte Auffassung vom Leben und von der Gesellschaft mit. Ihr Verstehenshorizont ist durch

Herkunft und Interaktionskreis in Beruf und Privatleben beschränkt – bei aller intellektuellen Liberalität. Eine Möglichkeit, diese beschränkte Sozialerfahrung der Sozialwissenschaftler aufzubrechen, kann die Durcharbeitung von Lebensgeschichten aus fernen Sozialmilieus sein, besser noch die Mitarbeit an einem entsprechenden Forschungsprojekt.

Bei dieser Zielrichtung handelt es sich natürlich nicht um einen Versuch zur Sozialerziehung der Sozialwissenschaftler als Wert für sich, sondern um die Erweiterung der Voraussetzungen für wissenschaftliches Denken und wissenschaftliche Arbeit. Aus Erfahrungen mit biographischen Befragungen im Sinne der Oral History hält Niethammer (1980, 10) fest, wie schnell „abstrakte gesellschaftliche Kategorien und vorschnelle politische Erwartungen" zerbröseln, „sobald man sich auf die Subjekte und ihre Lebensgeschichte einläßt, deren Verläufe und Haltungen allemal komplexer sind, als es die meisten unserer theoretischen Hypothesen vorsehen. Daraus kann man sich induktive Schübe für komplexere historische Theorien erhoffen". Den „Enttypisierungssschock", den der biographische Forscher erleidet, wendet er zur Chance innovativer wissenschaftlicher Arbeit: „Es könnte eine sozialgeschichtliche Aufgabe sein, vorschnelle abstrakte Kollektivbegriffe lebensgeschichtlich zu enttypisieren und sie damit für neue Untersuchungen sozialer Zwänge, Bedürfnisse, Erfahrungen und Motive zu öffnen" (Niethammer 1978, 458).

Entsprechend nennt eine Untersuchung über Lebensgeschichten aus drei Generationen von Arbeitern ausdrücklich als Ziel das einer Differenzierung des Verständnisses besonders bei denjenigen, „die von einem Geschichtsbild über ‚die Arbeiterschaft' ausgehen, das eher von Klischeevorstellungen und theoretisch-politischen Überlegungen und Postulaten geprägt ist als von der Kenntnis über Leben und lebensgeschichtliche Erfahrungen dieser gesellschaftlichen Gruppe" (Deppe 1982, 28). Der autobiographische Text von Manny, einem Drogenabhängigen, ist im Anhang sogar zu einem kleinen Lehrbuch für Studenten der Sozialwissenschaften ausgebaut: Literaturangaben und theoretische Informationen über abweichendes Verhalten, die Sozialwelt der totalen Institutionen usw. sollen die bei Studenten oft gegebene Kluft

„zwischen Theorie und wirklicher Welt" (Rettig/Torres/Garrett 1977, 6f.) überbrücken helfen, sollen freies wissenschaftliches Denken unterstützen.

Das Argument für die Leistungsfähigkeit lebensgeschichtlicher Texte ist hier also, dass sie dem Sozialwissenschaftler (als Leser oder als an der Forschung Beteiligtem) einen Einblick in die Komplexität der sozialen Wirklichkeit geben, die in sozialwissenschaftlichen Begriffen und Theorien nicht (anschaulich) präsent ist. Aufgrund dieses Einblicks gelange er in die Lage, neuartige und produktive Fragen zu stellen, Fragen, die bislang kaum erforscht worden sind (Becker 1966, XVI).

In den Kreis dieser Überlegungen gehört auch die Hoffnung von Bertaux (1981b, 44), die Sozialwissenschaftler könnten durch die Sammlung und Bearbeitung von Lebensgeschichten eine verloren gegangene Qualifikation wieder gewinnen, die Fähigkeit zu erzählen. Der Mangel an narrativer Gestaltungskraft in sozialwissenschaftlichen Texten sei mitverantwortlich dafür, dass trotz eines erweiterten Angebots an Fachbüchern und -aufsätzen die meisten Menschen nicht sozialwissenschaftliche Texte zur Orientierung benutzen, sondern literarische, journalistische und geschichtlich erzählende. Ähnlich sieht der Psychologe Thomae (1969, 94) im Gegenstand Lebensgeschichte die Chance, Wissenschaft nicht „langweilig" zu präsentieren: „Eine von ihrer Thematik und Dynamik endogener und exogener Momente her erfaßte und dargestellte ‚Biographie' oder ‚Fallgeschichte' hat den Spannungswert des guten Romans, weil sie jene unbewußte, gleichsam reflektorisch gesehene Identifikation des Lesers mit den Anliegen des Dargestellten ermöglicht, von der alle erzählende Kunst lebt."

b) In den zuletzt genannten Überlegungen ist ein zweites Ziel angesprochen, das sich aufs Publikum außerhalb der wissenschaftlichen Fachgemeinschaft richtet: Biographische Forschung will durch Erhebung und Veröffentlichung von biographischem Material in die soziale und kulturelle Debatte über das richtige Leben und die Zukunft der Gesellschaft eingreifen. Durch Zusammenstellung und Veröffentlichung von Lebensgeschichten aus den Gruppen, über die die Geschichtsbücher nicht schreiben, wollen manche Oral-History-Projekte in die Öffentlichkeit hinein wirken und zu einer demokratischen Geschichtsauffassung beitragen. Durch Veröffentlichung von Lebensgeschichten aus stigmatisierten Milieus soll öffentliches Verständnis für die Sinnhorizonte und Lebensentwürfe dieser Gruppen erreicht werden. Ihre eigene Stimme soll – durch die Vermittlerrolle des biographischen Forschers – in der Debatte über Gegenwart und Zukunft Einfluss haben. Dadurch könne die „Konversation zwischen den Klassen" (Becker 1966, XIV) erleichtert werden, könnten die verschiedenen Sozialgruppen Vorurteile gegeneinander abbauen und insgesamt mehr Verständnis für unterschiedliche und von der eigenen Lebenswelt weit entfernte Welten entwickeln.

c) Wenn sich Sozialforscher für soziale Vorgänge interessieren, die ihrer direkten Beobachtung nicht zugänglich sind, oder für Wahrnehmungsweisen und Handlungsentwürfe, die einem ihnen wenig vertrauten Alltag entstammen, liegt die Heranziehung von Erinnerungsberichten von beteiligten „Laien" nahe. „Kritische Situationen wie extreme Armut, Konflikt zwischen verschiedenen Kulturmustern, Konzentrationslager haben sich durch das Medium persönlicher Aufzeichnungen der Forschung zugänglich machen lassen. Im allgemeinen sind dabei die empirischen Unterlagen eben nicht von dem Wissenschaftler erstellt, der Schlußfolgerungen daraus zieht: der Beobachter und der Analytiker spielen ihre je eigene Rolle." (Lazarsfeld 1975, 147)

Ziel ist hier nicht die Analyse des lebensgeschichtlichen Materials auf eine theoretisch begründete Frage hin, sondern die angemessene Zusammenstellung der Beobachtungen und Erinnerungen der Befragten; es geht darum, detailliertes Material für deskriptive Zwecke zu gewinnen. Zeitweise scheint die Hoffnung bestanden zu haben, mit Hilfe einer gezielten Sammlung von biographischen Dokumenten aus einzelnen Sozialgruppen zu einer umfassenden Deskription dieser Sozialwelten gelangen zu können. So ist der kritische Rückblick in einem Bericht über die polnische Forschungstradition zu verstehen: „Niemand wird sich mehr unterfangen, ganze soziale Schichten mit Hilfe von Autobiographien deskriptiv erfassen zu wollen, aber diese bleiben dennoch wertvoll als Hilfsmittel bei der Beleuchtung des Sozialbewußtseins einer bestimmten Schicht und bei Ansätzen zu Thesen über Entwicklungsprozesse." (Szczepanski 1974, 250)

In diesen Zusammenhängen haben lebensgeschichtliche Erzählungen die Rolle eines Ersatzmaterials. Weil der Zeithistoriker oft keinen oder nur eingeschränkten Zugang zum Archivmaterial erhält (weil es vom Staat geheim gehalten wird), ist er auf Erinnerungsinterviews angewiesen (so Pollak 1988, 239f.). Weil der Forscher die Prozesse und Verhältnisse nicht selbst beobachten kann, fragt er Beteiligte nach ihren (biographischen) Erinnerungen und benutzt dieses Material zur Beschreibung. In diesem Sinne spielt die Sammlung von *personal documents* in der Völkerkunde und der Kulturanthropologie eine große Rolle.

Fremde Kulturen und Erfahrungskomplexe lassen sich von innen heraus erschließen durch biographische Materialien von besonders typischen Vertretern dieser fremden Sinnzusammenhänge. Volkskundler, die sich für die Erfahrungen der Vertriebenen und Flüchtlinge während und nach dem Zweiten Weltkrieg interessieren, sehen u.a. biographische Befragungen der ehemals Ostdeutschen vor (Brednich 1979, 282ff.). Die Krisen- und Desasterforschung verwendet mündliche Erzählungen von Betroffenen von Naturkatastrophen und anderen Krisen (Schütze 1976b, 174ff.). Sozialhistoriker sind auf Erinnerungsberichte und biographische Befragungen angewiesen, wenn Bereiche des Geschichtsprozesses beschrieben werden sollen, die in den Akten des Staates, in den Erinnerungen der Memoirenschreiber keine Berücksichtigung finden: Lebensbedingungen und Alltag des Volkes. Ebenso gehören Fragestellungen der Sozialgeschichte der Erziehung bzw. der historischen Sozialisationsforschung, der Schulgeschichte (z.B. Mietzner 1998, 43ff.), der Geschichte von Kindheit und Jugend hierher. Sie werden vor allem durch die Historische Pädagogik anhand von autobiographischen Zeugnissen bearbeitet (vgl. Schulze 1991, 162; Glaser/Schmid 1999). Die Funktion eines „sozialanthropologischen und sozialhistorischen Quellenersatzes" übernimmt hier Oral History (Niethammer 1978, 468; vgl. Lummis 1987, 81).

Für einzelne Fragen sind andere Datenbereiche gar nicht zugänglich oder vorhanden. Wer sich für den Alltag unter dem Nationalsozialismus interessiert, kann zwar auf Lokalzeitungen und Gerichtsakten zurückgreifen, ist aber doch meist auf mündliche Zeugnisse angewiesen, dann jedenfalls, wenn der Alltagsbereich in keiner Weise Gegenstand öffentlicher Information oder staatlicher Aktenführung geworden ist.

Wer wissen will, wie sich Nachbarschaftsbeziehungen und lebensgeschichtliche Perspektiven in einem proletarischen Stadtviertel ab 1933 verändert haben (und wie dieser Umbruch heute erinnert wird), wird versuchen, den Verstrickungen und Gegnerschaften damals durch mündliche Zeugnisse nachzugehen (Weyrather 1982; Eickhoff-Vigelahn 1982). Wer wissen will, wie und weshalb die Politik der Parteien der Arbeiterbewegung von Mitgliedern und Wählern getragen wurde, was sich unterhalb der „Kongreß- und Resolutionsgeschichte" abgespielt hat, ist auf mündliche Zeugnisse und biographische Erinnerungen angewiesen (Rabe 1978, 2). Die hergebrachte Geschichte der Arbeiterbewegung gibt darüber kaum Auskunft. Der Alltag, die mühsame Organisationstätigkeit und Überlebensarbeit von Gruppen und gesellschaftspolitischen Bewegungen (Arbeiterbewegung und Frauenbewegung insbesondere) lassen sich für frühere Zeiten detailliert oft nur mittels autobiographischer Zeugnisse darstellen. „... die Selbstdarstellung der Arbeiterinnen, als Gesamtheit genommen, legen den Emanzipationskampf der proletarischen Frauen bloß, zeigen die Möglichkeiten und Mittel an, mit deren Hilfe die Klassenlage verändert und eine teilweise Gleichberechtigung erreicht worden ist, und beinhalten jenen Katalog der Forderungen der Frauen nach politischer, gesellschaftlicher und wirtschaftlicher Gleichstellung, der heute – sieht man vom erkämpften aktiven und passiven Wahlrecht ab – vollinhaltlich übernommen werden kann." (Klucsarits/Kürbisch 1975, 13) Entsprechend sieht Thompson (1988, 7) einen Hauptbeitrag der Oral History darin, dass durch sie die Geschichte des Familien- und Privatlebens der letzten achtzig, neunzig Jahre, über die sonst nur wenig Informationen vorliegen, gründlich erforscht werden kann.

Weil das biographische Material bei solchen Forschungszielen vor allem Hinweise geben soll auf Vorgänge und Bedingungen, die eine Sozialgruppe, ein Milieu, ein soziales Feld betreffen, interessieren sich manche (Oral-History-)Projekte kaum für den biographischen Ertrag von Erinnerungsinterviews oder schriftlichen autobiographischen Zeugnissen, sondern nutzen es von vornherein als Datenquelle für allgemeine soziale Verhältnisse und Prozesse. Aus einem Projekt in New York berichtet Grele (1982, 7), dass nicht beabsichtigt gewesen sei, autobiographische Erzählungen zu sammeln, sondern eine Sammlung von Informationen zu genau umgrenzten Themen zusammenzustellen, und zwar aus der Geschichte der New Yorker Arbeiterbewegung. Die polnischen Sozialwissenschaftler verfügen inzwischen über eine große Zahl autobiographischer Materialien, die bis in die erste Hälfte des 19.Jahrhunderts zurückreichen. Mit diesen Daten lassen sich Entstehung und Stabilität des polnischen Nationalgefühls weit zurückverfolgen, können auch andere Fragen einer historischen Sozialpsychologie (Szczepanski 1981, 231) oder der Psychohistorie untersucht werden. Auch Studien im Umkreis der historischen Demographie interessieren sich nicht in erster Linie für die Lebensgeschichte als Gesamterzählung, sondern suchen in ihr nach Informationen über die Familienbeziehungen zu Beginn des 19.Jahrhunderts z.B., nach Informationen über damals verbreitete Zeitstrukturen des Lebenszyklus sowie deren subjektive Verarbeitung (Synge 1981). Hingegen interessieren sich einzelne Studien gezielt für das Verhältnis von biographischer Entwicklung und milieuhafter Einbindung bzw. Neuentstehung von Gruppen und Milieus, für „kollektive Biographien", und distanzieren sich programmatisch von der Alleingeltung des Individualisierungstheorems (so Bohnsack 1996; Bohnsack/Wild 1997).

d) Biographisches Material wird erhoben und interpretiert, um das Handlungsverständnis und das Handeln innerhalb bzw. unterhalb der Regeln institutioneller Strukturen kennenzulernen, um die „Sicht ‚von innen', vom intentional strukturierten Handlungsraum der Beteiligten aus" (Kohli 1981c, 440) zu erreichen.

Wer wissen will, warum manche politische Strategien von Verbänden und Gewerkschaften bei denjenigen kaum Unterstützung finden, deren Interessen vertreten werden sollen, warum z.B. die Gesundheitspolitik des DGB nur zögernd Unterstützung bei den Arbeitnehmern findet, kann der biographischen Umgangsweise mit der eigenen

Gesundheit bei Arbeitnehmern nachgehen (Giegel 1982). Wer danach fragt, warum die Bereitschaft zu ehrenamtlichem Engagement in den hergebrachten Wohlfahrtsverbänden zurückgeht, wird die mangelnde Passung zwischen den unterschiedlichen biographischen Sinnressourcen bei Ehrenamtlichen und den Haltungen der in den Verbänden bestimmenden hauptamtlichen Organisatoren in den Blick nehmen (Jakob 1995).

Lebensgeschichtliche Erzählungen und Berichte können den Sozialwissenschaftler über Lebensbereiche von Schülern und Jugendlichen informieren, zu denen er aufgrund professioneller Einseitigkeit oder aufgrund seiner eigenen Lebensweise nur selten Zugang findet. Nachdem klar geworden ist, dass die offiziellen Definitionen von Unterricht keineswegs mit den Erfahrungen der Schüler von Unterricht übereinstimmen, dass aber eben diese „privaten" Erfahrungen der Schüler den Erfolg von Unterricht mitbestimmen, hat die pädagogische Biographik neuen Aufschwung erhalten. Der Bildungsgang von einzelnen Schülern wird aus lebensgeschichtlichem Material herausgearbeitet, um die komplexen Beziehungen zwischen Schulerfahrung, Lernerfolg und außerschulischen Situationen und Einflussfaktoren des Lernens und der Persönlichkeitsveränderung überschauen zu können (z.B. Nittel 1992). „Während Pädagogen die Jugendlichen, die ihnen anvertraut sind, in der Mehrzahl der Fälle nur im defizienten Modus ihrer Realität erleben, können erzählende Texte ... sie uns in Situationen zeigen, über die wir sonst kaum etwas erfahren ... Texte erschließen unsere Vorstellung und machen zugleich nachprüfbar das, was uns oft vorenthalten wird – auch wenn wir ‚Vertrauensbeziehungen' zu Kindern haben." (Baacke 1979, 20)

Untersuchungen über Institutionen, insbesondere über Kontroll- und Resozialisierungsinstitutionen finden oft reichhaltiges biographisches Material über die Insassen, die Klienten vor: Beschlüsse, Anamnesen, Gutachten, Fürsorgeberichte und andere Dokumente. Jedoch ist dieses biographische Material aus der Perspektive der institutionellen Programmatik und Arbeitsbedingungen heraus verfasst. Es objektiviert die Lebensgeschichten der Insassen und Klienten, lässt ihnen kaum eine eigene Stimme. Unter solchen Bedingungen ist es hilfreich, den Insassen bzw. Klienten möglichst abseits von gewohnten Kontrollsituationen der Institution eine Möglichkeit der biographischen Selbstdarstellung zu geben, ihre „own story" anzuhören und aufzunehmen (z.B. Riemann 1987).

Dieser Schritt kann ein dem institutionellen Material gegenüber unabhängiges Datenmaterial beibringen, von dem aus dann die institutionellen Materialien in ihrer eigentümlichen Deutungsperspektive untersucht werden können. Unter der Voraussetzung, dass beide Materialbereiche reichhaltig sind, kann weiter versucht werden, die Beziehungen zwischen der Persönlichkeitsentwicklung und der Lebensführung der Insassen bzw. Klienten und den strafenden bzw. resozialisierenden Eingriffen der Kontrollinstitution herauszuarbeiten, die Frage zu beantworten, ob diese Kontrolleingriffe der Institution einen Einfluss – etwa einen verstärkenden – auf die Neigung zu delinquentem Handeln haben.

Weil die Routinehandlungen der Kontroll- und Resozialisierungsinstitutionen zuwenig Informationen erbringen, weil ihre Wahrnehmungs- und Deutungsperspektive zu stark an hergebrachte Programmatiken gebunden sind, haben sich Sozialarbeit, Sozialpädagogik, Kriminologie und Soziologie des abweichenden Verhaltens um verwaltungsunabhängige Methoden der biographischen Forschung und der Einzelfallanalyse bemüht. Sie erlauben einen Blick aus der Perspektive der Klienten, der Angeklagten, der „Problemfälle" auf die Funktionsweise der Kontroll- und Resozialisierungseinrichtungen, mindestens aber mehr und bessere Informationen über die wirkliche Geschichte, in die die Problematik eingebettet ist, die punktuell zum Anlass für das institutionelle Eingreifen wird. So gestatten die „Gefängnisliteratur", die autobiographischen Veröffentlichungen von ehemaligen Strafgefangenen und Erfahrungsberichte aus dem Strafvollzug der Kriminologie einen detaillierten Blick darauf, „was in einem Täter vor sich geht" (Lüderssen 1978, 39).

Institutionen, Organisationsbereiche und staatliche Verwaltungen, Betriebe und Branchen können in ihrer Entwicklung und in ihrer heutigen inneren Strukturiertheit unter anderem durch lebensgeschichtliche Interviews mit Mitgliedern und Klienten erschlossen werden.

Zwar produzieren solche Institutionen in ihrer täglichen Routine eine Vielzahl von Akten und Schriftstücken, also ein reiches Quellenmaterial für den Sozialforscher. Aus diesen schriftlichen Quellen geht aber gemeinhin nicht das „Wie" hervor, sind die „kleinen Wahrheiten" ausgeblendet, bleibt der organisatorische Alltag in seiner komplexen Wirklichkeit unberücksichtigt. Die Sammlung und Analyse mündlicher Zeugnisse kann hier Bereiche aufdecken – etwa in den Kassen und Verwaltungen der französischen Sozialversicherung –, die „hinter" den Akten und dem Schriftverkehr liegen, die überhaupt erst zeigen, „wie diese Texte im Detail der alltäglichen Wirklichkeit angewandt worden sind" (Aron-Schnapper/Hanet 1978, 268). Auch zur Erhellung der Geschichte von Wissenschaften, von Theorieschulen und Richtungen, über die ja vergleichsweise viele schriftliche Unterlagen vorliegen, wird der Wert zusätzlicher mündlicher Quellen diskutiert (Kohli 1981c, 439f.).

Manche sprechen hier metaphorisch von der „Lebensgeschichte einer Organisation" als Gegenstand der Forschung – so Denzin (1981) am Beispiel der Industrie für alkoholische Getränke in den USA, die über schriftliche Quellen und lebensgeschichtliche Interviews mit Händlern, Herstellern und Kunden zugänglich wird. Natürlich steht hier nicht die Lebensgeschichte der Beteiligten als individuelle im Brennpunkt des Interesses, sondern in erster Linie die Informationen aus biographischen Erzählungen und Berichten, die für die Organisationsgeschichte relevant sind. Allenfalls ergibt sich als Frage, wie die Organisation in die persönliche Lebensführung der Mitglieder eingebettet ist.

e) Wer sich für die Problemlagen, Deutungen und Handlungsorientierungen von bestimmten Gruppen interessiert, tut meist gut daran, ihre Geschichte zu kennen. Es gilt dies natürlich in besonderem Maße für solche Gruppen, die wegen historischer Ereigniskonstellationen, wegen Migration oder weil sie tiefe kulturelle Gräben zu überwinden hatten, eine besondere Geschichte als Gruppe erlebt haben. In einer Studie über deutsche Aussiedler aus Russland, Polen und Rumänien heißt es programmatisch: „Will man die Schwierigkeiten beim Einleben nach der Aussiedlung verstehen, muß man auch auf die Bedin-

gungen schauen, die vor der Wanderung bestanden haben. Die Gegenwart von Aussiedlern in der BRD ist nur vor dem Hintergrund
ihrer Vergangenheit verständlich." (Nienaber 1995, 1)

In einem weiteren Sinne rechnen hierhin auch die Forschungen ü-
ber die Umstände und Folgen der deutschen Wiedervereinigung für
die Menschen, die zuvor in der DDR gelebt haben. Hier hatte sich der
politische Umbruch verkoppelt mit Veränderungen in vielen Bereichen der Lebensführung. Z.B. vollzog sich hier die Ablösung des alten
Modells einer kontinuierlichen und in ihrer Kontinuität einigermaßen
sicheren Erwerbsbiographie hin zu „diskontuierlichen Erwerbsverläu-
fen" allgemein und rasch (vgl. Mutz 1995, 131f.).

f) Biographische Forschung kann die Prozesshaftigkeit des sozialen
Lebens zugänglich machen (allgemein: Brüsemeister 2000, 49ff.).
Einstellungs- und Meinungsforschung können meist nur punktuelle
Konstellationen des Handelns oder der Entwicklung von Personen und
Interaktionszusammenhängen festhalten. Selbst dann, wenn mehrfach
hintereinander im zeitlichen Abstand die gleichen Gegenstände erhoben werden (Panel), ergeben sich daraus schwierige Bedingungen für
den Schluss auf Prozess, Veränderungen, Wandel; in jedem Falle
müssen die Veränderungsvorgänge zwischen zwei Messzeitpunkten
extrapoliert werden (Schütze 1982, 568). Auf solche Zusatzannahmen
über Verläufe in der Zeit ist biographische Forschung nicht angewiesen. Sie verdeutlicht aufgrund des eigenartigen Charakters ihrer Daten
die „Geschichte", wie es anfing, was dann kam und wie es sich bis
heute entwickelt hat. Sie kann Verläufe abbilden – Verläufe jedenfalls
aus der Sicht des Erzählers einer Lebensgeschichte (oder einer biogra-
phisch-historischen Erinnerung), nicht nur Punkte aus der Handlungs-
und Erfahrungsgeschichte eines Menschen.

Die Entstehung von delinquentem Verhalten aus der Interaktion
von Einzelnen, Gruppen und Werthorizonten ist mit gängigen quantitativen Verfahren nicht fassbar. „Die Methode, die die selbst wahrge-
nommene Lebensgeschichte benutzt, erlaubt dem Forscher, die Kräfte
zu identifizieren, die das Subjekt fühlte, auf welche Weise er oder sie
sie fühlte, die Art und Weise, mit der er oder sie die Gefühle anderer
wahrnahm und welche Handlungsformen daraus folgten." (Frazier

1978, 127f.) „Äußere Daten" aus formalen Techniken der Erhebung, so hat bereits Burgess (1966, 185) in seinem Diskussionsbeitrag zu Shaws Buch über Stanley festgestellt, seien zu solchen Aufschlüssen nicht in der Lage.

Wer wissen will, welche konturierten Möglichkeiten es gibt, bestimmte biographische Wege zu gehen, ist gleichfalls auf die Erhebung und Interpretation entsprechender Prozessdaten angewiesen. Arbeitslos zu werden, Patient in psychiatrischen Einrichtungen, Mitglied einer Jugendsekte, Rauschgift-Konsument, Prostituierte – die Wege dorthin (meist „Karrieren" genannt) lassen sich aus Lebensgeschichten von Menschen rekonstruieren, die sie gegangen sind. Aus einer Mehrzahl von Lebensgeschichten, die unterschiedliche Varianten beschreiben, lässt sich vergleichend das Repertoire der insgesamt möglichen Karrieren herausarbeiten, die Varianz der Karrieremuster und Ablaufformen.

Studien, die sich für die subjektive Verarbeitung von gegebenen institutionalisierten Schritten im Lebenslauf interessieren, versuchen gleichfalls, die Varianz der Möglichkeiten herauszuarbeiten und zu beschreiben. Berufsbiographie als Verarbeitung einer auferlegten Abfolge von Arbeitssituationen im Betrieb (vgl. Berufsbiographien von Handwerkern bei Zarca 1987), Älterwerden über die Stationen des Lebenszyklus hinweg, Verhältnis von Hausarbeit und Berufsarbeit von Frauen im Lebenszyklus – das sind Themen für Untersuchungen dieser Fragerichtung.

Andere betonen den möglichen Zugang zur Amiguität und Nichtlinearität der Lebensführung im Lebenslauf, die durch keine andere Methode besser aufgehellt werden könne (und für die sich die Sozialwissenschaft im Allgemeinen auch kaum interessiere). Gerade zur Aufdeckung der „Konfusionen, Ambiguitäten und Widersprüchlichkeiten, die in der Alltagserfahrung auftreten", sei biographische Forschung geeignet (Faraday/Plummer 1979, 777).

Entsprechende Forschungsinteressen hat die Erziehungswissenschaft: „Wie geht jener Prozeß der Identitätsbildung, der ... als historisch-gesellschaftlich vermittelter zugleich ein individueller Aneignungs- und Auseinandersetzungsprozeß ist, vor sich?" (Klafki

1983, 102) Den Pädagogen leuchtet hier der Vorzug ein, über Lernprozesse nicht anhand von ausschnittsweisen Daten über Lernen argumentieren zu müssen, sondern eine Lebensgeschichte als Lernge-
schichte auffassen und untersuchen zu können. „Lebensgeschichten
sind immer auch Lerngeschichten, und ich erwarte, daß uns die Beschäftigung mit autobiographischen Materialien einen neuen Zugang
zu einigen wichtigen Bedingungen und Strukturen längerfristigen
menschlichen Lernens in unverkürzten Lebenszusammenhängen eröffnet." (Schulze 1979, 51) Die Religionspädagogik z.b. kann mit
Informationen aus quantitativen Studien (Gottesdienstbesuch, Glaube
an ein Leben nach dem Tode o.ä.) nicht allzu viel anfangen, weil sie
kein Licht auf die Vorgänge der religiösen Sozialisation, der individuellen „Glaubensgeschichte" werfen, weil sie die Glaubenskrisen nicht
verdeutlichen und allgemein nicht helfen bei Fragen nach der Bedeutung von Religion in der Lebensgeschichte (vgl. Fischer/Schöll 1993).
Vergleichbare Fragen lassen sich durch biographische Forschung auch
für die Nutzung der Massenmedien in der Lebensgeschichte beantworten (Sander/Vollbrecht 1989; Kübler/Würzberg 1982, 101, 112; Aufenanger 1999).

In den Umkreis solcher Ziele gehört auch der Versuch, aus dem Er-
zählmaterial Prozessstrukturen des Lebensablaufs herauszuarbeiten
(Schütze 1980), Ablaufformen in Lebensgeschichten, die allgemeine
Bedeutung haben, von denen angenommen werden kann, dass sie
mindestens in Andeutungen in allen Lebensgeschichten vorkommen.
Sie können dann als grundlagentheoretisch explizierte Varianten der
Bewegungsformen im Lebenslauf für unterschiedliche thematische
Forschungen Verwendung finden.

g) Biographische Forschung kann das Ziel haben, aus der lebensgeschichtlichen Erzählung auf grundlegende Persönlichkeitsstrukturen
zu schließen, auf in der primären Sozialisation entstandene Tiefen-
strukturen, auf basale Orientierungsmuster in der Lebenswelt, auf
Deutungssysteme vom sozialen Leben und vom Ich darin. Ziel ist hier
die Herausarbeitung der Spezifik des Einzelfalls, der besonderen Fallstruktur (auch im Vergleich zu anderen Fallstrukturen). Die besondere
Eignung biographischen Materials für solche Ziele wird darin gese-

hen, dass aus Fragebogen- oder Beobachtungsdaten keine zureichende Information über die das Handeln in der Situation strukturierenden Konstellationen der Persönlichkeit zu gewinnen sind. Manche Handlungslinien stammen nicht aus der Situation, sondern aus biographisch früheren Konstellationen, und bestimmen dennoch alle späteren mit. Manche Einstellungen sind allein aus einem Gesamtkontext verstehbar, den die lebensgeschichtliche Erzählung am besten abbilden kann.

Wer wissen will, warum und unter welchen Bedingungen jemand ein Fernstudium anfängt, wird gut daran tun, nicht nur nach der Aufnahme des Fernstudiums zu fragen. „Wir haben deshalb nicht nur nach den Erfahrungen mit den Studienbedingungen an der Fernuniversität gefragt, sondern auch nach dem bisherigen Lebenslauf der ausgewählten Person. Von ihm aus erst wird möglicherweise die Motivation zur Aufnahme eines Studiums verständlich, werden Hemmungen und Schwierigkeiten analysierbar, möglicherweise grundsätzliche Strukturen auffindbar." (Heinze/Klusemann 1979, 196) Ziel der Interpretation ist hier die Verknappung der ganzen Lebensgeschichte bzw. des umfangreichen Textes eines oder mehrerer lebensgeschichtlicher Interviews auf „Kernaussagen", die Herausarbeitung der „halbwegs stabilen Konzepte", mit denen sich Menschen im Alltag orientieren und die ihre Handlungen strukturieren.

Im Ziele ähnlich, wenn auch in den theoretischen Vorgaben und methodischen Wegen hiervon verschieden, betrachtet die von Oevermann entwickelte Objektive Hermeneutik (Oevermann/Allert/Konau/Krambeck 1979) Protokolle von biographischen Interviews (aber auch Texte aus Beobachtungsverfahren) als aufschlussreiches Material im Hinblick auf fallspezifische Strukturen. Anhand solchen Materials bemüht sich die Objektive Hermeneutik, sukzessive die sozio-kulturell allgemeinen und „normalen" Züge der Entscheidungen und Wege einer Lebensgeschichte abzuschälen, um am Ende der Analyse diejenigen Eigenheiten des Falls vor sich zu haben, die – ähnlich einer psychoanalytischen Diagnose – Grundmuster der Persönlichkeit ausmachen.

h) Gibt es formale Regelmäßigkeiten in biographischen Erzählungen? Wie baut ein Sprecher seine lebensgeschichtliche Erzählung auf?

Welche Varianten gibt es? Und in welchen Konstellationen treten sie
auf? Wie stehen erzählende Erinnerung, Bündelung zu allgemeinen
Gesichtspunkten und Bewertungen und Bezüge zur Gegenwart des
Sprechers in der Erzählung zueinander? Auf welche Weise versucht
ein Sprecher, seine persönliche Lebenserinnerung einem Zuhörer
plausibel zu machen? Welche Regeln und welche Verstöße lassen sich
hierzu feststellen? Wann greift der Zuhörer ein, übernimmt er die
Sprecherrolle? Diese und andere Fragestellungen nach den formalen
Charakteristika biographischer Erzählungen und Berichte haben Lin-
guisten und Sprachsoziologen untersucht, und zwar zuerst anhand von
alltäglichen Unterhaltungen über persönliche Erfahrungen ohne biographischen Gesamtrahmen, später auch für biographische Großerzäh-
lungen.

Für einfache Erzählungen persönlicher Erfahrungen haben La-
bov/Waletzky (1973, 124) herausgearbeitet, dass die „narrativen Teil-
sätze" zeitlich der berichteten Interaktionsfolge folgen – „erst war das,
dann kam das" – und dass solche einfachen Erzählungen meist eine
„Normalform" aufweisen, eine Abfolgeordnung von Erzählteilen: O-
rientierungsteil, Komplikation, Evaluation, Lösung, Coda (mit der der
Anschluss an die gegenwärtige Erzählsituation ermöglicht werden
soll). „Bei längeren Geschichten können Verschachtelungen mehrerer
dieser Kategorien beobachtet werden, bis hin zum Einschluß von vollständigen Teilgeschichten, die ihrerseits wieder Orientierungs- oder
Evaluationsfunktionen innerhalb der Gesamtgeschichte übernehmen
können" (Fischer 1978, 321). Andere haben diesen Ansatz der Analyse von einfachen Erzählungen selbsterlebter Geschichten fortgeführt
und die komplizierten Voraussetzungen und Leistungen auf beiden
Seiten – der des Erzählers und der des Zuhörers – beschrieben (Schütze 1976a), auch um die Möglichkeiten der sozialwissenschaftlichen
Erhebung und Analyse solchen Datenmaterials fundieren zu können.

Wichtigstes Ergebnis ist, dass Erzähltexte nicht „frei" vom Erzähler produziert werden, sondern im Hinblick auf die Interaktion mit
dem Zuhörer, und dass sich von daher bestimmte Strukturierungsmus-
ter durchsetzen, „Zugzwänge" der Erzählung. Für diesen Aspekt biographischer Kommunikation, ihrer Funktion für eine Erzählsituation

(und darüber hinaus) haben Labov/Waletzky (1973, 79) den Begriff *evaluative Funktion* vorgeschlagen (im Unterschied zur *referentiellen*, der auf Rekapitulation der Erfahrungen gehenden Funktion der Erzählung).

i) In der Oral History gibt es eine Fragerichtung, die soziologischen Studien über Deutungsmuster und Gesellschaftsbilder ähnlich ist: die Frage nach der persönlichen Rekonstruktion der Geschichte in der lebensgeschichtlichen Erzählung. Welche Grundmuster verwendet der Befragte, um die Geschichte einer Gewerkschaft, einer Industriebranche, einer Stadt zu erzählen? Welche mythischen Denkweisen lassen sich hier entdecken, und auf welche Weise sind sie in die biographische Erinnerung an die Lebensführung eingebunden (Grele 1982)? Wie sehen die kollektiven Erfahrungen und Erinnerungen aus sozialen Bewegungen, Organisationen der sozialen Reform, institutionellen Handlungskontexten aus? Wie haben sich „kollektive Lernprozesse" entwickelt (Niethammer 1978, 476)? Wie sieht die „Erfahrungsform soziohistorischer Prozesse" (Schütze 1982, 589) aus? Und auch: Wann und wie überschneiden sich Abschnitte der individuellen Lebensführung mit Abschnitten in der Geschichte der Gesellschaft? Bilden makrohistorische Einschnitte biographische Abfolgemuster, oder legen sich entsprechende Einschnitte der Geschichte bloß über die weiterhin in der – wenn auch gestörten – Perspektive der Normalbiographie gelebten Sequenzen des Lebenslaufs (Rosenmayr 1979; Fuchs 1980b; Herbert 1983)?

j) Selbstverständlich sind manche der bisher aufgeführten Ziele biographischer Forschung mit ausdrücklich theoretischen Absichten verknüpft, sei es im Sinne der Theoriebildung, sei es im Sinne der Überprüfung theoretischer Aussagen. Hier sollen noch einmal die beiden wichtigsten Richtungen genannt werden, in denen biographische Forschung zur sozialwissenschaftlichen Theorie beitragen will:

Zum einen kann biographische Forschung Material erbringen, das die laufende Theoriearbeit anreichert und sicherer macht oder aber neue theoretische Ideen erbringt. H.S.Becker (1979, 149f.) erläutert diese Rolle an Theorien über Jugenddelinquenz: Viele Untersuchungen über jugendliche Delinquenz „bringen das Vorkommen von Straf-

fälligkeit mit Faktoren wie der Art der Nachbarschaft, Art des Famili-
enlebens oder Art der Persönlichkeit in Verbindung. Nur wenige teilen
uns im einzelnen mit, was ein jugendlicher Delinquent in der täglichen
Abfolge seiner Tätigkeiten tut und was er über sich selbst, die Gesellschaft und seine Tätigkeiten denkt. Wenn wir Theorien über jugendliche Straffälligkeiten bilden wollen, befinden wir uns daher in der miß-
lichen Lage, die Lebensweise der straffälligen Jugendlichen aus frag-
mentarischen Untersuchungen und journalistischen Darstellungen
herleiten zu müssen, statt die Möglichkeit zu haben, unsere Theorien
auf adäquate Kenntnis des Phänomens, das wir aufklären wollen, zu
gründen. Es ist, als versuchten wir, wie einst Anthropologen, aus ver-
einzelten und unvollständigen Berichten einiger weniger Missionare
eine Beschreibung der Initiationsriten eines entfernt lebenden Stam-
mes zu erarbeiten ..." So wird biographische Forschung insbesondere
für solche Forschungsfelder empfohlen, für die noch wenig gesicherte
Ergebnisse vorliegen und für die die sozialwissenschaftliche Konzep-
tualisierung noch nicht weit fortgeschritten ist (Faraday/Plummer
1979, 778).

Zum anderen wird die Bedeutung von biographischer Forschung
für die Theorieentwicklung darin gesehen, dass eine einzelne Lebensgeschichte Prüfstein für eine Theorie sein kann, Beitrag zur Absicherung oder Revision einer Theorie des abweichenden Handelns z.B.
Verlangt man nämlich von sozialwissenschaftlicher Theorie, dass sie
alle relevanten Fälle erklärt (und nicht etwa 95%), dann kann eine
einzige Lebensgeschichte Prüfstein für diese Theorie werden und sie
als unvollständig zurückweisen. „So kann Lebensgeschichte, selbst
wenn sie selbst keine endgültige Überprüfung einer theoretischen
Aussage erlaubt, dennoch ein negativer Fall sein, der uns zur Entscheidung zwingt, daß eine vorgeschlagene Theorie nicht angemessen
ist." (Becker 1966, XI) Ein Beispiel aus den 1940er Jahren: Durch ein
Preisausschreiben zum Thema „Mein Leben in Deutschland vor und
nach dem 30. Januar 1933" waren über zweihundert Lebensgeschichten von Menschen zusammen gekommen, die Deutschland (bzw. Österreich) inzwischen verlassen hatten. Allport/Bruner/Jandorf untersuchen 90 dieser Dokumente speziell unter der Fragestellung, wie die

Einzelnen auf die veränderte politische Situation und die Bedrohung ihres Lebens reagiert haben. Ganz abweichend von der Frustrations-Aggressions-Hypothese, derzufolge Frustration zu Aggression führe, finden sie ein breites Spektrum von Reaktionsweisen auf die zeitgeschichtliche Katastrophe und die Bedrohung der Person. Sie reichen von Resignation bis zu vermehrten Anstrengungen der Lebensplanung (Allport/Bruner/Jandorf 1949, 365f.; auch: Allport 1947, 81f). Ausdrücklich stellen die Autoren diese Studie als Versuch vor, eine Persönlichkeitstheorie zu überprüfen und möglicherweise zu erweitern, und betonen die einzigartigen Leistungen des biographischen Materials für diesen Zweck.

Wenn auch in Distanz zur Strategie des „negativen Falles", sehen doch Oevermann u.a. ähnliche Leistungen ihrer Fallrekonstruktionen für die bestehende Sozialisationstheorie: „Wenn sich hinsichtlich der Feinanalysen Fälle für theoretisch allgemeine Begriffe nicht finden lassen oder es sich nicht hinreichend plausibel machen läßt, ob ein Interakt als diese oder jene Ausprägung auf einem hypothetischen Kontinuum einer theoretischen Variablendefinition zu gelten hat, dann ist die empirische Validität dieser Begriffe, auch wenn ihre Problematik an nur einem Fall zutage tritt, erheblich in Frage zu stellen. Wir sind inzwischen den Begriffen und Variablendefinitionen der klassischen Sozialisationsforschung gegenüber sehr mißtrauisch geworden und hatten nicht selten den Verdacht, daß es sich bei vielen von ihnen um artifizielle Konstruktionen einer Forschung handelt, die als Realität nur akzeptiert, was durch den Filter inhaltsindifferenter Methoden und Meßverfahren gelangt ist." (Oevermann/Allert/Konau/Krambeck 1979, 402)

Die gezielte Prüfung vorweg ausformulierter Hypothesen hingegen ist eher selten Ziel der Biographieforschung. Es hängt dies damit zusammen, dass mit ihrer Renaissance in den 1970er Jahren die Hoffnung verbunden war, sich von den soziologischen Großtheorien lösen zu können hin zu einem offen-induktiven Vorgehen. Die Vorschläge von Glaser/Strauss zum *grounded-theory*-Modell, sich zu Beginn der Forschung „theoretisch unbefangen" zu machen, haben diese Grundhaltung möglicherweise befördert (vgl. Hopf 1996, 10). Natürlich hat qualitative Sozialforschung generell keine Chance, Hypothesen über große Gruppen bzw. über sozialstrukturelle Zusammenhänge zu überprüfen. Im Verfahren der analytischen Induktion (s.u.) liegt jedoch ein Vorschlag zur Hypothesenüberprüfung im Hinblick auf mikro- und mesosoziale Zusammenhänge vor (vgl. Hopf 1996, 17ff.)

Je nach Forschungszielen ist der Umgang mit dem biographischen Material verschieden: Soll Lebensgeschichte die Sozialerfahrung der Sozialwissenschaftler erweitern, einen Beitrag zur sozialen und kulturellen Debatte über das richtige Leben erbringen oder auch Ersatzmaterial über solche Prozesse und Bedingungen, die der direkten Beobachtung durch den Sozialforscher schwer zugänglich sind, wird das biographische Material im allgemeinen im Verlaufe der Bearbeitung in seiner Eigenstruktur erhalten und als Dokument Bestandteil des Forschungsberichtes. Soll dagegen ein grundlegendes Karrieremuster herausgearbeitet werden oder die Tiefenstruktur eines Falles, so bildet das durch Interviews erhobene (oder anders zusammengekommene) biographische Material die Datengrundlage, nicht aber das Resultat der Forschung. Lebensgeschichten gelten hier als Ausgangsmaterial für einen Interpretationsschritt, der in ihnen grundlegende Strukturen aufdecken will – Identitätskonstellationen und ihre Wandlungen, basale Orientierungsmuster in der Lebenswelt, Deutungssysteme von der Sozialwelt und vom Ich darin, Ablaufstrukturen beruflicher und anderer Karrieren, Entstehung und Veränderung gesellschaftlichen Bewusstseins bei einzelnen Sozialgruppen.

So lassen sich zwei Umgangsweisen mit dem biographischen Material unterscheiden: Bei der einen geht es um die lebensgeschichtliche Erzählung in ihrer einzigartigen Leistung, soziale Wirklichkeit verstehbar zu machen. Bei der anderen ist die lebensgeschichtliche Erzählung zwar ebenfalls als einzigartige Informationsbasis geschätzt; sie wird jedoch in der Analyse zu Aussagen verarbeitet, die sich ihrerseits von der lebensgeschichtlichen Erzählung abheben zu Aussagen über die Identität des Erzählers, seine Lebenswelt, seine Deutungsmuster. Im ersten Fall ist die Lebensgeschichte zugleich Datenquelle und Resultat der Forschung (was nicht heißt, dass zwischen Erhebung in einem Interview und Präsentation der Lebensgeschichte im Forschungsbericht nicht vielfältige Arbeitsschritte lägen). Im zweiten Falle ist die Lebensgeschichte Datenmaterial; das Resultat der Forschung besteht nicht in der Präsentation eines wie immer bereinigten oder interpretierten biographischen Textes, sondern aus knapperen, interpretativ gewonnenen Aussagen über Lebensgeschichte bzw. über die in ihr auffindbaren Merkmale des Erzählers.

3. Probleme und Kontroversen

Subjektiv - objektiv

Fast alle Ansätze biographischer Forschung stellen die erzählte Lebensgeschichte als Datenmaterial in den Mittelpunkt und ziehen objektive Informationen allenfalls ergänzend hinzu. Dennoch gibt es zu dieser Problematik „subjektiv – objektiv" keine klaren Positionen; es handelt sich eher um vorläufige Annahmen, Verweise auf Kontroversen, die anderswo – in der wissenschaftstheoretischen oder der forschungspolitischen Debatte – gelöst werden müssen.

Einige konstatieren, dass es allein um subjektive Daten gehe. Schließlich seien die Deutungen und Situationsdefinitionen des Befragten zentral, nicht die von außen beobachtbaren Vorgänge. Werde nicht in erster Linie versucht, die Sichtweise der Person zu übernehmen, „könnten die Interpretationen des Forschers an die Stelle der Interpretationen gesetzt werden, die untersucht werden sollen – dadurch konnte der Fehler des Objektivismus begangen werden." (Denzin 1975, 221)

Solche Auffassungen von der besonderen Güte biographischen Materials im Hinblick auf die Deutungen und Weltauffassungen der Menschen geht auf eine ältere Tradition der Autobiographieforschung zurück. Bereits Mahrholz hatte 1919 in seiner Geschichte der Autobiographie zugestanden, dass manche sachliche Information in diesen Texten fraglich sei, auf Erinnerungsfehler der Autoren zurückgehen könne: „Über das Datum eines Ereignisses kann der Lebensbeschreiber sich irren ... über die wichtigsten Eindrücke seines Lebens, über

die Vorstellungen und Stimmungen, welche einzelne wichtige Vor-
kommnisse in ihm auslösen, kurz: über das Ganze seines Soseins als
Mensch dieser Zeit und dieser geschichtlichen Stunde kann er sich
nicht irren. Keine andere schriftliche Urkunde gibt so getreu Weite
oder Enge, geistige Reife oder Kindlichkeit einer Zeit wieder, wie es
die eigene Lebensbeschreibung tut ... Hier spricht unbewußt und bewußt der Mensch als Kind der Zeit unmittelbar." (Mahrholz 1919, 8)

Eine entgegengesetzte Konsequenz aus dem gleichen Sachverhalt,
dass lebensgeschichtliches Material subjektiv gestaltet ist, zieht Deppe: Trotz der die Wirklichkeit interpretierenden Eigenart der Lebensgeschichte könne „davon ausgegangen werden, daß ihr Informations-
gehalt hinsichtlich des Faktischen relativ groß ist. Zumindest, was die
objektiven Daten und Informationen angeht, stellt sie in weiten Bereichen eine geschilderte Realität dar. Als solche sollen die Biographien
in dieser Untersuchung angesehen und analysiert werden" (Deppe
1982, 24; ähnlich Hermanns 1981, 31f).

Andere bestreiten ausdrücklich die Bedeutung der Problematik in
ihrer geläufigen Fassung. Der Gegensatz subjektiv (Erfahrung) – objektiv (soziale Lage), so heißt es, entstamme einer überholten Wissenschaftskonzeption, entspreche nicht den vom Interaktionismus vorgeschlagenen Lösungsformen, falle weit hinter die von Marx, Mannheim
und anderen gesehene Vermitteltheit von Subjektivität und Objektivität zurück. In dieser Richtung sind ältere Erklärungen aus der polnischen biographischen Forschung zu verstehen: Während der Historiker autobiographische Daten nur verwenden könne, wenn er sie einer
Überprüfung anhand anderer Quellen unterzogen hat, hat der Sozialwissenschaftler Interesse gerade an solchen Daten, die Absichten, Einstellungen, Wahrnehmungsformen und Deutungen von einzelnen
Menschen enthalten. Unter der Voraussetzung, dass es eher subjektive
Kräfte sind, die die soziale Welt sichern oder verändern, kommt es
gerade auf Materialien an, die solche Strebungen und Lebenskräfte
aufdecken lassen. Insofern der Verfasser des lebensgeschichtlichen
Materials Teil eines bestimmten Sozialmilieus ist, lassen sich vergleichend anhand einer größeren Anzahl von biographischen Materialien
verschiedener Verfasser die wichtigsten Willensrichtungen und Ein-

stellungen in einem Sozialmilieu beschreiben (vgl. Bohnsack 1996, 260ff.).

Eine dritte Argumentationslinie besteht darauf, dass subjektive und objektive Daten vorliegen müssen. Clausen (1976, 208) hat das programmatisch formuliert: „Will man ein angemessenes Verständnis des Lebenslaufs eines bestimmten Individuums erreichen, muß man sowohl wissen, wie die Person wichtige Ereignisse zur Zeit ihres Eintritts sieht, als auch, wie sie sie nachträglich interpretiert. Im Idealfall würde man gerne zugleich die Natur der ‚objektiven' Realität, der das Individuum begegnet, die individuelle Wahrnehmung dieser Realität (wie vielleicht in Briefen, Tagebüchern oder anderen zeitgemäßen Aufzeichnungen festgehalten) sowie die späteren Rekonstruktionen der Geschehnisse kennen und die persönlichen Konsequenzen sowohl der ‚subjektiven' als auch der ‚objektiven' Vergangenheit analysieren." In die gleiche Richtung gehen Postulate von Autoren, die der marxistischen Tradition verpflichtet sind (u.a. Kröll 1981): Nachdrücklich bestehen sie darauf, dass aus autobiographischen Texten als Ausdruck des lebensgeschichtlichen Selbstbezugs auf keinen Fall der wirkliche Lebensvollzug herausgearbeitet werden kann. Noch so ausführliche narrative Texte, noch so angestrengte Interpretationen könnten nicht zur Analyse der Biographie als Insgesamt von sozialen Handlungen und Selbstbezug führen.

Die Thematik subjektiv – objektiv ist seit mehr als zweihundert Jahren ein beliebter Kampfplatz der philosophischen und erkenntnistheoretischen Schulen. Keine Wissenschaftsprogrammatik kann anders, als sich zu dieser Thematik entschieden und argumentativ ausgearbeitet zu verhalten. Von Hegel, Comte, Marx über Freud und M.Weber bis heute pflegen sich Sozialwissenschaftler danach in Freund und Feind einzuteilen, wie sie es mit dem Verhältnis von Subjektivität und Objektivität halten. Angesichts der Aufgaben biographischer Forschung mutet diese Kontroverse recht künstlich an: Wir haben nämlich im Regelfall keine andere Informationsquelle über die Lebensführung eines Menschen als eben diesen Menschen – jedenfalls über längere bzw. nicht beobachtbare Ausschnitte aus seiner Lebensführung. Es geht kein Weg daran vorbei, „daß nur das Individuum selbst Zeuge seines Verhaltens im natürlichen Ablauf seines Lebens ist. Da wir keine Zeit herbeisehnen dürften, in denen eine Dauerbeobachtung durch Fremde staatlich oder wissenschaftlich sanktioniert wird, können wir auf die Aussagen dieses Zeugen nicht verzichten." (Thomae 1968, 111) Stellen wir also die Frage nach dem erforderlichen Charakter der Daten als Frage danach, was Forschung herausbringen will:

Studien, die die biographische Befragung zur Herausarbeitung der aktuellen Deutungsmuster und Situationsdefinitionen von Menschen verwenden, die die subjektive Lebenswelt beschreiben wollen, sind nicht notwendigerweise auf objektive Informationen angewiesen. Erst wenn sie den Entstehungsprozess solcher Deutungsmuster und Situationsdefinitionen in der Interaktion mit anderen und mit sozialen Verhältnissen untersuchen wollen, sind sie auf entsprechende Daten angewiesen.

Ähnlich steht es mit Studien, die die Deutungsmuster des Befragten von seiner Lebensführung, die Relevanzstruktur und das Gliederungsmuster seiner Lebensgeschichte herausarbeiten wollen. Sie sind erst dann auf weitere Informationsquellen angewiesen, wenn sie die Konstellationen rekontruieren wollen, in denen und auf die hin der Befragte seine Deutungen entworfen hat.

Studien, die den Befragten als Experten zu historischen Vorgängen anhören, sind dagegen von vornherein auf Korrekturfaktoren angewiesen, auf Daten, die aus anderer Sicht und anderer Quelle den Vorgang beschreiben. Auch wenn dabei nicht immer herauskommt, wie es wirklich gewesen ist, entsteht doch eine mehrperspektivische Information über den Vorgang; die jeweils subjektiven Relevanzen der Darstellung eines Befragten können so ausgemacht werden.

Studien, die die biographische Befragung zur Untersuchung des Lebensweges im Sinne des Insgesamt von Handlungen, Auffassungen und Auseinandersetzungen mit den sozialen Verhältnissen verwenden, sind ebenfalls von vornherein neben der lebensgeschichtlichen Erzählung auf andere Informationen verwiesen (Tagebücher, Archivmaterialien, Befragungen Dritter).

Studien, die sich für die biographischen Entwicklungsbedingungen in institutionellen Kontexten interessieren, sind auf Daten zu beiden Bereichen angewiesen. So versuchte ein Forschungsvorhaben über „Arbeit und Altern" (Kohli 1982) durch Expertengespräche und schriftliches Material aus Betrieben deren Organisationsform des Alternsprozesses herauszuarbeiten, während gleichzeitig eine Reihe von Arbeitern aus eben diesen Betrieben über ihre Wahrnehmung ihrer Möglichkeiten hin zur Pensionierung befragt wurden. So berücksichtigen arbeits- und industriesoziologische Studien zu Berufsbiographien von Arbeitern, verstanden als Resultate von subjektiven und objektiven Kräften und Bedingungen, gezielt beide Datenbereiche (Brock/Vetter 1982), entwickeln berufsbiographische Muster als Handlungsmuster angesichts von spezifischen objektiven betrieblichen Gegebenheiten (Brose 1983). Ähnlich lautet die Position, die die Untersuchungen des Bremer Sonderforschungsbereichs „Statuspassagen und Risikolagen im Lebensverlauf" anleitete: „Eine Konzentration auf die Institutionen und sozialen Mechanismen, die den Lebenslauf regulieren, ermöglicht, die Potenziale und Begrenzungen bürokratischer und administrativer Sortierungs- und Korrekturprozesse von Biographien zu dokumentieren und zu analysieren. Ein solches Vorgehen ermöglicht jedoch nicht, Motivlagen, Interessen und Orientierungen sowie Handlungsstrategien von Individuen im Hinblick auf Lebenslaufübergänge und die beteiligten Institutionen zu verstehen. Daher untersuchen wir sowohl die Veränderungen individueller Lebenspläne ... als auch die Persistenz bzw. den Wandel von Lebenslaufprogrammen in den Bereichen Bildung, Arbeit, Familie und Sozialpolitik." (Heinz 1993, 13)

Qualitativ - quantitativ

Wie steht biographische Forschung zum Modell quantifizierender Sozialforschung? Handelt es sich um prinzipiell andere Forschungslogiken, wobei die qualitative möglicherweise prinzipiell überlegen ist – so Hitzler (1993, 232ff.) für die verstehende Soziologie? Gibt es Möglichkeiten der Hereinnahme der Verfahren biographischer Forschung in quantitative Forschungsvorhaben?

Zu diesem Punkt finden sich in den vorliegenden Studien und Schriften wenig eindeutige Anhaltspunkte. Das kann auf die theoretischen und methodologischen Positionen zurückgehen, die biographische Forschung bislang geprägt haben. Die meisten stehen dem Modell der quantitativen Forschung reserviert bis ablehnend gegenüber; die meisten betonen die Komplexität ihres Gegenstandszugangs im Vergleich zu dem der quantitativen Sozialforschung. „Denn jede Situation ist komplexer, als daß sie auszählbar gemacht werden könnte." (Baacke 1979, 23)

Hauptargument gegen das statistische Kalkül ist bei biographischen Forschern, dass sie an der Herausarbeitung von Varianten eines Grundmusters interessiert sind, nicht in erster Linie an der quantitativen Verteilung solcher Varianten. „Der Autor einer Lebensbeschreibung ist ... Teil eines Sozialmilieus, sein Bewußtsein ist durch dieses Milieu geformt, ist ein Teil desselben. Kennt man den Inhalt seines Bewußtseins, seine Attitüden, Ansichten und Willensrichtungen, so kann man die in diesem Milieu wichtigsten Bestrebungen aufdecken. Es ist also dabei nicht wichtig, ob man eine statistisch ausreichende Repräsentation der dort gefundenen Einstellungen besitzt; die Autobiographien lassen dagegen eine Aufstellung der wichtigsten Typen zu, die in diesem Milieu auftreten, was zunächst für eine Klassifikation der sozialen Kräfte hinreicht, die in diesem Milieu wirken." (Szczepanski 1974, 243)

Insbesondere diejenigen Disziplinen und Arbeitsbereiche, die sich anwendungsorientiert mit der Untersuchung von Interaktion befassen – vor allem die Erziehungswissenschaft – halten oft wenig von einer Forschung, deren Ergebnisse in Merkmalsaussagen über große Mengen von Menschen bestehen. Aus hermeneutisch-geisteswissenschaftlicher Tradition heraus interessieren sich die pädagogischen Arbeitsrichtungen der Sozialwissenschaften eher für Einzelfallstudien, für Selbstdarstellungstexte, für Tagebücher und Autobiographien, für Sozialreportagen – für narratives Material jedenfalls. Erzählende Texte „vermitteln ein Reservoir an Erfahrungen, die man aus der Distanz betrachten, ordnen und interpretieren kann. Insofern können sie zu Vehikeln pädagogischer Einsicht werden, deren Interesse an verstehendem Handeln durch sogenannte wissenschaftliche Literatur mit Tabellen, Statistiken, Schemata und terminologisch gezügelten Aussagen unter einem mehr oder weniger aufgeheiterten Theoriehimmel oft nicht befriedigt werden kann." (Baacke 1979, 11)

Einige Autoren sehen den besonderen Vorzug der biographischen Forschung im Vergleich zum standardisierten Interview, zum Test, zur Einstellungsmessung darin, dass sich der Sozialforscher mit lebensgeschichtlichen Befragungen den im Alltag gewohnten Erzählformen der Befragten anpasst, ihren Gewohnheiten und Fähigkeiten eine besondere Chance gibt, als Forscher im Sinne einer „natural sociology" im Wasser des sozialen Alltags schwimmt. Als erster hat H.P.Bahrdt (1975) diesen Gesichtspunkt in den letzten Jahrzehnten vorgebracht, danach auch W.Deppe (1982) und A.Lehmann. Letzterer (1979/1980, 40f.) schlägt seiner Disziplin, der Volkskunde, vor, „gerade die mündlich erzählte Lebensgeschichte zu einer wichtigen empirischen Grundlage ihrer Fragen und Analysen" zu machen. „Auf diesem Wege paßt sich die Forschung den Gepflogenheiten und Gewohnheiten der untersuchten Menschen an und bezieht deren im Alltag verbreitete Artikulationsweisen in ihr methodisches Instrumentarium ein."

Eine Attraktivität der biographischen Forschung besteht in der Tatsache, dass ihr Gegenstand die unterschiedlichen Erfahrungen, Handlungsbereiche und Entwicklungen in unterschiedlichen Lebensfeldern und Sozialmilieus als Gestalt, als integrierten Zusammenhang enthält. Während Einstellungsfragen, Tests, Meinungsbefragungen und andere Forschungsmethoden der Sozialwissenschaft einen Gegenstand erreichen, der aus dieser gestalteten Struktur der Biographie herausgeschnitten wird, interessiert sich biographische Forschung gerade für das, was wir im Alltag unseres Lebens dauernd tun: Sicherung und Abrundung der Identität über viele unterschiedliche soziale Handlungsbereiche und Lebenskreise hinweg. So ist Znaniecki (zit. n. Sczcepanski 1974, 233) zu verstehen: „Für den Soziologen wie für den Psychologen ist die Autobiographie ein Dokument des persönlichen, bewußten Lebens des Autors, ein Ausdruck seiner subjektiven Erfahrungen, wie alle menschlichen Aussagen, die keinen Anspruch auf wissenschaftliche Objektivität haben. Ihr großer unmittelbarer

Wert als Lebensdokument gründet darin, daß sie eine bedeutende Zahl verschiedenartiger, aber miteinander zusammenhängender persönlicher Erfahrungen offenbart, die – gegenseitig sich ergänzend und beleuchtend – eine Ganzheit darstellen."

Aus ähnlichen Motiven enthält die Shell-Jugendstudie 1981 neben den Statistiken der Repräsentativerhebung in einem zweiten Band biographische Porträts von Jugendlichen. Zur Begründung aus dem Interesse am Einzelfall kommt hier ein wissenschaftspolitisches Argument: „Neben der Sensibilisierung der Forscher für die Probleme der Untersuchung und der dabei angewandten Methoden erbringen solche gleichzeitig durchgeführten qualitativen Forschungsgänge für den Forscher und für den Leser des Ergebnisberichts eine notwendige Korrektur der Perspektive: sie kontrastieren die notwendige Abstraktheit der quantitativen Forschungsverfahren mit dem Interesse an der sozialen Wirklichkeit als Mosaik von einzelnen Menschen in deren Lebenswelt." (Fischer/Fuchs/Zinnecker 1981, 24)

Dies Ergänzungsverhältnis von quantitativem und monographischem Zugang hat eine lange Tradition: Oft in einem zweiten Teil, einem Anhang nach Vorstellung der tabellarischen Analyse einer Befragung wird dem Leser eine Sammlung von Einzelfällen vorgestellt. Gewöhnlich wird das so begründet, dass es auf anschauliche Wirkung, auf synthetische Darstellungsform, auf Wiederzusammenfügung der vorherigen Zerlegung in Variablen und Zahlen zu Lebensporträts ankommt. „Gerade in der unverwechselbaren Prägung des einzelnen Lebens lassen sich unter Umständen allgemeiner geltende Verhaltensweisen anschaulich darstellen", heißt es hoffnungsvoll nach der quantitativen Darstellung der Ergebnisse einer Befragung von Arbeitern über ihr Privatleben und ihre Freizeit und zu Anfang der „Lebensberichte" (Wald 1966, 146). Manchmal stehen quantitativer und qualitativer Zugang auch nebeneinander, zusammengehalten durch die übergreifende Fragestellung und ohne Vorherrschaft des einen oder des anderen, so z.B. in einer Studie, wie Frauen (im Unterschied zu Männern) erben, eine quantitative Aktenanalyse und eine Analyse qualitativer Interviews (Kosmann 1998).

In einem ergänzenden, ja dienenden Verhältnis steht biographische (und andere qualitative) Forschung zur quantitativen bei den gängigen Arbeitsschritten einer großen Umfrage: Explorationen, offene Interviews, biographische Materialien sollen vor der endgültigen Fassung des Fragebogens auf wichtige Variablen aufmerksam machen, Hilfe bieten bei der Operationalisierung, Anhaltspunkte geben für die Sinnhorizonte, die die Befragten in der Umfrage mit den *items* verbinden. Eine Umkehr dieser Dienerschaft wird hin und wieder ins Auge gefasst, ist aber bislang kaum verwirklicht worden: Umfragen seien weiterhin als „unverzichtbares Mittel der Sozialforschung anzusehen, und zwar ... als Methode einer ersten Sichtung, der Erstellung eines Überblicks, auf dem aufbauend die Plazierung von Felduntersuchungen gezielt erfolgen kann" (Küchler 1980b, 351). Dieser Idee, qualitativ identifizierte Typen könnten später quantitativ im Hinblick auf die Häufigkeit ihres Auftretens in einer Gruppe, einer Bevölkerung untersucht werden, widerspricht Rosenthal (1993, 211) mit der Begründung, die Zuordnung von Fällen zu Typen lasse sich selbst wieder nur durch eine „rekonstruktive Analyse" erreichen (also nicht mit den Mitteln von Operationalisierung und Messung).

So ist die Verbindung von quantitativer und qualitativer biographischer Befragung noch ohne endgültige Klarheit (optimistischer: Brüsemeister 2000, 41). Immerhin hat sich herausgestellt, dass qualitative Forschung bei bestimmten Fragestellungen – z.B. der nach der Regelmäßigkeit oder Regelhaftigkeit subjektiver Deutungen – auf quantitative Forschung angewiesen ist (Hopf 1982, 313ff.). Und ein Versuch einer systematisch-vergleichenden Untersuchung qualitativer und quantitativer Typenbildung (Kluge 1999) – allerdings unter Ausblendung der Objektiven Hermeneutik und des narrativen Verfahrens – liegt inzwischen vor, ebenso allgemeine Entwürfe zur Integration von qualitativen und quantitativen Methoden in der Lebenslaufforschung (Kluge 2001; Kelle/Erzberger 2001).

Einzelfall und Verallgemeinerung

Biographische Forschung will meist Verallgemeinerung erreichen, darin unterscheidet sie sich nicht von anderen Forschungswegen; auch die Untersuchung des Einzelfalls dient meist nicht allein der Untersuchung des Einzelfalls, sondern will Muster, generelle Strukturen, Ablaufformen, Regeln, Strukturtypen, Lösungsformen herausarbeiten.

Auch Wladek, auch Stanley sind nicht Gegenstand der Untersuchung geworden, weil die Sozialforscher gerade ihren besonderen Lebensweg untersuchen wollten, sondern weil sich daran allgemeine Bedingungen polnischer Einwanderer in den USA bzw. jugendlicher Straftäter aus dem Großstadtmilieu zeigen ließen. Verallgemeinerung vom Einzelfall her wurde in diesen Studien ermöglicht durch die Annahme der Forscher, bei Wladek und Stanley handele es sich um charakteristische Vertreter des jeweiligen Sozialmilieus – eine Annahme, die jedoch nicht empirisch belegt worden war. Die gleiche Problematik stellt sich angesichts der biographischen Dokumentationen in der Völkerkunde und der Kulturanthropologie: Die Forscher, so kritisiert Langness (1965, 26), haben selten deutlich gemacht, welche Aspekte in einem lebensgeschichtlichen Dokument eigentlich für allgemeine Züge der entsprechenden Kultur stehen und welche idiosynkratische Züge des porträtierten Individuums reflektieren. Ursache dafür sei unter anderem das Interesse der „Kultur-und-Persönlichkeits"-Schule der Anthropologie, den prägenden Einfluss der Kultur auf die Persönlichkeit nachzuweisen.

Manchmal mutet uns der Autor das Vertrauen zu, er habe durch seine Auswahl von Lebensgeschichten, die er aus einer größer angelegten Erhebung für eine Veröffentlichung herausgesucht hat, ein getreues Bild von der entsprechenden Wirklichkeit vorgestellt. Dies behauptet z.B. Zarca (1987, 5) von seiner Studie über Handwerker in Frankreich; nicht das Modell der Repräsentativität dürfe herangezogen werden, besser verlasse man sich auf die Leitkraft der „curiosité du sociologue".

Einige Autoren behelfen sich mit der Annahme, dass die Lebensbedingungen von bestimmten Sozialmilieus oder Sozialschichten so stark gesellschaftlich-allgemein durchformt seien, dass eigentlich ein jeder Einzelfall aus diesen Bereichen Aufschluss gebe über die allgemeinen Bedingungen (vgl. Kelle/Kluge 1999, 10). In Sammlungen von Arbeiter-Autobiographien findet sich öfter die Annahme, dass solche Texte die kollektive Situation der Klasse ausdrücken. „Die individuelle Erfahrung des Arbeiters im Arbeitsprozeß und in der Gesellschaft und seine dadurch ausgelöste und beispielhaft wirkbare Re-Aktion, die er in seinen autobiographischen Texten aufzeichnet, analysiert und in Signale umsetzt, decken sich mit den Erfahrungen und den Verhaltensweisen der Arbeiterklasse, deren Not und Hoffnungen er teilt. Arbeiterautobiographien repräsentieren demnach die gesellschaftliche Lage und die politische Bewußtwerdung der Arbeiterklasse." (Klucsarits/Kürbisch 1975, 239) Mit solchen Grundannahmen über den Text, seine zugleich individuelle und kollektive Bedeutsamkeit, stellt sich die Problematik Einzelfall/Verallgemeinerung kaum noch. Man kann allenfalls überlegen, warum einige autobiographische Texte besser die kollektive Lage und den Politisierungsprozess der Klasse ausdrücken, andere schlechter. Empirisch belegt wird die Annahme von der kollektiven Bedeutung individueller Lebensgeschichten meist nicht.

Gemeinsam ist diesen Lösungen die Vorstellung, dass sich der Forscher ein verallgemeinerungsfähiges Material durch gezielte Auswahl der Einzelfälle sichern kann. Wenn er gezielt Fälle aus bestimmten, durch klare Merkmale begrenzte, Sozialmilieus herausgreift, ist ihm die spätere Verallgemeinerung bei Auswertung und Interpretation ohne weiteres möglich. „Nicht Lebensläufe beliebiger Personen gilt es zu untersuchen, sondern Lebensläufe von Personen, die sich in einer ähnlichen, vergleichbaren Sozialisationssituation befanden. Der individuelle Erfahrungshorizont kann dann zum Ausdruck kollektiver Erfahrungen werden." (Steinbach 1980, 319) Gedacht wird in diesem Zusammenhang an Personen, die in ähnlichem Alter und ähnlicher Berufsposition den Ersten Weltkrieg erlebt haben. Für die Oral History stellt Lummis (1987, 94f.) fest: „Derzeit unterstellen viele Historiker kurzerhand, daß die Erfahrungen ihrer Informanten in gewissem Sinne typisch sind für ihre Gruppe, wobei die Gruppe durch den Historiker anhand von Geschlecht, Wohnort, Beruf oder was für Merkmalen auch immer definiert wird."

Am Modell der im Hinblick auf grundlegende Sozialmerkmale repräsentativen Stichprobe orientiert ist das Verfahren eines Projekts am

SOFI Göttingen; bei der Auswahl der 161 befragten Arbeiter aus fünf Betrieben wurden, angelehnt an die Arbeitstypologie von Kern/Schumann, drei Gruppen von Industriearbeitern berücksichtigt: Unqualifizierte Band- und Maschinenarbeiter, angelernte Messwarte und Anlagenbediener, qualifizierte Facharbeiter; als Vergleichsgruppe wurden technische Industrieangestellte einbezogen, die früher als Arbeiter beschäftigt gewesen waren (Deppe 1982, 29ff.). Weiter wurde bei der Auswahl das Alter berücksichtigt: Geburtsjahrgänge bis einschließlich 1929; Geburtsjahrgänge zwischen 1930 und 1939; Geburtsjahrgänge von 1940 bis 1950.

Zwei Probleme könnten sich aus diesem Verfahren der Sicherung eines verallgemeinerungsfähigen Materials durch gezielte Auswahl ergeben: Erstens dürfte sich der Forscher, der so arbeitet, in seinen Aufmerksamkeitsrichtungen und Hypothesen frühzeitig festlegen. Auf der Suche nach dem Typischen könnte er abweichende Einzelfälle übersehen. Zweitens könnte dieses Vorgehen zur Ausblendung von Lebens- und Entscheidungsbereichen führen, in denen die Orientierungen und Lebensbedingungen des Sozialmilieus, der Zeitgeschichte, der Klassenzugehörigkeit geringere Bedeutung haben, in denen individuell gewählte kulturelle Orientierungen, private Weltauffassungen, persönliche Konstellationen eine große Rolle spielen. Darauf weist ein biographisches Projekt über die Teilnahme am zweiten Bildungsweg hin: „Ein Ziel ... war die Konstruktion einer Typologie von biographischen Ausgangsbedingungen, die die Personengruppe des Zweiten Bildungsweges umschreibt. Entgegen der ursprünglichen Annahme, solche Typologien aus differentiellen Sozialdaten der Betroffenen herausarbeiten zu können, hat sich gezeigt, daß dies ein methodisch zu kurz gegriffenes Verfahren ist, da erst unter Berücksichtigung der von den Betroffenen selbst gegebenen Interpretation sich unterschiedliche Typen herauskristallisieren." (Hoerning 1978, 256) Das würde die Möglichkeit, gezielt anhand von außen erkennbarer Merkmale die zu befragenden Personen auszuwählen, entscheidend einschränken (und damit auch die Möglichkeit, durch gezielte Auswahl die Verallgemeinerbarkeit der Fälle zu sichern). Beide Überlegungen zusammen weisen darauf hin, dass man sich auf diesem Wege der Begründung der

Auswahl Fragestellungen von vornherein versperrt; theoretische Möglichkeiten der Bestimmung des Verhältnisses von Typischem und von Abweichungen davon (die ja in jeder Kultur und in jedem Alltagsbereich vorkommen) bleiben möglicherweise verschlossen.

Dass sich Verallgemeinerbarkeit in dem Sinne, dass die Daten insgesamt die zu untersuchenden Prozesse angemessen abbilden, fast von selbst einstellt, unterstellt Bertaux (1994, 101) für sein familiengeschichtlich-genealogisches Verfahren: Indem von einem befragten Individuum ausgehend die Lebenswege seiner Geschwister, Eltern, Großeltern usw. erhoben werden, kommen pro Fall eine Vielzahl von „trajectories" zustande, die sich gewöhnlich in mehrere Berufsgruppen und soziale Schichten verzweigen, so dass bei ca. hundert Befragten im Regelfall das ganze Tableau von sozialen Lagen und Berufserfahrungen in den Blick kommt. Sollten sozial ganz unten bzw. ganz oben liegende Lebenswege dennoch nicht von selbst abgebildet werden, so könne man diese leicht gezielt ergänzen.

Insbesondere Sozialwissenschaftler, die dem narrativen Interview den Vorzug geben, wenden ein Grundmuster von Interpretation an, das aus einem Hin und Her zwischen Einzelfall und Verallgemeinerung besteht. „Dokumentarische Methode" nennt dies Garfinkel im Anschluß an Mannheim: „Gemäß Karl Mannheim beinhaltet die dokumentarische Methode die Suche nach ‚einem identischen, homologen Muster, das einer weitgestreuten Fülle total unterschiedlicher Sinnverwirklichungen zugrundeliegt'. Dies bedeutet die Behandlung einer Erscheinung als ‚das Dokument von', als ‚Hinweis auf', als etwas, das anstelle und im Namen des vorausgesetzten zugrundeliegenden Musters steht. Nicht nur wird einerseits das zugrundeliegende Muster von seinen individuellen dokumentarischen Belegen abgeleitet, sondern umgekehrt auch werden die individuellen dokumentarischen Zeugnisse auf der Grundlage dessen interpretiert, ‚was bekannt ist' über das zugrundeliegende Muster. Jede der beiden Seiten wird benutzt, um die je andere auszuarbeiten." (Garfinkel 1973, 199; zur dokumentarischen Methode in der Sozialarbeit: Schütze 1993) Die einseitigen Zugriffsweisen (vom Einzelfall zur Verallgemeinerung, vom Allgemeinen zur Einordnung des Einzelfalls) werden in dieser dokumentarischen Methode suspendiert zugunsten einer Hin-und-Her-Bewegung. Vom zuerst kaum überschaubaren Muster, das vielen Einzelfällen zugrundeliegt, wird versucht, den Einzelfall zu erschließen; von zuerst kaum generalisierbaren Einzelfällen wird versucht, auf ein zugrundeliegendes Muster zu schließen. Weder einmalige Ableitung noch einmalige Induktion bilden hier die Interpretationsschritte, sondern prozessual ineinander verflochtene Bewegungen zwischen Einzelfall und Grundmuster für viele Einzelfälle.

Die Voraussetzung für diese Möglichkeit der Beziehung zwischen Einzelfall und Grundmuster ist eine grundlagentheoretische: Dass nämlich das Allgemeine nicht durch Aufsummierung, Durchschnittsbildung oder durch sukzessive Abstraktion von den Einzelfällen gewonnen werden kann, sondern dass das Allgemeine in den Einzelfällen steckt. „Uns interessiert nicht eine soziographische Beschreibung von Verteilungen der verschiedenen Einzelphänomene im ‚Ganzen‘, sondern uns interessiert – um im Bild zu bleiben – das Ganze im Einzelnen, nämlich der Prozeß, durch den einzelne Handlungen die Struktur des Ganzen im Einzelfall reproduzieren und gegebenenfalls auch transformieren." (Hermanns 1981, 23)

Übrigens enthält das Gesprächsmaterial aus einem biographischen Interview von sich aus Verallgemeinerungen: Der Befragte hat Anschauungen oder Meinungen nicht als seine allein persönliche vorgetragen, sondern mitgeteilt, dass sie kollektive Geltung haben. Er hat Kategorisierungen seiner sozialen Umwelt und seines Lebensablaufs als solche berichtet, die überindividuell „richtig" sind, die alle für ihre alltägliche Orientierung benutzen. Die allgemeine Geltung einer Anschauung, Deutung oder Bewertung in einer Gruppe oder einem größeren Sozialzusammenhang lässt sich dann am Einzelfall (und im Vergleich mehrerer Einzelfälle) aufzeigen, wenn wir diese Verallgemeinerungen des Befragten im Text analytisch herausarbeiten können. Demzufolge haben jene Deutungen kollektive Geltung, „die in einem bestimmten Bereich, vor dem Hintergrund der dort etablierten moralischen und kognitiven Regeln (Bedeutungsregeln, Verifikations- und Interpretationsregeln) in relevantem Umfang für angemessen und wahr gehalten werden" (Hopf 1982, 324). Erhebungstechnisch setzt das voraus, dass der Befragte im Interview hartnäckig zur Explikation seiner Selbstverständlichkeiten gebracht wurde, dass ihm der Interviewer die verbale oder nonverbale Einverständnisunterstellung nicht hat durchgehen lassen, sondern dass er Nichtverstehen signalisiert hat.

Neben der Aufgabe der Verallgemeinerung kann sich der biographischen Forschung unter bestimmten Bedingungen die entgegengesetzte stellen, die der Vorstellung von Einzelfällen, die nichts anderes sein wollen als besondere Fälle. Unter Umständen reichen ein oder zwei Leidensgeschichten von Insassen eines Heims oder einer psychiatrischen Klinik aus, um die Perspektiven und die Funktionsweise solcher Institutionen wirksam zu kritisieren; Verallgemeinerung stellt sich hier als Aufgabe nicht. Ähnlich sieht es aus, wenn biographische Forschung einen anschaulichen Kontrapunkt zu einer quantifizierenden Untersuchung erbringen will, wenn sie dem Leser zeigen will, dass er aus Tabellen und Kennziffern kein vollständiges Bild gewinnen kann, wenn sie die Komplexität der Verhältnisse und Vorgänge durch lebensgeschichtliches Material demonstrieren will. Bei diesen Zielen kommt es auf die detaillierte Deskription von Einzelfällen an, meist ohne Notwendigkeit einer Verallgemeinerung der Resultate.

Besonders Allport (1947, 146ff.) hat sich in der Psychologie für die Tradition idiographischer Zugangsweise stark gemacht und darauf verwiesen, dass aus Häufigkeiten entwickelte Gesetzmäßigkeiten nicht zureichen, um den Einzelfall zu verstehen und seine Entwicklungsmöglichkeiten prognostizieren zu können. Er verdeutlicht dies an Beispielen: Nehmen wir an, wir könnten aufgrund einer quantitativen Studie prognostizieren, dass ein Straftäter mit 80% Wahrscheinlichkeit ein Rückfalltäter werden wird, zu 20% nicht mehr delinquent handeln wird. Sieht man die Geschichte aber aus der Perspektive des Einzelfalls, dann hat diese Prognose keinen Sinn: Entweder wird er rückfällig werden oder nicht. „Seine Chancen sind bestimmt durch Muster in seinem Leben, und nicht durch generell in einer Population gefundene Häufigkeiten." Für den Einzelfall eine Prognose zu entwickeln, verlangt deshalb die Untersuchung des Einzelfalls und nicht die von tausend anderen Lebensgeschichten (Allport 1947, 156f.).

Das Problem mit der Retrospektive

Lebensgeschichten entstammen dem Heute, sind immer eine Rekonstruktion der Vergangenheit. Daraus ergibt sich die Frage, ob sie überhaupt als Information über die vergangene Lebensführung und Lebensauffassung des Befragten angenommen werden dürfen, und, wenn ja, unter welchen Bedingungen. Anders gesagt: Behandelt biographische Forschung Lebensgeschichten als Thema, untersucht also die vergangenen Lebensführungen und Lebensauffassungen, oder behandelt sie sie allein als Material – zur Untersuchung heutiger Deutungsmuster, Orientierungen und Lebensauffassungen?

Aus einer biographischen Befragung von über hundert Arbeitern hält Osterland (1978, 272) fest: „In der retrospektiven Sichtweise werden offenbar die darin enthaltenen jeweiligen subjektiven Begründungen, Erklärungen und Rechtfertigungen für vergangenes wie gegenwärtiges Verhalten so integriert, daß die in die Gegenwart mündende Lebensgeschichte eine beinahe naturgesetzliche Folgerichtigkeit erhält ... Die Schilderung des Lebensverlaufs aus der Erzählperspektive der Gegenwart und die ihr immanente Bewertung ist einer Tautologie nahe: Es ist so, weil es so ist ...“ Grundsätzlicher wird das aus Perspektiven der phänomenologisch-interaktionistischen Soziologie formuliert: Lebensgeschichten seien „nicht das Sammelsurium dessen, was ein einzelner insgesamt objektiv durchlebt hat, sondern sie sind strukturierte Selbstbilder“ (Fischer 1978, 319). Die Zeit- und Erfahrungstheorie von Mead könnte diese Auffassung stützen (vgl. Straub 1989, 102; Wagner 1999, 19f.). Aus anderer theoretischer Perspektive formuliert Gagnon (1980, 300) dieselbe Problematik: Lebensgeschichten seien in erster Linie als „Ausdruck der sozialen Identität des Informanten aufzufassen“. Weder könne geklärt werden, so Lucius-Hoene/Deppermann (2002, 91), was in der Lebensgeschichte wirklich geschah, noch wie das damals erlebt worden ist. Erreichbar seien allein Auskünfte darüber, wie der Erzähler seine Identität und Erfahrung heute konstruiert

Bedeutet das, dass man durch lebensgeschichliche Befragung auf keine Weise an vergangene Prozesse und Bedingungen herankommen kann? Geht Oral History mit dieser Basisfrage allzu pragmatisch um (Kohli 1981a, 71)?

Diese Problematik stellt sich für eine ganze Reihe von Fragestellungen nicht (oder nur nebenbei), und zwar für alle diejenigen, die sich nicht für die Vorgänge in der lebensgeschichtlichen Vergangenheit interessieren, sondern dafür, wie der Befragte seine Lebensführung erinnert und heute strukturiert (Allport 1947, 136). Werden lebensgeschichtliche Erzählungen als Material für heutige Deutungsmuster und Lebensauffassungen genommen, dann ist es meist nicht weiter wichtig, ob die retrospektive Darstellung ausreichend Einblick in das damalige Geschehen bietet. Dann braucht sich der Sozialforscher nicht anzustrengen, die Färbung aus dem Heute genau zu identifizieren und von dem Kern der lebensgeschichtlichen Beschreibung abzulösen. Die ganze Grundsatzfrage verliert an Bedeutung, wenn das Erzählen im Interview als *„biografische Selbstdarstellung im Dienste der aktuellen Identitätsherstellung und der Selbstvergewisserung"* verstanden wird, wie bei Lucius-Hoene/Deppermann (2002, 10).

Im Grunde gelöst ist das Problem auch, wenn der Sozialwissenschaftler annimmt, dass die einzelnen Menschen über ihre ganze Lebenszeit hinweg ein relativ einheitliches System von Deutungsmustern, eine relativ unveränderliche Handlungsstruktur aufweisen. Diese Handlungsstruktur „hat bereits in der vergangenen Zeit vorgelegen, über die erzählt wird (erzählte Zeit), sie liegt auch noch in der Erzählung von Geschichten vor – sowohl in der Selektion und Interpretation der einzelnen Erzählepisoden als auch in der Darstellung – und sie ist auch wirksam in der Interaktion zwischen Interviewpartner und Interviewer." (Hermanns 1981, 27) Die Erzählform des Befragten im Interview, seine Interaktionsformen gegenüber dem Interviewer und die Inhalte und Formen seiner erzählten Lebensgeschichte im Interview können als drei Ebenen der Präsentation ein und desselben Merkmalsbündels des Befragten aufgefasst werden, seiner Handlungsstruktur. „Die Art und Weise, wie die Handelnden in retrospektiver Erfahrungsaufbereitung ein Bild von ihrer Lebenssituation entwerfen – sowohl was die stilistisch-formalen Mittel anbelangt, mit denen sie dies tun, als auch was die elementare Struktur des Weltbildes selbst anbelangt: wie Menschen, Handlungen und Ereignisse insbesondere vermittels der Differenzierung von Handlungsperspektiven aufgefaßt werden –, ist kennzeichnend für die Art und Weise, wie die Handelnden in Kommunikationen (und damit auch in der aktuell ablaufenden Erzählkommunikation) miteinander verkehren und wie sie ganz allgemein ihre sprachlichen und nichtsprachlichen Interaktionen aufbauen." (Schütze 1976b, 188)

Problematisch wird der retrospektive Charakter lebensgeschichtlicher Erzählungen erst, wenn die biographische Befragung dazu führen soll, Daten über die vergangene Lebensführung, über frühere Lebensauffassungen und Deutungen zu erbringen. Hier gibt es zwei Begründungsversuche dafür, dass biographische Befragung solche Daten über vergangene Prozesse und Bedingungen produzieren kann:

a) Wird der Befragte als Experte angesprochen, als Gehilfe des Sozialforschers bei der Untersuchung von Fragen nach der lebensgeschichtlichen bzw. geschichtlichen Vergangenheit, hat er wenig Grund, allein aus der Perspektive des Heute zu beschreiben. Insbesondere Angaben nach Art von Zeugenaussagen mögen zwar nicht in allen Details zuverlässig sein (wie das mit Zeugenaussagen bekanntermaßen immer ist), sie sind aber nicht allein aus der heutigen Lebenssituation heraus gefärbt. Je mehr sich also der Befragte in die Rolle des Gehilfen des Sozialforschers hineinfindet, je eher die verlangten Informationen solche nach Art von Zeugenaussagen sind, umso eher kann eine Distanzierung von der Wahrnehmungs- und Interessenstruktur der aktuellen Lebenssituation erreicht werden.

b) In umgekehrter Richtung argumentieren Vertreter der narrativen Befragungsmethode. Sie sehen in der Aufforderung an den Befragten, die Lebensgeschichte zu erzählen, die Konstitution einer Interviewsituation, in der der efragte sich erzählend im „dreifachen Zugzwang des Stegreif-Erzählens eigenerlebter Ereigniszusammenhänge" (Schütze 1982, 571) verfängt und Geschehnisse mehr oder weniger so darbietet, wie sie sich damals begeben haben. Die Zugzwänge der Gestaltschließung einer Geschichte, der Kondensierung des dargebotenen Materials und seiner Detaillierung im Hinblick auf Verständlichkeit und Plausibilität führen den Erzähler nach Schütze sogar dazu,

„auch über Ereignisse und Handlungsorientierungen zu sprechen, über die er aus Schuld- bzw. Schambewußtsein oder auf Grund seiner Interessenverflechtung lieber schweigen würde" (Schütze 1982, 576). Die Hoffnung auf den dokumentarischen Gehalt der retrospektiv erzählten Lebensgeschichte beruht hier auf der speziellen Konstellation im narrativen Verfahren, die den Befragten – ohne direkte Anhaltspunkte durch den Interviewer, was erwünscht und angemessen ist – zum Rückgriff auf die Ereignisse veranlasst, so wie sie damals geschehen sind. Er wird gewissermaßen nicht nur durch die aktuelle Interaktionssituation im Interview geleitet, sondern auch (oder vor allem) durch die Struktur seiner Erlebnisaufschichtung, die damals zustande gekommen ist.

Bei beiden Lösungsversuchen wird es nützlich sein, dem Befragten im biographischen Interview ausreichend Gelegenheit zu geben, seine Auffassungen von seinen gegenwärtigen Lebensbedingungen und seinen Perspektiven in die biographische Zukunft darzulegen. Für Rosenmayr (1979, 63f.) ergibt sich „die Notwendigkeit einer Mitberücksichtigung eines aktuell in der Persönlichkeit vorhandenen Deutungsrahmens ..., der jeweils für den Erzähler gegenwärtig gültig und wirksam ist."

Zusammenfassend: Das Problem mit der Retrospektive sollte nicht soweit überschätzt werden, dass jeglicher Erinnerungsbericht als Datenmaterial abgewiesen wird. Nicht nur gibt es inzwischen gesicherte Hinweise für eine erhebliche Brauchbarkeit von Erinnerungsaussagen über „objektive" Lebenslaufdaten (Papastefanou/Tölke 1981), sondern auch Vergleiche von Erinnerungsberichten mit schriftlichen Quellen (Thompson 1973), die – mindestens für Teilbereiche der alltäglichen Lebensführung – eine erhebliche Zuverlässigkeit belegen (auch: Niethammer 1978, 482). Zudem sind auch in der gängigen *survey* viele, wenn nicht die meisten Fragen retrospektiv, auch die Frage nach der Wahlentscheidung vor einer Woche oder die nach der Kaufentscheidung vor zwei Jahren. Und dass die schriftlichen Quellen nicht fehlerlos sind, bloß weil sie geschrieben oder gedruckt sind, ist eine Binsenweisheit für die quellenkritischen Bemühungen in den historischen Wissenschaften (vgl. Lummis 1987, 73ff.).

Biographisches Interview oder Sammlung von autobiographischem Material?

Sollen die Ausgangsdaten durch Interviews hergestellt werden? Sollen sie durch öffentliche Aufrufe, durch Preisausschreiben oder durch Sammlertätigkeit zusammengetragen werden? Bei dieser Frage handelt es sich um unterschiedliche Gewohnheiten und Traditionen in den Disziplinen, zugleich aber auch um einen Streitpunkt über die Qualität von Interviewtexten oder geschriebenen Autobiographien.

Einen Eindruck von der Vielfalt der schriftlich vorliegenden biographischen Materialien gibt der Volkskundler Brednich (1982, 48):
„- Testamente und Hinterlassenschaftsinventare
- Stammbücher und Poesiealben
- Kochbücher, Rechnungs-, Anschreibe- und Haushaltsbücher
- Lieder- und Gebetbücher
- Briefe (z.B. Auswandererbriefe)
- Fotoalben
- Tagebücher
- Familienchroniken
- geschriebene und gedruckte Lebenserinnerungen"

Der Weg, bereits geschriebene biographische Materialien zusammenzutragen, kann sich zufällig ergeben, er kann auch systematisch beschritten werden.

Manchmal stößt der Sozialforscher im Zusammenhang mit anderen Arbeiten auf ein Tagebuch oder eine autobiographische Skizze. Die Schülerin Karin bringt ihr Tagebuch eines Tages ihrem Lehrer. „Sie erklärt ihm, daß sie finde, die Erwachsenen hätten keine Ahnung von dem Leben der Jugendlichen. Er solle das Tagebuch einmal durchlesen und sagen, wie er es finde. Er könne es an andere Lehrer weitergeben, damit sie lernten, die Jugendlichen besser zu verstehen." (Projektgruppe Jugendbüro 1978, 81) Karin hatte bereits während der Abfassung ihres Tagebuchs daran gedacht, es der Jugendzeitschrift *Bravo* zur Veröffentlichung zuzuschicken, es dann aber ihrem Klassenlehrer überlassen, der es einigen ihm bekannten Sozialforschern weitergibt.

Ungeplant war auch folgender Vorgang während einer Befragung von Lehrern und Lehrerinnen in Berlin und Leiden: Eine Befragte nimmt das überarbeitete Protokoll eines Interviews in die Hand und arbeitet es zu einem selbst geschriebenen Text um. Die Sozialforscher berichten: „Die Fassung, in der Frau Else Krause ihre Lebensgeschichte hier vorlegt, hat sie in intensiver Auseinandersetzung mit meiner Montage des Erstgesprächs entwickelt. Sie hat diese Montage bearbeitet, ergänzt und gekürzt. Sie hat aus der Alltagssprache, in der sie erzählte, eine Schriftsprache entwickelt und dabei einen ganz neuen Text geschrieben. Während dieser Arbeit habe ich sie oft besucht. ‚Ich schreibe meine Memoiren. Lesen Sie doch mal, ob es so geht', sagte sie." (Bois-Reymond/Schonig 1982, 43)

Wenn dagegen der Sozialforscher einen Menschen auffordert, seine Autobiographie zu verfassen, den Schreibprozess oft über Monate und Jahre hinweg beratend begleitet und bei der Gelegenheit andere Informationen über den Schreiber zusammenträgt (vgl. Plummer 1983, 14ff.), ähnlich wie dies schon Thomas und Znaniecki bei Wladek und Shaw bei Stanley getan haben, so handelt es sich um eine absichtliche Anregung zur Produktion von lebensgeschichtlichen Zeugnissen, im Grunde dem biographischen Interview durchaus vergleichbar. Entsprechend ist die Situation gebaut, wenn der Forscher eine Person bittet, ein Tagebuch zu führen (vgl. Plummer 1983, 17ff.).

Systematische Möglichkeiten der Sammlung von schriftlichem biographischem Material von vielen Menschen haben polnische Sozialwissenschaftler (vgl. Lubas-Bartoszynska 1994) vielfach erprobt: Preisausschreiben, öffentliche Aufrufe durch ein Komitee oder eine Jury, die dann auch Prämien für die „besten" Texte vergibt. Aus diesen Erfahrungen in Polen hält Szczepanski folgende Gesichtspunkte fest:

„1. Es ist wichtig zu überlegen, an welche Gemeinschaft, Klasse, Kategorie oder Gruppe wir uns mit dem Appell wenden müssen, und gut, ihre soziologischen Eigentümlichkeiten in Rechnung zu ziehen. Man sollte soziale Gruppen auswählen, die bezüglich ihres intellektuellen und sozialwirtschaftlichen Niveaus ungefähr auf gleicher Stufe stehen. Wenn ein solcher Wettbewerb gleichzeitig für Arbeiter und

Intellektuelle ausgeschrieben wird, so wird eine solche Zusammenstellung einen Teil der möglichen Autoren unwillig machen, weil sie meinen, daß sie in einem derartigen Wettbewerb keine Chancen hätten.

2. In dem öffentlichen Aufruf muß man den Zweck des Wettbewerbs klarlegen, so daß keine Möglichkeit besteht, sich andere geheime oder versteckte Ziele oder Zwecke hineinzudenken.

3. Dem Aufruf muß eine Instruktion beigefügt werden, die genau angibt, welche Probleme und in welcher Reihenfolge sie in der Selbstbiographie zu behandeln sind.

4. Man darf aber auch kein starres Formular oder Schema aufdrängen und nicht etwa suggerieren, man solle sich einzig auf diese Fragestellung beschränken, und auch die Preisverteilung nicht von einer strikten Einhaltung der angegebenen Direktiven abhängig machen.

5. Die Formulierung des Aufrufs soll für die niedrigste Intelligenzstufe der zu erwartenden Autoren redigiert sein.

6. Es ist wichtig zu überlegen, an welche Motive man appellieren soll. Am erfolgreichsten zeigte sich in Polen das Appellieren an wirtschaftliche Motive, verbunden mit patriotischen; auch zeigte sich das Motiv wirksam, wichtiges Material für die Wissenschaft beizutragen, da sich die Wissenschaft immer einer gewissen Autorität erfreut.

7. Die Höhe der Prämien ist unzweideutig anzugeben, ferner die Zusammensetzung der Jury, die die Arbeiten beurteilen und die Preise zuerkennen soll (in ihr sollen bekannte und anerkannte Leute sein), schließlich der Termin der Einsendung der Arbeiten, ihr Umfang, die Anschrift der den Wettbewerb ausschreibenden Institution und wie und wo man nähere Informationen erhalten kann." (Szczepanski 1974, 237f.; Beispiele für Aufruftexte: Zinnecker 1981a, 114f.; Gullestadt/Almàs 1991, 53ff.)

Drei Arten von Preisen bzw. Prämien wurden dabei benutzt: Reisen, z.B. beim Aufruf an polnische Bauern eine Schiffsreise nach Dänemark als erster Preis; Bücher; Teilnahmebestätigungen in der Art eines Diploms (nach 1945 sind bei der Universität Posen Anfragen mit der Bitte um Duplikate solcher Diplome, die in der Kriegszeit verloren wurden, eingegangen; Markiewicz-Lagneau 1974, 599). Daneben können Motive wirksam angesprochen werden, die sich auf die öffentliche Präsentation der besonderen Ziele und Leistungen der Gruppe beziehen; „patriotisch" nennt Szczepanski diese Motive. Um Lebensgeschichten von Angehörigen und Sympathisanten der NSDAP zu erhalten, hat Abel (1966, 3) in den 1930er Jahren folgenden Text in den Parteibüros aushängen lassen: „Der Zweck dieses Wettbewerbs ist die Sammlung von Material über die Geschichte des Nationalsozialismus, damit die amerikanische Öffentlichkeit sich darüber informieren kann auf der Grundlage von tatsachenbezogenen, persönlichen Dokumenten."

Es liegt oft nahe, den Aufruf zur Abfassung und Einsendung von Autobiographien nicht nur im Namen der Wissenschaft herauszugeben, sondern dabei mit Einrichtungen oder Verbänden zusammenzuarbeiten, die für den angesprochenen Kreis der Bevölkerung eine Bedeutung, vielleicht auch eine höhere Autorität haben. Man denke an den Erfolg der Aufrufe des Schriftstellers Walter Kempowski, ihm unveröffentlichte Autobiographien zu schicken (vgl. Heinritz 1989). So hat der Volkskundler Schenda die Sammlung autobiographischer Texte im Bezirk Winterthur gemeinsam mit der Kantonalverwaltung von *Pro Senectute* organisiert und den Aufruf an die Rentner dieses Bezirks durch Apotheken, Ärzte, Sozialämter und Kulturzentren verteilen lassen (Schenda 1982a, 107; 1982b, 10f.).

Ein weiterer Weg besteht darin, dass der Forscher im Rahmen von Bildungseinrichtungen autobiographische Texte schreiben lässt. So hat der Sozialpsychologe und Pädagoge Roessler in den 1950er Jahren zehntausende von Schüleraufsätzen (die ausdrücklich nicht vom Lehrer beurteilt wurden) auch zu autobiographischen Themen schreiben lassen (vgl. Abels/Krüger/Rohrmann 1989).

Auch mehrstufige Erhebungsverfahren sind diskutiert worden, so von polnischen Sozialwissenschaftlern; gedacht wird hier an einen ersten Aufruf mit der Bitte, die Bereitschaft zur Mitarbeit zu erklären sowie nur einige Daten über Lebenssituation, Soziallage usw. einzuschicken. Auf der Basis dieser Grobinformationen können die Sozialforscher dann gezielt unter den potentiellen Verfassern von Autobiographien auswählen und diese anschreiben (Bukowski 1974, 21).

Neben dem Preisausschreiben oder dem öffentlichen Aufruf zur Abfassung einer Autobiographie steht als zweites Verfahren die Aufforderung an einen Befragten, neben und zusätzlich zum Interview einen schriftlichen Eigenbericht (*own story*) zu verfassen. Dieses Erhebungsverfahren hat C.R.Shaw in seiner klassischen Studie über den „Jack-Roller" angewandt: Der erste Schritt war meist ein Interview über Verhaltensprobleme, Delikte, Arreste. Diese Daten wurden dann chronologisch geordnet und an den Jugendlichen mit der Anweisung zurückgegeben, diesem Leitfaden folgend eine Lebensgeschichte zu verfassen. Die von Stanley dann abgelieferte Lebensgeschichte reichte Shaw nicht aus; er machte Stanley nach dessen Aufenthalt in einer Besserungsanstalt den Vorschlag, eine genauere und umfangreichere Geschichte abzufassen. Diese umfasste dann insgesamt 250 Schreibmaschinenseiten (Shaw 1966).

Anleitungen zur Abfassung autobiographischer Texte (auch zur Zusammenstellung einer Falluntersuchung) finden sich in der psychologischen Literatur an mehreren Stellen (z.B. Young 1947, 819-824; Lemert 1951, 445-446).

Im Übrigen bietet es sich an, auf Verzeichnisse und Bibliographien von autobiographischen Zeugnissen zurückzugreifen (vgl. Lejeune 1998), wenn man an gedruckten bzw. an schriftlich vorliegenden Ausgangsmaterialien interessiert ist.

Haupteinwand gegen die Sammlung von geschriebenem autobiographischem Material als Erhebungsverfahren ist, dass damit Material nur von solchen Menschen erlangt wird, die schreiben können und wollen, die eine Beziehung zur Schriftkultur haben. Diesen Einwand hat Gruhle (1923, 176) gegen die im Umkreis der Arbeiterbewegung entstandenen Sammlungen und Editionen von Arbeiterbiographien erhoben: „Wenn der moderne Soziologe sich seiner eigenen Zeit zuwendet und deren Selbstbeschreibungen prüft, so möge er sich doch stets dessen erinnern, daß der Typus unseres Arbeiters, unseres Bauern, unseres Bürgermädchens, unseres Landstreichers nicht schreibt, nicht schreiben kann. Wer dennoch schreibt, seien es August Bebel oder Lena Christ oder die (leider so einseitig ausgewählten) Arbeiter Levensteins, ist eine ungewöhnliche – in ihrer Schicht ungewöhnliche

– Persönlichkeit ... Daß man vor einigen Jahren begann, die Selbstzeugnisse von Kindern und Jugendlichen zu sammeln, war sicher ein
sehr verdienstvolles Unternehmen. Nur vergesse man nicht, daß ein
solches Archiv nicht über das Kind unsere Zeit, sondern über das literarische Kind unserer Zeit Licht verbreitet."

Einen ähnlichen Vorbehalt gegen die Sammlung und Auswertung
schriftlicher Autobiographien meldet Lehmann (1979/80, 40) an: „Die
Gepflogenheit und ... auch die bildungsmäßigen Voraussetzungen,
sich mit der eigenen Person und Umwelt schriftlich auseinanderzuset-
zen", seien nur bei den gebildeten Teilen der Bevölkerung verbreitet.
Auch Allport (1947, 108) bemängelt insbesondere an der mit Tagebüchern arbeitenden Jugendforschung, dass sich diese kaum Gedanken
über die Auswahl gemacht habe (und allzu oft von wenigen Fällen aus
zu generellen Aussagen kommen wolle). Da der Sozialforscher eigentlich keine Auswahl trifft, nur indirekten Einfluss darauf hat, wer sich
durch einen Aufruf oder ein Preisausschreiben zum Mitmachen motivieren lässt, wer sein Tagebuch oder seine autobiographischen Aufzeichnungen zur Verfügung stellt, kann er kaum Aussagen treffen, wie
seine Interpretationen verallgemeinert werden können.

Offensichtlich ist dies jedoch ein Problem aller Forschungsmethoden in den Sozialwissenschaften; Auswahlvorgänge erreichen fast nie
ihre eigenen Standards: Eine postalische Befragung erreicht nur eine
beschränkte Quote von Rückantworten. Eine Beobachtungsstudie
muss zeitliche oder andere Einheiten selegieren, kann nie alle interessierenden Vorgänge aufzeichnen. Eine Repräsentativstudie auf dem
Wege der Quotenauswahl ist abhängig vom sozialen Verkehrskreis
und den Kontaktfähigkeiten der Interviewer, die den Quoten entsprechende Befragungspersonen suchen. Zudem kann die Auswahlprob-
lematik im Falle von *personal documents* dadurch reduziert werden,
dass der Sozialforscher bestimmte Gruppen (eine Schulklasse, die
Jugendlichen in einem Heim) zur Abfassung von autobiographischen
Aufzeichnungen anhält oder zum Führen von Tagebüchern bewegt;
dass er seinen Aufruf oder sein Preisausschreiben für bestimmte Ziel-
gruppen gezielt abfasst und bestimmte Nachrichtenmittel bevorzugt.
„Bis zu einem gewissen Grade kann ein unternehmungslustiger For-

scher so die Grenze der Selektivität des sample überschreiten." (Allport 1947, 125)

Ein zweiter Einwand gegen die Verwendung bereits geschriebenen biographischen Materials zielt auf Einseitigkeit und mangelnde Kontrollierbarkeit der Daten. Im biographischen Interview, das auf Wunsch des Sozialforschers zustandekommt und nach seinen Gesichtspunkten abläuft, könne verlässlicheres Material produziert werden. Die bereits geschriebene Autobiographie gebe zwar guten Einblick in die Sichtweise des Autors. „Es kann jedoch vorkommen, daß der Autor der Autobiographie sich nicht aller Ereignisse in seinem Leben bewußt ist. Weiter könnte er sich aufspielen, schönen, Dinge unterdrücken, deren er sich wohl bewußt ist. Es ist die Aufgabe des Soziologen, solche Themen zu überprüfen und aufzudecken." (Denzin 1975, 227)

Auch Thomae (1969, 89) will die schriftliche Autobiographie nur unter besonderen Vorsichtsmaßnahmen als Quelle zulassen, weil „Bedingungen der Selbstauffassung und Selbsterkenntnis ... jede Autobiographie nur zu leicht zum Mittel der Erhöhung, Bemitleidung, Rechtfertigung, Verteidigung oder Verklärung des eigenen Selbst werden lassen". Ein bereits gedruckter autobiographischer Text enthalte als zusätzliche Fehlerquellen mögliche Rücksichten auf Standards des guten Geschmacks oder des literarischen Verdienstes. Nur das werde aufgeschrieben, was der Schreiber für interessant und spannend genug für das künftige Leserpublikum hält (Thompson 1973, 2; auch: Lummis 1987, 84). Mit entsprechenden Überlegungen optiert auch Becker für das biographische Interview (1966, VII): Der Sozialforscher als am Gespräch auch strukturierend Beteiligter garantiere thematische Konzentration und Ernsthaftigkeit der Erzählungen; die Lebensgeschichte sei – anders als die Autobiographie – „more down to earth". Eine entgegengesetzte Erfahrung berichtet Brednich (1982, 55) aus einer Feldforschung über Mennoniten in Kanada: „In vielen Fällen haben sich ... die schriftlich niedergelegten Memoiren als detaillierter und damit aussagekräftiger erwiesen als die mit den noch lebenden Autoren geführten Interviews, da schriftliches ‚Sich-Erinnern' in der

Regel ein Mehr an Gedächtnisleistung zutagefördert als mündliche Äußerungen."

In jedem Falle ist zu berücksichtigen, dass der Schreiber eines autobiographischen Textes auch ohne Anwesenheit eines Sozialforschers Menschen vor Augen hat oder ein anonymes Publikum, auf das hin er schreibt (Boocock 1978, 369). Umgekehrt richtet sich auch der Erzähler im biographischen Interview gewissermaßen über den Kopf des anwesenden Sozialforschers hinweg an ein unsichtbares Publikum; kann er doch damit rechnen, dass seine Erzählungen und Berichte in eine spätere Publikation eingehen werden oder dass sie durch Vermittlung des Sozialforschers auf andere Weise weiter getragen werden. Grundsätzlicher handelt es sich um folgende Frage: Beim „normalen" Gang der Sozialforschung entwickelt der Forscher seine Erhebungsinstrumente und dirigiert er seine Datenerhebung im Hinblick auf Fragestellungen, Hypothesen, die er zuvor formuliert hat; in gewisser Weise antworten die Daten auf vorweg formulierte Fragestellungen. Werden dagegen bereits geschriebene autobiographische Daten zusammengetragen und interpretiert, so geht es umgekehrt darum, Fragen zu finden zu den Antworten, die dieses Material bereits enthält. Die Variablen sind hier nicht variabel, weil im Erhebungsprozess nicht mehr beeinflussbar.

Eine günstigere Beurteilung als Datenmaterial findet das Tagebuch. Wiewohl von Sozialwissenschaftlern selten benutzt, habe es den Vorzug, dass Gedanken und Beobachtungen nicht nachträglich, sondern nahe am Geschehen aufgezeichnet werden. „Die Ideen werden notiert, treten mit dem Alter zurück, werden von neuen Gedanken ersetzt, neuen Gefühlen, neuen Erfahrungen. Wendepunkte und Reaktionen auf persönliche Tragödien werden aufgezeichnet. Und in einem eine lange Zeit umfassenden Tagebuch können die Soziologen einen Bericht vorfinden, der geeigneter ist als die Autobiographie." (Denzin 1975, 228) Aus diesen Gründen hat Allport (1947, 95) das Tagebuch für das „personal document par excellence" gehalten.

Auch fürs Tagebuch gilt jedoch: Der Sozialforscher hat bei biographischen Texten, die er in der sozialen Wirklichkeit vorfindet, keinen Einfluss auf Form, Inhalt und Mitteilungsabsichten. Sie sind „in der

Regel nicht ‚absichtslos' entstanden, sondern sie sind für ihren Urheber stets Träger bestimmter Intentionen, die sich als Rechtfertigung, Bilanz, Beichte, Bekenntnis, Abrechnung, Geltungsbedürfnis, Selbstanalyse, Botschaft an die Nachwelt, Erringung literarischer Berühmtheit usw. darstellen können" (Brednich 1982, 47). Auswertung und Interpretation solcher Texte werden dann erleichtert, wenn der Forscher mit dem Verfasser selbst sprechen und die Bedeutung autobiographischen Schreibens für die Biographie des Verfassers klären kann oder aber wenigstens – bei Nicht-Zeitgenossen – über andere Nachrichten zu Schreibanlass, spezieller Intention, Rückwirkung auf die Lebensführung verfügt.

Narratives oder Leitfaden-Interview?

Ein Leitfaden soll neben der im Unterschied zum standardisierten Interview möglichen Offenheit des Gesprächs einen Grundstock von an alle Befragten in etwa der gleichen Weise gestellten Fragen garantieren, ein Minimum an Vergleichbarkeit sichern und im übrigen den Interviewer durch eine Vorlage fürs Gespräch entlasten.

Es gibt umfangreiche Leitfäden, die nach dem Vorbild eines standardisierten Fragebogens konstruiert sind – außer in dem Sinne, dass sie keine Antwortkategorien vorgeben, sie sind im Grunde Sammlungen von vielen offenen Fragen („teilstandardisiert" nennt Hopf 1991, 177, entsprechende Interviews deshalb). Als Leitfaden kann aber auch gelten, wenn der Interviewer an jeden Befragten fünf feststehende Fragen stellt, ganz gleich an welcher Stelle des sonst offenen Interviews.

Leitfäden unterscheiden sich nach dem Grade ihrer Verbindlichkeit für das Interview: Einige müssen vollständig durchgearbeitet werden, und zwar in der vorgesehenen Abfolge der Fragen. Andere verzichten auf Sequenz, wenn nur alle Fragen irgendwann dran kommen. Dritte sind als Gesprächsanregung gedacht. Sie überlassen dem Interviewer die Entscheidung im Interview, ob er ein Thema mit Hilfe einer Frage aus dem Leitfaden anspricht oder ob sich ausreichende Information zu dem entsprechenden Thema bereits aus dem Gesprächsverlauf ergeben hat, so dass eine ausdrückliche Frage unnötig ist. So ist z.B. Gruhle (1912, 5) bei seiner Befragung von Jugendlichen in einer Erziehungsanstalt vorgegangen: „Obwohl ein genaues Schema dem Ganzen zugrunde lag, verfuhr ich doch im einzelnen möglichst frei und paßte mich jeweils ganz der Individualität an. Fiel es dem Jungen ein, bei der Erwähnung seiner Kinderzeit von Krankheiten zu sprechen, so ließ ich ihn gewähren, obwohl ich mich bemühte, erst über seine soziale Lebensführung ins Klare zu kommen, bevor ich auf seine Gesundheit einging."

Leitfäden unterscheiden sich nach ihrer Sichtbarkeit für den Befragten: Einige können dem Befragten zum Mitlesen übergeben werden. Andere bleiben in der Hand des Interviewers, aber der Befragte kann sehen, dass sich der Interviewer an einer Vorlage orientiert. Dritte wieder bleiben unsichtbar. Die Fragen werden aus dem Gedächtnis gestellt, ohne dass der Befragte bemerken kann, dass dem Gespräch ein Leitfaden zugrunde liegt (vgl. den „Modell-Leitfaden" für Oral-History-Interviews bei Thompson 1988, 296-306; auch: Melchionni 1994, 47ff.).

Schließlich werden auch Leitfäden verwendet, die sich von Interview zu Interview ändern, also keine formale Vergleichbarkeit sichern sollen, sondern dazu dienen, möglichst viele Informationen zu den interessierenden Fragen zu erhalten. Insofern solche Notizen für das nächste Gespräch „eine Synthese darstellt aus dem, was bislang gelernt worden ist, sollte er von einem Interview zum nächsten verändert werden, dem Fortschritt des Verständnisses von den zugrundeliegenden sozialstrukturellen Beziehungen folgend" (Bertaux 1981b, 39). Entsprechende Vorschläge kommen auch aus Erfahrungen mit Oral History Projekten (Thompson 1981, 294).

Haupteinwände gegen Leitfaden-Interviews sind:

a) Unter bestimmten Umständen kann der Leitfaden „von einem Mittel der Informationsgewinnung zu einem Mittel der Blockierung von Informationen" werden, dann nämlich, wenn sich der Interviewer zu strikt daran hält und nicht ausreichend nachfragt sowie vom Befragten vorgebrachte Themen übergeht. Hopf nennt solche Übermacht des Leitfadens „Leitfadenbürokratie" (Hopf 1978, 101ff.; vgl. Hopf 2000, 358f.).

b) Bestimmte Gegenstandsaspekte sind durchs Leitfaden-Interview nicht erreichbar, darauf weisen Hitzler/Honer (1997, 10, Fußn. 2) hin: „Fragt man z.b. mit Hilfe von Fragebögen oder Leitfadeninterviews Menschen im Hinblick auf ihre Alltagsverrichtungen danach, warum sie tun, was sie tun, so bekommt man mit Sicherheit Antworten, die genau das nicht betreffen, worauf man zielt: das implizite Routinewissen. Der Grund dafür besteht darin, daß, wie wir alle wissen, zwischen Einstellung und Defactohandeln, zwischen gelerntem, explizit darstellbarem Wissen und habituellem Handeln ein tiefgehender Unterschied besteht ...“

c) Grundsätzlich ist ein dritter Einwand: Durch einen Leitfaden werde eine paradoxe Situation hergestellt. „Der Interviewer hat – angeblich aufgrund seiner sozialwissenschaftlichen Kompetenz – die Entscheidungsgewalt darüber, welche Fragen gestellt werden, wie ausführlich zu antworten ist, wann ein Thema abgehandelt ist. Der Interviewpartner als Laie auf dem Gebiet des Interviewführens fügt sich dem vom ‚Experten‘ (Interviewer) vorgegebenen und durchgesetzten Gesprächsverlauf. Auf der Ebene der inhaltlichen Sachdarstellung ist dagegen das Experten-Laien-Verhältnis umgekehrt: Der in Sachfragen unkundige Laie fragt und läßt sich durch den Experten sachkundig machen ...“ (Hermanns 1981, 14). Ohne über die Sache (nämlich die Lebensgeschichte) Bescheid zu wissen, bestimmt der Interviewer (durch festgelegte Fragen) darüber, welche Aspekte wie detailliert zu besprechen sind. Erst in der Mitte eines Interviews oder gegen Ende aber weiß der Interviewer auch etwas über die Sache, einfach deshalb, weil der Befragte darüber schon einige Zeit erzählt und berichtet hat.

Diese Paradoxie gängiger Interviewmethoden will das narrative Interview lösen. Hierbei handelt es sich um einen „originellen Vorschlag“, der mit dem Namen von F.Schütze verbunden ist. Er versucht, „eine bisher in der Soziologie weitgehend brachliegende menschliche Fähigkeit für die Sozialforschung zu nutzen: die Fähigkeit des Erzählens“ (Hoffmann-Riem 1980, 359).

Vorgeschlagen wird, dass der Befragte zuerst ausführlich Gelegenheit erhält, seine Lebensgeschichte zu erzählen – nach seinen Relevanzkriterien, in seiner Deutung, als „autobiographische Stegreifer-zählung" (Riemann 1980, 414). Ausdrücklich soll dabei jede Künst-lichkeit, die aus dem Kontakt zum Sozialforscher und dessen Erwar-tungen rühren könnte, vermieden werden. Erzählt werden soll so, wie im Alltag eine Geschichte erzählt wird, von Anfang an und dann wei-ter. Die Aufgabe des Interviewers besteht in dieser Erzählphase darin, interessiert, aber ohne Stellungnahme zuzuhören.

Wenn der Befragte andeutet, er habe jetzt genug erzählt, wenn er in distanzierte Berichte oder generelle Argumentationen überwechselt, muss der Interviewer jedoch eingreifen, um den Erzählfluss wieder in Gang zu bringen und den Befragten daran zu hindern, aus dem Erzäh-len „auszusteigen". Andere Gesprächsbeiträge des Interviewers gelten als nicht hilfreich. „Bereits kleine Interventionen, wie z.B. die Frage nach dem Zeitpunkt des Erlebnisses (‚In welchem Jahr war das?'), kann schon weitreichende Folgen haben. Ein Autobiograph, der seine biographischen Daten mühsam rekonstruieren muß, dem Interviewer nun ein Interesse an den ‚objektiven' Rahmenbedingungen unterstellt und im folgenden diesem gerecht zu werden versucht, wird dadurch aus dem Erzählfluß gebracht. Anstelle sich ohne besondere Aufmerk-samkeitsleistung dem Fluß seiner Erinnerungen weiterhin überlassen zu können, hält er nun immer wieder inne und versucht, das Datum seiner Erlebnisse zu rekonstruieren." (Rosenthal 1993, 194f.)

Erst nachdem der Interviewer durch Zuhören Kenntnis von der Le-bensgeschichte des Befragten gewonnen hat, kann er durch Nachfra-gen in das Gespräch eingreifen. Erst jetzt kann er nach Erweiterungen fragen, genauere Beschreibungen verlangen, neue Erzählungen zu einzelnen Punkten in Gang setzen. Durchweg besteht die Aufgabe des Interviewers darin, „den Informanten zu motivieren und in die Lage zu versetzen, seinen thematisch relevanten Erfahrungsschatz mög-lichst vollständig zu explizieren" (Schütze 1977, 35).

Dieses Interviewverfahren versucht in mehrfacher Hinsicht „natür-lich" zu sein, dem Vorschlag einer „natural sociology" zu folgen:

- Der Befragte erhält Gelegenheit, seine Lebensgeschichte so vor-zustellen, wie er das auch im Alltag tun würde – als Erzählung.

- Der Interviewer respektiert die Höflichkeitsregel, die in vielen Fällen die biographische Kommunikation des Alltags bestimmt: Er nimmt den Befragten als Experten in der Sache an; er verletzt nicht die Vorschrift, dass niemand besser über seine Lebensgeschichte Bescheid weiß als derjenige, der sie erlebt hat.

- Auch in der anschließenden Nachfragephase des Interviews hält sich der Interviewer an Alltagsregeln: Dass Fragen an die lebensgeschichtliche Erzählung eines anderen vorsichtig, ohne gewaltsamen Interpretationsvorschlag von außen gestellt werden müssen, soll nicht eine Kommunikationskrise riskiert werden. „Der Interviewer soll dabei kein neues Thema benennen, sondern an die bereits erzählte Geschichte anknüpfen und an einzelnen Punkten bitten, doch noch etwas ausführlicher darzustellen, was sich zugetragen hat. ‚Verboten' sind dabei alle Fragen nach Begründungen, Argumentationen und Äußerungen von Zweifel." (Hermanns 1981, 19)

Trotz dieser Annäherungsversuche an natürliche Sprechsituationen ist auch das narrative Interview ein Interview und als besondere Situation herausgehoben aus alltäglichen Unterhaltungen. Ausdrücklich muss es ja Regeln alltäglicher biographischer Kommunikation außer Kraft setzen, so z.B. die normalerweise gegebene Reziprozität: „Der eine fragt, der andere hat sich bereit erklärt, sich befragen zu lassen" (Geiger 1982, 162). Gerade in seiner Verwandtschaft mit der „‚freien Assoziation' der psychoanalytischen Kur, in der der Patient in einer Art Ausnahmesituation gegenüber dem alltäglichen, von Konventionen deformierten Dialog alles sagen darf, was ihm in den Sinn kommt" (Combe 1983, 24), ist auch das narrative Interview nicht alltäglich.

Die Vertreter des narrativen Interviewverfahrens suchen die Nähe zur natürlichen Erzählsituation allerdings nicht allein aus forschungsethischen Gründen, etwa um eine unangemessene Durchsetzung sozialwissenschaftlicher Interessen gegenüber dem darin meist wenig informierten Befragten zu vermeiden. Sie tun dies auch, weil sie glauben, der Befragte könne durch die Veranlassung zur Produktion von Erzählungen zu detaillierteren Angaben verführt werden als sie durch andere Verfahren erreichbar wären. Eine Beschreibung aus einem berufsbiographischen Projekt: „Da eine chronologische Erzählung des beruflichen Lebenslaufs bei der Ausbildung beginnt, ist die Darstellung jener Zeit, vor allem, wenn man es mit Interviewpartnern zu tun hat, bei denen dies mehr als 10 Jahre zurückliegt, eine längst überwunden geglaubte Zeit, die dem Erzähler zunächst unverfänglich zu sein scheint und die er daher meist gern zu erzählen bereit ist. Ist erst einmal der Anfang gemacht, dann muß die Geschichte auch weitererzählt werden. Und meist tut das der Erzähler auch gern. Da die zu erzählende Geschichte eine Dokumentation ist, nämlich die Darstellung, wie jemand das wurde, was er ist, ergeben sich im Laufe des Erzählens gewisse Anforderungen an die Fortsetzung der begonnenen Geschichte. Das Erzählen einer Geschichte erzeugt so eine gewisse Sogwirkung, die die Geschichte voranbringt: Der Erzähler erzählt und erzählt dabei auch Dinge, die er vielleicht ursprünglich gar nicht zu erzählen beabsichtigte." (Hermanns 1981, 48)

Den gleichen Vorschlag, den Befragten möglichst spontan erzählen zu lassen, weil das die beste Garantie für die Zuverlässigkeit des Interviewtextes sei, hat vor Jahrzehnten bereits Burgess (1966, 188f.) aus dem Vergleich mit dem Verhör heraus begründet. In seinem Nachwort zu Shaws biographischer Studie über Stanley meinte er: „Je mehr ein Mann erzählt, das weiß jeder Kriminalkommissar, umso mehr dürfte er sich in Inkonsistenzen und Widersprüchen verwickeln, falls er einen Versuch zur Täuschung macht. Die durchgehaltene und ausgearbeitete Lüge wächst schließlich zu einer riesigen Struktur von Fehlangaben aus, die unter ihrem eigenen Gewicht zusammenfällt. Auf der anderen Seite weist ein Dokument wie das von Stanley mehr Einheitlichkeit und Konsistenz auf mit wachsender Detailliertheit. Es besteht den Test interner Kohärenz."

Gegen das narrative Interview ist öfter eingewandt worden, dass es nicht für jeden Befragten gleichermaßen taugt, weil die Fähigkeit (bzw. Bereitschaft) zum Erzählen von Mensch zu Mensch sehr verschieden ist. Und dann: Kann man darauf vertrauen, dass in der Stegreiferzählung wirklich alle entscheidenden Lebenserfahrungen vorgebracht oder wenigstens angedeutet werden? Für die Auswertung narrativer Interviews stellt sich im Übrigen das Problem, wie die Interviewteile, die in Nachfragephase durch gezielte Fragen zustandekommen, im Verhältnis zur Ersterzählung behandelt werden sollen (vgl. Lenz 1991, 58).

Als Faustregel kann formuliert werden: Wird der Befragte als Experte, Zeuge oder Informant befragt, spricht nichts gegen einen Leitfaden, vorausgesetzt er wird nicht als fester Rahmen des Gesprächs eingesetzt. Geht es um die eigentümliche Weltauffassung, um die Rekonstruktion individuellen Lebensschicksals, um die persönliche Rekonstruktion der Geschichte, dann wird ein Leitfaden hinderlich sein, weil er unter Umständen die breite Äußerung des Befragten unnötig reglementiert (Grele 1982, 8). Forschungsgegenstände, die keine Geschichte haben und nicht erzählt werden können, sind fürs narrative Interview jedoch ungeeignet, z.B. Zukunftsvorstellungen und Lebensentwürfe (so Geissler/Oechsle 1996, 47).

Im Übrigen kann es vorteilhaft sein, die Fragen eines Leitfadens wenigstens zum Teil so zu stellen, dass sie die Befragten zu längeren Erzählungen bringen. So ist eine Studie über die Lebensplanung junger Frauen vorgegangen: „Die Erhebung erfolgte ... in offener Form, wobei Elemente des narrativen Interviews mit solchen des thematisch strukturierten Interviews kombiniert wurden. Die meisten Themen wurden mit einem Erzählanreiz im Sinne des narrativen Interviews eingeleitet und mit Nachfragen weiter erschlossen." (Geissler/Oechsle 1996, 46)

Überhaupt, unter forschungspraktischen Gesichtspunkten stellt sich der Unterschied zwischen Leitfaden- und narrativem Interview nicht so prinzipiell dar, wie es die Verfahrensbegründungen nahelegen. „Auch narrative Interview haben Nachfrage- und Bilanzierungsteile, in denen die Interviewenden nicht mehr strikt die Rolle von Zuhörenden einnehmen und die so durchaus ‚problemzentriert' sein können, und auch in problemzentrierten Interviews werden Erzählungen generiert wie in kleinen narrativen Interviews. Und schließlich haben sich in der Praxis Mischformen zwischen narrativen und Leitfaden-Interviewformen bewährt." (Helfferich 2004, 11)

Schichtspezifische Voraussetzungen

Manche Menschen sind gute Erzähler und schlagen uns für Stunden in den Bann ihrer Lebenserinnerungen; andere bringen nur ein sprödes und knappes Raster ihrer Lebensdaten zusammen, kaum eine szenische Gestaltung, sind vielleicht überhaupt eher zurückhaltend mit der Darbietung eigener Erlebnisse, geben lieber knappe Beschreibungen und argumentativ gefasste Positionen ab. Haben solche Unterschiede der Erzählfähigkeit und der Erzählbereitschaft etwas mit der Zugehörigkeit zu unterschiedlichen Sozialschichten und Sozialmilieus zu tun? Kann die detaillierte und ausholende Erzählung der eigenen Lebensgeschichte als besondere Fähigkeit von Menschen in der Arbeiterschaft gelten?

Zu dieser Frage sind die Meinungen geteilt. Schon die Interviewsituation (sitzend, im Wohnzimmer, das Tonbandgerät gegenüber) sei eine Zumutung für Befragte aus der Arbeiter- oder der Bauernschaft, die das Erzählen erschwere (Peneff 1994, 30). Andere sehen eine Erzählsperre in den Unterschichten: „Nur wenige einfache Menschen welchen Alters auch immer glauben wirklich, daß ihr Wissen von irgendeiner Bedeutung für andere ist ..." (Caunce 1994, 24) Gibt es also „‚wortkarge' Kulturen mit restringierten Thematisierungsregeln (= Regeln, was fremden Menschen erzählt wird und was nicht)" (Helfferich 2004, 13)?

An Bahrdt anschließend berichtet Lehmann (1977, 169) über viele Erfahrungen und Hinweise, dass es sich bei der Erzählung (aus dem eigenen Leben) um eine traditionsreiche und lebendige Form des Sprechens in den Unterschichten handelt, um eine „auch heute weit verbreitete Kommunikationsform, zu deren wesentlichen Komponenten einerseits die Freude am Hören und am Erzählen weitausholender Geschichten, die Wiedergabe lustiger Erlebnisse (‚der Schwank aus der Jugend'), bis hin zum Flachsen und zum Blödeln gehören, die aber auch andererseits reflektierende Betrachtungen der eigenen lebensgeschichtlichen Situation in ihrer Beziehung zur gesellschaftlichen Entwicklung (etwa in Gestalt der ‚Erzählung aus dem Leben') erlaubt." Auch andere übernehmen Bahrdts Überlegungen als mehr oder weniger gesichert (Deppe 1982, 21). Schütze dagegen behauptet, dass „die alltagsweltliche Kompetenz des Informanten zum Erzählen ... nicht nur prinzipiell, sondern auch in ihrem quantitativen Fertigkeitsniveau relativ schichtunabhängig verteilt ist" (Schütze 1977, 51). Systematisch ist diese Frage jedoch noch nicht untersucht worden; die Belege für die eine oder die andere Beurteilung bewegen sich meist auf der Ebene von Hinweisen auf eigene Erfahrungen aus Forschungsprojekten bzw. auf eigenen Einblick in die Sozialmilieus (so Bahrdt 1982, 45).

Als zweite Frage stellt sich die nach der eher individualistischen oder eher kollektiv orientierten Erzählweise der Lebensgeschichte. Insbesondere ältere Arbeiterautobiographien, aber auch neuere Untersuchungen über die darin realisierten Erzählweisen betonen häufig, dass viele schriftliche Lebenszeugnisse von Arbeitern weniger die Besonderheiten des eigenen Lebens herausheben, sondern die gemeinsamen Lebensbedingungen, die gemeinsame Unterdrückung und Ausbeutung, die gemeinsame Gegenwehr in den Organisationen der Arbeiterbewegung. „Wer Tag für Tag seit seiner Kindheit Lohnarbeit verrichten muß, wer von der Hand in den Mund lebt und nie sicher sein kann, wie lange er noch seine Arbeitskraft und die seiner Familie erhalten kann, wer von fast jeglicher Bildung ausgeschlossen ist, kann sich nicht um den ‚Prozeß der Individuation', seine eigene Bildungsgeschichte kümmern. Sein Lebenslauf ist von vornherein nicht nur sein eigener, individueller, sondern der seiner ganzen sozialen Klasse. Von daher (und nicht aus irgendeiner literaturwissenschaftlichen Begrifflichkeit) bestimmt sich der Charakter und die zumindest potentielle gesellschaftliche Funktion der proletarischen Selbstdarstellung: nämlich Exempel zu sein für das Leben der Arbeiterklasse insgesamt, stellvertretend für sie zu sprechen. Dessen waren sich fast alle frühen Arbeiterautobiographien deutlich bewußt." (Emmerich 1974, 22f.)

Nun könnte es sich bei dieser auf Lage und Schicksal der ganzen Klasse bezogenen Erzählweise der eigenen Lebensgeschichte, die in der Tat in vielen Arbeiterautobiographien auftritt, allerdings um eine politisch-absichtliche Strukturierungsleistung handeln, die von zentralen weltanschaulichen Mustern der alten Arbeiterbewegung gestützt wird. Das Denkmuster, dass das eigene Leben nur gebessert werden kann durch Aufgehen der individuellen Kraft in den Kampf der Klassenorganisationen, durch Unterordnung individueller Lebensrichtungen unter die der sozialen Bewegung, ist ja in der alten Arbeiterbewegung fundamental gewesen (und wirkt bis heute in Gewerkschaften, SPD und kommunistischen Gruppen nach).

In diese Richtung weisen einige Kritikansätze: „Die Zugehörigkeit zur Arbeiterklasse" ermögliche durchaus „verschiedene individuelle Entwicklungen auf der Grundlage der allgemeinen proletarischen Lebensweise" (Bollenbeck 1976, 21). Bahrdt (1975, 36) vermutet sogar, dass die Weltanschauung der alten Arbeiterbewegung – einschließlich der Norm, das eigene Leben im gemeinsamen Kampf aufgehen zu lassen – gerade nicht aus der gemeinsamen Erfahrung einer homogenen Klassenlage entstanden sei: „Die Voraussetzung für die relativ große Verbreitung der Ideen der Arbeiterbewegung in der Vergangenheit war gerade nicht die selbstverständliche Einbettung des individuellen Bewußtseins in eine allgemeine Kollektiv-Erfahrung, die auf einer einheitlichen proletarischen Lebenslage beruhte. Entscheidend war vielmehr, daß viele Arbeiter durch ihre individualisierte Biographie dazu gezwungen waren, sich sehr bewußt eine Orientierung zu suchen und Erklärungsangebote für ihr persönliches Schicksal benötigten, welche über den unmittelbaren Alltagserfahrungskreis hinausgingen. Die Arbeiterbewegung konnte hier Teilantworten liefern, manchen auch Ersatz für die verlorengegangenen Bindungen anbieten, nicht nur Möglichkeiten zu politischer Solidarität, sondern auch zu vertrauter Gemeinschaftlichkeit im proletarischen Vereinsleben." Solche Entmystifizierung des Bildes von der ehedem homogenen Arbeiterklasse hat gerade auch in der Industriesoziologie und der Geschichte der Arbeiterbewegung zu Fragestellungen nach Individualisierungsprozessen und biographischen Kapazitäten bei Arbeitern geführt (Krüger/Rabe 1977; Fuchs 1979b; Deppe 1981).

Biographische Forschung als Aktionsforschung?

In Konzeption und Durchführung vieler biographischer Forschungsprojekte stecken Momente, die sich mindestens implizit auf die ältere

Debatte über die Aktions- bzw. Handlungsforschung beziehen: Viele Oral-History- sowie biographische Projekte wollen ausdrücklich kulturpolitische Veränderungen erreichen. Forschung soll dazu beitragen, dass eine demokratische Geschichtsschreibung möglich wird, dass Sozialgruppen im Schatten der kulturellen Diskurse zu ihrem Recht kommen, dass auch ihre Lebensführung Achtung finden kann. Manchmal wird als Ziel das einer „alternative social history" (Bertaux-Wiame 1981, 264) vorgestellt. In diesem Sinne hat Zinnecker (1982, 299) eine „Reformulierung von Handlungsforschung" versucht, indem er die Erhebung und Veröffentlichung von Selbstzeugnissen aus der Lebenswelt als Beitrag zu einer „Politik des Alltags", als „Kulturarbeit" versteht.

Auch die Erörterungen über die Rückgebbarkeit von Auswertung und Interpretation an den Befragten, über kommunikative Validierung (Heinze/Thiemann 1982), über die Rechte des Befragten vor und bei der Veröffentlichung stammen aus jenem früheren Widerstand der Handlungsforschung gegen einen allein technischen Umgang mit den Befragten in der traditionellen Methodenlehre der Sozialforschung.

Und gar die vielen Forschungen am Rande und außerhalb des Wissenschaftsbetriebes, die biographische Materialien erheben und verbreiten (im Umkreis der Frauen- und der Ökologiebewegung, bei lokalen Arbeitskreisen für Arbeitergeschichte und in „Geschichtswerkstätten"), berufen sich oft auf Gesichtspunkte, die die Aktionsforschung als methodologische Bewegung in der Sozialwissenschaft formuliert hatte. Lebensgeschichtliche oder Oral-History-Materialien, ihre Erhebung, Aufarbeitung und Verbreitung sind hier „didaktisches Medium" (Niethammer 1978, 497ff.), sichern und erweitern Kenntnis und aktive Beziehung zur Geschichte der sozialen Umwelt, der Stadt, der Organisationen. Oral History stellt „zumindest potentiell - eine jener Möglichkeiten dar, die Forderung nach einer alternativen Geschichtsschreibung zu erfüllen, die sich statt mit irgendwelchen Staatsmännern, Herrschern oder der Hochfinanz mit dem Leben ganz gewöhnlicher Leute beschäftigt. Dabei sind diese nicht einfach Objekt der Untersuchung, sondern erscheinen in der Würde und Komplexität ihrer eigenen Sprache, sie werden nicht bloß beschrieben, sondern haben die Möglichkeit, für sich selbst zu sprechen" (Samuel 1980, 62). Schulklassen können an einschlägigen Projekten mitarbeiten (vgl. Thompson 1988, 166ff.). Bis hinein in die gewerkschaftliche Bildungsarbeit wirken Versuche, die Bearbeitung lebensgeschichtlicher Erfahrungen für ein besseres Verständnis der eigenen Soziallage produktiv werden zu lassen (Mahnkopf 1978; Behrendt/Grösch o.J.) oder die aus der alten Arbeiterbewegung stammenden Arbeiterautobiographien heute wieder für eine Kontinuitätssicherung des gemeinsamen Willens zu nutzen (Emmerich 1974, 14; 1975, 9).

Es wäre wohl nicht sinnvoll, biographische Forschung durchweg an Modellvorstellungen der Aktions- bzw. Handlungsforschung auszurichten. Dagegen steht vor allem, dass die Aktionsforschung in den 1970er Jahren ihre Schlacht keineswegs allein aus exogenen Gründen verloren hat, etwa weil das staatliche Interesse an Bürgerbeteiligung und Demokratisierung bald zurückging, oder weil die über die Forschungsfinanzierung bestimmenden Wissenschaftsorganisationen bald nicht mehr für entsprechende Projekte zu gewinnen waren. Es waren auch in der Aktionsforschung als Forschungsansatz und Bewegung liegende Gründe: In vielen Fällen ist Experimentierfreude in Wissenschaftsfeindlichkeit, in Fundamentalismus umgeschlagen. Ein Bündnis mit wichtigen theoretischen Strömungen in den Sozialwissenschaften, etwa der Kritischen Theorie, gelang nicht. Mögliche Theoriebezüge wurden oft rasch mit einer frisch-fröhlichen Parteinahme für die „Subjekte" abgetan, ohne dass das jahrhundertealte philosophische und später auch sozialwissenschaftliche Misstrauen in die „Wahrheit" der Individuen und ihrer Weltauffassungen angemessen bearbeitet wurde.

Dieser Stand der Dinge macht aber sehr wohl die Diskussion einer Reihe von Fragen sinnvoll, die unter anderem aus der Aktionsforschungs-Debatte stammen: Kann das Produkt biographischer Forschung an die Befragten zurückgegeben werden, und wenn nein, warum nicht? Kann der Befragte über Sinn und Zweck der Befragung informiert werden, und wenn nein, warum nicht? Welche Strategien der Publikation schlägt der Sozialforscher ein? Bemüht er sich um Mehrfach-Lösungen, kommuniziert er seine Ergebnisse also nicht nur an die wissenschaftlichen Kollegen? Enthält der Forschungsbericht eine ausführliche Darstellung der entsprechenden wissenschaftspolitischen und forschungsethischen Entscheidungen? Solche Fragen sollten jedoch „nicht doktrinär vorgetragen werden, sondern eher anregend" (Fuchs 1970/71, 17), wie es in einem der Ausgangstexte für die Aktionsforschungsdebatte schon hieß.

4. Theoretische Orientierungen

Ein Motiv ist den meisten Neuansätzen biographischer Forschung in den letzten Jahrzehnten gemeinsam: Skepsis angesichts des Erklärungsanspruchs der „großen" Theorien, bis hinein ins alltägliche und individuelle Handeln und Erleben reichen zu können. Das, was die Menschen tun und erleben, ist nicht schon mitbeschrieben, wenn wir Systemfunktionen, Rollenzusammenhänge, gesellschaftliche Reproduktionsprozesse in ihrer allgemeinen Wirkungsweise kennen. Gesellschaft, Kultur, Sozialsystem auf der einen und die Handlungs- und Lebensräume der Einzelnen auf der anderen Seite sind nicht (immer) isomorph. An dieser Auseinandersetzung mit dem Anspruch der großen Theorien auf Erklärung mindestens der Durchschnittlichkeit sozialen Handelns bzw. Erlebens setzt die Neugier der biographischen Forscher an. „Die der hermeneutisch verfahrenden Analyse verpflichtete Methodologie legt ... großen Wert darauf, daß die bei der Interpretation eines Falles benutzten Kategorien nicht von ‚außen' an den Fall herangetragen werden, einzelne Sachverhalte, Phänomene und Beobachtungen nicht unter vorab gewählte, theoretisch abgeleitete Kategorien subsummiert werden. Im Gegenteil, bei der Methode der Fallrekonstruktion geht es ... darum, durch die Aufschließung und Auslegung des Textmaterials zu Interpretationskategorien zu kommen, die der weiteren Theoriebildung dienlich sein können." (Brose/Wohlrab-Sahr/Corsten 1993, 72f.)

An vielen Stellen finden Hoffnungen auf eine Verflüssigung des Gesellschaftsbegriffs Ausdruck. Unterhalb der Theorien vom sozialen Ganzen öffnet sich der Gegenstandsbereich des Handelns der Individuen, der Alternativen im Einzelnen, der emergenten, im sozialen Prozess selbst erst entstehenden sozialen Charakteristika. „Weder die Sozialisation als Phase der Aneignung der Objektivationen noch die Lebensgestaltung des Erwachsenen sind prinzipiell als bloßes Derivat gesamtgesellschaftlicher Vorgänge zufassen." (Joas 1978, 13)

Ein Hoffnungsthema ist Lebensgeschichte auch im Hinblick auf die Möglichkeit, die Grenzen zwischen den Teildisziplinen und Disziplinen unterlaufen und eine ganzheitliche Sichtweise von der sozialen Welt erreichen zu können (für die qualitative Sozialforschungs insgesamt: Bohnsack/Marotzki 1998). Handlungstheoretische und systemtheoretische, individuenzentrierte und strukturzentrierte Theorietraditionen könnten durch den Gesichtspunkt Biographie und durch die aus biographischer Forschung neu gewonnenen Begriffe und Theoreme miteinander ins Gespräch gebracht werden. Eine „Brücke" zwischen Theorien, die die Kraft der sozialen Strukturen untersuchen, und solchen, die die Handlungen der einzelnen Menschen studieren, wird gesucht (Thompson 1981, 304; Schütze 1976b, 161; 1982, 568f.; von der Systemtheorie her: Schimank 1988).

Ein Hoffnungsthema sind schließlich auch Skizzen zu einer (Neu-) Begründung der Soziologie von der Biographieforschung her: Die Ergebnisse von soziologischer Biographieforschung sind Konstellationen von Prozessstrukturen, Verlaufsformen o.ä. So braucht Identität nicht als Substanz, sondern kann als Prozess gefasst werden. In diesem Sinne entwirft Fischer-Rosenthal (1991a, 87) das Konzept der „Trajekte": „,Trajekte' lassen sich allgemein fassen als alltagsweltlich und gesellschaftlich fundierte Erfahrungs- und Ereigniszusammenhänge in ihrer fallspezifischen Ablaufgestalt diesseits der Trennung von subjektivem Sinn und gesellschaftlichen Zwang." Darin könnte die soziologische Biographieforschung die in der Soziologie immer wieder erhobene Forderung erfüllen, den *ongoing social process* fassbar zu machen, von Prozessen her zu denken. Die meisten Konzepte der Soziologie gelangen nicht über das Denkbild hinaus, dass sich etwas bewegt, das vorher schon ist (z.B. soziale Bewegung) oder sind prozesstheoretisch leer (z.B. sozialer Wandel). Eine Erweiterung dieses Prozessdenkens der Biographieforschung auf Gegenstände von größerem Kaliber ist bislang aber noch nicht erreicht worden.

In dieser relativ offenen Situation der theoretischen Grundentscheidungen bei biographischer Forschung soll hier eine Skizze der Zugangsmöglichkeiten zur Empirie von unterschiedlichen theoretischen Traditionen hergegeben werden. Theoreme vom Verhältnis Individuum und Gesellschaft entscheiden mit darüber, was eine Lebensgeschichte bedeutet, was aus ihr herauszuholen ist. Ein Gesellschaftsbegriff, demzufolge die Individuen durchs soziale Milieu determiniert sind, wird andere Erkenntnisse aus Lebensgeschichten gewinnen als eine theoretische Orientierung, die die Menschen als Produzenten des sozialen Lebens auffasst. Biographietheoretische Annahmen über das Verhältnis von Lebensführung und Lebensauffassung der einzelnen Menschen zur engeren und weiteren Sozialwelt, zu den makrosozialen Strukturen, zu den institutionalisierten Laufbahnen dirigieren die Aufmerksamkeitsrichtung der Forscher und legen diese Ergebnisse nahe, lassen jene unterbelichtet (zu den theoretischen Orientierungen der psychologischen Biographik: Thomae 1998, 78ff.)

Eine theoretische Orientierung, die den einzelnen Menschen relative Klarheit der Erfahrung von ihrer Lebensführung und von ihren Sozialmilieus zugesteht, kann die Lebensgeschichte als Informationsmaterial nutzen: über zeitgeschichtliche Vorgänge, über alltagskulturelle Bedingungen in fernen Sozialmilieus, über schwer zugängliche Konstellationen. Oral History, aber auch andere Verfahren, die den Berichterstatter der Lebensgeschichte als Ersatzbeobachter annehmen, unterstellen relative Klarheit seiner Erfahrungsfähigkeit. Diese Annahme wird hin und wieder zugespitzt: Man nimmt an, dass ihre Erfahrungsweise realistischer und genauer sei als andere. Wer Institutionen durch „authentische Berichte" ihrer Klienten kritisiert; wer Lebensgeschichten von einfachen Mitgliedern gegen die Organisationsführungen ausspielt; wer die Erzählungen von Adressaten, Klienten, Patienten kritisch gegen die der Kontroll-, Behandlungs- und Verwaltungseinrichtungen wendet, steht dieser Annahme von der Überlegenheit der Erfahrungsweise der „Behandelten" gegenüber der der Institutionen nahe.

Eine milieutheoretische Orientierung, die den Einfluss der sozialen Umgebung von entscheidender Bedeutung für die Lebensführung der einzelnen Menschen hält, wird sich in erster Linie für soziale Orte, soziale Netze, Interaktionsbeziehungen interessieren. So hat Shaw bei der biographischen Befragung von Stanley gearbeitet; Stanleys Weg zu deviantem Verhalten analysiert er als kumulativen Einfluss der Milieus in Chicago, in den Heimen und Strafanstalten. Und ebenso erklärt er Stanleys schließliche Reintegration ins „normale Leben".

Einige psychologische Theorien des Lebenslaufs, z.B. die von Ch.Bühler, fassen die Lebensführung als Ausdruck einer inneren Dynamik auf, die erst nachträglich auf soziale Bedingungen, auf Möglichkeiten und auf Sperren stößt. Diese Annahme von einer inneren Lebensdynamik führt dazu, dass die Lebensgeschichte in erster Linie als Abbild der Bewegungen dieser Kräfte gelesen wird.

Für eine entwicklungspsychologische Orientierung bietet Lebensgeschichte Material für den Vergleich der einzelnen Lebensführung mit den „normalen", „angemessenen" Entwicklungsstufen des Lebenslaufs. Diese, das Maß für die Beurteilung des Einzelfalls, kennt der Forscher im Grunde bereits vorher; er konstatiert jetzt durch den Vergleich eigentümliche Abweichungen, Früh- oder Spätentwicklung und versucht sie zu erklären.

Eine psychoanalytische Orientierung fasst die Lebensführung als Variation eines Grundthemas auf, das in der Kindheit komponiert worden ist. Früh schon steht viel fest, später werden nur noch Umarbeitungen für möglich gehalten. Informationen über die Lebensführung werden als Hinweise auf eine zurückliegende, stark nachwirkende Konstellation des Trieblebens gelesen. So heißt es im Bericht über die psychoanalytisch orientierte lebensgeschichtliche Befragung des Gefangenen K.: „Aufgrund des Wiederholungszwanges – der Orientierung gegenwärtiger Beziehungen und der Übertragungsbeziehung an frühkindliche Beziehungserfahrungen – bringt der Patient Informationen über die Genese seiner psychischen Konstellation mit in die Interviewsituation. Die Aufmerksamkeit des analytischen Gesprächspartners ist deshalb in besonderer Weise auf verschiedene Informationsquellen gerichtet, um die sich abzeichnende Gestalt dessen erfassen zu können, was der Patient über sich mitteilt." (Reinke 1977, 108)

Nimmt man struktursoziologisch an, dass die Lebensführung der einzelnen Menschen vororganisiert ist durch institutionalisierte Sequenzmuster, durch feste Laufbahnen, kann man die Lebensgeschichte als Erzählung von der Lebensführung unter dem Zwang sozialer Institutionalisierungen vernachlässigen. Interessant sind biographische Materialien dann nur für die Frage, ob und wieviel die Menschen davon wissen, dass ihre Lebensführung durch institutionalisierte Sequenzmuster reguliert wird, wie sie das verarbeiten, welche Missverständnisse (etwa das, selbst an Richtung und Tempo der Lebensführung beteiligt zu sein) sie mit sich herumtragen. Zur Frage jedenfalls, wie das Leben gelebt wird, kann die Untersuchung lebensgeschichtlicher Materialien nicht viel beitragen. Da ist ein Blick in den sozialoffiziellen Fahrplan für verschiedene Gruppen und Schichten aufschlussreicher. „Biographische Abläufe soziologisch betrachten heißt, Biographien als faits sociaux, d.h. als soziale Tatsachen im Sinne Durkheims anzusehen: das bedeutet, nach typischen Verlaufsmustern, ihren Institutionalisierungsformen und deren sozialen Determinanten zu forschen." (Levy 1976, 6; vgl. Levy 2003)

Entgegengesetzte theoretische Orientierungen liegen in der psychologischen Lebenslaufforschung vor. Auf der Grundlage langjähriger Forschungen zur Lebenslaufproblematik (Longitudinalstudien und lebensgeschichtliche Berichte) kommt Lehr (1978, 323f.) zu einer Warnung vor allen festen Ablaufmustern des Lebenslaufs, auch den soziologischen. Die Analyse einer größeren Zahl von Lebensberichten ergebe, dass „die Zäsuren, die in der Schilderung für den einzelnen markant heraustreten, nur zu einem geringen Teil mit dem aufgrund der biologischen Entwicklung oder des Rollenwechsels oder auch des Lebenszyklus gegebenen Raster" übereinstimmen. Die Befragten nennen zu einem erheblichen Teil Gliederungsgesichtspunkte ihrer Lebensgeschichte, Markierungen von Abschnitten oder Entwicklungszügen ihrer Lebensführung, die „ganz persönliche Erlebnisse und Erfahrungen" betreffen. „So werden z.B. noch ganz konkret erinnerbare Auseinandersetzungen mit Vater und Mutter häufig als Beginn einer

‚inneren Wende' erlebt; gemeinsame tiefgreifende Gespräche oder Erlebnisse mit Geschwistern; Streitigkeiten zwischen den Eltern werden – je nachdem, in welchem Lebensalter man sie erlebt hat – oft spontan genannt und als Grund von Verhaltens- oder Einstellungsänderungen besonders bei weiblichen Personen angegeben; jede tiefere Begegnung mit einem Freund, Bindungen wie Lösungen von Freundschaften werden als Markierung erlebt."

Eine sozialisationstheoretische Orientierung legt eine Auffassung von der Lebensführung nahe, derzufolge in der primären Sozialisation Identitätskern und Handlungspotenziale zugrunde gelegt worden sind, die im späteren Leben nicht überschritten bzw. umgebrochen werden. In wichtigen Grundstrukturen bleibt sich die Person über die Lebenszeit hinweg gleich. Lebensgeschichte kann so als Material über die frühe Entstehung dieser Grundstrukturen gelesen, als erzählende Vorstellung der Identität aufgefasst werden.

Demgegenüber betonen Vorschläge interaktionistischer Herkunft die Wandelbarkeit und Mehrdeutigkeit der Identität. Die Stabilität und Wiedererkennbarkeit der Identität wird nicht als selbstverständliche Gegebenheit aller normal sozialisierten Menschen angesehen, sondern als dauernd neu herzustellendes Ergebnis, als vielfach gefährdete und im Hinblick auf neue Interaktionskreise reformulierte Bezugsstruktur des alltäglichen Handelns. Identität ist diesen theoretischen Orientierungen zufolge nicht der stabile Bezugspunkt, der Konstanz der Persönlichkeit und Verlässlichkeit des Handelns wie von selbst garantiert, sondern immer wieder neu zu erringendes Ergebnis. Diskontinuität der inneren Struktur der Person ist hier der Gesichtspunkt. A.Strauss (1968, 99) hat ein ganzes Bündel von „kritischen Vorfällen" zusammengestellt, „die eine Person zu der Erkenntnis zwingen, daß ,ich nicht der gleiche bin, der ich war, der ich zu sein pflegte.'" Dabei handelt es sich sowohl um institutionalisierte Schritte im Lebenslauf, um institutionell begünstigte kritische Vorfälle, als auch um solche, die in einiger Unabhängigkeit vom Bereich der festeren Sozialstrukturen vor sich gehen. Lebensgeschichte wird mit solchen Perspektiven daraufhin durchgesehen, wo Neu- und Umdefinitionen der Identität notwendig wurden, wie sie in Gang kamen und stabilisiert worden sind, wie also die Person über eine Mehrzahl von Identitäten im Lebenslauf „hinwegkommt" und immer neu ein Gefühl ihrer Einheit und Eigenart produziert.

Theoretische Orientierungen aus dem Umkreis der phänomenologischen Soziologie und des Interaktionismus gehen davon aus, dass die Menschen ihre sozialen Welten nach relativ einheitlichen basalen Regeln wahrnehmen und deuten. Für eine solche theoretische Orientierung ist Lebensgeschichte das Material, in dem sich diese basalen Regeln der Lebensweltkonstruktion äußern. Die Lebensgeschichte gilt als ausgezeichnetes Material für eine Untersuchung der fundierenden Deutungsmuster, mit denen die einzelnen Menschen sich und die soziale Welt wahrnehmen, gedanklich und kommunikativ organisieren, und für eine Untersuchung der Prozesse, in denen die Menschen und Gruppen miteinander und und gegeneinander diese Interpretation und Konstruktion zustandebringen.

Ebenfalls für Orientierungen aus phänomenologischer Soziologie und Interaktionismus wird der Lebenslauf der einzelnen Menschen verstanden als sequenzhaft geordneter Prozess der Aufschichtung von Handlungskonstellationen und Konstellationen des Erleidens, offen und unabgeschlossen strukturiert zum Ich des Handelnden. Sozial institutionalisierte Strukturen werden nicht geleugnet; interessant aber werden sie erst, insoweit sie in diesen Prozess der Aufschichtung von Konstellationen in der Lebensführung eingehen, als tradierte Regeln und Ordnungen von früheren Generationen in die Lebensführung der jetzt Handelnden aufgenommen werden. Lebensgeschichte enthält für diese Orientierung eine Rekonstruktion der wesentlichen Ereignisse und Konstellationen der Lebensführung und die zentralen Konstruktionsregeln der sozialen Welten.

Einige theoretische Orientierungen sehen die Lebensführung der einzelnen Menschen bestimmt durch kollektive Lebenslagen der Sozialgruppe, der sie angehören. Die individuelle Lebensführung gilt als Variante eines kollektiven Lebensplans, der Lebensentwicklung einer Klasse oder Sozialschicht. Sie folgt charakteristischen Schritten und Stationen, die für alle Angehörigen dieser sozialen Großgruppe mehr oder weniger gelten. Insbesondere in marxistischer Theorietradition ist diese Vorstellung verbreitet. Sie kann sich zu der Vorstellung zuspitzen, die Arbeiter verfügten über so etwas wie eine Naturgabe der Kollektivität aufgrund ihrer gemeinsamen Lage von Ausbeutung und Unterdrückung. Diese bereits vorhandene Kollektivität in der Situation der Klasse könne zur offenen Wirksamkeit gebracht werden, indem die einzelnen Arbeiter auf Individualität und Privatheit des Lebens (teilweise) verzichten. Die Lebensgeschichte kann unter dieser theoretischen Orientierung als Hinweis auf eine größere soziale Gegebenheit gelesen werden. Notwendig sind allein Annahmen darüber, wann es sich bei Einzelheiten der berichteten Lebensführung um individuelle Eigenheiten, um allein einer Lebensgeschichte eigene Verläufe handelt, wann um den Niederschlag der kollektiven Bedingungen des Lebens der Sozialgruppe.

Theoretische Vorschläge aus dem Umkreis des objektivistischen Marxismus unterstellen, dass Gesellschaftsprozesse ohne Untersuchung des Handelns der einzelnen Menschen analysiert werden können. So nennt Szczepanski (1974, 248) als Gegner der biographischen Methode neben den Behavioristen die Marxisten: Sie bestritten „schlechthin, daß subjektive Elemente als Unterlagen für soziale Phänomene beweiskräftig herangezogen werden können, ist doch nach ihnen die soziale Welt ein absolut objektives Gebilde, das ganz unabhängig von Einzelbestrebungen und Einzelpositionen in sich existiert. So bestreiten die Marxisten jedwede wissenschaftliche Beweiskraft unserer Methode, spiegeln doch die Dokumente nur rein subjektive Eindrücke einzelner Individuen wieder und bleiben daher ohne Wert für die Erschließung von Sozialstrukturen als objektiver Seinsgegebenheiten.“ Die Untersuchung der Lebensführung der einzelnen Menschen hat für diese theoretischen Konzepte keinen strategischen Stellenwert. Sie kommt im Zusammenhang mit abgeleiteten Fragestellungen in den Blick: Wie verarbeiten die Menschen subjektiv dies oder das? Welches Bewusstsein haben die Menschen von diesem oder jenem? Wie reagieren die Menschen auf folgende objektive Gegebenheiten und Prozesse? Lebensgeschichte wird von solchen theoretischen Konzepten her gelesen als Material, das Auskunft gibt über Bewusstseinsvorgänge, über Gesellschaftsbilder (im Laufe des Le-

bens), über Arbeits- und Berufszufriedenheit, über Auffassungen von
den zentralen Schaltstellen der Lohnarbeiterbiographie. Da der Sozialwissenschaftler mit diesen theoretischen Orientierungen schon weiß,
wie die objektiven Gegebenheiten bzw. Prozesse sind (dies weiß er
aus kategorialer Analyse), bilden Lebensgeschichten ein Sekundärma-
terial zur Untersuchung von Sekundärprozessen.

Auch diejenigen Sozialwissenschaftler marxistischer Orientierung,
die in Biographie und Lebensgeschichte eine Herausforderung an or-
thodoxe oder an allein strukturalistische Marx-Rezeptionen sehen,
verwenden viele Argumente darauf, um sich von „Psychologismus",
„Subjektivismus" oder gar vom „Biographie-Subjektivität-Oralistik-
Syndrom" (so Kröll 1981, 185) abzugrenzen. Hauptargument ist hier,
dass autobiographische Erinnerung, wie sie in schriftlichen Dokumenten oder als Ergebnis biographischer Befragungen zu Tage tritt, und
wirkliche Lebensführung von hermeneutisch-interpretativen Ansätzen
in eins gesetzt werden. „Autobiographische Subjektivität ist nicht
gleichzusetzen mit der Kategorie des individuellen Subjekts und seinem tatsächlichen Lebensgewinnungsprozeß, aus dem heraus sie sich
bildet; sie ist vielmehr ein Moment des praktischen Lebensvermögens
der gesellschaftlichen Individuen, entspringt praktischen Bedürfnissen
und dient praktischen Interessen der gesellschaftlichen Individuen"
(Kröll 1981, 190). Wer allein aus lebensgeschichtlichen Erzählungen
die Lebensgeschichte als Ineinander von wirklicher Lebensführung
und autobiographischer Selbstreferenz herauszuarbeiten versuche,
übergehe eine basale analytische Differenz. Allenfalls neuere Arbeiten
im Umkreis der Industriesoziologie kommen hier weiter mit dem Versuch, das Lohnarbeitsverhältnis als Grundbedingung der biographischen Strategien und Verläufe von Arbeitnehmern aufzufassen und
entsprechende empirische Zugangswege zu finden. Immerhin gelingt
durch das Konzept Arbeitsbiographie (Brock/Vetter 1979; 1982) der
Nachweis, dass veränderte – durch technische Neuerungen oder organisatorische Umstellungen – objektive Arbeitsbedingungen keineswegs linear die gleichen Veränderungen in Arbeitsverhalten, Einstellungen und Lebensstrategien auslösen, sondern je nach arbeitsbiogra-
phischem Gesamtkontext unterschiedliche.

Abschließend wird man Becker-Schmidt (1994, 156) zustimmen müssen, dass ein grundlegendes Problem der soziologischen Biographieforschung nach wie vor nicht gelöst ist, dass „die Klärung des Verhältnisses von Geschichte und Lebensgeschichte, von Gesellschaft und Biographie" aussteht. Allerdings wird man der Autorin kaum folgen können, wenn sie die Lösung darin sieht, dass die Forscher die Gesellschaftlichkeit der Biographie hinzuzufügen: „Die Erzählenden sind die Expertinnen ihrer Geschichte, aber sie können nicht unbedingt gleichzeitig die objektiv-geschichtlichen Bedingungen ihres Lebenslaufes mitreflektieren. Diese soziologische Rekonstruktion ist darum oft weitgehend Aufgabe der Forschenden." (Becker-Schmidt 1994, 175) Da ist Hildenbrands (1998, 205) These überzeugender, die Problematik sei in einem individualisierenden Forschungsansatz selbst begründet: „Macht man in der Biographieforschung das Individuum zur Untersuchungseinheit, dann ... gerät [man] in den Sog der Fragestellung, ob Handelnde in ihrem Handeln sozialstrukturell determiniert oder in ihren lebenspraktischen Entscheidungen frei seien." Untersuche man hingegen Gruppen, Milieus, Institutionen, so richte sich die Frage von selbst darauf, wie die Individuen das sozial Vorgegebene durch eigenes Tun weiterführen und verändern, wie sie Transmissionen annehmen und umgestalten.

5. Spezielle Ansätze

Das narrative Verfahren

Dieses Verfahren (auch *erzählanalytisches Verfahren* oder *sozialwissenschaftliche Erzählanalyse* genannt) samt dem entsprechenden Erhebungsweg (narratives Interview) ist seit den 1970er Jahren von F.Schütze entwickelt worden. Er kann mit Fug und Recht als sein Erfinder bezeichnet werden (zur theoriegeschichtlichen Einordnung: Iwert 2003). „Dass sich in Deutschland eine eigenständige Biographieforschung herausgebildet hat, ist aufs Engste mit den theoretischen und empirischen Arbeiten Fritz Schützes und dessen Forschungsgruppe verbunden ..." (Wohlrab-Sahr 2002, 6; ähnlich: Hitzler 2000, 468) Weil Schütze lange Jahre lang in Kassel lehrte, wird der Ansatz inzwischen hin und wieder als „Kasseler Schule" (Marotzki 1990, 95) bezeichnet.

Aus Schützes Feder gibt es im Grunde nur einen Text, der in die Begründung und in die entsprechenden Arbeitsschritte einführt (Schütze 1983). Immerhin kann man sich anhand von Arbeiten, die aus Forschungsgruppen um Schütze entstanden sind, relativ leicht über den Grundansatz und die einzelnen Arbeitsschritte informieren (vgl. Riemann 1987; Hermanns/Tkocz/Winkler 1984).

Zunächst: Das narrative Verfahren ist zwar häufig zur Analyse von biographischen Interviews verwendet worden, aber es handelt sich bei ihm um einen qualitativen Forschungsansatz, der auch anderen Fragerichtungen und Materialbereichen dienlich sein kann (so auch Lamnek 1995, 1, 34f.) – wenn nur die Grundbedingung erfüllt ist, nämlich die Vorlage von Protokollen von mündlichen Äußerungen.

Das narrative Interviewverfahren geht von der Grundannahme aus, dass der Befragte, solange er erzählt (und nicht berichtet, argumentiert oder in allgemeine Aussagen ausweicht) in seiner Erzählung dem wirklichen Ablauf der Dinge damals bzw. der damaligen Erfahrung dieses Ablaufs folgt, ja folgen muss – vorausgesetzt er war an dem damaligen Ablauf der Dinge handelnd und erlebend beteiligt.

Die Begründungen hierfür sind – vereinfacht – folgende: Ein Erlebnis zu erzählen, eine Geschichte oder auch einen Witz, verlangt, dass der Erzähler relativ festen Schemata folgt: Aufbau der Ausgangssituation, Vorstellung der handelnden Personen, Darstellung eines überraschenden, problematischen oder krisenhaften Geschehensverlaufs bis hin zur Lösung, zur Pointe, zu einer neuen Situationskonstellation. Folgt der Erzähler diesem Schema nicht, bricht er etwa die Erzählung vor Darstellung der Pointe bzw. der Lösung ab, so ruft er beim Zuhörer Unmut und Erstaunen hervor, möglicherweise sogar Zweifel an seinen sozialen Basiskompetenzen.

Im speziellen Fall, der in Schützes methodologischen und methodischen Überlegungen zentral ist, der unvorbereiteten (Stegreif-)Erzählung eines Geschehensverlaufs, an dem der Erzähler handelnd oder erleidend beteiligt gewesen ist, wirkt sich dieser allgemeine Sachverhalt so aus, dass der Erzähler durch das narrative Erzählschema selbst (und nicht durch den den Interviewer) angehalten wird, seine in der Gegenwart wirksamen Strategien der Selbstdarstellung zu vernachlässigen und die Geschehens- und Handlungsfolgen damals und seine eigene Involviertheit so darzustellen, wie sie sich damals entwickelt hatten. Natürlich bleiben Möglichkeiten der absichtlichen Schönfärberei, des Verschweigens, der Täuschung, aber sie lassen sich an Störungen des Erzählens identifizieren. Es sind vor allem drei „Zugzwänge des Erzählens", Kräfte also, die sich aus dem Erzählen selbsterlebter Geschichten selbst ergeben, die diese Wirkung zustandebringen:

a) Der „Zugzwang der Gestaltschließung" sorgt dafür, dass der Erzähler den Zusammenhang des Geschehensablaufs im ganzen darstellt (und nicht nur einzelne Situationskonstellationen), dass er begonnene Teilerzählungen nicht abbricht und zu einem anderen Thema übergeht, dass er das Thema der Erzählung in einen größeren Sinnzusammenhang (etwa die eigene Lebensgeschichte) einordnet.

b) Der „Zugzwang der Kondensierung" sorgt dafür, dass der Erzähler aus dem Gesamtstrom des damaligen Geschehensverlaufs, der ja insgesamt schon aus Zeitgründen nicht reproduziert werden kann, das auswählt, was den Zuhörer die wichtigen Geschehensvorgänge und „Ereignisknotenpunkte" verstehen lässt.

c) Der „Zugzwang der Detaillierung" sorgt dafür, dass der Geschehensablauf damals in allen wesentlichen Gesichtspunkten und in seinem hauptsächlichen zeitlichen Ablauf vorgestellt wird. Weil der Erzähler beim Zuhörer Plausibilität erreichen will für das, was er selbst erlebt und getan hat, ist er gehalten, auch Rand- und Hintergrundsbedingungen des damaligen Geschehens vorzustellen, die hierfür wichtig sein könnnen.

Gerät der Erzähler im Laufe seiner Erzählung an Punkte des damaligen Geschehens bzw. der damaligen Erfahrung, die er lieber nicht preisgeben möchte (weil damit peinliche, demütigende oder schuldhafte Gefühle verbunden sind) oder die er bis heute selbst nicht verstanden hat, so wird er versuchen, das Erzählschema zu verlassen. Folgende Möglichkeiten kommen hierfür hauptsächlich in Frage: a)

Der Erzähler versucht, diese Punkte rasch zu übergehen, ohne sie detaillierter vorzustellen (und riskiert damit eine offensichtliche Plausibilitätslücke). b) Der Erzähler gerät ins Stocken oder verheddert sich sprachlich, unterbricht seinen Redefluss ohne ersichtlichen Grund von der inneren Konsequenz seiner Erzählung her, versucht gar, den Zuhörer (Interviewer) zum Reden zu bringen. c) Der Erzähler verlässt den narrativen Modus und beginnt mit abstrakt-allgemeinen Erörterungen und Bewertungen des damaligen Geschehensverlaufs, entfernt sich also von der Wiedergabe des damals Erlebten und verstrickt sich dadurch in unabgeschlossene Erzählungen und unstimmige Ereignisdarstellungen. In all diesen Fällen können diese Versuche am Protokoll der Erzählung identifiziert werden: als Brüche im sprachlichen Modus und/oder als unabgeschlossene Teilerzählung bzw. als unstimmige und unvollständige Darstellung des Geschehensverlaufs.

In der erzähltheoretischen Begründung dafür unterscheidet Schütze drei Sprachmodi der Darstellung, die er „Sachverhaltsschemata" nennt: Erzählung, Bericht, Argumentation. Sie unterscheiden sich hauptsächlich durch den Grad der Nähe zum Erleben des Sprechers (vgl. Rosenthal 2002, 143; Loch/Rosenthal 2002, 224ff.).

Das Erzählen ist dem damals Erlebten relativ am nächsten: Örtliche und zeitliche Konstellationen werden angegegeben, ebenso die beteiligten Personen und die prägenden Situationsbedingungen sowie das Handeln und Erleben des eigenen Ich darin, und zwar nicht abstrakt-allgemein, sondern mit spezifizierender Benennung („Freitag vormittag dann, gerade als sie aus der Schule kam, ging die Klingel nicht und ich hab noch gesagt..."). Indexikalität (oder Indexikalisierung) heißt diese örtlich-zeitlich-ichbezogene Spezifizierung des Geschehens (der Tradition der phänomenologischen Soziologie folgend). Am Grade der Indexikalisierung einer Sachverhaltsdarstellung, also am Grade der Narrativität lässt sich ablesen, wie nahe der Erzähler dem damals erlebten und handelnd mitvollzogenen Geschehensverlauf ist, während er ihn darstellt. Textteile mit hohem Narrativitätsgrad in einem Interviewprotokoll gelten Schütze deshalb als besonders aufschlussreiche Teile des Datenmaterials (und als Hinweise auf Erfahrungsthemen, die für die Entwicklung des Erzählers besonders bedeutsam waren).

Der Bericht als Sprachmodus steht dem Geschehensablauf, in dem der Sprecher damals handelnd und erleidend involviert war, distanziert gegenüber: Der Berichtende versachlicht den damaligen Ereigniszusammenhang und nimmt ihm gegenüber die Rolle des Beobachtenden ein, schließt seine eigene Involviertheit weitgehend aus. Zwar verlangt auch das Berichten die Wiedergabe der damaligen Situationskonstellation und die Angabe der beteiligten Personen und ihrer Handlungsbeiträge; die Erlebnisdimension des Berichtenden jedoch tritt hinter den objektivierenden Gesichtspunkt des Beobachters zurück, Situation und Handelnde lernen wir nur in allgemeinen Mitteilungen kennen.

Argumentationen, Bewertungen, Theoretisierungen, Erklärungen und Stellungnahmen, die sich auf den damaligen Geschehensverlauf beziehen, sind von ihm am weitesten entfernt, ja dienen geradezu dazu, dass sich der Sprecher vom damaligen Geschehensverlauf und seiner eigenen Involviertheit darin löst, um sie aus dem Heute heraus allgemein einordnen und bewerten zu können. Solche Versuche, sich aus dem damaligen Geschehen und der eigenen Beteiligung darin zu lösen und zu allgemeinen Einordnungen zu gelangen, führen zu Abstraktionen gegenüber der Erlebnisdimension, dazu, dass das damalige Geschehen und die eigene Involviertheit kaum noch erkennbar sind. Die Plausibilität, die sich beim Zuhörer einstellen kann, gründet nicht im Verstehen des damaligen Geschehens, sondern im Anschluss der Abstraktion an andere Abstraktionen. Schütze sieht im Auftreten von Argumentationen und Evaluationen im Interviewprotokoll Hinweise darauf, dass der Befragte in diesem oder jenem Punkt das damalige Geschehen und die eigene Involviertheit nicht erneut durchleben will oder kann, sondern Abstand dazu gewinnen will, weil diese Themen nach wie vor problematisch, unverstanden, ungelöst sind.

Nebenbei sei angemerkt, dass diese Stufung der Sprachmodi im Hinblick auf ihre Nähe zum damaligen Geschehen, in das der Sprecher verwickelt war, im Hinblick also auf die Validität verschiedener Datenteile, den traditionellen Präferenzen des akademischen Lebens

widerspricht. Zum wissenschaftlichen Denken gehört nach guter alter
Sitte die Abstraktion, die erlebnisunanhängige Argumentation; inde-
xikalisierte Sprachformen sind an der Universität nicht gelitten. Man
sollte sich über diesen Gegensatz klar sein, damit der Gedanke von der
hohen Validität narrativer Textteile vollständig verstanden werden
kann.

Auf der Grundlage von Erzählanalysen ist Schütze dazu gelangt,
mehrere „kognitive Figuren" zu identifizieren, mittels derer Erzählungen grundlegend inhaltlich geordnet sind. Annahme ist dabei, dass
diese Ordnungsprinzipien sowohl die lebensgeschichtliche Rekapitulation bestimmen als auch die biographische Orientierung in der Lebensführung (und damit auch die Ablaufformen der Lebensführung).
Im Einzelnen handelt es sich um folgende:

a) „Biographieträger" und „Ereignisträger": Das erzählende Ich
muss (meist zu Beginn des Interviews) das Ich des damaligen Geschehensverlaufs vorstellen und charakterisieren, dazu auch die anderen
Personen, die in direkter oder indirekter Weise beteiligt waren (die
familiär oder freundschaftlich Nahestehenden, die Kontrahenten und
Konkurrenten usw.).

b) „Erfahrungs- und Ereignisketten": Die Entwicklung des Geschehens, von der die Erzählung handelt, kann als Nacheinander einzelner
Begebenheiten, als Abfolge von szenisch (eventuell durch Wiedergabe
direkter Rede) gestalteten Höhepunkten, als Langzeitentwicklung ohne besondere Ereigniskonzentration vorgestellt werden. Bezogen auf
die Art und Weise, wie das erzählte Ich sich in dieser Geschehensent-
wicklung bewegt bzw. bewegt wird, unterscheidet Schütze „Prozessstrukturen des Lebenslaufs".

c) „Soziale Rahmen": Die erzählte Geschehensabfolge muss (zu
Anfang, aber auch bei Entscheidungssituationen) eingebettet werden
in größere soziale Bedingungskonstellationen, aus denen die Geschehensabfolge ihren Sinnhorizont bezieht. Familiäre Konstellationen,
Freundschaftsnetze, Berufsfelder o.ä. werden benannt und charakterisiert, um die Färbung des Geschehens zu beleuchten.

d) „Autobiographische Thematisierung" und „biographische Gesamtformung": Die Erzählung des damaligen Geschehens ist in Er-

zähllinien organisiert, einige davon zentral, andere nebensächlich, die zu Beginn, kurz vor Abschluss und abschließender Bewertung und in Zwischenbilanzteilen in lebensgeschichtlicher Perspektive geordnet und bewertet werden. Mit „autobiographischer Thematisierung" ist die absichtliche Sinnzuschreibung des Erzählers gemeint, die er seiner Lebensgeschichte widmet; hierzu gehören explizite Lebensziele, Standpunkte zum Leben, Grundfarben der Lebensauffassung. Mit „biographischer Gesamtformung" ist die hiervon prinzipiell unabhängig strukturierte Gestalt der Lebensgeschichte gemeint, die durch die Aufschichtung von Erleben und Handeln im Laufe des Lebens zustandekommt. Beide stimmen im Normalfalle nicht überein; das, was die Erzähler von seinem Leben hält, entspricht mehr oder weniger nicht dem, wie sich die Erlebnisse und Handlungserfahrungen zur biographischen Gesamtformung aufgeschichtet haben. Die Menschen beurteilen ihre Lebensführung und -erfahrung, so kann man vereinfacht sagen, meist nicht (ganz) zutreffend.

Aber können alle Menschen etwa aus unterschiedlichen Sozialschichten und Milieus gleichermaßen eigene Erlebnisse und lebensgeschichtliche Erfahrungen erzählend darstellen? (vgl. Lamnek 1995, 2, 73)

Mehrfach haben Kritiker dem Ansatz von Schütze eine Verabsolutierung der Erzählens allgemein und der narrativen Teile in einem Interview im Besonderen vorgehalten. Straub (1989, 148 f.) zufolge „bedarf die Erzählung notwendigerweise der Beschreibungs-, Erklärungs- und Argumentationselemente, wenn die erzählte Geschichte nachvollziehbar, verständlich und akteptabel erscheinen soll. Wir können Handlungs- und Ereignisabläufe nur dann als Transformationen bestimmter Zustände darstellen, wenn wir – beispielsweise – die zeitlich aufeinanderfolgenden, verschiedenen Zustände in ihren qualitativen Besonderheiten ... beschreiben." Beschreibende, bewertende und argumentative Elemente in einer Erzählung sind also nicht notwendigerweise weniger wertvolle Bestandteile des Datenmaterials, sondern geradezu notwendige Elemente. Straub zieht daraus einen erhebungsmethodischen Gedanken: „Manchmal müssen vom Interviewer wohl auch Beschreibungen, Erklärungen und Argumentationen evozierende Fragen gestellt werden – und zwar nicht erst nach Abschluß aller ‚narrativen Phasen' –, wenn eine Erzählung verständlich und nachvollziehbar erscheinen soll."

Einwände sind auch gegen Schützes Annahme von den Zugzwängen der Erzählung vorgebracht worden. Straub (1989, 194) sieht die Bereitschaft des Befragten, offen und gehaltvoll die eigenen Lebenserfahrungen zu erzählen, vor allem davon abhängig, ob er den Interviewer für vertrauenswürdig (und sympathisch) hält. Andernfalls sei er durchaus in der Lage, Erzählungen vorzutragen, die nur wenig mit seiner Lebenserfahrung zu tun haben. „Zugzwänge des Erzählens sind also im Prinzip jederzeit willentlich außer Kraft zu setzen." Notfalls könne der Befragte seine Erzählung abbrechen. Auch Böttger (1998, 107f.) berichtet von Erfahrungen aus einer Studie über gewalttätige Jugendliche, wonach die Befragten im narrativen Interview keinesfalls genötigt sind, auch unangenehme, schuldbehaftete usw. Erfahrungen anzusprechen (bzw. durch kommunikative Lücken, Hemmungspausen usw. zu überspielen). Das narrative Interview wird von hieraus jedoch nicht generell zurückgewiesen, sondern nur für bestimmte Forschungsaufgaben relativiert. „Bei Themen ..., die mit Unsicherheiten oder gar Ängsten der Befragten besetzt sind, etwa weil sie Bereiche des illegalen Handelns betreffen, ist nach unserer Erfahrung ein größerer Interventionsspielraum für die Interviewer/innen sinnvoll, der einem Verlauf der Erzählung entgegenwirken kann, in dem relevante Informationen ausgespart oder fiktionale Inhalte hinzugefügt werden." (vgl. auch Wohlrab-Sahr 2002, 8f.)

Hingegen beruht der hin und wieder zu hörende Einwand, das narrative Interview setze auf Zugzwänge und damit auf *Zwang* und sei deshalb manipulativen Charakters, auf einem Missverständnis (bzw. auf einem vorurteilsvollen Verständnis von „Zugzwang"). Lamnek (1995, 2, 72f.) stellt richtig: „Dieser Zwang darf aber nicht mißverstanden werden: Autoritäres Verhalten und vom Interviewer produzierte Erklärungszwänge haben im narrativen Interview keinen Platz; der Interviewstil ist neutral bis weich, auf keinen Fall jedoch hart... Das narrative Interviews zeichnet sich gerade dadurch aus, daß es den Erzählenden einem starken Zwang zur realitätsgetreuen Rekonstruktion vergangener Ereignisse aussetzt, ohne daß der Druck vom Interviewer auszugehen scheint oder gar das situative Klima des Interviews gefährden könnte."

Gegen die von Schütze nahegelegte Annahme einer Homologie oder einer Korrespondenz zwischen den vergangenen Ereignissen und Erfahrungen bzw. der Erlebnisaufschichtung einerseits und den Erzählperspektiven der Lebensgeschichte im Interview andererseits sind inzwischen mehrfach Einwände vorgebracht worden.

Zuerst hat Fischer (1978) darauf hingewiesen, dass Lebensgeschichten immer aus der Gegenwartsperspektive erzählt werden. Neuerdings ist daraus die Forderung entstanden, bei der Auswertung strikt zwischen erlebter und erzählter Lebensgeschichte zu unterscheiden (Fischer-Rosenthal/Rosenthal 1997, 147ff.). Nach Einschätzung von Vonderach (1997, 168) müsse jede Hoffnung auf Entsprechung zwischen erlebter und erzählter Lebensgeschichte aufgegeben werden, „da prinzipiell von einer nicht aufhebbaren Differenz zwischen dem ursprünglichen Erleben eines Ereignisses und seiner späteren (auto-)biographischen Thematisierung auszugehen ist, die in anderer Situation mit spezifischer Kommunikationsintention erfolgt." Die Zugzwänge könnten, so Böttger (1998, 106f.), nicht garantieren, dass die vorgebrachte Geschichte das frühere Geschehen abbildet. „Wie sonst wäre die Produktion fiktionaler Geschichten zu erklären?" Grundsätzlich ist auch Straubs (1989, 180) Kritik: Schützes Vorschläge „implizieren m.E. ... Reste einer unhaltbaren objektivistischen Metaphysik. Eine autobiographische Lebensgeschichte begreife ich demgegenüber als einen Text, den ein reflexives Subjekt im Rückblick auf sein gelebtes Leben produziert; dieser Text ist als sprachliches Produkt menschlicher Erinnerungsakte prinzipiell für Revisionen offen."

Abgesehen vom Gesichtspunkt der retrospektiven Konstruktion der Lebenserzählung stellen Kokemohr/Koller (1996, 93f.) auch die „Erfahrungsnähe" des Erzählens in Frage: „Schon der vermeintlich triviale Umstand, daß das Erzählen Ereignisse in einer bestimmten Reihenfolge darstellt (‚erst war das, und dann geschah jenes'), läßt sich nicht nur als analoge Abbildung der ‚wirklichen' Ereignisverkettung verstehen, sondern muß als (gleichsam ‚digitale') *Konstruktion* begriffen werden. Indem ein Erzähler seine Erfahrungen temporal geordnet präsentiert, bringt er sie, wie es in einer umgangssprachlichen Formulierung heißt, ‚auf die Reihe' und legt damit eine bestimmte Deutung dieser Erfahrungen etwa in kausaler oder konditionaler Hinsicht nahe."

Manche Kritiker nehmen die verschiedenen Einwände – gegen die Homologieannahme und gegen die Wahrheitstreue von Stegreiferzählungen – gemeinsam zum Anlass, das narrative Verfahren ganz zurückzuweisen („großspurige grundlagentheoretische Entwürfe", so Fleck 1988, 236).

Die Verteidigung hebt heraus, dass Schütze nicht an eine Korrespondenz von Ereignisverlauf und biographisch relevantem Erleben gedacht habe, sondern an ein Datenmaterial, das die damaligen Erfahrungen und deren damalige kognitive Strukturierung (nicht jedoch die „objektiven" Ereignisverläufe) aufdecken kann (so Wohlrab-Sahr 2000a, 155f.; Wohlrab-Sahr 2002, 7ff.), das die Biographiestruktur als Prozess möglichst präzise abbilden kann (so Bohnsack 1997, 205; Bohnsack 1999, 121), dass eine Homologie-Annahme gar nicht vorliege (Rosenthal 1993, 132).

Diese Frage kann hier nicht gründlich erörtert werden. Hier ist eine leicht kompromisslerische, aber vielleicht gerade deshalb brauchbare Formulierung von Marotzki (1991, 184; vgl. Marotzki 1990, 167ff.) hilfreich: „Die eigentliche Leistung von narrativen Interviews ... liegt darin, daß Material erhoben wird, aus dem nach bestimmten Auswertungsprozeduren erschlossen werden kann, wie der Informant Ereignisse, in die er – wie auch immer – verwickelt war, verarbeitet hat."

Allgemein hat sich das narrative Interview als Erhebungsverfahren (nicht jedoch das narrative Verfahren insgesamt) in der deutschen Sozialwissenschaft als anerkannter Forschungsweg durchgesetzt (so Rosenthal 1993, 12), es ist „eines der meistgenutzten Datenerhebungsverfahren in den qualitativen Sozialwissenschaften." (Lucius-Hoene/ Deppermann 2002, 77) Aber nicht alle Studien, die vorgeben, mit dem narrativen Interview zu arbeiten, tun das wirklich (sondern verwenden z.B. Leitfadeninterviews). Missverständnisse sind nicht selten (z.B. Identifikation mit Tiefen- und dem Intensivinterview bei Bernart/Krapp 1998, 28); die Bezeichnung narratives Interview wird „mitunter auch als Kürzel für teilstandardisierte biographische Interviews verwendet." (Hopf 2000, 355)

Weder das narrative Interview noch das Verfahren als ganzes werden außerhalb der deutschsprachigen Soziologie besonders beachtet, obwohl doch wichtige Anregungen (von A.Strauss) und wichtige theoretische Anschlüsse aus der nordamerikanischen Soziologie stammen (so Apitzsch/Inowlocki 2000,53f.). Weshalb die europäische und die außereuropäische Soziologie von dieser Innovation kaum Notiz nehmen, kann hier nicht geklärt werden.

Die Objektive Hermeneutik

Die Objektive Hermeneutik wird als „die derzeit wohl prominenteste Version hermeneutischer Unternehmungen in der Soziologie" bezeichnet (Hitzler/Honer 1997, 15), sie zähle zu den „entwickeltsten Interpretationsverfahren in den Sozialwissenschaften" (Wahl/Honig/Gravenhorst 1982, 174; ähnlich: Garz 1997, 535, Wagner 1999, 61). Sie will mehr sein als ein Forschungsansatz mit besonderen Verfahren, nämlich ein Ansatz zu einer allgemeinen soziologischen Methodologie, vielleicht sogar zu einer Allgemeinen Soziologie. Es handele sich um den Entwurf einer „für die soziologische Forschung allgemein bedeutsamen hermeneutischen Methodologie" (Oevermann/Allert/Konau/Krambeck 1979, 352) mit dem weit gespannten Anspruch, die auch gegenüber den Methoden der quantitativen Sozialforschung fundamentalen, Objektivität ermöglichenden Forschungsinstrumente der Sozialwissenschaften bereitzustellen, manchmal auch: um *die* Methodologie der Geistes-, Kultur- und Sozialwissenschaften (so Oevermann 1993, 130) – also nicht nur um einen Vorschlag zur Interpretation von biographischen Daten.

In jedem Falle ist die Objektive Hermeneutik ein Verfahren der Interpretation, nicht aber auch der Erhebung. Solange die Daten nur als Texte (in irgendeiner Weise als Protokolle von Handlungsabläufen) vorliegen oder in Texte transformiert werden können, hält sie sich für zuständig (hierzu: Allert 2002, 107f.).

Mit „objektiv" ist zunächst die Seinsweise des Gegenstandes gemeint (nicht die Gültigkeit des Verfahrens der Erkenntnis oder die Objektivierung durch eine Methode): Der Grundgedanke ist durch die Untersuchung familiärer Interaktionsprozesse in sozialisationstheoretischer Perspektive angeregt worden (vgl. Bohnsack 1999, 85): Das Kind ordnet sich in bereits bestehende Bedeutungsstrukturen ein, die die Eltern für es stellvertretend interpretieren und so seine Chance erweitern, sich diese vorgefundenen Bedeutungsstrukturen sukzessive anzueignen, ohne dass doch jemals im Vorgang der Entwicklung der Persönlichkeit seine Interpretationskapazität ganz nachziehen kann. Auch den Eltern, die in die Äußerungen des Kindes einen Vorschuss an Sinn legen, den es ganz noch gar nicht konstituieren kann, und eben dadurch seine Entwicklung in Gang halten, ist dieser Vorgang nicht vollständig durchsichtig.

Diesen Gesichtspunkt einer objektiven Dimension hinter den Absichten der im Erziehungsvorgang interagierenden Menschen verallgemeinert Oevermann. Er formuliert zwei Ebenen von sozialer Realität, deren Beziehungen zueinander aufzuweisen die Aufgabe der Objektiven Hermeneutik ist (der Zusatz „objektiv" soll verdeutlichen, dass es hier – anders als in der Tradition der geisteswissenschaftlichen und phänomenologischen Hermeneutik – nicht um den verstehenden Nachvollzug des Subjektiven geht): „Die Realität von latenten Sinnstrukturen eines Textes einerseits, die unabhängig von ihrer jeweiligen psychischen Repräsentanz auf seiten der Textproduzenten und Textrezipienten rekonstruierbar sind und für die sozialwissenschaftliche Untersuchung auf welcher anderen Realitätsebene auch immer den Ausgangspunkt notwendig bilden müssen, und der Realität von subjektiv intentional repräsentierten Bedeutungen eines Textes auf seiten der handelnden Subjekte andererseits. Diese Realität ist gebunden an das Kriterium der Kommunizierbarkeit." (Oevermann/Allert/Konau/Krambeck 1979, 367)

Die Interaktionen der Menschen sind demnach nicht durch Rekonstruktion der in ihnen ausgedrückten Intentionen oder Motive zu verstehen, sondern eher nach dem Bild der Fehlleistung in der Psychoanalyse, der nicht beabsichtigten Handlungsfolgen in der Soziologie oder des von Mead herausgearbeiteten objektiven Sinns von Interaktion (vgl. Wagner 1999, 15f.), der sich den Handelnden bestenfalls nachträglich erschließt, nämlich als Reproduktionen und Transformationen latenter Sinnstrukturen. Die Objektive Hermeneutik betrachtet „Intentionalität als Derivat von regelerzeugten Sinnstrukturen" (Oevermann 1993, 115; zum Strukturbegriff: Reichertz 1991, 224f.). Mit dieser Position steht die Objektive Hermeneutik in der Tradition von E.Durkheim, dessen eine Grundregel verlangt, Soziales nur durch Soziales zu erklären (vgl. Allert 2002, 104f.).

Es habe wenig Zweck, die Sprecher nach den Intentionen zu befragen, die sie bei der Produktion der Texte im Sinn hatten, eben weil ihre Sprechakte (auch) Reproduktionen und Transformationen von tiefer liegenden Bedeutungsstrukturen sind, die ihnen selbst nicht (ganz) präsent sind im Bewusstsein. „Die soziale Wirklichkeit ist gebaut wie ein Text, der eigenbeweglich voranschreitend die Äußerungen der beteiligten Subjekte einfädelt, und sie ist – wie ein Text – durchwebt von einer inneren Grammatik, deren Entschlüsselung Aufgabe der Soziologie ist." (Bude 1982, 136) Der Text aus einer Interaktion (ein Protokoll einer Interaktion in der Familie, ein Transkript von einem narrativen Interview) stellt so einige Realisierungen dar, die aus den Möglichkeiten ausgewählt worden sind, die insgesamt die Realitätsebene der objektiven Bedeutungen ausmachen. Eigenheiten dieser Auswahl aus dem Möglichkeitsbereich der objektiven Bedeutungen durch einzelne Individuen (Gruppen oder auch ganzen Gesellschaften) lassen dann überhaupt erst die Spezifik des Falles erkennen, bei Oevermann in den meisten Fällen die mehr oder weniger pathologische Persönlichkeitsstruktur des Sprechers.

Die Objektive Hermeneutik ist seit ihrem Beginn vor vier Jahrzehnten z.T. mehrfach umgearbeitet worden (vgl. Reichertz 1986), hat ihr Selbstverständnis in der Soziologie spürbar verändert, einige Zeit lang auch ihre Selbstbezeichnung (strukturale Hermeneutik, genetischer Strukturalismus). Auch deshalb sind die Interpretationswege, die Oevermann selbst und andere, die sich seinen Arbeiten anschließen, verwenden, im Einzelnen recht verschieden.

Grounded Theory

Ihren Vorschlag zur Gewinnung von in empirischen Informationen und daraus entwickelten Überlegungen empirisch fundierten (*grounded*) Theorien haben Glaser und Strauss 1967 vorgelegt. Er kann als Versuch verstanden werden, die Kontroverse zwischen der Chicago-Schule und der quantitativen Sozialforschung in den 1930er Jahren doch noch zugunsten der qualitativen Sozialforschung zu wenden, indem die in qualitativen Verfahren steckenden Theoriebildungsmöglichkeiten systematisch aufgezeigt werden.

Ihr Ausgangspunkt ist, dass soziologische Theorie und Empirie bislang in einem unproduktiven Verhältnis zueinander stehen: Theorien werden für sich und aus sich heraus weiterentwickelt und verfeinert, Methoden dienen nur der Überprüfung vorliegender Theorien. Die wichtigste Aufgabe der Soziologie komme so zu kurz: Das Auffinden von neuen Theorien. Diese Aufgabe könne nur in intensivem Kontakt mit den empirischen Informationen (auf qualitativen Wege, durch Feldforschung) gelöst werden.

Innerhalb dieses Programms, das die qualitative Sozialforschung zum methodischen Hauptweg und zum Hauptweg der Entwicklung neuer Theorien auffasst, unterscheiden Glaser und Strauss gegenstandsbezogene und formale Theorie (vgl. Wiedemann 1991, 440f.; kritisch zur Übersetzung von *grounded* als *gegenstandsbezogen*: Hildenbrand 2000, 40f.). Gegenstandsbezogene Theorien sind Konzepte und Hypothesen, die aus der Untersuchung spezifischer Gegenstandsbereiche (z.B. Sterbevorgänge im Krankenhaus) entstanden sind und in ihrer Geltung auf spezifische Gegenstandsbereiche beschränkt sind. Ihnen systematisch übergeordnet sind die formalen Theorien, um sie geht es Glaser und Strauss eigentlich. Sie beruhen auf gegenstandsbezogenen Theorien und treffen Aussagen über einen größeren sozialen Handlungs-, Geschehens- oder Institutionenbereich (z.B. Statuspassage, abweichendes Verhalten, Verhandlungsprozesse) in wissenschaftlich-formalisierter Begriffssprache, die dann einen allgemeinen Geltungsanspruch haben.

Für den Forschungsgang raten Glaser und Strauss dazu, zunächst von der vorliegenden Literatur und vor allem von vorliegenden Theorien abzusehen und sich nach Möglichkeit neugierig mit dem Untersuchungsfeld zu befassen, also Eindrücke sammeln, Auffälligkeiten und Überraschendes notieren. Natürlich heißt das nicht, dass man sein bisheriges Wissen über den Gegenstand ignorieren soll – wie wäre das auch möglich! (vgl. Lenz 1991, 53f.; Hopf 1996, 14)

Um dann auf erste theoretische Konzepte zu kommen, soll die vergleichende Methode angewandt werden: Suche nach Kontrastgruppen und vergleichende Analyse im Hinblick auf die interessierende Dimension; entsprechend Suche nach Ausnahmen, nach prägnanten Ausprägungen, nach den Grenzen des Durchschnittlichen, nach ähnlichen und unähnlichen Teilbereichen. Für den ständigen Vergleich wird die Unterscheidung nach minimalem und nach maximalem Kontrast empfohlen. Ein Beispiel (Wiedemann 1991, 443): „Ein minimaler Kontrast liegt vor, wenn bei der Untersuchung von gesellschaftlichen Aussteigern bislang ‚Alt'-Studenten untersucht worden sind, die als Taxifahrer jobben und dann in einer weiteren Runde andere Jobs von studentischen Aussteigern einbezogen werden. Dagegen liegt ein maximaler Kontrast vor, wenn im Vergleich zu den Studenten ehemalige, beruflich erfolgreiche Manager, die als Heilpraktiker oder als Landwirte tätig geworden sind, untersucht werden."

Jene ersten theoretischen Konzepte werden dann im Laufe der weiteren Erhebung und Analyse überprüft, verändert und spezifiziert, bis das Datenmaterial gewissermaßen keine neuen Herausforderungen mehr an die Sozialforscher stellt, keine weiteren Anpassungen der Konzepte an den jeweiligen Wirklichkeitsbereich mehr verlangt. Wenn dieser Punkt in der Forschungsarbeit als Ergebnis vielfacher Vergleiche erreicht ist, kann man sicher sein, dass die bislang erarbeiteten Konzepte dem Gegenstandsbereich angemessen sind.

Datenerhebung und Datenanalyse werden somit nicht – wie in der quantitativen Sozialforschung – als Schritte nacheinander gegangen, sondern müssen gleichzeitig durchgeführt werden (vgl. Corbin 2002, 60f.); von Beginn der Datenerhebung an notiert der Forscher Einfälle, Ideen, erste Konzepte, die sukzessive differenziert und überarbeitet werden. Für die Datenerhebung folgt daraus: Das Verfahren ist sehr sparsam, „denn es werden immer nur so viele Daten erhoben, wie zur Analyse erforderlich sind." (Hildenbrand 1999, 66) Für die Theoriebildung folgt: Theorien werden in ein und demselben Forschungsgang entwickelt *und* überprüft (dies ebenfalls anders als in der quantitativen Sozialforschung).

Für die einzelnen Schritte der Auswertung haben Glaser und Strauss unterschiedliche Strategien der Kodierung des Datenmaterials vorgeschlagen und z.t. detailliert vorgeführt (z.B. Strauss 1987; 1994; vgl. Brüsemeister 2000, 196ff.; Böhm 2000; Corbin 2002, 64f.), die vor allem den Zweck haben, die Konzeptentwicklung übersichtlich zu organisieren.

Damit die Entstehung des Konzepts bzw. der Theorie kontrolliert vor sich gehen kann, muss die Forschergruppe dauernd die Einfälle, Ideen, vorläufigen Hypothesen, die sich aus dem durchgehenden Vergleichen ergeben, notieren, und zwar als sog. Memos (vgl. Wiedemann 1991, 444). Auf diese Weise entsteht eine Art Forschungstagebuch, das auch dazu dienlich sein kann, durch genaue Darlegung der Wege im Einzelnen beim Leser Glaubwürdigkeit zu erreichen.

Zur Bildung einer formalen Theorie werden mehrere gegenstandsbezogene Theorien durchgesehen und wiederum im Wege des Vergleichs nach und nach verallgemeinert, bis sie allgemeineren sozialen Prozessen und Bereichen angemessen ist, also z.B. die Ablaufformen von und die sozialen Konstellationen in jedweder Statuspassage erklären und eventuell voraussagen kann.

Die Durchführung der Erhebung und der Auswertung anhand der Leitlinie, maximale und minimale Kontraste zu finden, gelingt meist nicht vollständig. Straub (1989, 234) nennt zwei praktische Grenzen: „... man kann eben aus Zeit- und Kapazitätsgründen nicht immer all jene Fälle zu finden versuchen, die möglicherweise als Kontrastfälle zum bisher Bekannten fungieren und dadurch die Erkenntnis weiterbringen könnten. Zum anderen ergibt sich bisweilen auch die Schwierigkeit, daß man als Forscher gar nicht weiß, wo man denn die maximalen und minimalen Kontrastfälle zu suchen hätte, oder welche Kontrastierungskriterien dem theoretical sampling zugrundegelegt werden sollten..."

Weitere Grenzen der Vorschläge von Glaser und Strauss benennt Lamnek (1995, 1, 128f.): Die Regel, zu Beginn voraussetzungslos ins Feld zu gehen, werde sich kaum verwirklichen lassen. Wie ist gesichert, dass ein zweiter Forscher zum gleichen Gegenstandsfeld zu den gleichen (oder auch nur ähnlichen) Konzepten gelangt wie der erste? Die Datenerhebung untersteht zwar der Regel des sukzessiven Vergleichs, aber jeder Forscher wird dabei anders vorgehen, so dass nicht klar ist, wie die Suche nach kontrastierendem bzw. ergänzendem Datenmaterial methodisch geordnet ist. Auch die Entwicklung und Formulierung von Theorien sei nicht sehr genau beschrieben. Lamnek schließt daraus: „Das Anliegen der Autoren besteht möglicherweise weniger in der Entwicklung eines expliziten Alternativkonzepts zur quantitativen Methodologie als in der Äußerung von Unmut über die relative Erfolglosigkeit der gegenwärtigen Soziologie und Sozialforschung. Ihr Plädoyer zielt auf eine Verminderung *der Reglementierung zugunsten einer breit gefächerten Exploration ab.*"

Ein grundsätzliches Problem ist schließlich das Verhältnis von theoretischen Vorannahmen und empirischen Daten: In ihren Schriften können Glaser und Strauss öfter so verstanden werden, als ob sich jegliche theoretische Perspektive aus der vergleichenden Untersuchung der Daten ergäbe (Modell der Induktion). Dagegen zeigt eine genauere Überprüfung (vgl. Kelle 1994, 307ff.; Kelle/Kluge 1999, 17ff.), dass der Forschungsgang durchaus auf die „theoretische Sensibilität" der Forscher angewiesen ist, also auf deren Vertrautheit mit wichtigen soziologischen Theorien. Aus den auf das erste Buch *The Discovery of Grounded Theory* folgenden Schriften wird dieser Gesichtspunkt viel deutlicher. Nicht gerade erleichtert wird der Umgang mit dieser grundsätzlichen Frage dadurch, dass Glaser und Strauss inzwischen jeweils eigene Weiterentwicklungen ihres gemeinsamen Vorschlages vorgelegt und hierüber auch fachöffentlich gegeneinander polemisiert haben (vgl. Kelle 1994, 333ff.; Kelle 1996).

Die Vorschläge von Glaser und Strauss haben (ähnlich wie die von Schütze und von Oevermann) eine breite Anerkennung gefunden, weil sie einerseits klar an Meads Sozialtheorie anknüpfen (vgl. Wagner 1999, 38ff.), und weil sie andererseits eine Brücke zu den wissenschaftlich gebildeten Praktikern schlagen. Fast zu einer Standardmethode ist das *grounded-theory*-Verfahren in der Pflegewissenschaft geworden (vgl. Schaeffer 2002, 23; Polit/Beck/Hungler 2004, 220 und 368) – gewiss angeregt durch die Untersuchungen von A.Strauss über Sterben und Krankenhaus (ähnlich: Schaeffer 2002, 16) und vielleicht auch, weil sich Juliet M.Corbin (z.B. Corbin 2002, 69), eine Mitarbeiterin von Strauss, diesem Feld gegenüber besonders geöffnet hat.

Eine solch breite Anerkennung hat manchmal den Nachteil, dass sich einige Autoren zu Unrecht darauf berufen und vorgeben, sie folgten dem grounded-theory-Verfahren, um ihrer Studie den Anschein von methodologischer Solidität zu verschaffen (so Roberts 2002, 10). Andere stellen die entsprechenden Maximen der Forschungsarbeit falsch (vgl. etwa die Gleichsetzung der *grounded theory* mit einer großen Stichprobe: Yow 1994, 17) oder irreführend verkürzt dar (vgl. die Auffassung, es handele sich um einen „taktischen Ansatz" der Erhebung bei Thompson 1988, 130).

Analytische Induktion

Dieser Verfahrensvorschlag stammt von Znaniecki (1934), der Einzelfallstudien als legitimes und valides Verfahren gegenüber der quantitativen Sozialforschung verteidigen wollte.

Knapp zusammengefasst schlägt Znaniecki folgende Schritte vor: Zunächst werden aus der Untersuchung eines Einzelfalls heraus die theoretisch bedeutsamen, dominanten Merkmale identifiziert, die dann im Wege einer induktiven Verallgemeinerung zur Hypothese formuliert werden, dass sie auch bei vielen bzw. allen sozialen Phänomenen des angezielten Bereichs dominant sind. Diese Hypothese wird nun durch Hinzunahme weiterer Fälle überprüft. Dabei geht es im Kern aber nicht darum, dass die Verallgemeinerungshypothese bestätigt wird – weitere Fälle, die nur dies leisten, sind relativ belanglos für den Forschungsgang –, sondern darum, auf neue Fälle zu stoßen, die der Hypothese mehr oder weniger widersprechen (deshalb auch: Strategie des „negativen Falles"). Deren Leistung besteht nun nicht in bloßer

Falsifizierung der bisher gehegten Hypothese. Sondern sie stellen die Herausforderung, die theoretische Einordnung zu überarbeiten, gegebenenfalls von Grund auf neu zu verfassen, damit die bisherigen und die neu analysierten abweichenden Fälle gemeinsam theoretisch eingeordnet werden können. „Ausnahmen" werden weder als Ausnahmen vernachlässigt noch als Widerlegung der bisherigen Theorie behandelt, sondern zum Anlass für neue theoretische Integrationsversuche genommen.

Es handelt sich also um eine Strategie zur Gewinnung neuer bzw. überarbeiteter Theorien (durch Konfrontation mit Daten, die dazu herausfordern). Sie setzt voraus, dass der Forscher zu Beginn der Forschung über ausformulierte theoretische Gesichtspunkte verfügt oder jedenfalls rasch dazu gelangt. Sonst läuft die Konfrontation mit absichtlich gesuchten Daten ins Leere bzw. ist die Suche nach herausfordernden Daten nicht möglich. Dies ist ein wichtiger Unterschied zum *grounded-theory*-Verfahren, das ja für den Beginn der Forschungsarbeit vorsieht, dass vorliegende Theorien zeitweise ignoriert werden.

Möglicherweise hat Znaniecki übersehen, Regeln dafür anzugeben, *wie* die dominanten Merkmale am Einzelfall (und allen weiteren Fällen) identifiziert werden. Der Vorschlag, nach „Ausnahmen", „Gegenbeispielen", „entscheidenden" bzw. „widersprechenden Fällen" zu suchen, um auf neue theoretische Gesichtspunkte zu kommen, hat jedenfalls seitdem immer wieder seine Anregungskraft erwiesen (zur Weiterentwicklung durch Lindesmith und Cressey: Bühler-Niederberger 1991, 447f.; Kelle 1994, 153ff.; Kelle/Kluge 1999, 40ff.), ohne allerdings bislang als ein nach allen Seiten begründeter und übersichtlich ausformulierter Verfahrensvorschlag ausgearbeitet worden zu sein (so auch Roberts 2002, 9).

Für die Abwägung zwischen *grounded-theory*-Verfahren und analytischer Induktion kann folgende Faustregel (in Anknüpfung an Kelle/Kluge 1999, 44) gegeben werden: Sind die theoretischen Fragehorizonte zu Beginn der Forschungsarbeit relativ klar, so liegt die analytische Induktion nahe. Sind theoretische Fragehorizonte noch kaum formuliert, so empfiehlt sich das *grounded-theory*-Verfahren.

III. Schritte der Forschungsarbeit

Dieses Kapitel geht die Schritte der Arbeit an einem biographischen Forschungsprojekt durch, ohne sich dabei auf eine bestimmte Richtung oder Schule festzulegen. Eine Einschränkung ist allerdings getroffen worden: Es geht allein um solche Forschungsvorhaben, die ihre Daten durch Interviews erheben. Andere Verfahren der Gewinnung der Ausgangsdaten (Preisausschreiben oder öffentliche Aufrufe, Sammlung vorliegender Materialien in Archiven, Auswertung bereits veröffentlichter Autobiographien) werden nur nebenbei berücksichtigt. Diese Einschränkung wurde vorgenommen, weil die Erhebung mit Hilfe von Interviews die gängigste Form ist; zudem soll dadurch Übersichtlichkeit der Darstellung ermöglicht werden.

Die Praxis der biographischen Forschung wird hier als Abfolge von Entscheidungen aufgefasst (ähnlich: Helfferich 2004, 147ff.; für die qualitative Forschung insgesamt: Flick 2000, 257). Dies könnte ein ungewohnter Gesichtspunkt sein. Möglicherweise hat der Leser aus Methodenbüchern eine andere Auffassung vom Verlauf der Forschung: als zwar langwierig erlernbare, aber in der Anwendung eindeutige und kanonisierte Linie der Forschungsarbeit. Manche Bücher enthalten ja in der Tat nur Vorschriften, wie Forschung zu betreiben sei, Vorschriften, die oft wenig mit den praktisch relevanten Schritten der Forschungsarbeit zu tun haben. Und dann gibt es Forschungsberichte, die zwar eine ergebnisreiche Untersuchung dokumentieren, zu Beginn aber angestrengt-hochgestochene methodologische und methodische Ansprüche formulieren, denen der wirkliche Forschungsgang nicht (oder nur unvollständig) gefolgt ist. Aus einem solchen Gefälle zwischen (wahrscheinlich nachträglich formuliertem) Anspruch und wirklicher Forschungsarbeit spricht das schlechte Gewissen, dass sich der Forscher nicht (vielleicht aus guten Gründen?) an eines der anerkannten Verfahren gehalten hat.

Dieser „normativen Gewohnheit" schließt sich dieses Kapitel nicht an. Es fasst Methode auf als „eine Abstraktion der Wege, auf denen der Forscher die vielen Situationen, Probleme und Optionen behandelt (oder behandeln kann), die sich ihm stellen, während er seine Untersuchung durchführt" (Schatzmann/Strauss 1973, VI). Deshalb geht es hier um vergleichende Überlegungen zu Alternativen im Einzelnen, um die Knotenpunkte und Schaltstellen der Forschungspraxis (ähnlich: Plummer 1983, 84ff.; Flick 1991), damit deutlich wird, welche Folgen sich bei einzelnen Entscheidungssituationen für die weitere Forschungsarbeit ergeben und welche nicht.

In diesem Sinne: Versuchen Sie nicht, sich Forschungsarbeit als Durchlauf eines Programms, als Befolgung eines Rezepts, als technische Realisierung eines vorweg geplanten Produktionsganges vorzustellen. Eher ähnelt Sozialforschung der Leistung eines Gesprächsleiters in einer Arbeitsbesprechung, der nach vielen Informationen der Beteiligten, nach manchen Kontroversen und Unklarheiten, nach ausführlicher Aussprache über Sachverhalte und Bedingungen ein Resümee formuliert und darin ein Ergebnis zum Ausdruck bringt, das der Gruppe vorher nicht bekannt war. Wenn man bei der Vorbereitung eines Forschungsvorhabens nur nach eindeutigen Rezepten Ausschau hält, Anwendungsregeln erwartet und Kochbücher sucht, macht man sich selbst Angst. Dieser Hinweis ist natürlich keine Aufforderung, aus dem Stand und überheblich eine Untersuchung zu beginnen; durch die Nähe des Themas Lebensgeschichte zum Alltag und zum alltäglichen Selbstverständnis sollte man sich nicht zu Kurzschlüssen verführen lassen. „Das Vorurteil, daß das Beobachten von Verhaltensweisen etwas Einfaches sei und keiner besonderen Übung und Ausbildung bedürfe, muß als eine nicht geringe Behinderung des Fortschritts von Längsschnittstudien menschlicher Persönlichkeiten angesehen werden", hält Thomae (1969, 91) warnend fest. In aller Ruhe kann man sich informieren, was andere gemacht haben und zu welchen Resultaten sie gelangt sind, kann vergleichen und die eigene Studie sorgsam konzipieren.

1. Konzeption und Vorbereitung

Die wichtigste Kraft sozialwissenschaftlicher Forschung kommt nicht aus Theorien, aus Verfahren der Erhebung oder der Interpretation, sondern aus Neugier und Aufmerksamkeitsspannung des Forschers. Wie ist das eigentlich? Warum geschieht das so? In welcher Reihenfolge kommt dies zustande? Welche Lösungen gibt es da bei anderen Menschen und Gruppen? Spezieller bei biographischer Forschung: Wie ist damals gelebt worden? Welche möglichen Lebensentwürfe gab es? Wie kann anders gelebt werden? Ohne Neugier auf lebensgeschichtliche Details und biographische Ausformungen, auf den Kleinkram des Alltäglichen und Individuellen dürfte biographische Forschung nicht gut gedeihen.

Ähnlich hat Schottlaender (1959, 182) als wichtiges Eignungskriterium für junge Psychotherapeuten das biographische Interesse genannt: „Ein Anfänger, der niemals Romane liest, sich für persönliche Schicksale in der Literatur überhaupt nicht interessiert, ist von vornherein verdächtig. Er wird den Anforderungen einer psychotherapeutischen Praxis gegenüber versagen, weil ohne vertieftes biographisches Interesse die Mitteilungen unserer Patienten ihm auf die Dauer unerträglich langweilig vorkommen müssen." Bei denen, die ihre Ausbildung in Erziehungswissenschaft, Soziologie, Psychologie erhalten haben, kann man eine solche Neigung zum Biographischen voraussetzen – als Bestandteil ihrer Zuwendung zu den „menschlichen Dingen". Gerade diese gewissermaßen professionelle Liebe der Sozialwissenschaftler zum Biographischen kann ihnen bei der Konzeption und Vorbereitung eines Projekts jedoch ein Schnippchen schlagen. Sie könnten voreilig mit der empirischen Arbeit anfangen, begierig, endlich Lebensgeschichten zu hören und auf Tonband nach Hause tragen zu können. Hier muss eine Warnung formuliert werden: Die Konzeption eines biographischen Projekts sollte sorgfältig und in aller Ruhe vor sich gehen. Gerade weil lebensgeschichtliches Material relativ einfach zu produzieren ist, sollte viel Zeit darauf verwendet werden zu klären, was das Erkenntnisziel ist und wie das Produkt aussehen soll, das als Forschungsbericht entstehen wird.

Zudem stellt sich bei biographischer Forschung (wie bei qualitativer Forschung überhaupt) meist ein Problem von Arbeit, Zeit und Geld, das sich erst nach der Erhebung offenbart: Der große Aufwand, die Geduld, die erheblichen Sachmittel, die für Transkription und weitere Bearbeitung (Interpretation) erforderlich sind. Gewiss, lebensgeschichtliche Interviews zu führen, die Befragten zuvor auszusuchen und anzusprechen, einen Leitfaden zu entwickeln, das macht Arbeit. Aber was man sich aufgebürdet hat, ergibt sich erst danach: Auswertung und Interpretation verlangen ein Vielfaches an Arbeitskraft und anderen Ressourcen verglichen mit der Erhebung. Liest man die Zwischenberichte von Forschungsberichten an die finanzierende Institution gegen den Strich, hört man beim Erfahrungsaustausch von Projektmitarbeitern genau hin, so wird klar, dass auch manch erfahrener Sozialforscher dies Verhältnis zwischen Erhebung und Auswertung falsch antizipiert hat, dass er die Kraft unterschätzt hatte, die der zweite Schritt erfordert. „Uns ist kein qualitatives Forschungsprojekt bekannt, das sich nicht an irgendeinem Punkt seiner Geschichte mit dem schwierigen Problem der Begrenzung des auszuwertenden Materials herumgeschlagen hätte", berichten Wahl/Honig/Gravenhorst (1982, 155).

Zwei schlechte Lösungen für diesen Krisenpunkt sind bekannt: Angesichts des unerwartet reichhaltigen Materials und zu wenig ausgearbeiteter Analyseverfahren könnte ein Großteil der erhobenen Informationen verschenkt werden, könnten Daten aus Zeitdruck, damit überhaupt ein Bericht entstehen kann, unausgewertet bleiben. Die zweite schlechte Lösung besteht darin, dass sich der Forscher im Material verliert und nicht mehr zu einem abschließenden Bericht findet, sich vielleicht nur noch mit der Sicherung des Datenmaterials befasst. L.C. Draper hatte in den USA Protokolle von Interviews zu den Revolutionskriegen und den Kriegen gegen die Indianer gesammelt. „Über der Dokumentationsarbeit hat er sein eigentliches Ziel, entsprechende Geschichten zu schreiben, aufgegeben." (Niethammer 1978, 463) Wenn man von vornherein mit dieser Problematik rechnet, kann eine entsprechende Vorbereitung zur Verminderung der Irritation zwischen Erhebung und Auswertung beitragen.

Der Interviewer selbst ist „ein wichtiges Instrument bei der Sammlung von lebensgeschichtlichen Daten" (Young 1947, 257), das sollte bei aller theoretischen und methodischen Vorbereitung nicht vergessen werden. Aus dem Bereich der teilnehmenden Forschung, die mit ähnlichen Aufgaben wie die biographische Forschung zu tun hat, kommen Hinweise, dass man zu einem guten Forscher „geboren und nicht erzogen" wird (Berk/Adams 1979, 101): Menschen, die mit ihren Kontaktpersonen auch sonst gut zurechtkommen, seien als Feldforscher besser geeignet als andere. Es ist dies übrigens der Grund dafür, dass die Forscher meist selbst die Interviews durchführen. Wie in der quantitativen Sozialforschung „irgendwelche Interviewer zu rekrutieren, wäre relativ abwegig." (Lamnek 1995, 2, 67)

Wie auch immer, biographische Forschung verlangt vom Forscher etwas, von seiner Persönlichkeit: Eine interessierte Toleranz gegenüber Lebensgeschichten und Lebensauffassungen, die ihm fremd sind; Neugier und Gelassenheit sind gleichzeitig gefragt. Mindestens muss sich der Sozialforscher von einigen Sprech- und Hörgewohnheiten seines professionellen Umfeldes (akademisches Milieu) trennen können. Seine akademische Sozialisation kann dazu beitragen, dass er auf Anekdoten, auf ausgreifende Erlebnisschilderung und auf sprunghafte Rückblicke ungeduldig reagiert. Der Intellektuelle, so Bahrdt (1975, 17), versuche „gewohnheitsmäßig die Vielfalt konkreter Details möglichst schnell auf abstrakte Begriffe zu bringen. Erst was auf den Begriff gebracht ist, ist eine legitime Aussage. Was dem vorausgeht, ist ‚bloß' Beschreibung, manchmal zwar unentbehrlich, dennoch ein bißchen suspekt." Geprägt durch diese akademischen Gewohnheiten wird man im biographischen Interview resümierend dazwischenfahren, den Befragten zu abstrakten Einschätzungen bewegen wollen, unzufrieden auf das Ende seiner „stories" warten. Ohne Liebe zum Erzählen und zum Zuhören dürfte biographische Befragung misslingen.

Der Sozialforscher muss bereit sein, einen Forschungsprozess einzugehen und durchzuhalten, der nicht nur nebenbei, sondern zu erheblichen Anteilen andere Qualifikationen verlangt, als sie dem Verfasser einer Literaturarbeit oder eines Aufsatzes für eine wissenschaftliche Zeitschrift abverlangt werden. In gewisser Weise wird die Persönlichkeit des Sozialforschers rundherum gefordert. Steinbach (1980, 319) deutet das für die Oral History an (es gilt aber auch für andere Arbeitsrichtungen biographischer Forschung): „Oral-History-Forschung heißt schlicht: auf alte Menschen zugehen, Gespräche führen, ‚Probanden' finden und auswählen, Erinnerungen anregen, sich auf eine ‚Stufe' stellen mit den alten Menschen, ihre Sprache und Sprechweise akzeptieren, sich in ihre Lebenssituation und Lebensgeschichte hineinversetzen, Gefühle, Hemmungen, Ängste ernstnehmen und auch Enttäuschungen ertragen können. Anders als bei der standardisierten Befragungsmethode kann das ‚diachrone Interview', das sich aus strukturierten und offenen Gesprächsanteilen zusammensetzt, nicht damit enden, daß der Interviewer gleichsam wie nach einer Checkliste abhakt, was auf seinem Fragebogen als erledigt gilt."

Dies ist ein Grund mehr, biographische Forschung, wenn immer möglich, in einer Gruppe zu betreiben. Zudem: Bei aller notwendigen Distanz zu den Befragten geht es um Menschen und um ihre persönlichen Schicksale; biographische Forschung kann belastend sein. Das lässt sich in einer Gruppe oder im Diskussionszusammenhang mit Kollegen leichter auffangen.

Verwendungszusammenhang und Ergebnisantizipation

Einige Fragen muss der Forscher früh beantworten: Wen will er durch die Forschungsarbeit über wessen Lebensgeschichten informieren? Wer braucht die Ergebnisse biographischer Forschung? Wer interessiert sich nach Einschätzung des Forschers für die Ergebnisse biographischer Forschung? Die Frage nach dem Verwendungszusammenhang der geplanten Forschungsergebnisse wird selten gestellt und selten beantwortet. Dabei bestehen offensichtlich Zusammenhänge zwischen Entscheidungen über den Verwendungszusammenhang und über das Design einer biographischen Studie.

Wer sein Ziel darin sieht, dass im kulturellen Diskurs stumme Gruppen über ihr Leben sprechen können, der wird zurückhaltend mit einer sozialwissenschaftlicher Bearbeitung und Analyse der erzählten Lebensgeschichten sein. Ihm wird es weniger darum gehen, die Grenzen der individuellen Erfahrungen aufzuweisen und dagegen die Notwendigkeit sozialwissenschaftlicher Analyse hervorzuheben, als vielmehr daran zu arbeiten, kulturelle Selbstrepräsentation solcher Gruppen in ihrer eigenen Logik zu ermöglichen.

Andere sehen in biographischer Forschung die Chance, dass Sozialwissenschaftler sich über Lebensbedingungen und -auffassungen informieren können, die sie nicht kennen. Biographische Selbstdarstellungen „von unten" können so für Sozialwissenschaftler Ersatz für wirkliche Erfahrungen sein und neue Fragestellungen eröffnen. Auch bei diesem Verwendungszusammenhang wird man dazu neigen, die Lebensgeschichten der Befragten in ihrem eigenen Sinn zu dokumentieren. Das gleiche gilt für die Absicht, die Erfahrungen von einfachen Mitgliedern von Organisationen und Bewegungen (Parteien, Gewerkschaften) zu rekonstruieren, die Lebenswünsche und Verarbeitungswege der Menschen kennenzulernen, die eine soziale oder politische Bewegung tragen.

Eine ähnlich akzeptierende Umgangsform mit lebensgeschichtlichen Zeugnissen dürfte auch die Absicht erbringen, durch biographisches Material die „wirkliche" Funktionsweise von sozialen Institutionen, besonders solchen der sozialen Kontrolle und der Erziehung, unterhalb ihrer Programmatik aufzuzeigen. Durch Veröffentlichung von Leiderfahrungen der Insassen und des Klientels solcher Institutionen kann gezeigt werden, dass sie die Funktionen nicht erfüllen, die sie zu erfüllen vorgeben, sondern andere, gar entgegengesetzte. Mindestens wird die methodische Anstrengung notwendig, eine Befragungssituation durchzuhalten, die auch dann noch an die Sichtweisen und biographischen Rekonstruktionen der Befragten herankommt, wenn diese – etwa in einer psychiatrischen Klinik – im Begriffsrahmen von Krankheit und Persönlichkeitsstörung behandelt werden und entsprechende Begriffe sogar schon in die eigene Sprache übernommen haben (Riemann 1980, 413f.).

Auch Oral History kann sich vom Originalmaterial nicht ganz lösen, besteht ihr Vorzug gegenüber traditioneller Geschichtsschreibung doch darin, dass sie Menschen aus den Bereichen, über die die Staatsaktionen gewöhnlich hinwegrauschen, zur Sprache bringt.

Anders steht es mit Untersuchungen, die im Hinblick auf eine Reform einer Institution oder aber ausschließlich zur Unterrichtung der Fachkollegen in der Wissenschaft unternommen werden. Meist suchen Studien dieser Verwendungszusammenhänge nach Verknappungsmöglichkeiten, stellen das biographische Material nur auszugsweise oder nur als Zitate vor. Ihnen geht es um die Ergebnisse der Interpretation, sie wollen verallgemeinerte Aussagen treffen.

Allgemein kann eine gesellschaftspolitische Wirkung der biographischen Forschung darin gesehen werden, dass sie im sozialen Leben einen verständnisvollen Umgang auch mit abweichenden oder gar erschreckenden Lebenslösungen fördert. Was uns als isolierte Fakteninformation unglaublich oder unverständlich bleibt – z.B. Heroinkonsum –, wird nachvollziehbar, wenn uns die ganze Geschichte dorthin als biographisches Dokument vorgestellt wird. Was als einzelne Tatsache ein Problem für die Justiz ist – z.B. Autodiebstahl durch einen Jugendlichen –, wird aus einem lebensgeschichtlichen Sinnzusammenhang heraus sichtbar, der zwar nicht unserer ist, aber immerhin ein Sinnzusammenhang. Wenn auch Lebensgeschichten aus deviantem Sozialmilieu als Biographien bezeichnet werden, wird ihnen implizit eine Bedeutung verliehen, die sie nach traditionellen kulturellen und literarischen Regeln nicht haben. „In biographischer Forschung steckt also eine Gegenbewegung, besser: eine Ergänzungsbewegung zum normalen sozialen Gedächtnis. Sie hebt Gestalten individuellen Lebens ans Licht, auf die sonst kein Licht fiele." (Fuchs 1979a, 78)

Allerdings ist dieser Vorgang einseitig: Biographische Forschung informiert über abweichende Lebensformen, über Problemkarrieren, über die Sichtweisen der Klienten und Patienten. Sie gibt diese Informationen an diejenigen, die das Lesen von wissenschaftlichen Berichten gewohnt sind, die am Markt der Veröffentlichungen teilnehmen. Das geht aus Beckers (1966, XIV) Auffassung hervor, dass biographische Forschung einen Beitrag zur „Konversation zwischen den Klassen" erbringe: „Weil die Lebensgeschichte die ‚eigene Geschichte‘ des Handelnden ist, ist sie eine lebendige und vibrierende Botschaft von ‚dort unten‘. Sie sagt uns, was es bedeutet, eine Art Mensch zu sein, den wir niemals von Angesicht getroffen haben."

Schon die Veröffentlichung von Arbeiterbiographien um die Wende zum 20.Jahrhundert wurde in ähnlicher Absicht begonnen. Die Vorstellung biographischen Materials aus den unteren Schichten war Beweis- und Anschauungsmaterial für die Sozialreformer aus bürgerlichen Kreisen. Mindestens sollte sie es den Angehörigen des Bürgertums erleichtern, mit den Menschen aus der Arbeiterschaft umzugehen. So hat der Pfarrer Moszeik (1909, 1) seine Bitte an eine kirchlich denkende Arbeiterfrau begründet, ihm aus ihrem Leben zu erzählen, damit er daraus ein Buch machen könne: „Wenn wir Pfarrer auf der Kanzel stehen und zu Ihnen reden, so ist die Hauptsache, daß Sie uns auch wirklich verstehen. Wir wollen nicht über Ihren Kopf hinweg sprechen. Da müssen wir denn doch wissen, welche Gedanken, welche Freuden und Schmerzen, Zweifel und Sorgen Sie erfüllen." Entsprechend steht die Veröffentlichung von „Eigenberichten" jugendlicher Straftäter seit dem 19.Jahrhundert in einem auch außerhalb der Sozialwissenschaft vor sich gehenden Kommunikationsprozess, der die Sozialreformer, die Kriminalpolitiker, die gebildete Öffentlichkeit darüber informiert, wie abweichendes Verhalten bei den unteren Sozialschichten aussieht (Bennett 1981).

Zu dieser Einbindung biographischer Forschung in die gesellschaftlichen Informationsprozesse gibt es zwei wissenschaftspolitische Positionen, eine pessimistische und eine optimistische:

Die pessimistische sieht in der Übermittlung von Informationen übers alltägliche Leben der Gruppen und Schichten „dort unten" an die Gebildeten, an die Angehörigen der herrschenden Gruppen Gefahren, mindestens eine Art von kultureller Ausbeutung. Ausgangspunkt ist, dass die Menschen „dort unten" kein Interesse an der Lektüre von biographischen Forschungsresultaten über ihre Lebenswelt haben. Schon Göhre (zit.n. Emmerich 1976, 401) hatte so erklärt, weshalb Arbeiterbiographien wenig Resonanz in der Arbeiterschaft gefunden haben: Als die erste Arbeiterbiographie erschien, „war sie eine Sensation, jede der nachfolgenden aber hat, ganz ohne Rücksicht auf ihre Qualität, einen immer geringeren Absatz gefunden... Die Arbeiterklasse selbst hat kein intensives Interesse an solchen Büchern. Das, was sie erzählen, kennt jeder einzelne aus ihr als sein eigenes Schicksal nur zu genau ..."

Die optimistische Auffassung von dieser gesellschaftlich einseitigen Informationsleistung biographischer Forschung hält dafür, alle Möglichkeiten zu nutzen, um Menschen von „dort unten" eine gleichberechtigte Präsentation auf dem Markt der Bücher und Medien zu ermöglichen. Hierhin gehört Beckers Bild von der Konversation zwischen den Klassen: Zwar seien in den USA die Klassenschranken und damit auch die Schranken der gegenseitigen Wahrnehmung weniger strikt als in anderen Gesellschaften. „Dennoch, die Distanz zwischen sozialen Klassen, zwischen ethnischen Gruppen, zwischen Altersgruppen bewirkt doch, daß es für die meisten Soziologen schwer ist (abgesehen von den anderen, deren Arbeit sie nicht zu einem solchen Wissen treibt) zu verstehen, was es heißt, das Leben eines schwarzen Junkie oder eines polnischen Delinquenten zu führen." (Becker 1966, XIV; auch: Zinnecker 1982)

Biographische Forschung und alltägliche biographische Kommunikation

Kapitel I hat sich mit den Alltagspraktiken befasst, in denen Lebensgeschichte thematisch wird. Dies war in der Absicht geschehen, die wirkliche Basis biographischer Forschungsverfahren aufzufinden (ähnlich für die biographische Schreibpraxis: Allport 1947, 67-121). An welchen sozialen Praktiken biographischer Kommunikation also orientiert sich biographische Forschung?

Soweit biographische Forschung sich der Dokumentation von biographischen Berichten ihrer Befragten widmet, ist sie der biographischen Kommunikation des Alltags nachgebildet, erzählt sie eine gehörte Lebensgeschichte weiter – nur eben mit den Mitteln des Forschungsberichtes, nicht mit denen des Gesprächs. Hat sie hierzu die Erlaubnis des Befragten eingeholt, bricht biographische Forschung an keiner Stelle die Regeln des alltäglichen Umgangs betreffs Weitergabe lebensgeschichtlicher Erzählungen.

Und welche Alltagspraktiken bildet biographische Forschung nach, wenn sie die lebensgeschichtliche Erzählung des Befragten zum Aus-

gangsmaterial von Interpretation und Analyse „degradiert", wenn sie
ihre Gesichtspunkte (unter Umständen gegen die des Befragten)
durchsetzt? Die Analogie zur Praxis einiger Institutionen, die lebensgeschichtliches Material sammeln und ohne Zugriffsmöglichkeit der
Person, um deren Lebensgeschichte es sich handelt, zu Entscheidungen heranziehen, drängt sich auf. Allerdings hat sich in Kapitel I ergeben, dass auch in der freien Luft des Gesprächs Interpretationen vollzogen werden, auf die der Erzähler einer Lebensgeschichte keinen
Einfluss hat. Es gibt im Anschluss an biographische Kommunikationen die Möglichkeit, dass ich mir das Gehörte noch einmal vergegen-
wärtige und meine eigene Auffassung von Logik, Sequenz und Identitätsdarstellung formuliere, unabhängig von den Darstellungszielen des
Gesprächspartners.

An drei Stellen vor allem muss biographische Forschung ihren
Rückbezug auf die Alltagsgewohnheiten der Befragten bei biographischer Kommunikation genau überlegen: Sind sie überhaupt gewohnt
und in der Lage, eine Lebensgeschichte zu erzählen? Welche Zeitstruktur dieser Erzählung dürften sie gewohnt sein? Sind sie es gewohnt, ihre Erfahrungen aus unterschiedlichen Lebensbereichen auf
eine integrierte Gestalt hin zu erzählen?

Menschen in benachteiligten Sozialmilieus tun sich oft schwer, eine Lebensgeschichte als Insgesamt einer persönlichen Entwicklung,
einer individuellen Linie zu erzählen. Jugendliche, die ihr Leben in
einem Heim verbracht haben, erzählen oft keine Lebensgeschichte,
sondern die Ereignisse, die sie von Station zu Station geschoben haben. Kinder von etwa zehn Jahren, die zu einer biographischen Erzählung aufgefordert werden, reagieren überrascht und manchmal verunsichert (Krüger/Ecarius/Grunert/Michelmann 1994, 226 ff.). Dies gilt
auch für andere, die wenig Chancen für Eigengestaltung des Lebens-
wegs hatten, z.B. für Hausfrauen, die über lange Jahre in ihrer Hausarbeit aufgegangen sind. Auch aus Untersuchungen über Biographien
von Arbeitern wird das berichtet. „Müssen wir ... daran erinnern, wie
sehr das Interview mit einem Arbeiter, zumindest in den ersten Minuten, einem Einbruch, einem Gewaltakt gleicht? ... Er soll ein Leben
erzählen, das für ihn nicht existiert. Am Anfang steht eine Weigerung

oder die Affirmation eines Schweigens: ,Ich habe nichts zu erzählen, was Sie nicht schon wüßten!', oder ,Was wollen Sie, daß ich Ihnen erzähle?'." (Lequin/Métral 1980, 253)

Aus Oral-History-Forschungen zur Geschichte der Arbeiterbewegung und zu den Vorgängen im Zusammenhang mit dem Nationalsozialismus ist bekannt, wie spröde und auch unzuverlässig hierzu erzählt wird – gerade auch von denen, die als Aktivisten der linken Organisationen gegen das NS-Regime standen. In vielen Fällen und zu manchen Ereignissen und Konstellationen ist der Informationswert von Interviewtexten geringer als der der schriftlichen Quellen. Dies dürfte nicht nur auf Erinnerungsmängel zurückgehen, sondern auch auf die „extrem defensive Haltung zur eigenen Geschichte", die sich in allen Organisationen der Arbeiterbewegung heute findet (Niethammer 1982, 29), auf Bedingungen eines kollektiven Gedächtnisses also. Gravierende Fehleinschätzungen der Kommunisten im Jahre 1933, die weithin kampflose Hinnahme der Machtübernahme der Nationalsozialisten durch Sozialdemokraten und Gewerkschaften, der desorientierte Widerstand der ersten Jahre nach 1933, das alltägliche Arrangement mit dem Regime, auch spätere Ereignisse (Hitler-Stalin-Pakt) werden ungern erinnert.

Sind als Befragte Menschen vorgesehen, die solche Probleme mit einer lebensgeschichtlichen Erzählung im Interview haben, oder aber Themenbereiche, die im allgemeinen nicht Teil alltäglicher biographischer Kommunikation sind, bedarf es sorgfältiger Vorbereitungen. Der Leitfaden sollte darauf abgestimmt werden; er sollte genügend Gesprächsanreize enthalten, um diese Schwierigkeiten zu vermindern. Oder – beim narrativen Interview – muss sich der Sozialforscher von vornherein auf Pausen, auf Schweigesituationen und Stockungen einstellen, bis dann der Befragte vielleicht wieder weiter erzählen kann.

Sind es die Befragten gewohnt, ihre Erfahrungen aus unterschiedlichen Lebensbereichen auf eine eindeutige Identität hin integriert zu präsentieren? Sucht der Sozialforscher nach dem gleichbleibenden Persönlichkeitskern des Befragten, der durch alle Lebenszeit und durch alle Veränderungen hindurch die Geschehnisse um das Ich herum berichten kann? Ist der Interviewer an der Klärung von Widersprüchen und Inkonsistenzen der Erzählungen des Befragten interessiert? Sieht er in ihnen Mängel des produzierten Datenmaterials? Oder sieht er in unterschiedlichen Akzentsetzungen und retrospektiven Darstellungen das Mosaik verschiedener Zuhörer, denen dieselbe Geschichte schon mehrfach – mit unterschiedlichem Akzent – erzählt worden ist? Meist werden Inkonsistenzen und Widersprüchlichkeiten im Text so aufgefasst, als ob sie sich von einem höheren Standpunkt aus als doch miteinander verträglich auffassen ließen.

Übergangen wird dabei die alltägliche Tatsache, dass Lebenslinien oft erst im nachhinein sichtbar werden und deshalb nie die Fülle und Ungewissheit aktueller Handlungssituationen beschreiben können, dass Identität ein nachträglich erreichtes Gefühl ist. Die Teilbereiche des gesellschaftlichen Lebens haben Ablaufmuster ausgebildet, die nicht immer miteinander synchronisiert sind, sondern permanente Synthetisierungsleistung vom Ich verlangen, ihm die nachträgliche Zusammensetzung zum Lebensweg abverlangen. Biographie als gelungene Sinnfigur wird, wenn überhaupt, dann nachträglich zu lebensgeschichtlichen Konstellationen und Problemsituationen erreicht. Die Annahme vom identischen Erzähler, von der rekonstruierbaren Lebenslinie, von der einen Lebensgeschichte eines Menschen dürfte auf allen Ebenen der Forschungsarbeit dazu beitragen, dass Nichtidentisches übersehen wird. Dass auch der soziale Alltag in vielen Situationen biographische Kontinuität abverlangt, damit soziale Beziehungen über die Zeit hinweg verlässlich werden, ist für eine solche Annahme keine ausreichende Begründung.

Diese Fragen nach dem Verhältnis von alltäglicher biographischer Kommunikation und biographischer Forschung können verallgemeinert werden zur Frage nach der Kulturbedeutung der biographischen Forschung: Was löst biographische Forschung (unabsichtlich und nebenbei) im sozialen Leben aus?

Für die Oral History nennt Grele (1985, 252) einen Verfremdungseffekt: „Wenn wir Menschen in einem Oral-History-Interview befragen und sie auffordern, ihre Vergangenheit zu erforschen und ihr wie auch unseren Überlegungen einen Sinn zugeben, fordern wir sie dazu auf, aus sich herauszutreten, sich von ihren Erfahrungen zu distanzieren und – so wie wir es sind – zugleich Insider und Outsider zu werden, ihr eigenes Leben ‚anthropologisch fremd' zu machen." Die Befragten werden veranlasst, über Lebensumstände und -ereignisse nachzudenken, über die sie noch nie nachgedacht haben; sie sehen sich genötigt, Vorgänge und Handlungen zu erläutern, die sie bislang ohne weitere Reflexion einfach als Gegebenheiten ihrer Lebenserinnerung hingenommen hatten.

Eine zweite Kulturbedeutung der biographischen Forschung wird darin bestehen, dass sie die Befragten darin unterstützt, die soziale Welt vordringlich aus der Ich-Perspektive zu sehen. Wiederum für die Oral History stellt Grele (1985, 256) fest: „Oral History, wie Biographie oder Autobiographie überhaupt, unterstützt die Sichtweise, daß die Individuen ihr eigenes Geschick gestalten, daß sie in gewissem Sinne geschichtlich Handelnde sind, und zwar absichtlich."

Partner oder Objekt?

Wegen der Ich-Nähe des Themas Biographie spielt die Frage, welches Verhältnis der Sozialforscher zum Befragten aufnimmt, in biographischer Forschung eine große Rolle. Wird der Befragte als Partner bei der Datenherstellung und der Produktion von Wissen angenommen, oder wird er als Objekt der Sozialforschung behandelt? Diese Alternative ist häufig als Problem der Forschungsethik diskutiert worden. Es handelt sich aber auch um eine Entscheidung über den Weg, auf dem der Forscher zu korrekten und ausführlichen Informationen gelangen kann, um eine methodische Entscheidung.

Forscher sprechen den Befragten als Partner im Prozess der Gewinnung von Daten an, wenn sie darauf setzen, dass ihn eine offene Unterrichtung über Sinn und Zweck der Untersuchung motivieren kann sich anzustrengen, zum Gelingen der Untersuchung beizutragen. In der Lehre vom sozialwissenschaftlichen Interview wird diese Konstellation für das „objectifying interview" (Sjoberg/Nett 1968, 214ff.) empfohlen, auch für das Informanten- oder Experteninterview.

Gerade auch um vertrauliche Informationen zu erlangen, bietet sich ein solches Partnerverhältnis an, das sich hin und wieder bis zur Freundschaft entwickeln kann. „Die wirksamsten Helfer und die bes-

ten Werkzeuge des Anthropologen sind nämlich Sympathie und Mitgefühl für die Menschen, die er studiert. Aus der ursprünglich rein
wissenschaftlichen Zwecken dienenden Zusammenarbeit entwickelte
sich mit der Zeit eine innige und dauernde Freundschaft... Ich habe
viele hundert Stunden im Kreise der Familie Sánchez verbracht. Ich
habe bei ihnen zu Hause gegessen, an ihren Tanzereien und Festlich-
keiten teilgenommen, sie an ihre Arbeitsstätten begleitet, ihre Freunde
und Verwandten kennengelernt, mich ihren Wallfahrten angeschlos-
sen und mit ihnen die Kirche, Kinos und Sportplätze besucht." (Lewis
1965, 19)

Über die Datengewinnung hinaus ist es möglich, den Befragten in
die Arbeitsschritte der Interpretation einzubeziehen. Der Sozialforscher kann ihm seine grundlegenden Hypothesen vortragen, seine
Auswertungs- und Interpretationsversuche vorlegen – zur Korrektur,
zur Ergänzung, zur gemeinsamen Diskussion. Bis zur Redaktion des
endgültigen Textes kann der Befragte als Mitautor angesehen werden
und entsprechende Rechte erhalten (Scharang 1973, 26f.).

Aber dieses Vorgehen hat Nachteile: Der Sozialforscher wird über
die gegebene Bereitschaft des Befragten zu einem Interview hinaus
von dessen Bereitschaft abhängig, sich als Partner und Gehilfe zu verstehen und die eigenen Lebenserinnerungen mit einem distanzierten
Blick zu betrachten. Die Probleme fangen z.T. bei trivialen Dingen an:
Viele Befragte wollen die Transkription ihres Interviews in Richtung
auf die Regeln der Schriftsprache „verbessern" (vgl. Thompson 1988,
232).

Zudem sind die Möglichkeiten, den Befragten in wissenschaftliche
Studien einzubeziehen, bei Gruppen und Sozialschichten verschieden.
In manchen Gruppen gilt Sozialwissenschaft nicht als ein fürs eigene
Leben wertvoller Handlungsbereich. Andere Gruppen haben bereits
Erfahrungen mit Sozialwissenschaftlern gemacht, aber in instrumen-
tell definierten Situationen. Heiminsassen, Strafgefangene haben eine
relativ breite Erfahrung mit Sozialwissenschaft, aber immer aus Kon-
troll-Konstellationen; sie werden sich kaum vorstellen können, dass
sozialwissenschaftliche Untersuchungen einen Sinn aus sich heraus
haben, einem sachlichen Gesichtspunkt folgen.

Die in Kapitel I beschriebenen sozialen Funktionen biographischer Kommunikation legen die Vermutung nahe, dass die Menschen nur selten ihre Lebensgeschichte ausführlich und distanziert zu beschreiben gewohnt sind. Biographische Kommunikation des Alltags ist eingebunden in die alltäglichen Vorgänge der Identitätsdarstellung, der Durchsetzung, der Diskreditierung und der Erpressung. Angesichts solcher Alltagsgewohnheiten dürfte der Vorschlag zu einer partnerschaftlichen Zusammenarbeit, ausgehend vom Sozialforscher, nicht von selbst günstige Auswirkungen haben. Die Ziele von Sozialforschung liegen quer zu den alltagspragmatischen Leistungen der biographischen Erzählung. In vielen Fällen wird es unmöglich sein, den Befragten als Partner bei der Begutachtung von Analysen seiner Lebensgeschichte anzunehmen. Vor der Frage, ob ihm diese oder jene Interpretation angemessen erscheint, wird sich der Widerstand auswirken, überhaupt Interpretationen der eigenen Lebensgeschichte von einem anzunehmen, den man darum nicht gebeten hat.

Als Fazit ergibt sich, dass es in einigen Fällen möglich, in anderen nahezu unmöglich ist, zum Befragten eine partnerschaftliche Beziehung einzugehen. Unmöglich oder sehr schwer ist es dann, wenn mit der Lebensgeschichte etwas gemacht wird, was der Befragte nicht nachvollziehen kann oder was er gar als Angriff auf seine Identität wahrnehmen muss. Möglich scheint es dann, wenn der Befragte als Informant bzw. Experte gilt (zu geschichtlichen Vorgängen, über unbekannte Sozialmilieus) und wenn seine Erzählungen und Berichte ihre eigene Stimme im Forschungsbericht behalten (als Zitate etwa).

Entwurf der Befragungssituation

In Kapitel II sind die hauptsächlichen Argumente für das narrative oder das Leitfaden-Interview beschrieben worden. Bei aller Klarheit, mit der die Vertreter des narrativen Verfahrens auf einer eindeutigen Entscheidung bestehen, versuchen manche Sozialforscher Kombinationsmöglichkeiten. So gibt es Versuche, das Leitfaden-Interview mit narrativen Elementen anzureichern, ausführliche Erzählungen und Berichte zu einzelnen (im Leitfaden vorgegebenen) Stichworten bzw. zu Einzelpunkten des Gesprächs nicht nur zuzulassen, sondern zu er-

muntern. Sowie zwei, drei oder gar mehr Termine mit ein und demselben Befragten möglich sind, eröffnen sich gute Chancen für eine
vielfältigere Befragungssituation. Selten wird übrigens an die Möglichkeit eines Panels, einer mehrfachen Befragung in größere Zeitab-
schnitten gedacht. Zu den Ausnahmen zählt eine Forschung über den
Zusammenhang von Stadt- und Lebensgeschichte (Herlyn 1980).

Eine naheliegende Variante ist, beim ersten Interview die Lebensgeschichte narrativ zu erheben, beim zweiten die im narrativen Verfahren vorgesehene Nachfragephase auch durch einen Leitfaden zu
steuern. Man erhält so zugleich die selbst erzählte Lebensgeschichte
des Befragten und seine Erinnerungen an bestimmte Ereignisse der
großen oder der Lokalgeschichte, an Bedingungen und Umstände seiner Wohnkultur früher, an seine Teilnahme in einem Sportverein. Diese Kombination dürfte sich empfehlen, wenn man zugleich auf Daten
über die biographischen Strukturen des Befragten und auf Daten nach
Art der Oral History aus ist.

Narrative Interviews und Gruppendiskussion verbindet ein Forschungsprojekt über Arbeitslosigkeit. „Die Beiträge unserer Informanten in der Gruppendiskussion verstehen wir in erster Linie als Argu-
mentationsleistungen ‚kompetenter Theoretiker ihres eigenen Schick-
sals‘, d.h. im Gegensatz zum narrativen Interview stehen hier nicht
möglichst detaillierte erzählförmige Darstellungen von Erfahrungen
und lebensgeschichtlich bedeutsamen Abläufen im Vordergrund, sondern reflexive und argumentative Verarbeitungen insbesondere der
Arbeitslosigkeit werden in der Gruppensituation angeregt, ausge-
tauscht und miteinander konfrontiert." (Heinemeier/Matthes/Pawelcik/
Robert 1981, 179)

Dreigestuft war eine Befragung von Arbeiterinnen angelegt: Die
„offenen Interviews wurden anhand eines Gesprächsleitfadens geführt
... Bei einem weiteren Treffen wurde ein standardisierter Fragebogen
vorgelegt, in dem sozialstatistische Daten sowie Einstellungen und
Beurteilungen zur allgemeinen Situation der Frauen festgehalten wurden. Dadurch wurde der Gesprächsfluß des offenen Interviews von
Faktenfragen entlastet ... Mit den Frauen eines jeden Betriebes wurde
nach den Einzelgesprächen eine zwei bis drei Stunden dauernde

Gruppendiskussion geführt. Als Diskussionsgrundlage diente ein Auszug aus einem Interview." (Eckart/Jaerisch/Kramer 1979, 7f.)

Lebensgeschichtliche Interviews sind oft nur ein Teilschritt der Datenerhebung eines Forschungsvorhabens. Volkskundliche Ansätze verknüpfen teilnehmende Beobachtung, Quellenstudium und Sammlung von familiengeschichtlichen Zeugnissen als Forschungswege. Ethnographische Ansätze verbinden Einzelinterviews, Familiengespräche, Beobachtung und Material aus Kontroll- und Resozialisierungsinstitutionen (Hildenbrand 1983; 1999). Familiengeschichtliche Ansätze, die an Transmissionsprozessen von einer Generation zur nächsten bzw. an Prozessen der sozialen Mobilität über die Generationen hinweg interessiert sind, erheben lebensgeschichtliche Interviews mit Angehörigen mehrerer Generationen in einer Familie und ziehen genealogische Informationen (vor allem zur räumlichen und sozialen Mobilität der Vorfahrengenerationen) heran (Bertaux/Bertaux-Wiame 1988, 1991; Semenova 1993; Bertaux 1997; vgl. Heinritz/Rammstedt 1989, 272ff.), wobei die lebensgeschichtlichen Informationen über die Individuen von vornherein so erhoben werden, dass sie Bezug zu den Geschwistern, Eltern usw. haben (vgl. Bertaux 1995, 78ff.). Gemeindesoziologische und stadtgeschichtliche Forschungen ziehen Zeitungsmaterial (Schütze 1977) oder die Bestände der heimatkundlichen Archive mit heran (Fuchs 1979b).

Auch dann, wenn Zeit, Arbeitsaufwand oder andere Bedingungen es nicht zulassen, mehr als ein Interview mit dem Befragten zu führen, lassen sich Kombinationen ermöglichen. Man kann z.B. die Erhebung der objektiven Daten des Lebenslaufs im Sinne des *curriculum vitae* durch einen Erhebungsbogen, der die entsprechenden Kategorien enthält, erfragen. Der Befragte erhält ihn nach dem Interview und füllt in abschließend aus, ganz wie er sonst Formulare bei Ämtern ausfüllt.

Das lebensgeschichtliche Material des Befragten wird von beiden hergestellt – vom Befragten und vom Interviewer. Zwei Ebenen hat diese Mitwirkung des Interviewers an der Produktion von Daten: Er initiiert eine lebensgeschichtliche Erzählung, die in mehreren Hinsichten nicht-alltäglich für den Befragten ist. Er ist Ansprechpartner, Zuhörer und Fragender während der lebensgeschichtlichen Erzählung

des Befragten. Was so zustande kommt, sind Protokolle von Erzählungen, die der Befragte dem Sozialforscher erzählt hat.

Wenige Studien nur machen sich Gedanken über diesen formenden
Beitrag des Interviewers bei der Entstehung der Daten. Wenn Shaw
den befragten jugendlichen Delinquenten als erstes eine Liste der Delikte, Inhaftierungen und Heimaufenthalte abverlangt und sie anhand
einer chronologischen Ordnung dieser Ereignisse um die Erzählung
ihrer Erfahrungen bittet, so liegt nahe, dass die Jugendlichen die Abfassung ihrer Lebensgeschichte auch als Reuebekenntnis, als therapeu-
tisch motivierte (und erzwungene) Abrechnung mit ihrem bisherigen
Leben interpretieren. Handelt es sich bei Stanleys Lebensbericht um
den Versuch, das Verständnis des Sozialwissenschaftlers, der zugleich
Sozialarbeiter ist, zu erreichen, indem er dessen Vorstellung vom Ab-
rutschen ins kriminelle Milieu durch Umweltbedingungen übernimmt?

Zwei Möglichkeiten gibt es, den Anteil des Interviewers an den
entstehenden Daten zu kontrollieren: Man kann über die Interaktion,
die sich bei der Datenproduktion abspielt, Buch führen und auf diese
Weise Anhaltspunkte dafür gewinnen, wie und wann der Interviewer
die Erzählweise des Befragten beeinflusst hat. Und man kann zweitens
die Befragungssituation so genau wie möglich konzipieren und durch-
planen, um den Interviewereinfluss überschaubar zu halten. Für die
erste Möglichkeit wird vorgeschlagen, die Entwicklung der Zusammenarbeit zwischen Befragtem und Interviewer genau zu protokollieren und als Bestandteil des Forschungsberichts zu veröffentlichen,
damit der Leser diese Bedingungen nachvollziehen kann. Die zweite
Möglichkeit besteht darin, dass vorweg Regeln fürs Verhalten des
Interviewers festgelegt werden. Gleichgültig, ob seine Fragen durch
einen Leitfaden vorgeschrieben werden oder ob im narrativen Interview primär eine Phase des bestätigenden Zuhörens vorgesehen wird,
um danach erst Nachfragen zuzulassen – in jedem Falle handelt es
sich um Versuche, den Anteil des Interviewers an der Produktion der
Daten überschaubar zu halten. Übrigens schließen sich beide Möglichkeiten nicht aus.

Dieses Problem, dass der vom Tonbandgerät aufgenommene und
später schriftlich vorliegende Text der Erzählungen des Befragten nur

einen mehr oder weniger schmalen Ausschnitt aus dem Gesamtgeschehen im Interview wiedergibt, verweist auf die Frage, ob die situativen Bedingungen insgesamt (und nicht nur die Beteiligung des Interviewers an der Produktion des Texts) berücksichtigt werden sollen und, wenn ja, wie. An dieser Frage trennen sich die Wege von sozialwissenschaftlicher Textanalyse und von Ethnographie. Insbesondere Goffman (1968) hat darauf aufmerksam gemacht, dass Sprechen eingebunden ist in eine soziale Situation eigener Wirklichkeit, mit bestimmten äußeren Gegebenheiten und bestimmten strukturellen Bedingungen der Begegnung zweier oder mehrerer Menschen; er beklagt die Vernachlässigung der Situation, in der gesprochen wird.

Ob der Weg der Ethnographie gegangen wird oder der der Textinterpretation allein – es stellt sich die Forderung nach Dokumentation und (späterer) Offenlegung der Bedingungen, unter denen die Daten produziert worden sind, sowie der Beteiligung des Sozialforschers an diesem Herstellungsprozess. Für die biographische Forschung hängt von der Einlösung dieser Forderung unter anderem ihr „Anspruch auf wissenschaftliche Geltung" (Thomae 1969, 86) ab.

Ist der Entwurf der Befragungssituation klar, sind damit weitere Vorentscheidungen getroffen. Hat man sich für ein Leitfaden-Interview entschieden, wird später eine Auswertung im Hinblick auf die vom Befragten selbst gesehenen Sequenzstrukturen unmöglich. Durch die Festlegung der Forschungsziele, der theoretischen Orientierung und der Befragungssituation sind die Spielräume für die Frage klein geworden, in welcher Beziehung der Forscher den Befragten annimmt, als Partner oder als Objekt. Gleichzeitig ist mitentschieden, an welche den Befragten bekannte Alltagssituation sich biographische Befragung anschließen will.

Von Anfang an ein Forschungstagebuch!

Forschung ist ein Prozess, der sich zu Beginn zwar planen, der sich aber nicht vollständig durchs Forschungsdesign oder methodische Vorgaben determinieren lässt. Entgegen dem technischen Modell – Forschungsplan, Durchführung und Datengewinnung, Auswertung und Darstellung der Ergebnisse – stehen die einzelnen Schritte der

Forschungsarbeit selten in einer eindeutigen Zeitabfolge. Oft entsteht die zentrale Hypothese erst, nachdem viele Daten zusammengetragen sind; oft entwickelt sich das Problem, dem die Untersuchung gilt, aus verschiedenen Anläufen, vielleicht erst während der Datengewinnung. Oft wird die ursprüngliche Fragestellung zurückgestellt zugunsten einer schärferen Formulierung, die der Forscher aufgrund zunehmender Kenntnis der Feldbedingungen oder seiner Daten gewonnen hat.

So unvermeidbar solche Revisionen sind, sie sollten im Sinne eines Tagebuchs („Werkstatt-Tagebuch" bei Stöckle 1990, 137f., „Forschertagebuch" bei Marotzki 1996, 59f.) aufgezeichnet werden. Man kann dann später Revisionen des ursprünglichen Forschungsplans identifizieren, sich der Fortschritte in der Forschungsarbeit versichern. Man kann nachträglich Entscheidungen in diese oder in jene Richtung rekonstruieren – Ereignisse, die man schon wieder vergessen hat, weil andere Probleme und Arbeitsaufgaben dringender waren, die aber dennoch für eine vollständige Präsentation der Ergebnisse und der Schritte, die zu ihnen geführt haben, vergegenwärtigt werden sollten. „Würden diese Aufzeichnungen zusammen mit dem biographischen Material des Befragten veröffentlicht, würde ihre Analyse anderen Soziologen erlauben, die Objektivität und Validität der vorgelegten Lebensgeschichte endgültig zu beurteilen." (Denzin 1975, 243)

Tagebuch – das legt die Beobachtung der eigenen Motive und Erfahrungen im Laufe der Forschungsarbeit nahe. Immerhin kann begründet vermutet werden, dass der Sozialwissenschaftler auch aus persönlichen Konstellationen heraus darauf kommt, biographische Forschung zu betreiben statt Fragebögen zu konstruieren und Attitüden zu messen. Bei diesem „personal life-cycle interest" (Glaser 1978, 28) des Forschers handelt es sich um eine tragfähigere Basis für die kreative Bearbeitung einer Forschungsfrage, als wenn es nur um Auftrag, Prüfungsnotwendigkeit oder Karriereinteresse ginge.

Dennoch bleibt die Frage, in welcher Intensität solche Selbstbeobachtung vorgenommen werden soll. Sie kann unter Umständen zeitweise dominant werden gegenüber dem sachlichen Interesse an Lebensgeschichten anderer, kann – selbstquälerisch oder narzisstisch – die Beschäftigung mit den Daten überwuchern, kann biographische

Forschung zur Selbsterforschung werden lassen, die ja besser und ehrlicher in anderer Weise (als Therapie) betrieben würde. Gegen die von der psychoanalytisch orientierten Tiefenhermeneutik kommenden Empfehlungen wendet Oevermann (1993, 177) ein: „In dem Maße, in dem dem Forscher erfolgreich empfohlen wird, seine Gegenübertragungs-Empfindungen im Kontakt mit dem Untersuchungsgegenstand zu reflektieren und auszulegen und darin seinen wesentlichen methodischen Ansatz (mit dem Titel ‚Tiefenhermeneutik‘ bzw. den daraus hergeleiteten Spezifizierungen) zu sehen, wird er dazu verleitet, statt seinen Untersuchungsgegenstand sich selbst als dessen Spiegel zu untersuchen. Dies käme ‚in the long run‘ einem äußerst unökonomischen Verfahren gleich und würde dazu führen, die Untersuchungsgegenstände tendenziell zur Selbstanalyse zu instrumentalisieren."

Die Notierung von Verschiebungen der eigenen Wahrnehmung des Befragten und des Feldes, der wissenschaftlichen Auseinandersetzung mit den Daten, der Wendepunkte bei ihrer Bearbeitung dagegen ist hilfreich und kann später im Forschungsbericht die Basis abgeben für eine Skizze der persönlichen Beschäftigung mit der Untersuchungsproblematik. Sie kann auch helfen, die während der Forschungsarbeit laufenden theoretischen Bemühungen abschließend zu strukturieren. Denn das Faktum, so Becker/Geer (1979, 162) für die teilnehmende Beobachtung, dass der Forscher „ständig seinen Untersuchungsplan modifiziert, während er neue Daten entdeckt", muss „sehr ernst genommen werden. Es zeigt an, daß er während der meisten Zeit, die er im Feld verbringt, auch mit analytischer Tätigkeit beschäftigt ist."

2. Erhebung

Auswahl der Befragten und Zugang

In den meisten Fällen geht es darum, nicht nur die Lebensgeschichte eines, sondern die mehrerer Menschen aufzunehmen. Gleichgültig, ob die Absichten des Forschungsvorhabens denen der Oral History, der Untersuchung eines Sozialmilieus mit Hilfe von Einzelfallstudien oder

der bestimmter biographischer Verlaufsstrukturen zuneigen – in jedem Falle kann der Sozialforscher Kriterien für die Gruppe von Menschen angeben, für die er sich interessiert. Sei es, dass es sich um Zeitgenossen eines politischen Ereignisses handelt, um Angehörige einer Berufsgruppe, um Jugendliche, die eine Heimerziehung durchgemacht haben, um Menschen, die bereits einmal arbeitslos waren oder es derzeit sind – Abgrenzungen dieser Art liegen zu Beginn der Forschung vor. Sie ergeben sich aus der Formulierung des Forschungskonzepts bzw. des zu untersuchenden Problems.

Jetzt stellen sich zwei Aufgaben, die selten getrennt voneinander gelöst werden können: Wie lerne ich die der so umgrenzten Gruppe angehörenden Menschen soweit kennen, dass ich sie mit Aussicht auf Erfolg fragen kann, ob sie mir für eine lebensgeschichtliche Befragung zur Verfügung stehen wollen? Zweitens: Welche Personen wähle ich aus der durch die Forschungsfrage umgrenzten Gruppe aus? Natürlich lässt sich die Abfolge der Aufgaben auch umgekehrt denken: Zuerst Bestimmung der für die biographische Befragung geeigneten Personen, danach der Versuch, zu ihnen eine solche Beziehung zu gewinnen, dass sie sich für die Befragung zur Verfügung stellen.

In jedem Falle, biographische Befragung erfordert meist wenigstens den Beginn eines Vertrauensverhältnisses zum Befragten, mindestens aber seine ausdrückliche Bereitschaft, sich derart zeitaufwendig und derart nahe an seinen persönlichen Problemen befragen zu lassen (für die psychologische Biographik: Thomae 1998, 77). Aber der Ausweg, Freunde und Bekannte zu befragen, mit denen Vertrauensbeziehungen schon bestehen, ist für den Ertrag riskant: Mit ihnen teilt der Interviewer viele Informationen und Erfahrungen. Im Interview kann er danach nicht fragen, ohne sich bloßzustellen; die Befragten werden ihm nichts davon berichten, weil sie es ja als schon gemeinsames Wissen voraussetzen.

Zudem sind gerade bei wichtigen thematischen Interessen Probleme mit der Erreichbarkeit der möglichen Befragten zu erwarten. Nicht alle Sozialgruppen in der Gesellschaft sind auf die gleiche Weise für die Mitarbeit in einem biographischen Interview zu gewinnen. Eindrucksvoll berichtet Girtler (1980), welcher Vorbereitungen es bedurfte, bis es ihm gelang, einen „Sandler" (Wiener Stadtstreicher) zu einem lebensgeschichtlichen Interview zu bewegen, und wie schwer die Beschaffung von biographischen Informationen über andere Sandler war. Besonders Angehörige der unteren Schichten, Menschen mit devianten Entwicklungen, aber auch Menschen aus den Machteliten sind für ein lebensgeschichtliches Interview nicht leicht zu gewinnen. Im Unterschied zu Berk/Adams (1979), die schwierige Bedingungen für Feldforschung allein am unteren Ende der sozialen Hierarchie vermuten, kann man entsprechende Vorbehalte auch am oberen Ende annehmen: Nicht nur die Armen, Machtlosen und Stigmatisierten lassen sich nicht ohne weiteres beobachten und befragen, auch die „oberen Zehntausend" dürften Vorbehalte haben. Allgemein lassen sich zurückhaltende und schüchterne Menschen und solche, die ungern über ihre privaten Verhältnisse sprechen, weniger leicht für eine Befragung gewinnen (Yow 1994, 17 und 48).

So ergibt sich, dass eine Auswahl der zu Befragenden unabhängig von dem Versuch, sie überhaupt zur Mitarbeit an der Befragung zu gewinnen, oft nicht sinnvoll ist. Zuerst muss, jedenfalls bei schwer erreichbaren Gruppen, der Zugang zum Feld erlangt werden. Dies ist „das erste und unangenehmste Stadium der Feldforschung" (Wax 1979) und zudem ein Schritt der Forschungsarbeit, zu dem verallgemeinerte Ratschläge kaum zu geben sind; er hängt stark von den spezifischen Aufgaben und Bedingungen eines bestimmten Projekts ab.

Es gibt günstigere und weniger günstige Voraussetzungen für die Lösung dieser Doppelproblematik von Auswahl und Rekrutierung. Je besser der Sozialforscher zu Beginn der Erhebung das Sozialmilieu kennt, für das er sich interessiert, umso besser sind seine Möglichkeiten, vorweg auswählen zu können, weil er sich zu vielen Personen in der umgrenzten Gruppe die Herstellung einer Beziehung zutraut, die zur Rekrutierung für die Durchführung der biographischen Interviews notwendig ist.

Einige Beispiele: Rabe (1978) merkt in seiner Studie über die politischen Biographien von Sozialdemokraten in einem Stadtteil an, er sei selbst Mitglied der untersuchten Grundorganisation dieser Partei gewesen; das habe ihm die Herstellung einer vertrauensvollen Beziehung zu den Befragten erleichtert. Auch Shaw (1966) hat als Mitarbeiter von Sozialfürsorgern und Bewährungshelfern viele jugendliche Straftäter und Heiminsassen gekannt, hatte offensichtlich auch Anteil an der institutionell vermittelten Macht, die Jugendlichen zur Abfassung von „own stories" zu veranlassen. Riemann (1980, 423f.) hatte zunächst als Pflegehelfer in einer psychiatrischen Einrichtung gearbeitet, um dann nach Ende dieser Tätigkeit Patienten als mögliche Befragte anzusprechen. Für stadt- und organisationsgeschichtliche Forschungsabsichten kommt die Mitarbeit in entsprechenden Ehemaligenkreisen oder Seniorentreffs in Frage. Auch Aufrufe in den Lokalzeitungen können erste Bekanntschaften mit Menschen vermitteln, die sich zu bestimmten Themenkreisen befragen lassen (Niethammer 1983, 18).

Allerdings kann die Zugehörigkeit des Interviewers zum Feld der Befragten Nachteile haben für den Ertrag des Interviews. „Wenn etwa Diplomanden der Sozialarbeit Sozialarbeiterinnen interviewen, dann setzen die Interviewpartnerinnen voraus, dass sie es mit Kollegen zu tun haben, die sich in der Welt der Sozialarbeit auskennen ... Ein Interviewer, der selbst Student der Sozialarbeit ist und im Interview mit einer Sozialarbeiterin nachfragt, was sie mit Streetwork oder Beziehungsarbeit meint, setzt sich dem Verdacht aus, in seinem Fach keine Ahnung zu haben." (Hermanns 2000, 367)

Besonders schwierig wird der Zugang zum Feld, wenn es durch politische bzw. staatliche Vorgaben mehr oder weniger unzugänglich ist, gar wenn ein Geheimdienst die Forschung genehmigen muss und wenn staatlich-polizeiliche Mitarbeiter die Forschung „begleiten". Man lese hierzu den Bericht über die Beantragung und Durchführung eines Oral-History-Projekts in Industriestädten der DDR! (Niethammer/von Plato/Wierling 1991, 9ff.)

Von den Verfahren für eine kombinierte Lösung ist in erster Linie das Schneeball-Verfahren zu nennen: Die erste Person aus der umgrenzten Gruppe, die für die Befragung gewonnen werden konnte, fragt der Sozialforscher am Ende des Interviews nach anderen Personen aus dem Freundes- oder Kollegenkreis, aus Nachbarschaft oder Bekanntschaft, die ebenfalls für eine biographische Befragung gewonnen werden könnten. Bei dieser Frage können auch Kriterien genannt werden, denen die nächsten Befragten genügen sollten (Geschlecht, Alter, Beteiligter an einem historisch-politischen Ereignis). In vielen Fällen ist dieses Auswahlverfahren praktikabel. Sein Vorteil liegt darin, dass der Sozialforscher weiterempfohlen wird, beim nächsten Befragten oft keine großen Anstrengungen mehr unternehmen muss, um diesen für das biographische Interview zu gewinnen.

Dieser Vorteil kann sich zu einem Nachteil wenden (oder bei bestimmten Forschungsabsichten von vornherein ein Nachteil sein): Bei der Empfehlung an den nächsten Befragten könnte der erste Befragte diesen „vorwarnen", ihm seine Eindrücke aus dem Interview ausführlich schildern – in irgendeiner Weise an den nächsten Ansprechpartner ein Bild von der Befragung, vom Interviewer oder vom Zweck der Forschung vermitteln, das halb richtig oder ganz irreführend ist. Hin und wieder können sich aus solchen Kontakten der Befragten untereinander Absprachen ergeben, über dies oder das auf keinen Fall zu sprechen. So kann es geschehen, dass sich der Sozialforscher künftig bei jedem Befragten zu Anfang oder auch auf Dauer mit unerwünschten Erwartungen, irreführenden Auffassungen, ja mit verabredeten Kommunikationssperren herumschlagen muss (Schütze 1977, 12f.).

Ein Problem stellt sich oft dann, wenn die durch die Forschungsfrage umgrenzte Gruppe ein Feld bildet, ein Beziehungsnetz auch unabhängig von der Befragung. Wer danach gefragt wird, ob er mitarbeiten wolle, fühlt sich häufig geehrt und vor anderen herausgehoben. Im Rahmen von Oral-History-Projekten als Zeuge der Geschichte gehört zu werden, im Rahmen von Studien über das Sozialmilieu unterer Schichten oder abweichender Gruppen um die Präsentation der Lebensgeschichte gebeten zu werden, das wirkt auf viele Befragte wie eine Auszeichnung. Auf schwer beschreibbare Weise fühlen sich diejenigen, die vom Sozialforscher nicht um die Erzählung ihres Lebenslaufs gebeten werden, zurückgesetzt. In einem Feld spricht sich schnell herum, wen der Sozialforscher schon alles gebeten hat, wer bereits als Zeuge gehört worden ist oder seine Lebenserfahrungen ausbreiten konnte. Ärgerlich und erwartungsvoll fragen die anderen: „Warum fragt er mich eigentlich nicht? Ist meine Lebensgeschichte weniger interessant, weniger wertvoll?" Kompetenzansprüche werden laut: „Warum werde ich nicht gefragt? Ich war doch damals dabei gewesen! Ich weiß doch über dies oder jenes viel mehr als ..." Oder: „Warum fragt er immer nur die von der XY-Organisation?"

Das Feld ist durchzogen von Konfliktlinien und Bündnissen. Es bleibt nicht ohne Konsequenz, auf welcher Seite dieses oder jenes Konflikts man mit der Befragung anfängt. Oft wird der Gang zu Menschen auf der anderen Seite erschwert oder ganz unmöglich. Im schlimmsten Falle kann die Enttäuschung, „zu spät gefragt zu werden", zur Verweigerung der Mitarbeit und zur Opposition gegen die Untersuchung in einem Teil des Feldes führen.

Auch bei dieser Problematik ist es vorteilhaft, wenn der Sozialforscher zu Beginn der Befragungen das Feld ein wenig kennt. Entsprechende Informationen kann er sich durch Lektüre der Lokalzeitung, durch Einsicht in Akten, durch einen Gang ins Stadtarchiv, durch Teilnahme an einer Führung durch einen Betrieb verschaffen. Oder er gewinnt einen „Alteingesessenen", einen „Ehemaligen" zur Zusammenarbeit, lässt sich von diesem einführen. Der kann die Menschen und ihre Beziehungen besser einschätzen als der mit dem Feld kaum vertraute Sozialforscher. Er weiß, wann der richtige Zeitpunkt ist, um die richtige Person anzusprechen, und wie man das erfolgverschend tun sollte. Er kennt Machtbeziehungen, Freundschaften und Feindschaften, persönliche Eigenarten und die Regeln, die nirgendwo geschrieben stehen.

Grundsätzlich bleibt natürlich die Frage, ob man im Wege des Schneeballverfahrens jene Fälle bzw. Ausprägungen erreicht, die entweder am Rande eines sozialen Netzes oder aber außerhalb liegen (vgl. Lamnek 1995, 2, 92f.).

Neben dem Schneeballverfahren, manchmal auch in Kombination damit, wird ein anderes Modell der Auswahl vorgeschlagen, das der „theoretischen Auswahl" (*theoretical sampling, Verfahren der theoretischen Sättigung*). Dieses Auswahlverfahren will etwas anderes als statistische Repräsentativität; es löst sich zudem von der gängigen Aufgabenbeschreibung der empirischen Sozialforschung, die auf die Überprüfung von Theorien bzw. von Hypothesen, die aus Theorien abgeleitet sind, abhebt; theoretische Auswahl ist die Verfahrensseite einer Strategie der Gewinnung von gegenstandsbezogener Theorie. Bertaux (1980b, 284) beschreibt dies Auswahlverfahren in seiner Beziehung zu Auswertung und Interpretation anhand seiner Untersuchung über Bäcker in Frankreich: „Die ersten Lebensgeschichten von Bäckereiarbeitern lehrten mich viel; nach und nach bemerkte ich, daß der Umfang der neuen Information, die ich hinzu bekam, abnahm. Mit dem 15. Interview hatte ich ein ziemlich klares Bild von den soziostrukturellen Beziehungen, die hinter den Lebensläufen standen, die von meinen Informanten beschrieben wurden. Durch das 30. Interview wurde dies Bild mehr und mehr abgesichert. Dadurch entdeckte ich den mächtigen Vorgang der Sättigung wieder. Weil ich darauf geachtet hatte, die möglichen Fälle möglichst verschiedenartig zu halten, die ich untersuchte (alte und junge Informanten, aus Paris und aus der Provinz, gewerkschaftlich organisiert und nicht usw.), weil ich mein eigenes Verfahren des Interviews im Zuge der Entwicklung des soziostrukturellen Bildes verändert hatte, konnte jetzt ausreichend sicher das formuliert werden, was ich aus den Lebensgeschichten einer nichtrepräsentativen Stichprobe von 30 Männern verstanden hatte; diese Ergebnisse standen als sicheres Wissen über die sozio-strukturellen Beziehungen, die die Ziele, die Strategien, die Handlungsabfolgen von 80.000 Bäckereiarbeitern bestimmten und organisierten."

Der Grundgedanke ist folgender: Ein bestimmter Handlungsbereich ist durch relativ wenige strukturelle Muster beschreibbar, von denen zwar Varianten sichtbar sind, aber nicht eine beliebige Anzahl. Gleichgültig, ob ich Vorgänge wie „nach Amerika auswandern" oder „arbeitslos werden" untersuchen will, das Handlungsfeld von Bäckereiarbeitern oder von älteren Arbeitnehmern im Betrieb – ich kann davon ausgehen, dass es in diesen Feldern nicht beliebig viele Strukturmuster, nicht eine beliebige Anzahl von Ablaufformen gibt. Unter solchen Grundannahmen reicht es aus, alle (wichtigen) Strukturmuster erreichen und beschreiben zu können, damit „ein möglichst *zutreffendes Set der relevanten Handlungsmuster*" (Lamnek 1995, 2, 92) identifiziert wird. Man muss nicht 2 000 Befragte erreichen, meist reichen dreißig aus.

Voraussetzung ist, dass die Befragten so ausgewählt werden, dass sie möglichst unterschiedliche Varianten des gemeinsamen Musters darstellen, dass möglichst zu der bereits vorliegenden Information widersprechende neue Einzelfälle hinzukommen, die die bisherige Hypothese über das gemeinsame Muster erweitern, ergänzen, modifizieren (Bertaux 1980a, 207f.). Im Hin und Her zwischen bisherigen Informationen über das gemeinsame Muster in einem Handlungsbereich und neuen, davon möglichst abweichenden Einzelfällen, entsteht so eine „theoretische Sättigung" des Wissens. Die während der Erhebung der ersten Fälle entstehende Theorie über den Gegenstandsbereich leitet die Auswahl der nächsten Fälle an, gibt die Kriterien für die folgenden Befragungen. „Die Suche nach Untersuchungseinheiten wird also zu jedem Zeitpunkt des Forschungsprozesses von der entstehenden Theorie angeleitet." (Kelle/Kluge 1999, 45) Theorieentwicklung aus den Daten und die Suche nach neuen, kontrastierenden Daten verbinden sich zu einem Forschungsprozess, in dem Fragestellung, Erhebung, Auswertung und Theoriearbeit zeitlich nicht voneinander getrennt werden können – wohl aber der Arbeitsform nach (Glaser/Strauss 1967, 45ff.; Glaser 1978, 36ff.).

Der Prozess wird dann abgebrochen, wenn sich aus weiteren Fällen keine zusätzlichen Informationen im Hinblick auf die gegenstandsbezogene Theorie, die sich unterwegs entwickelt hat, ergeben (Denzin 1975, 241). Natürlich erlaubt dieses Auswahlverfahren keine Aussage über die quantitative Verteilung von Strukturmustern in einer Großgruppe. Das ist im Rahmen dieser Strategie der Theoriegewinnung auch nicht von Interesse; hier geht es um die Entwicklung von Begriffen und Erklärungen, die die strukturelle Varianz von Prozessen, Merkmalen und Gegebenheiten in einem sozialen Handlungsfeld erfassen und erklären können.

Allerdings sollte man sich bei der theoretischen Auswahl und bei den – Glaser/Strauss folgend – entsprechenden Vergleichs- und Analyseverfahren darüber im klaren sein, dass hierdurch möglicherweise bestimmte explorative Möglichkeiten verloren gehen, weil das Verfahren rasch auf die Entwicklung von eng begrenzten theoretischen Problemen zuläuft. Dies jedenfalls berichten Faraday/Plummer (1979,

781ff.) aus ihrer Untersuchung von Lebensgeschichten aus sexuellen Minderheiten (Pädophile, Sado-Masochisten, Transvestiten). Sie beklagen, dass das *theoretical sampling* und die Interpretation im Sinne der dokumentarischen Methode das Risiko eingehen, ein eng begrenztes theoretisches Thema zu studieren, nicht aber ein soziales Feld in möglichst verschiedenartigen Aspekten, ohne sich bald auf eine theoretische Vermutung festzulegen (ähnlich: Lummis 1987, 112).

Dem Verfahren des *theoretical sampling* verwandt sind verschiedene Vorschläge, die sich gleichfalls auf Vollständigkeit der konturierten Ausprägungen in einem Feld richten. Wenn der Historiker möglichst „alle Reaktionen auf ein Ereignis" herausarbeiten will, so muss er seine Befragten unter möglichst variierenden Gesichtspunkten suchen, also z.B. nicht nur die Parteiführer und auch nicht nur Parteimitglieder in einer Gemeinde befragen. „Um auch über statistisch seltene, aber mögliche Reaktionsmuster Erklärungsansätze bieten zu können, wird die Auswahl von Interviewpartnern gerade keinen Repräsentativitätskriterien folgen, die bei den interviewten Personen eine Häufung der am häufigsten eingetretenen Reaktionsart zur Folge hätte, und so Phänomene am Rande weiterhin im Schatten belassen würde. Man wird also Fälle bei der Auswahl bevorzugen, die gerade nicht unter ‚Mehrheitsreaktionen‘ fallen, um die Vielfalt der von einem Ereignis ausgehenden Wirkungen auszuzeichnen..." (Pollak 1988, 245)

Daneben wird in biographischer Forschung auch das Modell der Zufallsauswahl (meist als Quotenverfahren) angewandt. Das liegt zunächst dann nahe und dafür gibt es inzwischen auch hinreichend Forschungserfahrung, wenn eine quantitative Studie zum gleichen Problem vorangegangen war und man sich also bei der Auswahl der qualitativ zu Befragenden auf die vorliegende Stichprobe stützen kann bzw. will (so Brose/Wohlrab-Sahr/Corsten 1993, 336; Erzberger/Kluge 2000). Allgemeiner: Wenn zu Beginn der Forschung genügend Vorkenntnisse über das Feld vorliegen, dann kann unter Umständen auch ein Stichprobenplan festgelegt werden, also eine Vorwegfestlegung der Anzahl der zu Befragenden nach bestimmten strategisch wichtigen Merkmalen (z.B. Geschlecht, Lebensalter, Stadt/Land). „Einfache soziodemographische Merkmale können ... in der Regel als Indikato-

ren für unterschiedliche soziale Situationen mit ihren spezifischen
Opportunitäten und Restriktionen dienen. Durch die Konstruktion
eines qualitativen Stichprobenplans soll dann sichergestellt werden,
daß die wesentlichen sozialstrukturellen Kontextbedingungen, die für
das untersuchte Handlungsfeld relevant sind, bei der Auswahl von
Untersuchungseinheiten Berücksichtigung finden. Hierbei ist es oft
sinnvoll, auf quantitative Forschungsergebnisse zurückzugreifen."
(Kelle/Kluge 1999, 48)

Das Grundproblem einer solchen Quotenauswahl ist, dass die Annahme, diese oder jene äußeren Merkmale hätten bestimmenden Einfluss auf die Biographie, empirisch nicht überprüfbar ist. Solche
Stichprobenpläne bringen zudem für die Auswertung die Gefahr mit
sich, dass diese sich an den soziodemographischen Merkmalen ent-
langhangelt (einfach weil sie vorweg als theoretisch zentral angesehen
wurden und auch weil sie so praktisch zur Gruppeneinteilung und Typenbildung zu taugen scheinen) und die im qualitativen Material eventuell *unabhängig* von den objektiven Merkmalen vorhandenen biographischen Strukturunterschiede vernachlässigt. Zudem liegt der Fehl-
schluss nahe, zu repräsentativen Aussagen berechtigt zu sein (hierzu:
Kelle/Kluge 1999, 53).

Eine quotierte Auswahl unter theoretischen Gesichtspunkten
kommt ohne die meisten dieser Probleme aus. In diesem Falle werden
gedankenexperimentell und anhand vorliegender wissenschaftlicher
Informationen unterschiedliche Gruppen entworfen und entsprechend
quotiert, deren biographische Informationen in der Auswertung vergleichend analysiert werden sollen. Eine Studie z.B. über gewalttätige
Jugendliche (Böttger 1998, 114ff.) wählt 100 Befragten nach einem
Qotenplan aus, der nicht nur das Geschlecht berücksichtigt, sondern je
unterschiedliche „Umgangsformen" mit Gewalt: illegale Gewalt ohne
Gruppenzugehörigkeit; illegale Gewalt in Gruppen; legale Gewalt
(junge Polizisten, Kampfsportler); ohne Gewalt.

Auch für Studien, die repräsentative Aussagen zu sozialgeschichtli-
chen Bedingungen oder Prozessen treffen wollen, liegt eine Orientierung an der Repräsentativauswahl nahe. Als besondere methodische
Schwierigkeit muss dann die Repräsentativität im Hinblick auf die

damals, vielleicht 1930 gegebenen Bedingungen erreicht werden
(Thompson 1981, 292): Die damalige Grundgesamtheit und die Verteilung der Quotenmerkmale darin müssen rekonstruiert werden –
keine leichte Sache angesichts der begrenzten Reichweite sozialstatis-
tischer Unterlagen. Zweitens ist die damalige Grundgesamtheit heute
wegen der differentiellen Sterblichkeit nicht ohne weiteres mehr erreichbar. Insbesondere dann, wenn wir vermuten können, dass die
unterschiedliche Sterblichkeit mit dem Forschungsthema zu tun hat,
wird die retrospektive Repräsentativität nicht mehr möglich (Thompson 1973, 26f.): Eine repräsentative Auswahl der Widerstandskämpfer
gegen das NS-Regime ist deshalb nicht möglich, weil viele umge-
bracht worden sind. Eine entsprechende Auswahl von Arbeitern, die
vor Jahrzehnten in gesundheitsgefährlichen Berufen gearbeitet haben,
ist deshalb kaum noch möglich, weil ihre Sterblichkeit höher sein
dürfte als die von Arbeitern aus weniger belastenden Berufen (vgl.
Yow 1994, 17f.).

Institutioneller Rahmen der Befragung

Welche institutionellen oder anderen Machtbeziehungen werden in
der Befragungssituation aktuell? Es macht einen Unterschied, ob ein
Sozialarbeiter einen Klienten um ein biographisches Interview bittet,
ein Gefängnispfarrer einen Gefängnisinsassen, ob ein biographisches
Interview frei von solchen beruflich-institutionellen Machtbeziehungen angegangen wird. Eine Kontrollbeziehung dürfte die Selbstdarstellung und die lebensgeschichtliche Erinnerung stark färben. Ein
Heimjugendlicher wird einem Sozialarbeiter in den Räumen des
Heims eine andere Geschichte erzählen als einem offensichtlich mit
dem Heim nicht in Verbindung stehenden Forscher; ein Strafgefange-
ner dürfte dazu neigen, sich als eher zufällig oder durch ungerechte
Umstände in diese Situation gelangt darzustellen.

Über ihre Interviews mit dem Strafgefangenen K. berichtet Reinke
(1977, 187) für die ersten Interviews eine große Gesprächsbereitschaft
des Befragten. Davon überrascht überlegt sie, wie das zu erklären sei:
„Der Inhalt dessen, was er mir in den ersten drei Stunden berichtet,
muß schon sehr oft Gegenstand von Gerichtsverhandlungen, Befra-

gungen durch Anstaltspersonal etc. gewesen sein. Er scheint Routine beim Erzählen dieser speziellen Geschichte zu haben, sie für das zu halten, was ich seiner Meinung nach von ihm wissen will."

Lohnt es sich überhaupt, in solchen Kontrollsituationen oder im Kontext solcher Institutionen biographisch zu forschen? Es sind durchaus Möglichkeiten denkbar, die den Einfluss der Kontrollsituation auf den entstehenden lebensgeschichtlichen Text minimieren. Dazu gehört in erster Linie eine klare und verbindliche Definition der Situation. Der Befragte sollte wissen – möglichst schriftlich garantiert –, zu welchem Ziel (institutionelle Verwendung oder freie Forschung) er biographisch befragt wird. Er sollte zugesichert bekommen, dass seine Angaben – falls es sich um institutionell ungebundene Forschung handelt – den Akten nicht beigefügt und nicht dem Personal der Kontrollinstitution zugänglich gemacht werden. Im anderen Falle – institutionelle Anbindung der Forschung – muss er in gleicher Klarheit informiert werden.

Es darf keine Frage sein, dass es sich dabei nicht um einen Trick handelt, Insassen einer Kontrollinstitution für Forschungsfragen aufzuschließen, sondern um eine Vereinbarung, die der Forscher auch gegen Druck der Vertreter der Kontrollinstitution durchhalten muss. Fühlt er sich dazu nicht in der Lage, sollte er die Forschungsarbeit anderen überlassen. Frühere Autoren sind mit dieser Problematik oftmals naiv umgegangen, haben nicht klar genug zwischen Forschungsabsichten und institutionellen Behandlungspraktiken unterschieden. So gibt z.B. der Psychologe Young (1947, 256) im Zusammenhang mit Ratschlägen zum offenen Interview als Beispiel eine Befragung eines leistungsschwachen Studenten durch den Personalangestellten des College und empfiehlt dem Angestellten besondere Freundlichkeit zu Beginn des Interviews, um ein inhaltsreiches Gespräch zu ermöglichen.

Handelt es sich um institutionell nicht gebundene Forschung in einem institutionellen Handlungskontext, ist es zweckmäßig, einen Ort für die Befragung zu finden, der den Befragten nicht an normale Kontrollsituationen erinnert, auch wenn das nicht leicht und vielleicht nicht immer möglich sein mag (vgl. Böttger 1998, 113). Der Befragte könnte sonst aufgrund situativer Bedingungen („Hier bin ich doch damals von den Polizisten befragt worden ..."; „Hier hat mich doch schon mal jemand ausgehört ...") ein taktisches Gespräch führen, von dem er sich Vorteile für die Behandlung durch die Institution erhofft.

Diese Rahmenbedingungen der biographischen Befragung sollten genau berichtet werden in der späteren Veröffentlichung. Der Leser muss wissen, in welchem Zusammenhang die Texte produziert worden sind. Auch wenn die Forschungsarbeit unabhängig von institutionellen Zwecken oder wenigstens in einiger Distanz von ihnen vor sich geht, können sich die institutionellen Gegebenheiten, unter denen sie stattfindet, auf Datensammlung und Analyse auswirken. Ein instruktives Beispiel hierfür ist der Bericht über Lebenslaufanalysen von Terroristen, der unter der Überschrift „Terrorismusforschung zwischen den Fronten" ausführlich über die äußeren Bedingungen und die in spezifischer Weise geformte Befragungssituation Rechenschaft ablegt (Jäger/Böllinger 1981, 124-141).

Technische Vorbereitung

So banal es klingen mag, zur richtigen Vorbereitung der Interviews gehört, dass sich der Interviewer mit den technischen Eigenheiten seines Tonbandgeräts vertraut macht (allgemein zur Technik des Aufnahmegeräts: Melchionni 1994, 33ff.). In der Interviewsituation sollte die Bedienung dieses Gerätes keine besondere szenische Bedeutung haben (vgl. Hutching 1993, 22ff.). Nicht nur, dass bei mangelhafter technischer Kompetenz im Umgang mit dem Gerät manche Gesprächspassage nicht aufgenommen wird oder gar ganze Interviews verloren gehen. Es muss den Befragten im Normalfall merkwürdig berühren, wenn der Interviewer an den Knöpfen herumsucht. Wer schon sein Gerät nicht richtig bedienen kann, ist vielleicht auch sonst nicht lebenserfahren, mag sich der Befragte denken; das wäre keine gute Einstimmung in die biographische Befragung. Gut vorbereitet zu sein im Hinblick auf die Technik des Aufnahmegeräts kann aber auch den Interviewer sicherer machen. Als größte Angst vor seinem ersten Interview berichtet Caunce (1994, 1): „... würde ich mit Tonbändern zurückkommen, auf denen nichts ist ...?"

Zu den Aufgaben der technischen Vorbereitetheit des Interviewers gehören auch die anderen Kleinigkeiten, die für die Gesprächsführung und die Aufnahme des Gesprächs notwendig sind (z.B. dass man einen Stift und ausreichend Papier bei sich hat). Auch hier macht es meistens keinen guten Eindruck, wenn man nervös in der Tasche kramt, kein Schreibgerät findet und dann den Befragten um einen Kugelschreiber bittet.

Kontaktaufnahme und Definition der Situation

Für Verlauf und Ertrag einer Befragung ist die erste Begegnung wichtig. Sie ist für beide belastet durch die fehlende Bekanntschaft und darüber hinaus durch die nichtalltägliche Konstellation, ein lebensgeschichtliches Gespräch mit einem Sozialwissenschaftler führen zu sollen. „Wie eng aufeinander verwiesen Wissenschaft und Alltagsleben sind und zugleich wie fern das System Wissenschaft im Alltag der Menschen ist, denen sich qualitative, gar ‚betroffenorientierte‘ Untersuchungen widmen, wird nie wieder so bedrängend erfahrbar wie in den Sekunden auf der Türschwelle, nachdem man den Klingelknopf gedrückt hat. In diesen Momenten der Hilflosigkeit und der Unsicherheit vor einer ganz unbekannten Situation wird das methodologische Problem qualitativer Sozialforschung für den Forscher auch persönlich erlebbar." (Wahl/Honig/ Gravenhorst 1982, 98)

Bestandteil der Gewinnung eines Menschen für eine biographische Befragung wird im Allgemeinen eine Erläuterung der Absichten der Forschung sein sowie eine Art persönlicher Visitenkarte, eine knappe Vorstellung der Person des Sozialforschers, seiner Berufsposition und seiner institutionellen Bedingungen. Diese Angaben können mit über die Bereitschaft des Angesprochenen entscheiden, sich befragen zu lassen. Studenten werden von manchen Leitern großer Organisationen und Betriebe nicht recht für voll genommen („keine richtigen Wissenschaftler"). Auch wenn sich über solche Zurückweisung meist noch verhandeln lässt – es kann nicht schaden, dass für diesen Fall ein Empfehlungsschreiben mit einem eindrucksvollen Briefkopf oder einem klingenden Titel in der Unterschrift zur Hand ist.

Je nachdem, welche Befragungssituation vorgesehen ist, wird die inhaltliche Vorstellung des Forschungsvorhabens ausführlich oder knapp ausfallen. Wird der Befragte als Informant oder Experte, als Partner im Forschungsgang angesprochen, liegt eine ausführliche Vorstellung der Forschungsabsicht und der erwarteten Ergebnisse nahe. Der Befragte wird in diesen Zielzusammenhang einbezogen und ermutigt, seine Fähigkeiten zum Gelingen der Untersuchungsabsicht einzubringen, ausführlich und sachlich korrekt seine Lebenserinnerungen zusammenzutragen, seine Beobachtungen zu einem historischen Vorgang zu berichten. Wird so die Befragung als gemeinsamer Arbeitsprozess aufgefasst, gibt es keinen Grund, den Befragten „in einem einmaligen Stegreifinterview überfallartig zu Äußerungen zu veranlassen." Es erscheint im Gegenteil in vielen Fällen sinnvoll, ihm „eine Vorbereitungszeit einzuräumen. Dadurch könnte der Sprecher sich antizipatorisch auf Aspekte seiner Lebenssituation und seiner Biographie konzentrieren. Ein entsprechender Leitfaden mag ihm dabei helfen" (Zinnecker 1982, 301). Schatzmann/Strauss (1973, 24) schlagen hier ein ein- bis zweiseitiges Papier vor, das für möglichst alle gut lesbar ist, nicht allzu viele Vorannahmen über die möglichen Ergebnisse der Forschung zulässt, die Aufgaben des Forschers klar von den im Feld wirkenden Machtstrukturen absetzt, Vertraulichkeit der Informationen zusichert und ungefähr die Zeitbeanspruchung durch die Forschung skizziert.

Im Unterschied zu solchen Möglichkeiten der gezielten Information des Befragten über Sinn und Zweck der Befragung (und des Forschungsprojekts) wird für das narrative Interview eine sparsame Vorinformation empfohlen. „Der Forscher hat ... ein Interesse, daß der Angesprochene zur Teilnahme am Interview bereit ist – dennoch darf er nicht jedes Mittel der Überredung anwenden, da alle Informationen, die der Interviewer gibt, Einfluß haben auf das Interaktionsziel, das der potentielle Interviewer mit dem Interview verbindet und das für sein Handeln in der Interviewsituation von entscheidender Bedeutung ist." (Hermanns 1981, 97; vgl. Iwert 2003, 215f.)

Ähnlich hatte bereits Thomae (1968, 117) im Interesse möglichster Offenheit auf beiden Seiten für das Vorgespräch zu Zurückhaltung geraten. „Der Untersucher hat sich hier oft zu entscheiden zwischen einer den Gegebenheiten entsprechenden Rolle des bereits etwas Informierten, die aber zu vielen Verzerrungen der Informationen führen kann, und der Rolle des völlig Unorientierten, welche in der entsprechenden Situation notwendig artefiziell wirken muß." Bei Befragten, denen die Distanz des Forschers zu den den Befragten gewohnten institutionellen Befragungen und Behandlungszwecken besonders deutlich gemacht werden muss – Patienten psychiatrischer Kliniken z.b. –, kann jedoch eine ausführliche Vorinformation nützlich sein. Riemann (1980, 425) berichtet, er habe „relativ ausführlich (ca. zehn bis fünfzehn Minuten lang)" von sich erzählt, „von meinem Studium, davon, wie sich Feldforschungsinteressen herausgebildet haben, wie ich nach der Diplomprüfung in die psychiatrische Klinik ‚geraten' war, wie sich dann später angesichts meiner Erfahrungen in der Klinik mein Forschungsthema herausgebildet hatte ..."

Zur Verabredung zu einem biographischen Interview gehört die Absprache über den Ort, wo es stattfinden soll – eine nur scheinbar nebensächlich-praktische Frage (Wahl/Honig/Gravenhorst 1982, 115f.). Denn die Umgebung, in der sich der Erzähler erinnert, färbt nicht nur seine Erinnerung, sondern möglicherweise auch die Sprache, in der er sie vorstellt; zu Hause wird er sich anders äußern als in der Kneipe, wieder anders am Arbeitsplatz. „Eigentlich", so schließt Thompson (1973, 21) daraus, „müßten wir die gleichen Menschen an verschiedenen Orten befragen, um das vergleichen zu können."

In einem Café, auf einer Bank im Park, in der Mensa oder in einer Kneipe gibt es kaum Möglichkeiten, einen ruhigen Ort zu finden. Diese passageren Orte widersprechen der notwendigen Ernsthaftigkeit, mit der Lebensgeschichte erzählt und angehört werden will. Gewiss, im Alltag kommt es öfter vor, dass auch an solchen kommunikativ diffusen Orten biographische Kommunikationen stattfinden. Für ein biographisches Interview jedoch dürften solche Orte selten geeignet sein, weil es größerer Anstrengungen und klarerer Vorkehrungen bedarf, seine Lebensgeschichte einem unbekannten Wissenschaftler zu berichten, ohne die von vornherein gegebene Verständniserwartung etwa an der Theke.

Aus den gleichen Gründen ist es besser, dem Befragten den Heimvorteil zu lassen und das Interview in seiner Wohnung zu verabreden (vgl. Schüngel 1996, 40). Hier hat er auch Belege für seine lebensgeschichtlichen Erzählungen zur Hand – Fotoalben, Bilder, Zeitungsausschnitte (Bajohr 1980, 675). Hier bieten sich dem Interviewer Gelegenheiten, aus dem *small talk* über Einrichtungsgegenstände und Fotos an der Wand zu biographischen Themen überzuleiten. Nur dann, wenn sich der Befragte über Zustand oder Standard seiner Wohnung geniert, wäre das keine günstige Lösung. Es wäre eine unnötige Belastung für den Befragten (und für die Befragung), wenn er eigens für den Besuch des Interviewers seine Wohnung gründlich aufräumte.

Während des Interviews sollte keine dritte Person anwesend sein; selbst wenn sie schwiege, würde ihre Anwesenheit den Befragten bei der Darstellung mancher Lebenserfahrungen behindern. Dies gilt auch und besonders für den Ehepartner. „Wie sehr auch Ehepaare die Illusion lieben, daß sie einer Meinung sind, so stimmt das doch nicht." (Yow 1994, 57f.) Anders ist die Frage zu beurteilen, ob nicht unter Umständen zwei Interviewer das Interview führen sollten. Das wird dann notwendig, wenn der eine Interviewer mit der Alltagssprache des Befragten nicht hinreichend vertraut ist, wenn z.B. ein Deutscher, der nicht Schweizerdeutsch spricht, in der Deutsch-Schweiz Interviews durchführt (vgl. Schmeiser 2003, 54f.).

In den meisten Fällen erklärt sich der Befragte zum Interview bereit, ohne dafür eine Vergütung versprochen zu bekommen. Ausnahmen gibt es allenfalls im Bereich kommerzieller Marktforschung oder aber dann, wenn mehrere Interviews notwendig sind, wenn die Mitarbeit sehr zeitaufwendig ist und im Übrigen die entsprechenden Mittel zur Verfügung stehen (Thomae 1968, 114). So ist es höflich, bereits bei der ersten Kontaktaufnahme anzugeben, welchen zeitlichen Aufwand der Befragte in etwa wird erbringen müssen, damit das gewünschte Material zustandekommt. Natürlich muss das keine endgültige Festlegung sein; oft geschieht es, dass Befragte weit über die vereinbarten zwei Stunden hinaus erzählen, dass sie Spaß und Interesse am Gespräch gewinnen und dabei die Uhrzeit vergessen. Zu Beginn sollte man eine Ankündigung machen, wieviel Zeit ungefähr erforderlich sein wird – als Minimalverabredung.

Wenn mehrere Personen eines Sozialmilieus, einer Organisation nacheinander befragt werden, eröffnet sich die Frage nach dem Bewusstheits-Kontext. Weiß der Befragte, dass er nicht der einzige ist, der befragt wird? Weiß er – möglicherweise aus Gesprächen mit Kollegen oder Freunden –, wer sonst noch angesprochen bzw. als Befragter in Aussicht genommen worden ist? Ist es angebracht, den Befragten, mit dem man gerade die Befragung beginnt, darüber zu informieren? Einen Vorteil voller Informiertheit des Befragten über die anderen Forschungsaktivitäten könnte man darin sehen, dass er sich dann um eine genauere (vielleicht auch „wahrhaftigere") Erzählung bemüht, soweit es um Ereignisse und Entwicklungen geht, die er mit anderen teilt. Immerhin muss er damit rechnen, dass der Sozialforscher die *story* bereits kennt, wenn auch aus dem Kontext einer anderen Lebensgeschichte, dass er bereits über einige Hintergrundinformationen verfügt.

Die biographische Befragung ist dem Befragten ungewohnt. An welcher Alltagssituation soll er sich orientieren, um Anhaltspunkte für angemessenes Verhalten und richtiges Erzählen zu gewinnen – an der Anamnese beim Arzt, am Beratungsgespräch mit einem Sozialarbeiter, am Erinnerungsaustausch mit einem Freund, am schriftlichen Lebenslauf bei einer Bewerbung? Ein Teil der Unsicherheit und auch Verblüffung des Befragten, dass es um Lebensgeschichte geht, rührt daher, dass er weiß, dass sich Wissenschaft sonst nicht für Lebensgeschichten interessiert. Wie kann denn seine Lebenserzählung für einen Wissenschaftler, einen Sendboten der „höheren Gefilde" interessant sein? (zu „antiakademischen" Vorbehalten: Schmeiser 2003, 55)

Die Art und Weise, wie der Interviewer die Befragungssituation definiert, muss genau überlegt und bis hinein in bestimmte sprachliche Etiketten geplant werden. Es kann von Bedeutung sein, wie der Interviewer das jetzt vorgeschlagene biographische Interview nennt. Das Wort „Interview" lässt die meisten Menschen, die mit dieser Art der Befragung nicht vertraut sind, an ganz andere Gesprächsformen denken (vgl. Flick 2002, 211). Interviews gibt es im Fernsehen, in den

Illustrierten. Hier werden prominente Politiker, Filmschauspieler und andere „Persönlichkeiten des öffentlichen Lebens" von einem Reporter ausgefragt. Möglich ist auch, dass der Befragte schon einmal an der Wohnungstür oder telefonisch von einem Marktforschungsinstitut interviewt worden ist. In diesem Falle wird er an ein knappes Gespräch denken, in dem er auf feste Fragen kurz zu antworten hat. Alternativen zu „Interview" sind z.B.: „Ein Gespräch über Ihre Lebensgeschichte"; „Ich möchte Ihre Lebenserfahrungen kennenlernen"; „Es geht darum, daß Sie Ihre Lebensgeschichte so erzählen, wie es gewesen ist, wie alles gekommen ist."

Welche Interessenlage wird beim Befragten angesprochen, um ihn zu überzeugen, dass es sich für ihn lohnt, Zeit und Gesprächsaufwand einzusetzen? Hier helfen Überlegungen zu den Motiven für die Abfassung von Tagebüchern, Autobiographien oder allgemein *personal documents* (z.B. Allport 1947, 67ff.) trotz aller Anregung nicht, sie behandeln eine ganz andere Produktionssituation des Materials.

Meist wird es nicht möglich sein, den Befragten für die Mitarbeit im Interview zu bezahlen. Es muss also ein immaterielles Motiv angesprochen bzw. zugelassen werden, damit der Befragte den zeitlichen und kommunikativen Aufwand des Interviews freiwillig durchsteht. Hermanns legt eine Liste von möglichen Motiven bzw. Sinndefinitionen des Befragten vor, die es ihm erlauben, das Interview „zu geben":

„a) Der Sinn kann etwa darin liegen, ,der Wissenschaft ein Opfer' zu bringen. Die Wissenschaft hat bei vielen Mitgliedern unserer Gesellschaft (noch) ein hohes Ansehen, und es gilt als eine gewisse Ehre, wenn man zum Fortschritt der Wissenschaft einen Beitrag leistet, und sei es nur der ,kleine Beitrag' des Interviewpartners.

b) Der Sinn, den ein Interviewpartner mit seiner Teilnahme am Interview verbindet, kann auch darin bestehen, dem Forscher als Person zu helfen, so wie man auf der Straße einem Fremden hilft, der nicht in der Lage ist, den defekten Reifen seines Autos selbst zu wechseln. Der Aspekt, jemandem zu helfen, der allein nicht weiterkommt, bezieht sich hier auf die Person, die anfragt, nicht auf die Institution Wissenschaft...

c) Der Sinn der Teilnahme am Interview kann weiter im gemeinsamen

Interesse des Interviewers und des Interviewpartners an einer ‚dritten Sache' bestehen, etwa wenn beide, Forscher und ‚Beforschter', der gleichen sozialen oder politischen Gruppe oder Bewegung angehören und sie davon ausgehen, daß das Interview dem gemeinsamen Zweck dieser Bewegung dient.

d) Eine vierte Möglichkeit ... ist das Vorhandensein eines eigenständigen Interesses des Interviewpartners am Interview, das von dem Interesse des Interviewers abweicht, etwa Bezahlung oder die Tatsache, daß das Interview dem Interviewpartner selbst ‚etwas bringt', etwa die Befriedigung von Neugierde, vertiefte Einsicht in seine Handlungsmuster oder seine Situation." (Hermanns 1981, 103 f.)

In Punkt d) sind recht unterschiedliche Motive zusammengefasst: Der Befragte kann ein eigenes Bilanzierungsinteresse haben aufgrund spezieller lebensgeschichtlicher Konstellationen. Er kann das Gefühl haben, dass sein ganzes Leben voller Tragödien war, dass er immer schon falsch verstanden worden ist, und möchte jetzt „Dampf ablassen" (Kluckhohn 1951, 117). Er kann die Hoffnung hegen, dass ihm das Gespräch mit dem Sozialwissenschaftler gewissermaßen gratis wichtige Einsichten in sein Leben und die sozialen Bedingungen vermitteln wird. Er kann den halb klaren Wunsch haben, heikle Bereiche seiner Lebenserfahrung, die er selbst nicht gern durchdenkt, auszusprechen und so anderen und sich zu verdeutlichen (vgl. Rosenthal 1993, 197). Er kann stolz darauf sein, dass er einem „Repräsentanten einer ‚überlegenen' Gesellschaft" (Kluckhohn 1951, 118) oder einem Abgesandten der oberen Schichten, für den der Sozialwissenschaftler eventuell gehalten wird, als Zuhörer gewinnen kann. Er kann als Angehöriger eines stigmatisierten Milieus im Kontakt mit dem Sozialforscher die Möglichkeit sehen, seine „Verbindung zur Außenwelt situativ zu bekräftigen und sich als nicht ‚dazu' gehörig, als aus der von ihnen verachteten Umgebung herausragend zu präsentieren" (Riemann 1979, 131).

Unterbelichtet ist in dieser Liste auch die Möglichkeit, dass im Verlaufe einer längeren Beziehung zum Befragten die biographische Befragung ihren künstlichen Charakter verliert und Bestandteil einer freundschaftlichen Beziehung wird. Aus seiner Untersuchung einer mexikanischen Familie berichtet Lewis (1965, 19f.) diese Entwicklung: „Ich befolgte nicht die übliche Gepflogenheit der Anthropologen, die Auskunftgebenden zu bezahlen, und ich war ergriffen, als ich sah, daß in ihrem Verhalten mir gegenüber jedes materielle Interesse fehlte. Im Grunde genommen war es das Gefühl der Freundschaft, das sie zu mir führte und sie veranlaßte, mir ihre Lebensgeschichte zu erzählen... Sie waren gerührt von meinem anhaltenden Interesse für sie, und meine jährliche Rückkehr nach Mexiko war ein entscheidender Faktor, der ihr Vertrauen noch vertiefte ... Sie identifizierten sich sozusagen mit meiner Arbeit, und das Gefühl, an einem wissenschaftlichen Forschungsprojekt beteiligt zu sein, gab ihnen, wenn sie auch die letzten Ziele meiner Arbeit kaum begreifen konnten, ein Gefühl der Genugtuung und der Wichtigkeit ...“

Unter Umständen kann beim Befragten das Motiv, einen Bekannten zu gewinnen, wirken. Älteren, isoliert lebenden Befragten dürfte das wichtig sein. Ähnliches gilt für isolierte Gruppen, z.B. Angehörige von sexuellen Minderheiten. Forscher, die Pädophile, Sado-Masochisten und Transvestiten biographisch befragt haben, berichten, dass hier mehrfach der Wunsch des Befragten eine Rolle gespielt hat, einen Sexualpartner zu gewinnen (Faraday/Plummer 1979, 794). In solchen Situationen, so fügen sie hinzu, hätten sie die physische und emotionale Sicherheit der „Lehnsessel-Theoretiker“ beneidet.

Eine häufige Variante der von Hermanns unter d) genannten Interessenlagen des Befragten ist, dass er von sich aus ein soziales, politisches oder religiöses Interesse hat, seine Lebenserfahrungen und seine Weltauffassung einer breiteren Öffentlichkeit zur Kenntnis zu geben. Auf dieses Motiv hatte Abel (1966, 3) gebaut, als er durch ein Preisausschreiben in den 1930er Jahren politische Lebensgeschichten von Angehörigen und Sympathisanten des Nationalsozialismus sammelte. In den Parteibüros der NSDAP wurde sein Aufruf ausgehängt, in der Parteipresse wurde er veröffentlicht. „Ziel dieses Wettbewerbs ist eine Materialsammlung über die Geschichte des Nationalsozialismus, um die Öffentlichkeit in Amerika darüber zu informieren auf der Grundlage von faktischen, persönlichen Dokumenten.“

Bei älteren Personen liegt oft das Generationenmotiv nahe: Weil die heute Jungen so wenig wissen über frühere Lebensumstände, könnten ältere Befragten sich in ihren biographischen Erzählungen über den Interviewer hinweg an „die Jugend" zu richten. Dies ist nicht ohne Probleme. Haben die Befragten dieses Motiv erst einmal aktiviert, so trägt es zwar oft in langwierigen Befragungen, führt aber dazu, dass die Erzählungen sich zu moralischen Appellen und exemplarischen Gesten an „die Jugend" verhärten. Statt beziehungsreicher Erzählungen entstehen dann oft eher Beispielgeschichten, Lehren und Vorschläge, wie „die jungen Leute" dies oder das sehen sollten.

In bestimmten Milieus ergibt sich ein Zusatzproblem: Nicht nur die zu befragende Person, sondern auch Familienangehörige dieser „Zielperson" müssen von der Sinnhaftigkeit des Interviews überzeugt und muss ihre Zustimmung erlangt werden. Dies kommt normalerweise bei jungen Befragten vor, die als Kinder bzw. Jugendliche im elterlichen Haushalt leben, wenn also die Eltern gewonnen werden müssen. Über ihre Befragung von älteren Italienierinnen in Deutschland berichtet Philipper (1997, 46), dass in einigen Fällen die Befragungssituation, wiewohl bei der telefonischen Verabredung schon besprochen, zu Beginn des Interviews noch einmal erörtert und mit anwesenden Familienangehörigen neu verhandelt werden musste: „Ganz offensichtlich waren weder die Frauen noch die anderen Familienmitglieder es gewöhnt, daß sie, die Frauen, allein Besuch haben."

Bei der Verabredung zum Interview oder zu seinem Beginn sollte der Sozialforscher dem Befragten eine Art Grundvertrag vorschlagen: Zusicherung der Anonymität (Unkenntlichmachung von Eigennamen und anderen Identifizierungsmöglichkeiten in einer späteren Veröffentlichung); Garantie der Nichtweitergabe des Gesprächsprotokolls (Ausnahmen möglicherweise an Kollegen in der Wissenschaft oder an die Projektgruppe zum Zwecke der Auswertungsdiskussion); gegebenenfalls Zusicherung von Einspruchs- und Korrekturrechten des Befragten vor Drucklegung. Von großer Bedeutung ist die Anonymität. Kann der Befragte fest damit rechnen, dass er von den späteren Lesern des Textes nicht identifiziert werden kann? Wer für das im Interview Gesagte später mit seinem Namen einstehen soll (oder will), erzählt von vornherein anders als jemand, der damit rechnen kann, vom späteren Leserkreis des Textes nicht erkannt werden zu können.

Ob diese Grundrechte des Befragten mündlich oder schriftlich garantiert werden, muss nach Lage der Dinge beurteilt werden. Menschen, die dem Sozialforscher ohne Misstrauen begegnen und sich schnell zu einem biographischen Interview gewinnen lassen, könnten durch eine schriftliche Versicherung erst auf die Idee gebracht werden, dass das Interview auch nachteilige Folgen für sie haben könnte. Andere könnten sich durch eine schriftliche Versicherung der Grundregeln in der Wichtigkeit der Befragung und ihrer Person bestätigt sehen und dadurch zur Mitarbeit motiviert werden.

Das unsichtbare Publikum

Außer dem Befragten und dem Interviewer sind im biographischen Interview Dritte heimlich dabei: die künftigen Leser, die Öffentlichkeit des Buchmarkts. Das ist für die Situation des Interviewers leicht zu verstehen: Er arbeitet an einem wissenschaftlichen Bericht; jedes Interview ist ein Baustein auf dem Wege zur Präsentation eines Forschungsberichts, wie indirekt und unklar auch immer. Für die Oral History (McMahan 1989, 12) heißt es: „Der Historiker/Interviewer wird zu einem gewissen Grade von Kollegen auf der Grundlage der Daten, die er erhalten hat, und dem folgenden Gebrauch der Daten beurteilt werden."

Die künftigen Leser sind aber auch für den Befragten anwesend. Er muss damit rechnen, dass seine Erzählungen und Berichte einem anonymen Leserpublikum gedruckt übergeben werden. Da er zudem gewöhnlich nur undeutlich informiert wird über das vorgesehene Produkt, zu dem seine Äußerungen einen Beitrag leisten, da er sich dieses Produkt weniger leicht vorstellen kann als der Interviewer, dürfte er analoge Befragungssituationen zu Rate ziehen: Den Reporter, der fürs Radio oder Fernsehen einen Politiker befragt oder einen Jugendlichen zu Worte kommen lässt; den Star oder die Prinzessin, die ein Interview in der Illustrierten gibt; den Sportler, der nach einen Fußballspiel ausgequetscht wird. In allen diesen Situationen ist selbstverständliches Ergebnis der Befragung, dass ein wie auch immer präpariertes Produkt einer anonymen Öffentlichkeit – meist medial vermittelt – vorgestellt wird. So befinden sich denn im unsichtbaren Publikum neben dem Interviewer viele Adressaten der lebensgeschichtlichen Erzählungen und Berichte.

Insbesondere bei solchen Interviewverfahren, die, wie das narrative, den Befragten ohne nähere Anhaltspunkte und Steuerung lassen, wie das Thema erzählt werden soll, das zu Beginn des Gesprächs ausgemacht worden ist, wird dieses unsichtbare Publikum eine Rolle spielen. „Man kann annehmen, daß der Erzähler sich in der Erzählsituation genauso an signifikanten anderen orientiert, wie er es auch im Alltag tut. Und möglicherweise spielen die signifikanten anderen für den Erzähler in seiner Auseinandersetzung mit sich selbst die Rolle von imaginären Zuhörern, für die der Erzähler diese Erzählung als Geschichte inszeniert. Der signifikante andere mag so im Prozeß der Erzählproduktion – obwohl physisch nicht anwesend – ein bedeutsamerer Zuhörer sein als der anwesende Zuhörer, der für den Erzähler eher konturenlos, ein unbeschriebenes Blatt bleibt." (Hermanns 1981, 45)

Auch wenn Anonymität der späteren Veröffentlichung zugesichert worden ist und der Befragte das nicht bezweifelt: Er wird sich überlegen, wie seine Frau das aufnehmen könnte, was er gerade über die Hochzeit und die Gründung des Hausstandes erzählen will. Er wird sich überlegen, wie seine Kollegen, mit denen er befreundet ist und denen er später den Forschungsbericht zeigen will, diese oder jene Erzählung aus seinem beruflichen Erfahrungsbereich aufnehmen werden. Aus ihrer Befragung von Frauen in einem sozialen Brennpunkt berichten Heinritz/Thiele (1978, 179): „Die immer wieder auftauchenden besorgten Fragen, wer ihre Geschichten lesen würde, das ausdrückliche Bestehen auf ihrer Anonymität, sind uns Hinweis auf mindestens zwei Gruppen, die als fiktive Adressaten Einfluß auf die Erzählungen hatten. Zum einen sind das Vertreter von Behörden, vor allem des Sozialamtes, bei denen die Frauen wohl zurecht fürchten müssen, daß diese bestimmte Äußerungen ausnützen könnten und ihnen dadurch eine Verschlechterung ihrer materiellen Situation entstehen könnte ... Bei Studenten, Professoren, anderen Lesern wurden zunächst Vorurteile, Verständnislosigkeit oder Desinteresse vermutet. Nachdem wir dann aber immer wieder über positive Rückmeldungen zu unserer Arbeit berichteten, wurden optimistischere Bemerkungen zum Ausdruck gebracht, wie: Das is ja ganz gut, daß andere mal sehen, wie das hier wirklich ist, wie die ‚Asoziale‘ wirklich leben!“

Neben dieser restriktiven gibt es eher umgekehrte Wirkungen: Der Befragte fühlt sich aufgefordert oder in die Lage versetzt, seine Anschauungen von der Welt und seine Meinungen zu diesem und jenem einem breiten Publikum zu übermitteln –- eine Möglichkeit, zu der alle nur selten Gelegenheit haben (mit Ausnahme derer, die als Politiker oder Stars privilegierten Zugang zu den Massenmedien haben). Besonders, wenn der Interviewer ein Historiker ist oder das Interview im Rahmen eines historischen Projekts durchgeführt wird, dürfte sich der Befragte vor einem großen Publikum sehen. Er kann jetzt einen Beitrag zum kollektiven Gedächtnis der Gesellschaft leisten. „Bei einem Interview spricht der Interviewte nicht bloß zu sich selbst und zum Interviewer, sondern über den Interviewer auch zur größeren Gemeinschaft und deren Geschichte, sowie er sie sieht.“ (Grele 1980, 151) Alle Leser, eigentlich alle Menschen können dann unausgesprochen Adressaten von moralischen Appellen oder von Lehren aus der Geschichte werden.

Aushandeln der Befragungssituation

Bei der Erläuterung des Interviewers zu Beginn eines biographischen Interviews, wie das Gespräch nach seinen Vorstellungen verlaufen soll, handelt es sich um einen Vorschlag, der vom Befragten erst noch ratifiziert werden muss. Diese Ratifizierung ist meist ohne Probleme erreichbar. In vielen Fällen hatte der Befragte bereits eingewilligt, ein biographisches Interview zu geben, bevor er – zu Beginn des Interviews – die Vorstellungen des Sozialforschers erfährt, welche Kommunikationsregeln gelten sollen, welche Garantien der Befragte erhält, was mit dem Material geschehen soll. Weil er sich so ins Ungewisse hinein schon bereit erklärt hatte, vielleicht auch, weil er meint, die Dinge schon in den Griff bekommen zu können, wenn es sein müsste, lässt sich der Befragte gewöhnlich auf die vom Interviewer vorgeschlagene Definition der Situation ein. Argumente dagegen kommen selten, meist ergibt sich eine undeutliche Zustimmung. Allein die „Anwesenheit" des Tonbandgeräts führt hin und wieder zu Vorbehalten des Befragten („Sie brauchen ja nicht alles aufzunehmen...").

Das heißt aber nicht, dass von jetzt an alles unumstritten ist. Im Verlauf des Interviews können Versuche des Befragten vorkommen, seine eigenen Regeln vom Gespräch durchzusetzen, das Aushandeln der Situation wieder aufzunehmen, sei es, dass der Befragte die vorangegangenen Abmachungen darüber, was für eine Art von Gespräch jetzt folgen soll, nicht voll verstanden hat, sei es, dass er sich an die vom Interviewer skizzierte Kommunikationsform nicht halten will. Auch wenn es dabei nicht immer um Machtproben geht – ausprobiert wird vom Befragten doch hin und wieder, ob nicht auch andere Gesprächsformen legitim wären.

Ein Beispiel aus einem Interviewprotokoll, das Gegenstand einer Tagung und Objekt eines Wettstreits um die triftige Interpretation geworden ist:

„Interviewer: Warum haben Sie sich entschlossen zu studieren? Befragte: ... Ich müßte Ihnen jetzt eigentlich eine richtige Story erzählen (Lachen) naja, ich glaube, das kann ja wohl nicht im Sinn der Sache sein ... Ich schicke mal voraus, daß ich also das Wirtschaftsabitur habe..." (Heinze/Klusemann/Soeffner 1980, Interviewprotokoll, 1)

Danach fährt die Befragte mit knappen Angaben zu Entwicklungen in ihrer Bildungsgeschichte fort, erzählt also keine *story*. Wie ist diese Anfangssequenz zu verstehen? Hat die Befragte mitgeteilt, dass sie sich – entgegen der selbst angegebenen Notwendigkeit, eine „richtige story" zu erzählen – an die Bedingungen eines begrenzten Interviews halten wird? Hat die Befragte dem Interviewer vorsichtig angeboten, dass er, was auch immer seine Arbeitsregeln seien, jetzt eine „richtige story" hören könnte, wenn er nur einwilligte? Hat die Befragte geblufft und harte, knapp mitzuteilende Ereignisse wichtiger machen wollen durch den Hinweis auf deren breite Erzählbarkeit?

Je nach Grundform des Interviews können diese impliziten Kämpfe unterschiedliche Formen annehmen, im Leitfaden-Interview andere als im narrativen Interview.

Im Leitfaden-Interview ist ein Problem die Weitschweifigkeit des Befragten. Statt sich auf einen thematischen Vorschlag des Leitfadens für eine bemessene Zeit einzulassen, verstrickt sich der Befragte in für den Interviewer unnnötig detaillierten Anmerkungen und szenischen Gestaltungen. Das kann auf den Interviewer umschlagen: Solche Geschichten hat er vielleicht noch nie gehört; gebannt hört er zu und vergisst, zu den nächsten Punkten seines Leitfadens zu kommen. Er lässt sich gefangen nehmen und sieht dann gegen Ende keine Möglichkeit mehr, noch eigene Gesprächsstimuli einzugeben. Hin und wieder benutzt der Befragte für eine solche Übertölpelung des Interviewers auch Attribute, die ihm sonst schon Durchsetzungschancen in Gesprächen gesichert haben. Er instrumentalisiert den Generationenunterschied, teilt als Älterer dem jüngeren Interviewer mit, dass der gefälligst erst einmal zuhören müsse, bevor er auch nur vorsichtige Fragen stellen darf. Oder er benutzt das Schema von der „grauen Theorie" bzw. der „lebensfremden Wissenschaft", um dem Interviewer zu verstehen zu geben, dass er bei ihm als lebenserfahrenem Befragten eigentlich erst einmal nichts versteht (und deshalb auch lieber Fragen sein lassen sollte).

In umgekehrte Richtung liegen die Probleme, die ein weitergehender Machtkampf um die Gesprächsform beim narrativen Interview hervorruft. Hier ist am gefährlichsten, dass der Befragte nur knapp antwortet, dass er über dies und das räsonniert, weltanschauliche Positionen ausführlich argumentativ erläutert, überzeugen will. Vielleicht nimmt er die Begegnung mit dem Interviewer als willkommene Gelegenheit, einem Abgesandten der Wissenschaft zu beweisen, dass er in der Lage ist, intelligente Sachdiskussionen zu führen, dass er sich in weltanschaulichen Kontroversen auskennt.

Um das zu vermeiden oder den Befragten auf das Erzählen zurückzuführen, bietet sich eine Reihe von Möglichkeiten an: Erinnerung an den Grundvertrag zu Beginn des Interviews; leise Äußerungen von Langeweile und Desinteresse; härtere Mitteilungen, dass man jetzt nicht verstehen könne, was geschieht, dass man eigentlich an Erzählungen aus dem Leben interessiert sei. Allerdings kennt auch das narrative Verfahren Grenzen, bis zu denen es Erzählungen als noch durch den Grundvertrag zu Beginn des Interviews gedeckt akzeptiert. „In einem berufsbiographischen narrativen Interview kann das etwa bedeuten, daß der Erzähler das gemeinsam ausgehandelte und akzeptierte Ziel – die erzählerische Darstellung der beruflichen Entwicklung von ‚damals‘ bis ‚heute‘ vergißt und sich in Details oder Nebensächlichkeiten verliert." (Hermanns 1981, 41)

Besonders schwierig wird es, wenn der Befragte in seinen Erzählungen keine ernsthafte Darstellungsform findet, sondern sich in witzig-scherzhafter Redeweise ergeht. In solchen Fällen handelt es sich vermutlich weniger darum, eine besondere Form der Identität vorzustellen, als vielmehr darum, dass der Befragte den Interviewer nicht als Gesprächspartner akzeptiert.

Unklarer sind die Gründe dafür, dass ein Befragter nach knappen Informationen zu seiner Lebensgeschichte nicht erzählt, sondern allenfalls auf gezielte Fragen hin Antworten gibt. In einem Projekt zur Lebenserfahrung von Jugendlichen, die beim Übergang von der Schule in die Berufsausbildung besondere Probleme haben oder arbeitslos werden, ergab sich folgende Anfangserzählung: „Ja, also, ich wollte Maschinenschlosser werden. Das war immer mein Traumberuf sozusagen. Als ich aus der Schule rauskam, da habe ich kein allzu gutes Zeugnis gehabt. Ich habe mich halt bei ein paar Firmen als Maschinenschlosser beworben, aber nichts bekommen. Dann bin ich auf das Arbeitsamt gegangen, und da haben die mir eine Lehrstelle als Maurer angedreht. Da habe ich halt Maurer gemacht, weil ich nicht auf der Straße rumhängen wollte. Dort habe ich vierzehn Monate gearbeitet und habe dann aufgehört, weil es mir nicht gefallen hat. Das ist eigentlich alles, was mir dazu einfällt." (Baerenreiter/Fuchs 1983) Alle folgenden Gesprächsteile können dem Jugendlichen nur mühsam durch Fragen entlockt werden. Was ist geschehen? Hat er den Interviewer nicht als Gesprächspartner akzeptiert, dem er sein Leben und besonders den Übergang von der Schule in die Berufsausbildung erzählen kann? Ist er so unglücklich mit seiner Entwicklung bisher, dass er nicht zusammenhängend erzählen will? Ist er kein Erzähler, fällt es ihm auch sonst schwer, mehr als kurze Informationen zu geben? Oder will er sich nicht ausfragen lassen, benutzt er eine „defensive Gesprächsstrategie", will er sich nicht in seinen Erzählungen verwickeln und dadurch dem Interviewer etwas preisgeben, was er so nicht sagen wollte? Unter Umständen hängt eine geringe Erzählbereitschaft mit Ort und Umständen der Befragung zusammen. Thompson (1973. 27ff.) berichtet von einem Fischer, der so knapp antwortete, weil er zu Hause unter der Fuchtel seiner Frau stand. Im Vereinsheim hätte er möglicherweise anders reagiert.

Was auch immer im Einzelfall den Ausschlag geben mag: Wir müssen wohl davon ausgehen, dass nicht jeder Befragte zur erzählenden Darstellung seiner Lebensgeschichte in der Lage ist. Verschlossene, schüchterne, wortkarge oder übermäßig zurückhaltende Menschen begegnen uns nicht nur im Alltag, sondern auch in lebensgeschichtlichen Befragungen (Mühlfeld/Windolf/Lampert/Krüger 1981, 326). Und: „Ein Verfahren ..., das den einzelnen zu ‚ungebremsten' Äußerungen auffordert, kann Gefahr laufen, daß sich zur Teilnahme überwiegend für dieses Vorgehen ganz besonders ansprechbare Personen bereit finden, also etwa solche mit stark ausgeprägten Bedürfnissen nach Selbstdarstellung." (Lehmann 1979/80, 53)

Allerdings muss mangelnde Bereitschaft zum Erzählen vom Interviewer nicht gleich hingenommen werden. Ein Beispiel berichtet Schütze (1978, 105f.) aus einer Befragung von Gemeindepolitikern, bei der über das Thema des neuen Ortsnamens nach einer Gemeindezusammenlegung ausführliche Erzählungen in Gang gesetzt werden konnten – nur bei einem Kommunalpolitiker nicht, einem „kosmopolitisch orientierten Intellektuellen". Dieser teilt mit, er wüsste nicht, was er erzählen solle, berichtet knapp und distanziert und schließt mit einer Frage an den Interviewer. Schütze vermutet, diesem Befragten sei das vorgegebene Thema im Hinblick auf die Probleme der Gemeindezusammenlegung zu hinterwäldlerisch erschienen. „Das war die interaktive Kernbedeutung seiner mißglückten narrativen Darstellung ... Da die Interviewer ihren ‚Kardinalfehler' sofort erfaßt hatten, änderten sie noch rechtzeitig ihre Interviewstrategie und sprachen eines der mehr materialen Kernprobleme der Gemeindezusammenlegung (die Bürgermeisterwahl) an, worauf der Informant eine dreiviertel Stunde lang ununterbrochen erzählte."

Manchmal stellt sich während des Interviews oder im Verlaufe des Abschlussgesprächs heraus, dass der Befragte inzwischen auf eine Einschränkung, auf der er zu Beginn der Kontaktaufnahme bestanden hatte, jetzt keinen Wert mehr legt. Im Interview selbst hat er Vertrauen zum Interviewer und zu dessen redlichen Absichten gewonnen. Oder aber er kann jetzt überblicken, dass im biographischen Interview zwar eine Reihe von privaten Informationen zutage gefördert wurden – aber wem sollte ihre Veröffentlichung eigentlich schaden? Solche Veränderungen werden dann wahrscheinlich, wenn sich der Kontakt zwischen Befragtem und Sozialforscher auf eine längere Zeit erstreckt.

Hierzu ein Beispiel aus der Befragung eines ehemaligen Arbeiterführers (Galm 1980, 204f.), die sich bei etwa zwei Interviews im Monat über mehrere Monate hingezogen hat: „Bis zum September 1980 waren wir viele Male bei Galms, zeitweise jede Woche. Immer waren diese Treffen mit Kaffee und Kuchen verbunden; manchmal wurde es ein Besuch, manchmal ergab sich ein Arbeitsgespräch. Auf unsere Bitte, die Arbeitsgespräche auf Tonband aufzunehmen, hat sich H.Galm zuerst nicht eingelassen: ‚Da waren schon öfter welche da, die mich interviewen wollten und die gesagt haben: Reden Sie in den Apparat! Vier Stunden kann ich mich mit Ihnen unterhalten ... Aber mit einem Tonbandgerät kann ich nicht sprechen.‘ So haben wir in der ersten Zeit versucht, mitzuschreiben und dann gleich zu Hause das Gespräch zu rekonstruieren. Das war eine mühsame und insgesamt unbefriedigende Methode. Vieles ist weggefallen. Manche Teile gerieten im Verhältnis zum Gespräch dürftig. Besonders in den Situationen lebhafter Diskussion wußten wir nicht, was wir machen sollten: Mitschreiben oder reden. Nach einigen Monaten haben wir dann noch einmal gefragt, ob nicht ein Tonband verwendet werden kann. Jetzt ist Herr Galm ohne Zögern einverstanden. Er habe ja nichts gegen das Tonband gehabt. Es sei nur so, daß er aus einer Generation kommt, der diese ‚Sprechapparate‘ nicht vertraut sind. Er habe sich mit diesen Geräten nicht anfreunden können.“ Aufgrund ähnlicher Erfahrungen geben Schatzman/Strauss (1973, 29) dem Feldforscher den Rat, „alle Restriktionen, die zu Beginn vom Forscher akzeptiert worden sind, als später, zu günstigerer Zeit, neu verhandelbar anzusehen. Ist erst einmal der Zugang erlangt, können neue Beziehungen sorgfältig entwickelt werden, so daß nach einiger Zeit vollständige (oder wenigstens größere) Freiheit erreicht wird."

Störungen und Revisionsversuche der vereinbarten Situationsdefinition können nicht nur vom Befragten ausgehen. Auch der Interviewer kann versuchen, aus der vereinbarten Interviewform herauszugehen und diese oder jene Alltagsform der biographischen Kommunikation zu erproben. Der Interviewer kann in seinen eigenen Lebensauffassungen irritiert sein („Das kann doch nicht wahr sein, dass der das so gemacht hat ..."). Er kann von der Sprache und der Erzählform des Befragten verunsichert sein („So darf man darüber doch nicht sprechen!"). Er kann sich angeregt fühlen, die Perspektiven, in denen der Befragte seine Lebensgeschichte erzählt, zurückzuweisen („So kann man das doch nicht sehen!"). Er kann darunter leiden – insbesondere im narrativen Interview –, dass er selbst, seine Identität und seine Geschichten nicht zum Zuge kommen, dass keine Reziprozität der biographischen Kommunikation vorgesehen ist, dass er vor allem zuhören muss. „Der Interviewer als Zuhörer seinerseits muß die innere Stabilität und Gelassenheit haben, sich in den anderen hineinzuversetzen, ohne zu fürchten, daß seine Identität zu kurz kommt, ohne in Versagensängste zu verfallen, d.h. Ängste, seine Identität als Forscher zu verlieren, wenn er in einem Interview keine Spur für aufklärende Rückfragen findet." (Hermanns 1981, 131) Schon die Situationsdefinition des Interviews als eines Gesprächs, in dem der Interviewer „ganz auf den Status des ‚Überlegenen', des ‚Experten'" verzichtet (Thomae 1968, 113), kann entsprechende Belastungen für den Forscher erbringen, mindestens ungewohnte Rollenbeziehungen im Verhältnis zu einem Nicht-Wissenschaftler. Vielleicht ist ja auch heute ganz allgemein die Fähigkeit zum Zuhören verloren gegangen (so Helfferich 2004, 10).

Interviewerverhalten und Gesprächsführung

Ein qualitatives oder ein im engeren Sinne narratives Interview ist kein Alltagsgespräch. Das bedeutet für den Interviewer, dass er mit seiner Alltagskompetenz als Frager und Zuhörer nicht auskommt (vgl. Rosenthal 1993, 186). Das biographische Interview ist anders strukturiert als der alltägliche Austausch von Lebensgeschichten: Beide, Forscher und Befragter, müssen eine Balance finden zwischen dem menschlichen Interesse und dem persönlichen Respekt, die bei solcher Thematisierung notwendig sind, und der sachlichen Erfüllung der Aufgabe des Interviews, Daten zu erheben bzw. zu produzieren.

Alltägliche biographische Kommunikationen implizieren an wichtigen Stellen und in zentralen Dimensionen der Bewertung und des Wissens ein unausgesprochenes Einverständnis zwischen den Sprechern, das tiefer geht als das ausgesprochene Einverständnis („Sie wissen ja, wie das im Leben so ist ...", oder: „Sie wissen ja auch, wie das damals war ..."). In diesem Punkt muss sich das biographische Interview von der alltäglichen biographischen Kommunikation unterscheiden; es darf solche Einverständnisunterstellungen nicht zulassen, sondern soll eine möglichst reichhaltige Aufforderung an den Befragten enthalten, solche Selbstverständlichkeiten und angenommenen Übereinstimmungen zu explizieren. Hiervon hängt der Wert des Interviews ab. Andererseits gelingt aber eben diese Explikationsaufforderung nicht, wenn nicht ein diffuses Einverständnis, ein gewisses Vertrauen vorhanden ist oder sich entwickeln kann. Der Forscher muss gleichzeitig „eine ‚leere Wand' und ein Freund" sein, so hatte Kluckhohn (1951, 125) dieses Dilemma für den anthropologischen Feldforscher skizziert. Auch wenn das Gespräch „ganz alltäglich, nachbarschaftlich, freundschaftlich aussieht", so schließen Wahl/Honig/Gravenhorst (1982, 127), wird es in keinem Falle eine alltägliche Kommunikation werden und auch nicht so erlebt werden. Es bleibt ein „Pseudo-Gespräch" (Hopf 1978, 107).

Wie diese Balance vom Forscher zu erreichen ist, dafür können keine Regeln angegeben werden, das bleibt seinen Möglichkeiten überlassen. Diese Balance ist auch in anderer Hinsicht vom Interviewer abhängig: Aus Angst, der Befragte könnte das Interview abbrechen, werden z.B. im exmanenten Nachfrageteil eines narrativen Interviews die problematischen Themen nicht erfragt. Aus menschlicher (oder auch aus ideologischer) Sympathie für die Befragtengruppe zögert mancher Interviewer, die treffenden Fragen zu stellen. Für die Oral History mahnt Grele (1985, 203f.): „Auf beiden Seiten des Mikrophons vermeiden wir, um die soziale Situation zu entspannen und Empathie und Rapport zu erhalten, harte Fragen und beunruhigende Antworten ... Wir müssen aber während der Feldforschung die natürlichen Tendenzen aus dem sozialen Verkehr überwinden und uns daran erinnern, daß wir Historiker sind, interessiert an der vollständigen Darlegung der Leidenschaften der Vergangenheit, nicht an einer Materialsammlung, die für die Gegenwart akzeptabel ist."

Anders steht es mit der Form der Gesprächsführung, der Interaktion also innerhalb dieses balancierten Rahmens; hierfür sind Regeln und Erfahrungswerte vielfach beschrieben worden.

Beim Leitfaden-Interview wird der Interviewer in erster Linie versuchen, die vorgegebenen Punkte und thematischen Komplexe in angemessener Zeit durchzugehen und den Befragten schrittweise durch das festgelegte Programm zu führen. Oder er wird, wenn der Leitfaden keine feste Sequenz der Fragen vorsieht, sondern allein *dass* eine Frage angesprochen wird, auf die Berücksichtigung der thematischen Punkte achten.

In die entgegengesetzte Richtung weisen die Vorschläge an den Interviewer, „den anderen in die Lage zu versetzen, sich in ‚natürlicher‘ Weise präsentieren zu können" (Lehmann 1979/80, 42). Neben den älteren Vorschlägen zur Exploration in der psychologischen Biographik (Thomae 1968, 113) sind am besten ausgearbeitet die Regeln für das narrative Interview. Hier geht es darum, dass der Interviewer allein Interesse an den Erzählungen des Befragten signalisiert, sonst aber auf keine Weise steuernd in dessen lebensgeschichtliche Erzählungen eingreift. Allein die Aufgabe der Inganghaltung der Erzählung steht ihm zu.

Das narrative Interview wird durch einen Erzählstimulus in Gang gebracht, der dem Befragten die Aufgabe benennt sowie Grundbedingungen des Interviews anführt (vor allem, dass das Interview kein Frage-Antwort-Spiel sein soll).

Als Musterbeispiel für einen offenen Erzählstimulus gibt Rosenthal (1993, 187) an: „Ich möchte Sie bitten, mir Ihre Lebensgeschichte zu erzählen, all die Erlebnisse, die für Sie persönlich wichtig waren. Sie können sich dazu so viel Zeit nehmen, wie Sie möchten, Ich werde Sie auch erstmal nicht unterbrechen, mir nur einige Notizen zu Fragen machen, auf die ich später dann noch eingehen werde." So oder so ähnlich sollte man das Interview einleiten (vgl. Hermanns 1991, 183; Brüsemeister 2000, 160). Allenfalls kann man überlegen, ob die Ankündigung, dass nach der Ersterzählung noch Fragen gestellt werden sollen, weggelassen wird. Dass sich ein Befragter nach der Ersterzählung gewundert hätte, dass Nachfragen kamen, ist mir noch nie begegnet. Und zweitens könnte man das eigene Verhalten (dass man nur zuhören wird) begründen, etwa durch: „Damit ich alles gut verstehen kann."

Soll man auch dann mit einem Erzählstimulus beginnen, der zur Erzählung der ganzen Lebensgeschichte auffordert, wenn man sich nur für die Schulerfahrung, die Berufslaufbahn seit dem Studium oder den Übergang ins Rentenalter interessiert? Zunächst: Irgendwie weiß der Befragte ja schon, wofür wir uns sachlich interessieren, welchen Gegenstand unsere Forschung hat, denn schon bei der ersten Kontaktaufnahme war das ja mehr oder weniger deutlich gesagt worden. Fischer-Rosenthal/Rosenthal (1997, 141f.) geben zu bedenken, „daß eine vorgegebene Konzentration auf einen biographischen Strang – wie die Berufslaufbahn – oder auf eine Lebensphase – wie die Jugend – den Biographinnen und Biographen die Möglichkeit verwehrt, diesen Lebensbereich im Prozeß der Erzählung in ihre gesamte Lebensgeschichte einzubetten, diesen damit selbst besser zu verstehen und uns verständlicher zu machen. Eine Erzählaufforderung ohne Themeneinschränkung ist damit für eine biographisch-interpretative Analyse die konsequenteste." In diesem Zusammenhang schlagen sie eine Kompromissform vor im folgende Beispiel: „Wir interessieren uns für die Lebensgeschichte von Menschen, die emigriert sind. Wir möchten Sie bitten, uns Ihre Lebensgeschichte zu erzählen, also nicht nur von Ihrer Emigration zu berichten, sondern über all die Erlebnisse, aus der Zeit davor und der Zeit nach der Emigration, die Ihnen heute einfallen." (Fischer-Rosenthal/Rosenthal 1997, 142)

Es übrigens wichtig, dass man den Eingangsstimulus zwar wortgleich bei allen Interviews vorbringt, ihn aber so intoniert, dass der Befragte das ernsthafte Interesse des Interviewers spürt. Man darf den Erzählstimulus also weder ablesen (um nichts falsch zu machen) oder wie auswendig gelernt herunterrattern. „... vor allem unerfahrene Interviewer haben bei ihren ersten Interviews das Gefühl, ‚aufdringlich‘ zu sein, wenn sie um die Erzählung der Lebensgeschichte oder anderer ‚intimer‘ Geschichten bitten. Um sich dieser peinlichen Angelegenheit möglichst rasch zu entledigen, neigen sie dann häufig dazu, die Bitte nach einer ausführlichen Erzählung vorschnell, überstürzt und verkürzt auszusprechen." (Hermanns 1991, 185)

Unpräzise oder mehrdeutig formulierte Erzählaufforderungen können dazu führen, dass der Befragte nicht versteht, dass er jetzt zu dem benannten Thema erzählen soll und also etwa Meinungen kundgibt oder sich wie ein Sachexperte verhält. „Wenig präzise Erzählaufforderungen kommen häufig dann zustande, wenn beim Interviewer das Gefühl und der Eindruck besteht, daß die zu erzeugende Vertrauensbasis zwischen den Beteiligten für die Darstellung einer persönlichen Erzählung noch nicht tragfähig genug ist." (Iwert 2003, 231)

Ganz wichtig: Der Erzählstimulus muss sich auf einen Geschehenszusammenhang beziehen, der erzählbar ist. „Erzählbar ist immer nur «die Geschichte von», nicht aber ein Zustand oder eine immer wiederkehrende Routine: Ich kann ebensowenig meine Arbeit, wie mein Verhältnis zu Computern oder meine Haltung zu Kernkraftwerken durch eine *Erzählung* darstellen. Dies alles kann ich *beschreiben* ..." (Hermanns 1991, 183f.)

Im Verlaufe eines narrativen Interviews „muß der Interviewer immer dann, wenn der erzählende Interviewpartner ‚zu Ende kommt‘, d.h. seinen Wunsch nach Sprecherwechsel signalisiert, die Erzählung in Gang halten. Dies ist eine schwierige Aufgabe, da der Interviewer sich davor hüten muß, selbst Einzelthemen der Erzählung zu bestimmen oder bestimmte Darstellungen mit einer ‚positiven‘ Rückmeldung zu bekräftigen, andere dagegen durch irgendwelche Zeichen als irrelevant abzutun ... Die Aufgabe des Interviewers ist es also, möglichst zu versuchen, dem Interviewpartner alle ‚Optionen‘ offen zu halten, ihm zu gestatten, sich in seine eigene Geschichte zu verwickeln..." (Hermanns 1981, 98) Im Einzelnen wird empfohlen, während dieser Phase des Interviews allein eine allgemeine Zustimmung zur Erzählung des Befragten anzugeben, mitzuteilen, dass seine Geschichten „ankommen". Das kann durch Kopfnicken und andere Bewegungen des Interesses gezeigt werden, aber auch durch „ja", „aha", „hm". Bewertungen oder selektive Zustimmungen werden in dieser Phase für nachteilig gehalten, weil sie den Befragten davon ablenken, seine eigene Geschichte vorzubringen. Gerät der Befragte ins Beschreiben oder Argumentieren, hört er auf, aus seinem Leben zu erzählen, sollte der Interviewer versuchen, ihn erneut zum Erzählen zu bewegen. Mittel sind z.B.: „Und wie war das bei Ihnen?", oder: „Wie ging es dann bei Ihnen weiter?" Hingegen sind Frageformen, die zu Begründungen herausfordern („warum") oder zur Darstellung von Motiven bzw. Gefühlen anleiten, ganz ungeeignet.

Jedoch ist die Rolle des Interviewers während der Ersterzählung keineswegs passiv: „Er muß den inhaltlichen Stoff aufnehmen und sich sowohl den Fortgang der erzählten Ereignisse wie auch die Eigennamen der erwähnten Personen, Institutionen etc. merken. Gleichzeitig muß er die Erzählung aber auch kritisch hören und hat auf zeitliche, faktische oder logische Unverträglichkeiten im Inhalt sowie auf Auslassungen, die die Geschichte unplausibel erscheinen lassen, zu achten. Er muß sich Stellen, an denen ihm Diskrepanzen zwischen Darstellungsform und Inhalt auffallen, merken und hat in der Entwicklung der Geschichte auf Nebengleise zu achten, die einmal angedeutet, dann abgebrochen und nicht weitergeführt wurden ..." (Iwert 2003, 253f.)

Erst nach einer längeren Erzählphase kommt eine Phase der Nachfragen. Jetzt „verläßt der Interviewer seine Rolle als Nur-Zuhörer und bittet seinen Partner, den Erzähler, noch zu einigen Punkten Stellung zu nehmen, die für sein Verständnis noch nicht hinreichend ausführlich oder präzise dargestellt wurden. Daraufhin ergänzt der Erzähler noch einmal seine bisherigen Ausführungen. Neben den Rückgriffen, die unproblematische Verständnislücken des Interviewers beseitigen sollen, gibt es noch andere, die problematische Gegenstände wieder aufgreifen, zu denen der Erzähler noch einmal durch Erzählen Stellung nehmen soll, damit der Interviewer die Position des Erzählers und sein Verhältnis zum Redegegenstand besser versteht." (Hermanns 1981, 99) Also auch diese Nachfragen müssen fallspezifisch gestellt werden, auch hier ist ein Leitfaden mit fallunabhängig überlegten Themen und Fragen unnütz. „Auch wenn wir unsere vorab überlegten Nachfragen nicht als welche begreifen, die zwingend zu stellen sind, besteht die Gefahr, daß sie uns daran hindern, uns auf das Relevanzsystem und die Struktur unseres Gesprächspartners einzulassen." (Rosenthal 1993, 202)

Um diese schwierige Aufgabe – während der Ersterzählung muss man sich merken, was später nachgefragt werden soll – bewältigen zu können, kann es nützlich sein, während der Ersterzählung Notizen zu machen. „Kurze Notizen für spätere Fragen sind bei langen Zuhörsequenzen, die manchmal über Stunden dauern, unbedingt vonnöten, da man insbesondere beim aufmerksamen Zuhören, das sich weniger auf Inhalte als auf Bedeutungen konzentriert, vieles vergißt, was noch interessant gewesen wäre." (Rosenthal 1993, 20; allgemein zur Nachfragephase: Rosenthal 1999)

Als Erhebungsverfahren hat das narrative Interview ein hohes Ansehen gewonnen. Man kann das daran sehen, dass die Bezeichnung auch von Forschungen in Anspruch genommen wird, die doch nur ein Leitfaden-Interview mit einigen Erzählanregungen oder nur ein offenes Interview im hergebrachten Sinne eingesetzten (z.B. Barwinski Fäh 1990, 31).

Neben Leitfaden- und narrativem Interview gibt es einen dritten Vorschlag für die Gestaltung des Gesprächs: Danach soll sich der Interviewer wie ein neugieriger Bekannter verhalten, der hin und wieder auch eigene lebensgeschichtliche Erfahrungen beisteuert, der Rückfragen stellt, der auch einmal Stellung bezieht, der die eigene Informiertheit nicht zurückstellt. Zu einer Interviewform ausgearbeitet heißt dieser Weg „problemzentriertes Interview" (Witzel 1982; 1996; ähnlich „rekonstruktives Interview" bei Böttger 1998, 108ff.; ein Überblick über die Varianten: Helfferich 2004, 24f.). Nach einer offennarrativen Phase bietet der Interviewer dem Befragten Deutungen und

Interpretationen an, stellt gezielte Verständnisfragen und konfrontiert
ihn mit Unstimmigkeiten und Widersprüchen, um Klärungen und
Richtigstellungen zu provozieren. Die Begründung hierfür ist übrigens
ähnlich wie beim narrativen Interview: Das Interview müsse sich an
Gewohnheiten des sozialen Alltags halten, und die seien keineswegs
durch vollständige Unbeteiligtheit des Zuhörers gekennzeichnet, sondern im Gegenteil (auch) durch Interventionen, Klärungsfragen und
Einsprüche.

Aus der Unsicherheit, dem Befragten nichts in den Mund legen zu
wollen und doch zu einzelnen Bereichen etwas von ihm zu erfahren,
entstehen beim ungeübten Interviewer häufig Frageformen, die den
Befragten interpretieren und seine Lebenserzählung blockieren. Vorsichtig versucht der Interviewer eine Thematik anzusprechen und verheddert sich gerade dabei in eine lange, unübersichtliche und interpretierende Frageform. Ein Beispiel aus einer Befragung von älteren Lehrern (Maaßen 1993, 145): „„Es fällt mir noch etwas ein, Herr A.: Diese Geschichte mit dem ganz frühen, ich will mal so sagen, Erlernen
des Antimilitarismus in dieser Pferdepflegegeschichte. Ist eigentlich in
Ihrer Zeit nach dem Krieg ein gewisses – in Ihrer Rektorarbeit – Engagement so üblich gewesen, daß Sie gesagt haben – innerlich –: Auf
das kommt es an, auf dieses kommt es an. Gab es so Punkte, von denen Sie sagen würden, das waren Ihre pädagogischen Ziele in der
Rektorarbeit?"‘ Die folgende Angabe zum Interviewverlauf lässt ahnen, wie stark die Interviewerin lenken wollte: „Es läßt sich nicht aus-
schließen, daß durch mein Engagement und meine Formulierung der
Fragen eigene Vorstellungen und Interpretationsansätze mit eingeflos-
sen sind. Durch die gemeinsame Besprechung der Transkripte wurde
dies jedoch dahingehend relativiert, daß die Befragten genug Ge-
sprächszeit hatten, ihre Positionen darzulegen." In ihren methodischen
Reflexionen über solche Frageformen meinen du Bois-Reymond/
Schonig: „Der Fragende macht sich ... zum politischen Interpreten
eines Teils der erzählten Lebensgeschichte und versucht, daraus Konsequenzen für die spätere Lebens- und Arbeitspraxis des befragten
Erzählers zu ziehen. Er fordert eine Konsequenz, die er aus den er-

zählten Lebenserfahrungen zieht, vom Erzählenden, er beginnt, über den Erzähler zu verfügen ..." (du Bois-Reymond/Schonig 1980, 62f.)

Ähnliche Eingriffe ergeben sich hin und wieder in Oral-History-Interviews, wenn der Interviewer meint, die Aussagen des Befragten korrigieren zu müssen. Hier liegt der Einwand „Das kann so nicht gewesen sein!" nahe (Hennig 1982, 59). Dieses Problem ist nicht ohne weiteres umgehbar; schließlich ist aus Alltagsgesprächen und auch aus vielen Interviews bekannt, wie leicht Befragte bestimmte Ereignisse der Zeitgeschichte auslassen oder aber interessenhaft beschreiben. Die politischen und wirtschaftlichen Krisen und Umbrüche der Zeitgeschichte haben ganze Gruppen in der Gesellschaft dazu gebracht, nicht „korrekt" zu erzählen, sondern im Interesse heutiger persönlicher Integrität oder im Interesse heutiger politischer Anschauung zu retuschieren. Besonders deutlich wird das im Zusammenhang mit dem Nationalsozialismus, und zwar keineswegs nur für die ehemaligen Nationalsozialisten.

Trotz der Gefahr, ungeschickt und unbeabsichtigt einen weitreichenden Eingriff in die Erzählungen und Berichte des Befragten zu tun, bleibt als Frage, ob nicht von Fall zu Fall Alltäglichkeit der Gesprächssituation nachgeahmt werden soll, ob also der Interviewer zur Aufrechterhaltung des Interviews und zur Sicherung seiner Ähnlichkeit mit alltäglichen biographischen Kommunikationen nicht selbst aus seinem Leben erzählen, hin und wieder die Sprecherrolle übernehmen sollte (so Lehmann 1979/80, 43). Schließlich ist ja auch im narrativen Interview, in dem sich der Interviewer aufs Zuhören beschränkt, die nonverbale Kommunikation am Werk; der Interviewer kann sich nur graduell, aber auf keinen Fall ganz aus der gemeinsamen Produktion der lebensgeschichtlichen Daten zurückziehen.

Für alle Varianten des biographischen Interviews (übrigens auch fürs quantitative Interview) gilt übereinstimmend: Der Interviewer darf keine sozialwissenschaftliche Sprache benutzen. „Wissenschaftliche Begriffe schaffen nur Unklarheiten über den Gegenstand und bedürfen weitergehender Erläuterung, was die Interviewdurchführung nur belasten würde." (Lamnek 1995, 2, 104) Weil inzwischen manche sozialwissenschaftlichen Begriffe in die Alltagssprache abgesackt sind (z.B. Aggression, Rolle, Identität) wird hier die Grenze schwer zu ziehen sein; am besten benutzt man auch solche popularisierte sozialwissenschaftliche Begriffe nicht.

Erfahrungen sprechen dafür, dass das Abschalten des Tonbandgeräts ein wichtiger Moment ist. Jetzt ist der offizielle Teil beendet. Befragter und Interviewer können wieder „normal" werden, können ins Alltagsgespräch zurückkehren. Das unsichtbare Publikum, das im Aufnahmegerät anwesend war, ist aus dem Raum verschwunden. In vielen Fällen nimmt das Gespräch jetzt einen neuen Anlauf, problematische Dinge genauer, offener zu beschreiben. Manches kleine Geheimnis wird jetzt ausgesprochen, manche Mitteilung gemacht, um die zuvor herumgeredet worden ist. Zwischen Tür und Angel klären sich plötzlich wichtige Gesichtspunkte. Wegen dieser Möglichkeit einer neuen Mitteilungsebene sollte der Interviewer mit dem Abschalten des Tonbandgeräts nicht auch seine Aufmerksamkeit zurücknehmen. Zu Hause kann er ein Gesprächsprotokoll von diesem „inoffiziellen" Teil anfertigen.

Am Ende des Interviews, wenn noch dieser oder jener Gesichtspunkt besprochen wurde, vielleicht ein Resümee des Gesprächs versucht worden ist, kommt der Abschied und die Frage, ob die für das Interview hergestellte Beziehung beendet werden soll. Weil im allgemeinen eine Rücksprache mit dem Befragten für den Zeitpunkt vereinbart worden ist, zu dem der Sozialforscher das Gesprächsprotokoll ausgewertet und interpretiert haben wird, kann die Beziehung nicht beendet werden, sondern bleibt im Hinblick auf diesen Termin weiterbestehen.

Es gibt einen weiteren Grund, am Ende nicht einfach zu sagen: „So, das wars. Haben Sie vielen Dank für Ihre Mitarbeit, Sie haben mir sehr interessantes Material verschafft", oder ähnlich. „Der Punkt ist, daß ein Interview, das eher ‚suspendiert' als ‚beendet' worden ist, immer wieder bequem fortgeführt werden kann." (Schatzman/Strauss 1973, 74) Immerhin kann es sich ergeben, dass der Sozialforscher auf dem Heimweg, bei der Transkription oder in einem späteren Arbeitsstadium (bei der Auswertung; nachdem die meisten Interviews vorliegen) es für notwendig hält, ein zweites oder drittes Interview mit dem

Befragten zu führen. Es könnte sich ergeben, dass Informationen fehlen; es kann sich herausstellen, dass das Interview, von dem man das Gefühl hatte, dass es „gut lief", so informationsreich nicht war. Auch kann sich in der Mitte oder gegen Ende der Forschungen ergeben, dass jetzt die Fragestellungen präziser sind als sie damals bei einem der ersten Interviews waren. Deshalb ist es sinnvoll, die Gesprächsbeziehung nicht abzubrechen, sondern zu vertagen.

3. Kontext der Befragung

Interviewerbericht

Nach Ende des Interviews, wenn der Sozialforscher wieder für sich ist, muss ein Interviewerbericht geschrieben werden, ein Protokoll der äußeren Bedingungen, der situativen Faktoren, charakteristischer Verläufe der Kommunikation, erste Einfälle zur Interpretation. Das ist zu diesem Zeitpunkt gewöhnlich eine lästige Aufgabe. Man hat die biographische Befragung mehr oder weniger glücklich hinter sich gebracht, hat sich angestrengt, zugleich den eigenen Kriterien für das Interview und der Kommunikationsbeziehung zum Befragten zu genügen, möchte jetzt am liebsten entspannen. Es kommt jedoch darauf an, dass unmittelbar nach jedem Interview ein Interviewerbericht verfasst wird. Die Eindrücke sind frisch und noch nicht zerlegt in emotionale und verstandesmäßige; sie sind noch szenisch gebunden. In ihnen steckt eine Eindrucksoffenheit, die sich später, je länger man mit dem Befragten zu tun hat oder auch je länger man sich mit dem Gesprächsprotokoll und dann auch mit dem transkribierten Text beschäftigt, verloren geht. Irgendwie ist man mit dem Fall dann vertraut. Man hat sich an die Sprache und die Inhalte eines Interviews gewöhnt und eben dadurch auch eigene Offenheit für Überraschungen und Anregungen zu neuen Fragestellungen und Antworten verloren.

Eine Liste möglicher Themen für den Interviewerbericht:
- Art des Kennenlernens, der Bekanntschaft

- Kontaktaufnahme bei der Befragung
- Dauer, Zahl, Orte der Kontakte
- anwesende Dritte, Störungen der Befragung
- Gespräche über Sinn und Zweck der Befragung, über die Anonymitätsfrage, über mögliche Folgen der Publikation oder anderer Verwendungsabsichten
- Vermutungen und Anhaltspunkte über die Interessenlage des Befragten, über Erwartungen und Befürchtungen
- Selbststilisierung und dramaturgischer Habitus des Befragten, Gestaltung der Situation, besonders zu Anfang der Gespräche
- Wohnumwelt, Geschmacksrichtung, Einrichtung
- Erinnerungs- und Erzählbereitschaft
- Symmetrie/Asymmetrie: Fragt der Befragte zurück? Bleibt der Interviewer in der Definitionsmacht? Altersrollenbeziehung? Geschlechtsrollenbeziehung?
- Probleme und Themen, die nicht ausführlich erzählt worden sind, die aber nach dem Eindruck des Interviewers wichtig sind
- Kommunikative und emotionale Probleme, Krisen des Gesprächs
- Irritationen, an die sich der Interviewer erinnert; Peinlichkeiten; Schwierigkeiten des Verstehens; Zögern beim kommunikativen Akzeptieren
- Reflexionen, die beim Interviewer über sein eigenes Leben nach dem Kontakt in Gang kommen
- Gefühle, die die Begegnung mit dem Befragten und das Anhören seiner Lebensgeschichte beim Interviewer ausgelöst haben. Immer nämlich melden sich Sympathie bzw. Antipathie und könnten die weitere Bearbeitung färben
- Verlauf und Thematik der Gespräche vor Einschalten und nach Abschalten des Tonbandgeräts

Nicht vergessen werden sollten Notizen zu den biographischen Reflexionen, die sich beim Interviewer während und nach dem Interview einstellen. Wir sind es aus vielen Situationen gewohnt, Lebensgeschichten vergleichend aufzunehmen, vergleichend mit der eigenen Biographie. Wir sind es gewohnt zu überlegen, ob dieser oder jener

Lebenssinn eines anderen auch zu uns passen könnte, ob wir an diese oder jene Lebensplanung auch schon einmal gedacht haben, sie dann aber beiseite gelegt haben, ob dieses oder jenes Lebensziel eines anderen uns selbst unerreichbar blieb. Wir sind es gewohnt, Altersvergleiche vorzunehmen („Was, der hat schon mit dreißig ein Haus gehabt ...“). Wir fühlen uns wohl, wenn „wir weiter sind“, werden nachdenklich, wenn andere „weiter sind“. In jedem Falle: Ebenso wie in alltäglicher biographischen Kommunikationen fangen wir während und nach einem biographischen Interview an, unsere eigene Lebensgeschichte zu bilanzieren, mehr oder weniger systematisch. Erfahrungen sprechen dafür, dass „der Interviewer ... besonders sensibel für bestimmte Aspekte der sozialen Situation" ist, „die mit seiner persönlichen Lebenssituation oder Lebensgeschichte zu tun haben" (Wahl/Honig/Gravenhorst 1982, 135). Bemüht sich der Interviewer nicht unmittelbar nach dem Gespräch um Selbstkontrolle, werden die entsprechenden Einfälle nicht gleich notiert, könnte sich deren Einfluss später bei der Interpretation unkontrolliert durchsetzen. Bezüglich der Technik des vorläufigen Festhaltens und späteren Ausarbeitens dieser „Feld-Notizen" kann man von den Erfahrungen und Ratschlägen viel lernen, die Sozialforscher aus teilnehmender Beobachtung mitteilen (z.B. Lofland 1979).

Ein Beispiel für einen zusammen mit der Interpretation veröffentlichten Bericht über das „‚setting‘, in dem der Text – das biographische Material, das ich analysiere – entstanden ist":

„Interviewsituation

Als ich Regina interviewte, befand sie sich in der letzten Phase ihrer Heimkarriere. Sie mußte sechs Wochen Arbeit in einer sogenannten Außenstelle, also außerhalb des Heims, durchhalten, um entlassen zu werden. Sie arbeitete bei einer Fleischerfamilie als Mädchen für alles, und da Tiere – z.B. ein Pferd – mit zum Haushalt ihrer Arbeitgeber gehörten, gefiel es ihr dort ganz gut, wenn sie auch nach eigenen Aussagen dort nicht viel lernen konnte. Sie wollte nach ihrer Entlassung unbedingt nach Hause und hatte auch von ihren Eltern die Erlaubnis erhalten, wieder nach Hause kommen zu dürfen. Die Eltern bemühten sich um eine Arbeitsstelle für Regina.

In dieser Situation – ganz darauf ausgerichtet, ihre Eltern zufriedenzu-
stellen und die Rückkehr in die Normalität endlich zu schaffen – erzählte mir Regina ihre Lebensgeschichte. Ich hatte vor ihr schon mit
zwei anderen Mädchen Interviews gemacht, in diesem aber das erste
Mal so etwas wie ‚echten Kontakt' gespürt. Ihre Erzählweise kam bei
mir so an, als sei sie an mir als Gesprächspartner interessiert, und ich
selbst habe über Strecken hinweg die Interviewsituation völlig vergessen. Sie erzählte sehr lebhaft und mit großem Engagement und ver-
deutlichte Beschreibungen ihrer Person oft durch anschauliche Situationsschilderungen – auch Kindheitserlebnisse fielen ihr wieder ein.
Ich mochte Regina sehr gern und entwickelte ein warmes Interesse für
sie. Sie war für mich sowohl von ihrem Äußeren her attraktiv als auch
durch ihre verbale Ausdrucksfähigkeit. Meine Gefühle für Regina
waren vielleicht vergleichbar denjenigen, die ich einer jüngeren
Schwester entgegenbringen würde." (Kieper 1979, 233f.)

Es kann sich darüberhinaus als praktisch erweisen, eine Kartei der
Befragten anzulegen (so empfiehlt Yow 1994, 49): Name, Anschrift,
Telefonnummer; wer hat diesen Befragten empfohlen?; Datum der
Befragung; Kopien des Briefverkehrs usw. Von praktischer Bedeu-
tung ist es auch, die Kassetten rasch nach dem Interview zu beschrif-
ten, damit man später nicht durch Hineinhören in die Aufnahmen her-
umsuchen muss, aus welchem Interview welche Kassette stammt
(Hinweis bei: Thompson 1988, 215f.).

Ob der schriftliche Interviewerbericht in Zukunft durch Video-
Aufzeichnungen ersetzt werden wird, wie Lehmann (1979/80, 46)
vermutet, ist zweifelhaft (zu Video-Aufnahmen in der Oral History:
Stöckle 1990, 140ff.). Denn diese verbesserte Protokollmethode liefert
zwar mehr Anhaltspunkte insbesondere zum nonverbalen Verhalten,
kann aber Interpretationen nicht ersetzen, z.B. nicht von selbst darüber
Auskunft geben, was im Interviewer vor sich gegangen ist. Eine Methode der Videoanalyse im eigentlichen Sinne gibt es noch nicht
(Knoblauch 2000, 626). Zudem sind es die meisten Menschen derzeit
nicht gewöhnt, ihre Unbefangenheit zu bewahren, wenn sie gefilmt
werden, was zu Verzerrungen der Ergebnisse führen kann (vgl. Lamnek 1995, 2, 100ff.).

Weitere Materialien

Tagebücher, Erinnerungsberichte, Reisebeschreibungen, Briefe, Zeugnisse, Fotoalben der Familie (zur Fotografie in der qualitativen Forschung: Plummer 1983, 27ff.; Fuhs 1997), Sammlungen und Zeitungsausschnitte, Leserbriefe und gerichtliche Unterlagen – das sind Materialien, die dem Interviewer im Zusammenhang mit biographischen Interviews zugänglich werden können.

Solche Materialien sind geeignet, Erinnerungen beim Befragten anzuregen, weitere Erzählungen aus der Lebensgeschichte hervorzulocken. Sie sind gewohnte Gesprächsanreize und können in dieser Weise vom Sozialforscher genutzt werden. Zweitens enthalten diese Materialien oft wichtige Informationen zur Lebensführung des Befragten, sind selbst Datenmaterial, das ergänzend oder illustrierend den biographischen Daten im engeren Sinne im Forschungsbericht hinzugefügt werden kann.

Einige sozial- und regionalgeschichtliche Projekte, auch solche in der Volkskunde, zielen in erster Linie auf eine Ausstellung und sehen daher die Sammlung und Sichtung von Fotografien, von familiengeschichtlichen Unterlagen, von Dingen und Geräten des alltäglichen Lebens als eigenständigen Forschungsweg neben biographischer Befragung vor. Biographische Befragung dient hier auch der Information über die alltägliche Bedeutung der zusammengetragenen Unterlagen und Gerätschaften; sie kann bis in die Planung der angemessenen Präsentation der Ausstellungsstücke hinein (Ruppert 1982, 251f.) und als begleitende und vertiefende Information während der Ausstellung – Zeitzeugen führen durch die Ausstellung und berichten aus ihrer Lebenserfahrung – eine wichtige Rolle gewinnen (Hoffmann 1982, 260).

Lange Zeit sind Daten aus institutionellen Kontexten – Gerichtsakten, Schulakten, Informationen der Sozialverwaltungen – gleichberechtigt mit anderen Materialien zur Lebensgeschichte (selbstverfasste Autobiographien, Briefe, Texte aus explorativen Interviews) angesehen worden (so noch Young 1947, 251). Obwohl ohne direkte Mitarbeit der Person entstanden, um deren Lebensweg es geht, galten sie als wertvolle Informationsquellen. Erst nachdem nachgewiesen wurde,

dass es sich bei solchen Akten eher um Zeugnisse der Behandlungs-
routinen der Verwaltungen und Institutionen handelt, die nur indirekt
etwas über die behandelten Klienten, Patienten oder Strafgefangenen
hergeben (Cicourel 1968; Brusten 1973; Müller 1980), ist diese
Gleichberechtigung entschieden in Frage gestellt. Allerdings war auch
vorher schon beklagt worden, „daß das lebensgeschichtliche Material
... allzu eng verknüpft war mit den unmittelbaren Absichten irgendeiner Reform- oder Therapieeinrichtung" (Young 1947, 267).

In biographische Erzählungen und Berichte gehen Konstellationen
und Perspektiven des Heute und der erwarteten Zukunft ein. Eine begrenzte Möglichkeit, das zu berücksichtigen, besteht darin, aufmerksam auf Bezüge zum Heute und zum Morgen im Interview zu achten –
als Teilschritt von Auswertung und Interpretation. Ein weitergehender
Versuch könnte darin bestehen, aktuelle politische, wirtschaftliche
und soziale Konstellationen aus der Tageszeitung oder aus dem Fernsehen für den Zeitpunkt zu protokollieren, zu dem das biographische
Interview geführt wird. Wer sich für biographische Verläufe von Arbeitslosen interessiert, wird gut daran tun, darauf zu achten, ob die
Sprecher der Bundesanstalt für Arbeit in den Tagen vor dem Interview
eine neue Rekordzahl für die Arbeitslosigkeit im Lande bekannt gegeben haben. Wer sich für lebensgeschichtliche Erzählungen zum Thema Nationalsozialismus interessiert, wird gut daran tun, aktuelle Mel-
dungen über Neonazis in den Zeitungen zu verfolgen.

Abbruch

Zu den enttäuschendsten Erfahrungen bei biographischen Forschungen gehört, dass bereits angefangene Datensammlungen wieder aufgegeben werden müssen, weil der Befragte nicht mehr mitmacht. Der
Sozialforscher hat z.B. zwei von insgesamt drei geplanten Interviews
durchgeführt und transkribiert, da stellt sich heraus, dass die Beziehung zum Befragten zusammenbricht. Abgesehen von dem Gefühl,
dass man umsonst gearbeitet und jetzt auf einem für die Auswertung
nicht verwertbaren Teilmaterial sitzt, kann das Gefühl dazu kommen,
man sei vom Befragten nicht angenommen worden, obwohl man sich
soviel kommunikative Mühe gegeben hat.

Einmal habe ich einem Befragten das nahezu fertige Manuskript, das aus vielen Interviews entstanden war, zur letzten Durchsprache vorgelegt, als sich der Befragte nicht mehr daran erinnern konnte, dass aus den Gesprächen ein Buch über seine Erinnerungen erarbeitet werden sollte. Ein wenig böse bin ich nach Hause gegangen und habe mich gegrämt über die vielen Stunden, die ich bereits in die Herstellung des Materials investiert hatte. Nach einer Woche habe ich noch einmal einen Versuch gemacht. Und siehe da, der Befragte wusste wieder, worum es ging, und hatte gegen das Manuskript als Druckvorlage nicht viel einzuwenden. Ein anderer Abbruch konnte nicht mehr rückgängig gemacht werden. Drei oder vier Interviews waren bereits aufgenommen, eins transkribiert. Da fasste ich den Mut, den Befragten nach seinen Reisekosten im Zusammenhang mit seinem Engagement für einen Verband zu fragen. Bereitwillig antwortete er, legte mir seine Unterlagen vor und erklärte Einzelheiten. Einige Wochen später habe ich erfahren, dass er nach dem Interview bei anderen Mitarbeitern des Verbandes vorwurfsvoll behauptet hat, ich könne auf solche Fragen ja nur durch sie gekommen sein. So hatte es sich aber nicht verhalten. In einem aufgeregten Telefongespräch ergab sich keine Möglichkeit mehr, das aufgekommene Misstrauen gegen Sinn und Zweck meiner Befragung zurechtzurücken. Trotz der Arbeitszeit, die bereits investiert worden war, war ich über diesen Abbruch nicht unglücklich. Denn wenn sich trotz vieler Informationen über die Absichten der Befragung ein solches Misstrauen beim Befragten ergibt – was kann da erst künftig, wenn noch mehr Arbeit investiert ist, an Komplikationen entstehen!

Im Zusammenhang mit solchen problematischen Verläufen in der Zusammenarbeit von Befragtem und Interviewer kann sich beim Interviewer der Wunsch einstellen, dem Befragten – künftig, beim nächsten Mal – erst gar kein Recht zuzugestehen, auf die Weiterbearbeitung und endgültige Verwendung der Gesprächsprotokolle Einfluss zu nehmen. So verständlich das wäre, eine angemessene Reaktion ist es nicht; denn problematische Verläufe dieser Art sind selten.

Folgen der Befragung

Wurden mehrere biographische Interviews geführt, hat sich eine längere Zusammenarbeit mit dem Sozialforscher ergeben, eventuell bis
hin zur Redaktion des Textes für den Bericht, dann sind Veränderungen in der Lebensauffassung des Befragten wahrscheinlich, eine spür-
bare Erhöhung seiner biographischen Kompetenz (Zinnecker 1982,
298). Denzin vermutet sogar, dass der Befragte während einer (längeren) Befragung in gewissem Sinne selbst ein Soziologe werde, weil er
sich seinem eigenen Leben gegenüber mit einer fast sozialwissenschaftlichen Distanz zu verhalten lernt (Denzin 1975, 244).

Seine Lebensgeschichte zu erzählen, geht dem Befragten nahe.
Schon durch die Aufforderung, seine Lebensgeschichte einem sozialwissenschaftlichen Interviewer vorzustellen, dürften viele Befragte
das Gefühl bekommen haben, ihre Lebensgeschichte und auch Lebensführung seien hochgeschätzt; therapeutische Effekte könnten sich
einstellen (vgl. Caunce 1994, 25; allgemein zu den Funktionen eines
narrativen Interviews für den Erzähler: Lucius-Hoene/Deppermann
2002, 87-89). Das Interview geht auch dem Interviewer nahe. Deshalb
ist es im Anschluss an eine biographische Befragung schwer, wieder
in die unpersönliche Beziehungsform zurückzukehren. Anders als
nach standardisierten Befragungen zu Meinungen oder Einstellungen,
anders als bei Marktforschungsinterviews bleibt auf beiden Seiten oft
die Erwartung, man sei eine persönliche Beziehung eingegangen und
müsste sie nun in irgendeiner Weise fortführen.

Leichter kann sich der Sozialforscher aus diesen Nachwirkungen
eines biographischen Interviews lösen. Er hat von vornherein ein Ar-
beitsziel damit verbunden, ist inzwischen mit dem nächsten oder ü-
bernächsten Befragten beschäftigt oder diskutiert bereits mit Kollegen
erste Interpretationen. Er weiß, dass er es nicht schaffen kann, zu allen
Befragten seiner biographischen Studie eine persönliche Beziehung zu
halten und zu pflegen. Das überschritte seine zeitlichen und anderen
Kapazitäten (vgl. Yow 1994, 121ff.).

Anders beim Befragten: Trotz aller Informationen über den Ar-
beitszweck des biographischen Interviews dürfte er dazu tendieren,

das biographische Interview wie eine alltägliche biographische Kommunikation aufzufassen. Er kann das Gefühl haben, einen Gesprächspartner gehabt zu haben, der zuhören kann, der ihm die Ausarbeitung seiner Lebensgeschichte ohne Reziprozitätsansprüche und Einwände gestattet hat. Solche Erwartungen des Befragten, es sei durchs biographische Interview doch eine persönliche Beziehung angedeutet worden, sie müsse jetzt ausgebaut werden, treten oft auf, wenn der Befragte isoliert lebt; wenn der Befragte älter ist und große Freude daran hatte, sich einem Jüngeren gegenüber ausführlich darlegen zu können; wenn der Befragte in einer biographischen Krise steckt und vom Interviewer Lebenshilfe erwartet.

Immer wieder berichten Projektmitarbeiter, dass aus der Forschungsarbeit heraus intensive menschliche Beziehungen entstanden sind – und zwar auch dann, wenn solche Absichten nicht vorgesehen waren. „Wirklich, biographische Forschung wird oft eine soziologische Lebensweise!" (Faraday/Plummer 1979, 788) Diese mit den Forschungen verbundenen sozialen Verbindlichkeiten, die mannigfachen Situationen, die nicht einfach aus der eigenen Lebensweise hinausgeschoben werden können, die oft geringe Trennbarkeit von Forschung und Leben des Forschers machen nicht nur einen Teil des Zeitaufwandes aus, sie fordern vom Forscher hin und wieder auch andere „Rollenaspekte": die eines Beraters, eines Zuhörers, eines Gastgebers, eines Advokaten (z.B. bei Minderheiten, die sonst in der Öffentlichkeit kaum zu Wort kommen).

Dass sich bei einer Befragung von mehreren Personen, die einem gemeinsamen Feld angehören, eine eigenständige Kommunikation der Befragten untereinander einstellen kann, ist schon angedeutet worden. Früher oder später wird sich herumsprechen, was das für einer ist, der Forscher, was er will, ob er sympathisch und vertrauenswürdig ist oder nicht, worauf man als Befragter zu achten hat, was aus der Forschung herauskommen wird. Der Forscher sollte Informationen über diese eigenständige Auseinandersetzung der Menschen im Feld mit der geplanten oder begonnenen Forschung zusammentragen. Schließlich sind solche Wirkungen der Forschung im Feld mitbestimmend für den Erfolg des Forschungsvorhabens. Man muss nicht gleich an die

Entstehung eines Gerüchts denken, das dem Sozialforscher politische Einseitigkeit unterstellt und ihn damit behindert bei seinem Zugang zu bestimmten Milieus oder Personen. Probleme können einfach auch durch unvollständige Informationen über die Absichten eines Forschungsvorhabens entstehen und die Durchführung zumindest belasten. Auch Effekte der Auswahl der Befragten können sich auf die Dauer negativ auswirken. Sie können dazu beitragen, dass im Feld Misstrauen und Vorsicht gegen die Forschungsarbeit entstehen. Sie können auch die Wirkungen der öffentlichen Präsentation der Forschungsergebnisse beeinträchtigen. „Die haben ja damals nur die und die gefragt, aber nicht..."

Auffangstrukturen

In einer anderen Lage befindet sich der Forscher mit diesen Folgeproblemen der Befragung im Feld, wenn er es darauf angelegt hat, zugleich oder in der Folge der Befragung eine Gruppe anzuregen, einen Gesprächskreis, ein Angebot in der Bildungsarbeit, kurz: eine neue soziale Struktur zu initiieren, die sich über das Thema der Untersuchung definiert.

Der älteren Forschungstradition in Polen ähnlich verbinden sich heute bei vielen biographischen Studien sozialwissenschaftliche Forschungsziele mit kulturpolitischen und sozialen Veränderungsinteressen. Scheint doch biographische Forschung besonders geeignet zu sein, die doppelte Loyalität des Sozialforschers gegenüber der Wissenschaft und gegenüber der gesellschaftlichen Entwicklung erfüllen zu können, sowohl der „wissenschaftlichen Analyse als auch der sozialen Kommunikation" (Markiewicz-Lagneau 1974, 609) zu dienen. Ein Gesprächskreis von Frauen, ein Treff von Arbeitslosen, ein Arbeitskreis von Veteranen der Arbeiterbewegung, eine lokalhistorische Initiative, ein Lesekreis von autobiographischen Dokumenten – das ist im Zusammenhang mit thematisch entsprechenden biographischen Studien keine Seltenheit. Manchmal ergibt sich das von selbst, manchmal geht es auf die Initiative des Sozialforschers zurück. Wie auch immer, eine solche Auffangstruktur parallel zur Forschungsarbeit kann bei der Bearbeitung einer Reihe von Problemen hilfreich sein, ganz abgesehen davon, dass die Teilnahme an einer solchen Gruppe für sich spannend und angenehm sein kann.

Ähnliche Möglichkeiten ergeben sich, wenn die lebensgeschichtlichen Interviews als Teil eines kulturpolitischen Programms in einer Gemeinde oder Stadt durchgeführt werden. Ein Beispiel: Nach Schließung des Bergwerks in einem toskanischen Ort und in Reaktion auf die daraus folgenden einschneidenden strukturellen Veränderungen im Leben der Einwohner wurden biographische Interviews erhoben – im Zuge der Einrichtung eines Bergbaumuseums und zur Dokumentation darin (Contini 1995).

4. Transkription

Im Normalfall wird die Tonbandaufnahme eines lebensgeschichtlichen Interviews vollständig transkribiert, weil das für die Analyse notwendig ist, weil sich der Sozialforscher das gesamte Originalmaterial als Text sichern möchte, um zu einem späteren Zeitpunkt einen Rückgriff möglich zu machen (etwa weil dann weitere Auszüge in den Forschungsbericht aufgenommen werden können), oder weil die Nutzung durch Sekundärforscher später ermöglicht werden soll (vgl. Baum 1991, 14ff.).

Für bestimmte Zwecke mag es angehen, keine Verschriftung vorzunehmen, sondern die benötigten Auszüge und Zitate direkt vom Band zu nehmen, ohne einen vollständigen Text vor sich zu haben. Das hat jedoch zwei Nachteile: Die Entscheidung zur Herausnahme von Zitaten (oder die Kodierung einzelner Merkmale) beim Abhören des Bandes steht unter dem Eindruck der damaligen Gesprächssituation, die Befragung einschließlich des eigenen Handelns ersteht durchs Anhören erneut. Hat man hingegen einen geschriebenen Text vor sich, erleichtert das den distanzierten Umgang mit dem damaligen Gesprächsverlauf und seinen interaktiven Besonderheiten. Wahrscheinlich ergeben sich mehr interpretative Möglichkeiten durch diese Distanz, die die geschriebene Fassung gestattet. Zudem: Erst die Transkription des Interviews eröffnet die Möglichkeit, dass Dritte die

Interviewführung und die Interpretation der Daten überprüfen können. Die Kontrollierbarkeit der Arbeit des Sozialforschers im Interview und bei der weiteren Bearbeitung der Materialien erfordern eine schriftliche Fassung.

Allerdings verliert die Tonbandaufnahme nach Umsetzung in einen geschriebenen Text keineswegs allen Wert, sie sollte aufbewahrt werden. Einmal mag es sich als nützlich herausstellen, dass man zu einem späteren Zeitpunkt noch einmal ins Gespräch hineinhört – die Übersetzung gesprochener Sprache in geschriebene bringt ja mancherlei Verluste mit sich (vgl. Portelli 1991, 46ff.). Auch können sich bei aller Sorgfalt bei der Transkription später Unstimmigkeiten herausstellen, die nur durch Rückgriff ins Original geklärt werden können. Und drittens ist die Aufbewahrung und Sicherung der Tonbandaufnahme unerlässlich, wenn ein Archiv von Oral-History-Materialien aufgebaut oder eine volkskundliche Erzählsammlung ergänzt werden sollen. Für die Oral History gibt es überhaupt Gesichtspunkte, die die Tonbandfassung (als „Quelle") der transkribierten als überlegen erscheinen lassen (so Vorländer 1990, 23f.; Yow 1994, 227; anders hingegen: Thompson 1988, 229).

In einigen Fällen fehlen für eine vollständige Umschrift Zeit, Geld und Kraft. In einer Untersuchung über Familien der Unterschicht lagen am Ende der Erhebung „etwa 600 Stunden Tonbandaufzeichnungen ... vor. Davon vollständige Abschriften zu erstellen, verbot sich von selbst. Auch wenn unbegrenzt Zeit, Geld und Arbeitskraft zur Verfügung gestanden hätte - niemand von uns hätte die Motivation gehabt, mit der Analyse und Interpretation der Tausende von Seiten sein halbes Leben zu verbringen" (Wahl/Honig/Gravenhorst 1982, 148). In dieser Situation entscheiden sich die Forscher, sieben Fälle vollständig zu transkribieren und alle anderen als „Inhaltsprotokolle" verkürzt zu übertragen. Sie verabreden Regeln für die Abfassung dieser verkürzten Protokolle und sind am Ende mit dieser Kompromisslösung ganz zufrieden. Wenn solche zusammenfassenden Protokolle Hinweise auf wichtige Stellen, bedeutsame Konstellationen usw. enthalten, so können sie ja den Zugang zum Originalmaterial (Tonkassette) leicht ermöglichen (Caunce 1994, 169; vgl. Geissler/Oechsle 1996, 48).

Worum geht es bei der Verschriftung? Um die Herstellung eines Materials, das analytische Möglichkeiten eröffnet? Geht es um einen Text, der eine optimale literarische Selbstdarstellung des Befragten ermöglicht? An dieser Stelle werden die Ziele des Forschungsvorhabens wirksam. Zugleich ist die Entscheidung konsequenzreich für die weiteren Schritte der Interpretation und der Erstellung des Forschungsberichts; bestimmte analytische Möglichkeiten verlangen eine möglichst genaue Transkription unter Einschluss von Notizen über parasprachliche Äußerungen im Interview (allgemein zur Transkriptionsverfahren: Dittmar 2004).

Im Grunde gibt es vier Möglichkeiten, das Gesprächsmaterial in geschriebenen Text zu übersetzen (vgl. Kowal/O'Connell 2000, 440ff.):

a) Übertragung in normales Schriftdeutsch (zur Sicherung der thematisch relevanten Aussagen des Informanten);

b) die „literarische Umschrift" (Ehlich 1980, 23), also nicht Schriftdeutsch, sondern Nutzung der Schriftzeichen zur Wiedergabe des Höreindrucks (bei Dialektsprechern z.B.);

c) die quasi-literarische Nach- und Neukonstruktion einer geschriebenen Sprechsprache des Befragten;

d) Transkription unter Einschluss der parasprachlichen Äußerungen.

Oral-History-Projekte werden im Allgemeinen mit dem ersten Transkriptionsverfahren auskommen. Wenn der Befragte als Zeuge, als zeitgeschichtlicher Experte auftritt, müssen seine thematisch bedeutsamen Aussagen vom Band genommen werden. Ob er vor dieser oder jener Aussage gezögert, gelacht oder geschwiegen hat, ist hier meist ohne Interesse. Ohne Bedeutung sind auch Teile des Interviews, die mit dem Thema nichts zu tun haben (*small talk*, Abschweifungen zu situativen Themen, Störungen durch Dritte). Wichtig ist hier allein, dass die für die Forschungsfragen bedeutsamen Informationen des Befragten gesichert werden – ganz im Sinne einer „mündlichen Geschichtsschreibung", die durch Interviews neue Quellen für die Geschichtswissenschaft produziert. Der penible Versuch, die Sprechweise eines Befragten samt Versprechern, Pausen, syntaktischen Verhedderungen wiederzugeben, dürfte für eine leserorientierte Dokumentation hinderlich sein. Eine mutige redaktionelle Bearbeitung in Richtung auf Klarheit und Übersichtlichkeit der Aussagen wird hier gerade angeraten (so Frisch 1990, 84 ff.).

Das zweite Transkriptionsverfahren liegt dann nahe, wenn das Ziel der biographischen Befragung weder Quellen im geschichtswissenschaftlichen Sinne sind noch Daten, die sich analytisch weiter bearbeiten lassen, sondern Texte, die ein authentisches Selbstzeugnis des Befragten, ein Porträt einer Gruppe oder eines Sozialmilieus bilden. Hier kann eine Protokollmethode naheliegen, wie sie von Journalisten benutzt wird. Der Leser bekommt dann das sprachlich bereinigte (Verzögerungen, „äh" oder „hm" bleiben weg) Protokoll eines Interviews vorgelegt.

Abgesehen von den Rezeptionsbedingungen – die protokollarische Wiedergabe des gesprochenen Textes im Forschungsbericht wird unter Umständen gerade durch ihre Akribie dem nicht gerecht, was der Befragte gesagt hat und was er denkt. „Die Befragten haben ihre Erfahrungen nicht ständig abrufbar parat, sie müssen sie erst selbst produzieren. Manchmal muß viel geredet werden, bis man zur Sache kommen kann; es würde Menschen, die bereit sind, etwas zu erzählen, wirklich übel mitgespielt, wenn man dies alles wörtlich wiedergeben würde, so als ob die verbreiteten Vorurteile, Meinungen, Ressentiments, Selbststilisierungen, als ob die gedankenlosen Sätze, die manchmal zuerst über die Lippen kommen, die Essenz ihrer Subjektivität wären." (Graf 1982, 101)

Aus solchen Einwänden gegen eine journalistische Dokumentation ergibt sich der Vorschlag, die gesprochene Sprache auf dem Tonband in eine geschriebene Sprache zu übersetzen, eine Schriftsprache nachzukonstruieren, so, als ob der Befragte nicht gesprochen, sondern geschrieben hätte. Dieses Verfahren will eine dem Medium Schrift (bzw. gedruckte Publikation) angemessene Sprache des Befragten in gewisser Weise erfinden. Unter Rückgriff auf literarische Mittel der Darstellung von Sprechen in der geschriebenen Sprache soll ein optimal lesbares Selbstzeugnis des Befragten erarbeitet werden, das bei gebildeten und anspruchsvollen Lesern Aufmerksamkeit finden kann (Zinnecker 1982, 302). Verfahren, die sich so an literarischen Traditionen der Darstellung gesprochener Sprache orientieren, gelten dieser Position als durchaus gleichberechtigt den Verfahren der Umschrift und Interpretation aus Sozialforschung oder linguistischer Tradition, wenn nicht gar als überlegen (Graf 1982).

Eine vollständige Transkription sowohl der sprachlichen als auch der parasprachlichen Interaktion im Interview wird von denen für notwendig erachtet, die ihre Interpretation nicht nur auf die Aussagen, sondern auch auf die kommunikativen Handlungen im weiteren Sinne gründen wollen. Erfordert ist hier zuerst Vollständigkeit der Transkription über alle Gesprächsabschnitte hinweg einschließlich der Einleitungssätze, der Abschweifungen, der Schlussformeln, der Störungen durch Dritte. Erfordert ist zweitens, dass nicht nur die sprachlichen, sondern auch die parasprachlichen Äußerungen im Interview aufgezeichnet werden, also alle „hm", „äh", Pausen. Drittens kommt es auf die genaue Abfolge der sprachlichen und parasprachlichen Äußerungen an.

Ein Beispiel für ein einfaches Transkriptionsverfahren:
„Kurze Pausen: ..
lange Pausen: ...
nicht verständliche Passage (...)
Hervorhebungen in der Stimmlage: <u>unterstreichen</u>
besondere Stimmungen in Klammern kennzeichnen, wie: (lacht), (lachend), (witzig), (stockend), (schnell sprechend), (langsam sprechend), (die Wahl der Worte wägend), (ernst) etc." (Heinze/Klusemann 1980, 125).

Detailliert sind die von Kallmeyer/Schütze (1976, 263) benutzten Transkriptionsregeln (vgl. die Vorschläge bei Hildenbrand 1999, 31f.):

'	= ganz kurzes Absetzen innerhalb einer Äußerung

..	= kurze Pause
...	= mittlere Pause
(Pause)	= lange Pause
mhm	= Pausenfüller, Rezeptionssignal, zweigipflig
.	= Senken der Stimme
-	= Stimme in der Schwebe
'	= Heben der Stimme
h	= Formulierungshemmung, Drucksen
k	= markierte Korrektur (Hervorheben der endgültigen Version, insbesondere bei Mehrfachkorrektur)
Aber da kam ich nicht weiter	= Akzentsetzung
sicher	= auffällige Betonung
sicher	= gedehnt
(Lachen), (geht raus), (schnell)	= Charakterisierung von nicht sprachlichen Vorgängen beziehungsweise Sprechweise, Tonfall; die Charakterisierung steht vor der entsprechenden Stelle und gilt bis zum Äußerungsende, zu einer neuen Charakterisierung oder bis zu +.
&	= auffällig schneller Anschluß
(..), (...)	= unverständlich
(kommt es?)	= nicht mehr genau verständlich, vermuteter Wortlaut
A: aber da kam ich nicht	= gleichzeitiges Sprechen, unter Umständen mit genauer Kennzeichnung des Einsetzens
B: ich möchte doch sagen	

Die Transkription verlangt ein Mehrfaches der Zeit, die für die Aufnahme benötigt worden ist. Zudem ist die Arbeit mühsam und verlangt ermöglicht keinen großen Ideenschwung: „transcription is an unglamorous task" (Caunce 1994, 180). So geraten manche Sozialforscher in Versuchung, die Arbeit der Transkription einer Sekretärin oder einer Hilfskraft zu überlassen (ähnlich, wie Verkodungsarbeiten bei quantitativen Studien oft Mitarbeitern übergeben werden, die mit der Untersuchung nicht näher vertraut sind). Dabei wird übersehen, „in welchem Ausmaß der unscheinbare Akt des Umschreibens eine Interpretationstätigkeit seitens des Wissenschaftlers voraussetzt" (Zinnecker 1982, 302; ähnlich Ehlich 1980, 23; Marotzki 1990, 239). Offensichtlich unmöglich ist das beim Verfahren der quasi-literarischen Umsetzung der gesprochenen Sprache in eine Schrift-sprache, die gesprochene abbildet. Aber auch bei den anderen Transkriptionsverfahren stellt sich die Problematik unkontrollierter Interpretation durch Mitarbeiter, die nur zu technischer Mitarbeit vor-bereitet sind: Was eine Information von historischer Bedeutung in einem Oral-History-Projekt ist, kann eine Sekretärin nicht entschei-den. „Am geeignetesten für die Arbeit der Transkription ... ist der In-terviewer." (Baum 1991, 25) Ein einziges falsch verstandenes Wort kann den Sinn von vielen Absätzen entstellen (vgl. Caunce 1994, 167f.). Wann ein Satz zu Ende ist, wann eine Pause im Gespräch auf-trat, ist für die an linguistischen Kriterien orientierte Transkription von Interpretationsbedeutung und sollte gleichfalls nicht einer Schreibkraft überlassen werden (vgl. die Ratschläge zum Transkribieren bei Baum 1991, 28ff.). Mindestens müssen nachträgliche Kontrollen der Umset-zung in geschriebenen Text vorgenommen werden.

Übrigens ist es sinnvoll, die Anonymisierung bereits während Transkription vorzunehmen, dann kann es nicht geschehen, dass man später große Textstücke danach durchsuchen muss, ob noch dies oder das maskiert werden muss.

Eine Maskierung durch Nummern oder andere Kürzel (für Perso-nen, z.B. A, B, C) ist nicht geeignet, weil sie bürokratisch-abstrakt wirkt. Geeigneter ist es, Personen- und Ortsnamen durch erfundene zu ersetzen. Dabei ist es angemessen, „daß der Sinngehalt trotz der Ver-änderungen erhalten bleibt. Dies gilt sowohl für die Eigennamen als auch für die Berufe und die geographische Herkunft: Aus einem Hamburger wird man keinen Münchner, sondern einen Bremer ma-chen, aus einem Maurer keinen Elektriker, sondern einen Gipser, aus einem Franz keinen Kevin, sondern einen Friedrich." (Hildenbrand 1999, 25)

Nebenbei: Für die Transkription sollten spezielle Geräte benutzt werden (mit Fußschalter und mit verstellbarer Wiedergabegeschwindigkeit), um sich die Arbeit zu erleichtern.

5. Reichweite des Materials

Jetzt, wenn die Interviewtexte schriftlich vorliegen, und die genauere Durchsicht des Materials beginnt, stellt sich dem Forscher die Frage, ob er alles erfahren hat, was er wissen wollte. Jetzt kommen Bedenken: „Hätte ich doch noch folgende Nachfrage gestellt ..." „Warum ist über dieses Thema nicht ausführlicher gesprochen worden?" „Schade, dass jene Antwort so knapp ausgefallen ist." Hat der Befragte zutreffend Auskunft gegeben? Hat er absichtlich bestimmte Ereignisse oder Bedingungen weggelassen oder gar falsch dargestellt? Und noch grundsätzlicher: Ob der Befragte überhaupt in der Lage war, über dieses Thema zu erzählen oder zu berichten? Muss man sich die Tatsache, dass manche Prozesse in der Lebensgeschichte nur knapp gestreift oder gar nicht erwähnt wurden, nicht so erklären, dass diese Themen dem Befragten „nicht bewusst" sind?

Die erste Frage nach der Reichweite des Materials kann beantwortet und pragmatisch gelöst werden: Auch nicht nach jahrelanger Untersuchung nur einer Lebensgeschichte werden jemals alle Informationen über einen Lebensgang verfügbar sein (Beck 1952, 204); immer wird biographisches Material eine Auswahl aus den Erfahrungen eines Lebens sein (Burgess 1968b, 241). Wenn also der Sozialforscher mit dem Interviewprotokoll im Hinblick auf seine Forschungsfragen unzufrieden ist, dann hilft nur ein zweites Interview. Wenn er am Ende des ersten Interviews die Beziehung zum Befragten nicht beendet, sondern suspendiert hat – wie oben vorgeschlagen –, dann wird es keine unüberwindlichen Schwierigkeiten kosten, ein zweites Gespräch zu verabreden.

Ob sich der Befragte geirrt hat oder den Interviewer absichtlich getäuscht hat, kann aufgrund des jetzt vorliegenden Materials zum Teil wenigstens geklärt werden, zum größeren Teil aber muss diese Sicherung der Validität in Anlage und Durchführung der Datenerhebung bereits geleistet worden sein. Für die Gültigkeit von Einstellungen des Befragten zu Geschehnissen und Ereignissen (nicht immer für diese selbst) nennt Burgess mehrere Bedingungen der Erhebungsmethode: Das Dokument muss in den eigenen Worten des Befragten bzw. des Autobiographen abgefasst werden; es soll eine freie, spontane und detaillierte Darlegung von früheren Erfahrungen, jetzigen Erwartungen und Plänen für die Zukunft sein; das Material soll in einer günstigen Situation erstellt werden, die wenig Anlass zu Täuschung oder Vorurteilen bietet (Burgess 1968b, 240). Solche günstigen Bedingungen sind dann gegeben, wenn das Gespräch zu wissenschaftlichen Interessen geführt wird (Burgess 1966, 188), nicht als Moment institutioneller Behandlungsprozesse.

Diese Überlegungen sind bis heute wirksam bei Begründungsversuchen für die Validität von biographischen Daten. Im Diskussionskreis des narrativen Verfahrens stehen dafür die sogenannten Zugzwänge, die den Erzähler seiner Lebensgeschichte auch gegen seine Absicht dazu führen, Ereignisse und Bedingungen anzusprechen, die er lieber verschwiegen hätte. „Die besondere Darstellungsweise der Erzählung mit ihren immanenten Zugzwängen erlaubt es ..., ein Abweichen von der ‚faktischen Ereignisstruktur' zu bestimmen, wodurch der ‚Wahrheitsgehalt' von in der Erzählung eingelagerten Ereignisdarstellungen kontrolliert werden kann." (Heinemeier/Matthes/Pawelcik/Robert 1981, 178) Eine genaue Untersuchung des Interviewtexts im Hinblick auf den Darstellungsmodus (Bruch des Erzählens und Übergang zu argumentativer Sprechform; Versuch, die Sprecherrolle abzugeben; Hemmungspausen) kann angeben, wo die Informationsleistung des Materials brüchig ist und wo nicht. Diese Textarten-Analyse ist meist der erste Schritt der Interpretation von Texten aus narrativen Interviews.

Auch das von Burgess angesprochene Motiv der Spontaneität der Erzählungen und Berichte spielt in heutigen Begründungen für die

Validität der in narrativen Interviews gewonnenen Daten eine Rolle: Die erzählende Darstellung der Lebensgeschichte sei eine Handlungsform, die den alltäglichen Darstellungsformen sehr nahe sei; sie erfülle die Forderungen nach einer „natural sociology" (Schatzman/Strauss 1973), komme den Kriterien einer „ökologischen Validität" (Cicourel 1982) nach. Das Instrument schaffe eine alltagsnahe Interaktionsform (Erzählen und Zuhören mit immanent-höflichen Nachfragen), löse sich nicht aus den in der alltäglichen Welt des Befragten üblichen Interaktionsformen.

Mit Allport (1947, 131) können wir die Garantie der Anonymität als Mittel hinzufügen, absichtliche Falschdarstellungen des Befragten zu verhindern. Die Sicherheit, dass seine Erzählungen und Berichte nicht mit seinem Namen verbunden weitergegeben oder veröffentlicht werden, nimmt ihm die Befürchtung, er könne seine Lebensgeschichte an übelwollende Nachbarn oder an Institutionen der sozialen Kontrolle preisgeben. Soweit Falschdarstellungen durch die Neigung einiger Menschen zustande kommen, ihre persönliche Bedeutung durch übertriebene Selbstbeschuldigungen herauszustreichen, kann auch hier die Garantie der anonymen Veröffentlichung manch exhibitionistische Darstellungsversuche verhindern.

Hingegen steht Peneffs (1994, 29f.) Vorschlag, wie man zutreffende (und nicht erfundene, übertriebene, anekdotische) biographische Darstellungen erhalten könne, recht isoliert in der Methodenliteratur: Man solle dem Befragten mehr oder weniger deutlich mitteilen, dass seine Angaben prinzipiell durch andere Informationsquellen überprüft werden können, solle durchblicken lassen, dass man ein Kenner der örtlichen Verhältnisse sei.

Bei Befragungen, die sich für die Erinnerung an zeitgeschichtliche Ereignisse und Konstellationen interessieren, fällt oft eine merkwürdige Datierungsweise auf: Mehrere Befragte, die nach dem Beginn des nationalsozialistischen Regimes und den Vorgängen damals gefragt wurden, haben die Scheidelinie zwischen Weimarer Republik und NS-Regime nicht so erinnert, wie wir dies aus den Geschichtsbüchern kennen. Vielfach wurden schon die Jahre 1931 und 1932 zur „Zeit, als Hitler da war," gerechnet. Umgekehrt wurden die Jahre 1933 bis 1936 mehrfach so erinnert, als ob sich eigentlich im Verhältnis zur Zeit davor wenig geändert habe. Nun sind solche Datierungsformen ja deshalb kein Problem, weil wir über die Vorgänge aus anderen Quellen wissen, wie es gewesen ist und wann. Erst auf diesem Hintergrund gewinnen die Datierungsweisen der Befragten ihren besonderen Wert, nämlich aus Ausdruck einer zeitgeschichtlichen Erfahrung, die möglicherweise anderen Einschnitten folgt als die Geschichtsschreibung (Fuchs 1980b).

Aus solchen Gründen wird von verschiedenen Autoren zur Kontrolle der Richtigkeit der im biographischen Interview erhaltenen Informationen vorgeschlagen, eine zweite oder dritte Datenquelle vergleichend hinzuzuziehen. Schütze nutzt die Angaben seiner Informanten zu gemeindepolitischen Vorgängen zu gegenseitiger Korrektur und Überprüfung (Schütze 1976b) und zieht auch schriftliche Materialien heran. Denzin sieht in Shaws Vergleich der *own story* mit Unterlagen von Sozialarbeitern, Akten bei Gericht usw. einen entscheidenden methodischen Schritt über den Ansatz von Thomas/Znaniecki hinaus und empfiehlt generell (auch für Studien anhand von Tagebüchern, Abschiedsbriefen von Selbstmördern usw.) die Berücksichtigung von mehreren Sichtweisen auf Lebenslauf oder Ereignisfolge (Denzin 1975, 237f.). Nur so könnten der informatorische Gehalt abgesichert und die Spezifik der Perspektive des Subjekts bestimmt werden.

Einen radikal andere Schluss zieht hingegen Portelli: Er stellt die Erinnerungen an den von der Polizei erschossenen Stahlarbeiter Luigi Trastulli während einer Demonstration gegen den Beitritt Italiens zur NATO 1949 zusammen, bemerkt Verschiebungen des Datums, Verwechslungen mit anderen politischen Manifestationen, mannigfache Legendenbildung. Darin will er jedoch keine Schwäche der Oral History sehen, sondern im Gegenteil ihre Stärke: „...errors, inventions, and myths lead us through and beyond facts to their meaning" (Portelli 1991, 2), sie gestatten mit Hilfe der Analyse der verschiedenen Erinnerungsverzerrungen eine Analyse der Funktionsweise des kollektiven Gedächtnisses, der Art und Weise, wie ein Einzelereignis eine allgemeine Bedeutung für die Arbeiterschaft erhält. Die Bedeutung von Erinnerungsinterviews liege möglicherweise nicht in ihrer Nähe zu den damaligen Ereignissen, sondern darin, dass sie sich von diesen in Richtung auf Imagination und Symbolisierung entfernen (Portelli 1991, 51). Allerdings: Um die Imagination und Symbolisierung interpretieren zu können, muss der Forscher die Entfernung der Erinnerung von den Ereignissen damals herausgearbeitet haben (durch Vergleich mit anderen Überlieferungen). Insofern ist Portellis Ansatz keineswegs so zu verstehen, dass jegliches Erinnerungsmaterial direkt im Hinblick auf Symbolisierung untersucht werden kann.

Mitentscheidend für die Gültigkeit der Daten (auch für den späteren Leser) ist eine gründliche Aufzeichnung der Bedingungen, unter denen sie gesammelt worden sind. Werden die Dauer der Zusammenarbeit mit dem Befragten, die Art der Ansprache und der Gesprächsführung, der mögliche institutionelle oder institutionsnahe Kontext nicht bedacht, gewinnt der Forscher kaum Anhaltspunkte, auf welche Perspektive hin der Befragte gesprochen hat, welche Motive zur Mitarbeit er hatte. Denzin (1975, 252) macht diese Notwendigkeit an einem Beispiel klar: „Wenn der Beobachter einen ehemaligen Häftling danach fragt, wieviele Delikte er begangen hat, die von den Behörden nicht aufgedeckt wurden und die in den letzten sieben Jahren geschehen sind, so ist es sehr wahrscheinlich, daß der Befragte diese Delikte entweder nicht angeben oder aber einen unkorrekten Bericht geben wird."

Die dritte, grundsätzlichere Frage ist weniger leicht zu klären. Eines aber steht fest: Der Forscher kann aus der Tatsache, dass der Befragte zu bestimmten Themen wenig oder nichts erzählt hat, nicht schließen, dass diese Themen jenseits der Bewusstheit des Befragten liegen. Vielleicht hatte der Befragte gute Gründe, nicht all das zu erzählen, was er seinem besten Freund oder seiner Frau erzählt. Vielleicht fand er den Interviewer unsympathisch, hielt ihn für wenig verständnisvoll, traute ihm nicht über den Weg oder wollte einfach nicht alles preisgeben. Vielleicht auch konnte er nicht alles sagen, weil ihm das zuviele Schmerzen bereiten würde. Energisch benennt eine Frau in einer Befragung von Frauen aus einem sozialen Brennpunkt eine Grenze ihrer Erzählbereitschaft: „Ich habe ja noch viel mehr Dinger erlebt. Aber die die verzähl ich euch ja nit!" (Heinritz/Thiele 1979, 128) Eine andere Grenze der Erzählbereitschaft tut sich an folgender Stelle auf: „Ich hatte 12 Mark im Monat, und davon mußte alles bezahlt werden. Manchmal hatte ich nicht mehr Brot für die Kinder, die Hunger hatten. Ich mag nicht mehr daran zurückdenken." (Poppinga/Barth/Roth 1977, 169)

In den biographischen Kommunikationen des Alltags wirkt immer eine gewisse Selektion der lebensgeschichtlichen Erzählung. Gewiss, das Verfahren des narrativen Interviews beansprucht, auf den Befragten eine Verführung zum ausführlichen und freimütigen Erzählen auszuüben. Auch hier ergibt sich als Grenze nicht gleich das Unterbewusstsein oder andere systematische Barrieren, sondern zuerst einmal die situativen Bedingungen des Interviews: „Ob die Reihe der dargestellten Ereignisse vollständig ist im Hinblick auf den Berufsverlauf, ist ohnehin eine Frage der gesetzten Relevanzen. Was aber für den Erzähler subjektiv relevant ist und ob er subjektiv relevante Ereignisse hier unterschlagen hat, kann, wenn überhaupt, nur durch langdauernde tiefenpsychologische Untersuchungen erforscht werden. Wir müssen daher zunächst von der Annahme ausgehen, daß der Erzähler zwar subjektiv relevante Ereignisse dargestellt hat, daß es aber offen ist, ob es für ihn noch weitere, hier zurückgehaltene, für den Berufsverlauf relevante Ereignisse gibt." (Hermanns 1981, 90)

Und schließlich gibt es die Regeln aus Formtraditionen und Orientierungsfolien, die bestimmte Erfahrungsbereiche der Lebensführung im Durchschnitt als nicht erzählbar bestimmen, als ungeeignet für die Unterhaltung mit einem fremden Interviewer. Hierzu gehören in erster Linie Bedingungen und Entwicklungen des privaten Lebens, der ehelichen Beziehung, der sexuellen Entwicklung.

6. Auswertung und Interpretation

Im Folgenden wird allein von der Auswertung von Interviewprotokollen die Rede sein, nicht aber von der Interpretation von schriftlich vorgefundenen autobiographischen Materialien. Es liegt dies daran, dass für den zweitgenannten Aufgabenbereich in den Sozialwissenschaften kaum übersichtliche Vorschläge vorliegen, geschweige denn erprobte Methoden (vgl. Schulze 1996, 24ff.; Heinritz 2000, 21). Trotz einer reichen Tradition der Beschäftigung mit Autobiographien vor allem in der Literatur- und der Erziehungswissenschaft (Heinritz 1997) sind die Interpretationswege hier weitaus weniger entwickelt als die von biographischen Interviews. Immerhin liegt inzwischen ein Versuch vor, die Interpretation von schriftlichen Autobiographien an die Regeln für das narrative Interpretationsverfahren anzulehnen, wenn auch „gewissermaßen experimentell, weil nämlich ... ohne abschließende texttheoretische Begründung." (Heinritz 2000, 22)

Eindeutige Regeln für Auswertung und Interpretation biographischer Interviewtexte gibt es nicht. Die Verfahren sind einerseits zu verschieden voneinander, als dass eine gemeinsame Grundstruktur des Vorgehens herausgezogen werden könnte; sie sind andererseits deutlich auf die jeweiligen theoretischen Orientierungen und Forschungsziele hin ausgearbeitet und auch deshalb nicht rezeptförmig darstellbar.

Erkennt man zudem an, dass interpretierende bzw. analytische Schritte nicht erst nach der Erhebung stattfinden, sondern als erste Vermutungen, als grobe Hypothesen, als Schwerpunktsetzung bei der Befragung, als Vorentscheidung bei der Auswahl der Befragten, als erste theoretische Notizen im Forschungstagebuch schon die ganze Arbeit bis hierher begleitet haben, wird deutlich, wie sehr Interpretation an den je spezifischen Gang der Forschung gebunden ist, also nicht ohne Vergröberung verallgemeinert werden kann. Ja, unter Umständen kann der Arbeitsschritt von Auswertung und Datenanalyse gar nicht recht von den anderen Arbeitsschritten getrennt beschrieben werden, weil sich im Prozess der „theoretischen Sättigung", im Hin und Her zwischen ersten Interviews, daraus entwickelten Fragestellungen und Begriffen, gezielt im Hinblick auf Kontrastinformation gesuchten weiteren Fällen ein Prozess von Erhebung und Theoriebildung ergeben hat, der am Ende keiner eigenen Auswertung mehr bedarf. So ist der Rückblick auf ein Forschungsprojekt über Bäckereien in Frankreich (Bertaux/Bertaux-Wiame 1981, 188f.) aufzufassen:

„Wenn ein hinreichend klares Bild von den grundlegenden Mustern der sozial-strukturellen Beziehungen und all ihrer praktischen Konsequenzen gelingt, wenn man weiter die historische Bewegung dieses Bildes skizzieren kann, dann geschieht etwas Merkwürdiges: Das Forschungsprojekt nähert sich seinem Ende, ohne daß sich zu irgendeiner Zeit das berühmte Problem der Analyse von Lebensgeschichten gestellt hätte, zum mindesten in der Form, die ihm der Positivismus zuschreibt: Datenanalyse. Es war die ganze Zeit präsent, aber eher in der Form von soziologischen und historischen Fragen und Vermutungen." Besonders die im Umkreis der von Glaser und Strauss (1967; 1979) vorgeschlagenen Strategien der Theorieentwicklung gehen entsprechende Wege.

Eine Hauptfrage von Auswertung und Interpretation ergibt sich im Blick auf das Endprodukt, die spätere Veröffentlichung, nämlich die Frage nach der Selbständigkeit der biographischen Erzählungen der Befragten im Verhältnis zu den Kommentaren, Ergänzungen und Analysen des Wissenschaftlers. Wird der spätere Leser der Veröffentlichung die Stimmen der Befragten noch hören können? Oder wird er nur die Interpretationen und Analysen des Sozialforschers, vielleicht verziert mit einigen „sprechenden Zitaten" vor sich haben? Bei seinen „strategischen Überlegungen zur hermeneutisch-lebensgeschichtlichen Forschung" hält Zinnecker (1982, 297ff.) als Merkwürdigkeit fest, dass der Befragte im offenen bzw. narrativen Interview gute Möglichkeiten für die Präsentation seiner Lebenserfahrungen und seiner biographischen Sinnkonstruktion erhält, dann aber in späteren Schritten der Forschungsarbeit „wieder zum sprachlichen Verstummen gebracht" wird.

Das ist keine Frage allein der angemessenen Präsentation des Datenmaterials und der Interpretationen im späteren Forschungsbericht; denn was Interpretation ist, hängt entscheidend von der Auseinandersetzung zwischen der Perspektive des Befragten, die jetzt im Material präsent ist, und der Perspektive des Sozialforschers ab, die als theoretisch angeleitete Vorannahme über die Bedeutung des Materials wirksam ist. Die verschiedenen Interpretationswege können so in einem „Kontinuum von Induktion – Illustration" (Allport 1947, 168) geord-

net werden, je nachdem, ob sich der Forscher ohne feste Vorannahmen mit dem Datenmaterial auseinandersetzt und die Entstehung theoretischer Muster abwartet, oder ob er mit feststehenden Theoremen
das Material ordnet und nur noch als Illustration zulässt.

In diesem Sinne haben Faraday/Plummer (1979, 787; vgl. Kanno-
nier-Finster/Meinrad 1996, 49f.) fünf Typen von Datenanalyse unterschieden, und zwar nach dem Grade der „Kontamination", dem Grade
also, zu dem im Endprodukt die Sinnstrukturen und Relevanzen des
Befragten zu Wort kommen: Auf der einen Seite steht der „reine Bericht" des Befragten als mögliches Produkt; hier betätigt sich der Sozialforscher als Herausgeber von Originaltexten (Briefen, Tagebüchern, Autobiographien). Auf der anderen Seite steht der „reine Bericht" des Forschers, in dem der Befragte keine Stimme mehr hat,
nicht einmal mehr in Zitaten vorkommt, in dem das Erzählmaterial
strikt zu sozialwissenschaftlichen Aussagen verarbeitet worden ist.
Zwischen beide Extremtypen der Publikation (und also auch der Auswertung) stellen Faraday/Plummer drei Mischtypen: Eher nahe dem
reinen Bericht des Sozialforschers ist das „exampling", die Plausibili-
sierung der Schlussfolgerungen des Forschers durch gezielt herausge-
suchte Zitate. Nahe am reinen Bericht des Befragten ist die kommen-
tierte Edition von Selbstzeugnissen der Befragten; hier hat auch der
Forscher eine Stimme, allerdings ordnet er seine Auffassungen als
Kommentar bzw. Informationshilfe für den Leser denen des Befragten
unter. In der Mitte zwischen den beiden reinen Berichten sehen sie die
glücklichste Lösung des Problems, ob der Befragte oder der Sozialforscher das Wort hat. Sie nennen diese Lösung „systematische thematische Analyse"; in ihr kommt sowohl der Befragte mit seiner eigenen
Auffassung zu Wort, aber auch der Sozialforscher durch thematische
und theoretische Beiträge.

Journalistische Auswertung

Die Absicht, verständliche Selbstzeugnisse (verständlich nicht nur für
ein sozialwissenschaftliches Leserpublikum) herzustellen, führt zu
einer Auswertung des Gesprächsmaterials nach Art journalistischer
oder literarischer Arbeiten. Das Tonbandprotokoll wird entweder in

ein geschriebenes Protokoll übersetzt – bei leichter Bearbeitung in Richtung auf Lesbarkeit und korrekte Syntax. Oder es wird der Versuch gemacht, die Sprechsprache des Interviews an die Normen der Schriftsprache anzugleichen, eine Schriftsprache für den Befragten nachzukonstruieren: „Der Forscher muß schreiben, wie der Sprecher schreiben würde, wenn er der Autor wäre." (Graf 1982, 105) Die sonst getrennten Arbeitsschritte der Transkription, Auswertung und Interpretation sowie Vorbereitung des Berichts fallen bei dieser Strategie weitgehend zusammen in einem Arbeitsgang.

Der Vorzug dieses Auswertungsverfahrens hin zu einem lesbaren Erzähltext besteht darin, dass es Produkte erbringen kann, die auch außerhalb der wissenschaftlichen Fachgemeinschaft aufgenommen werden können. Der Nachteil besteht darin, dass der Leser die Hand des Sozialforschers und Interpreten meist nicht mehr sehen kann. Weder die Auswahl der Befragten noch die Befragungssituation, weder die Auswahl der Texte aus den insgesamt auf Tonband aufgenommenen Informationen noch ihre Sequenz im Interview sind nachvollziehbar. Oft wird der Leser nur nebenbei darüber informiert, nach welchen Kriterien der Forscher ausgewählt und zusammengestellt hat. Bei Terkel (1970, 3f.) lesen wir im Vorwort, dass er mehr als hundert Gespräche über die Erfahrungen in der großen Depression in den USA nicht in der endgültigen Präsentation verwendet hat; über die Gesichtspunkte der Auswahl erfahren wir nichts (ähnlich: Terkel 2004). Von E.Runge (1970, 271) erhalten wir im Nachwort zu den Texten von sechzehn Frauen allein den Hinweis, dass sie sich bei der Zusammenstellung der Texte darum bemüht hat, die Umgangssprache im wesentlichen zu erhalten. Solche Nachteile müssen aber wohl in Kauf genommen werden. Vollständigen Überblick über die Montier- und Redaktionsarbeit des Forschers erhielte der Leser nur dann, wenn er Transkript und redigierten Text nebeneinander hätte. Das würde wiederum den Vorzug dieser Art der Bearbeitung zunichte machen; der Leser wäre mit Aufgaben des Textvergleichs belastet, die ihm eine quasi-literarische Rezeptionsmöglichkeit wieder versperrten.

Nahe an literarischen Arbeitsformen ist eine Ausweitung, die mit Hilfe von Techniken der Kontrastierung, des Schnitts, der Neuzu-

sammensetzung von biographischem Material von mehreren Befragten typische oder charakteristische Prozesse bzw. Merkmale herausarbeiten will. Durch die Zuordnung von Texten aus verschiedenen Interviews mit verschiedenen Befragten wird versucht, gemeinsame
Lebensstationen und ihre ähnliche Verarbeitung zu rekonstruieren. So
kann als „Filtrat" aus mehreren Interviews und aus anderen Informationen im Wege der gezielten Collage eine „Durchschnittsbiographie
eines Jugendlichen aus L." entstehen, die typische Lebensstationen
und Bewältigungsmöglichkeiten aufzeigen will (Kinstle/Pobel/Schle-
gel 1978, 47ff.). Zugrunde liegt gewöhnlich die Vorstellung von einem kollektiven Lebenslauf. So arbeiten Sozialwissenschaftler, die
ältere Lehrer in Berlin und Leiden befragt haben – als eine Darstel-
lungsmöglichkeit des Materials neben anderen: „Das Material soll zu
einer Art kollektivem Lebenslauf mit den wesentlichen Lebens- und
Berufssituationen verarbeitet werden. Es werden also aus einem Le-
bens- bzw. Berufsabschnitt Ereignisse und Erfahrungen von vielen
Lehrern gebündelt und einander verstärkend oder miteinander kontras-
tierend und eingebunden in einen locker interpretierenden Rahmen
präsentiert. Den Zusammenhang, den wir bei der Präsentation des
kollektiven Lebenslaufs in einzelne Kapitel auseinanderziehen müssen, können wir rekonstruieren, wenn wir außerdem individuelle Lebensläufe darstellen." (du Bois-Reymond/Schonig 1980, 71) Auch
wenn andere grundlegende biographische Gemeinsamkeiten unterstellt werden, können die Aussagen von mehreren Befragten auf eine
gemeinsame Linie hin „zusammengefasst" werden: so die Interpretation der Interviews mit vier katholischen Theologinnen zum Thema
ihrer religiösen Entwicklung und ihrer Selbstidentifikation als Femi-
nistinnen (Maaßen 1993, 197ff.).

Ähnliche Möglichkeiten eröffnet das von Lewis gewählte Verfahren der Erhebung und der Auswertung. Er lässt die Mitglieder einer
mexikanischen Familie ihr jeweils eigenes Leben erzählen und druckt
diese Geschichten nacheinander ab. „Auf diese Weise erhalten wir
nicht nur ein vielfältig schillerndes und umfassendes Bild von jedem
einzelnen Familienmitglied und von der Familie als Ganzes, sondern
auch zahlreiche Einblicke in das Leben der unteren Bevölkerungs-

schichten Mexikos. Da die gleichen Ereignisse unabhängig voneinander dargestellt werden, lassen sich viele Aussagen auf ihre Gültigkeit und Verläßlichkeit nachprüfen ..." (Lewis 1965, 9; vgl. Paul 1998, 32)

Eine extreme Variante dieser Auswertung als Redaktion durch den Interpreten kommt ohne Wiedergabe der Gesprächsprotokolle aus oder verwendet nur noch Zitate aus ihnen: die Abfassung einer biographischen Skizze, einer Beschreibung von Lebensweg und Lebenssituation des Befragten aus der Hand des Sozialforschers, allenfalls garniert mit wörtlichen Zitaten aus dem Interview. Im Rahmen ihres Forschungsberichts über eine Befragung von Industriearbeitern über Privatleben und Freizeitinteressen legt Wald eine solche Sammlung von „Lebensberichten" vor. Sie sind „aus den im Anschluß an die Interviews stichwortartig niedergeschriebenen Beobachtungen und Eindrücken und aus dem Inhalt der Gespräche ... herausgearbeitet worden" (Wald 1966, 146). Genaueres über den Herstellungsprozess solcher Skizzen erfährt der Leser nicht. Das ist in diesem Falle kein so gravierendes Problem wie im vorherigen (Redaktion von Selbstzeugnissen): Die Skizzen aus der Hand des Sozialforschers behaupten erst gar nicht, authentisch zu sein, sondern geben sich klar als Produkte der Wahrnehmung und Interpretation des Forschers zu erkennen.

In einer Studie über Lebensgeschichten von Lehrern der Nachkriegsgeneration sind zwar die porträtierten Lehrer an der Arbeit an den Texten beteiligt worden; sie erhielten Entwürfe der Falldarstellungen und haben Veränderungen und Ergänzungen vorgeschlagen (Combe 1983, 215). Dem Leser erschließt sich diese gemeinsame Deutungsarbeit an den Porträts im Einzelnen jedoch nicht; sie wird nicht dokumentiert. Auch hier ist Vertrauen in die Präsentations- und Deutungsleistung des Forschers und der mitarbeitenden Befragten der einzige Weg (ähnlich: Hüffell 1978, 163ff.).

Bei Oral-History-Materialien stellt sich die Frage, wie auf typische, allgemeine, verbreitete Verläufe oder Strukturen geschlossen werden kann. Wenn z.B. eine Anzahl von Arbeitern über ihre Erinnerungen an die Arbeiterkultur vor 1933 als Teil einer biographischen Forschung befragt worden sind: Wie kann von hieraus auf allgemeine Charakteristika der Arbeiterkultur damals geschlossen werden? Wie können unterschiedliche Typen von Arbeiterkultur bzw. der Teilhabe daran identifiziert werden? Das Datenmaterial ist schließlich, auch wenn es aus der Position des Informanten oder Zeugen verfasst worden ist, ichzentriert, eben lebensgeschichtlich. „... im Interview wird aus einem persönlichen Blickwinkel heraus erzählt; der Historiker aber will diese Aussagen für eine Interpretation von Gesellschaft verwenden ... Kann der Historiker eigentlich ein Interpretationsverfahren rechtfertigen, das unweigerlich zu einer anderen als der vom Zeugen ursprünglich beabsichtigten Deutung führen muß?" (Thompson 1980, 273) Die Lösung dieser Problematik wird oft darin gesehen, dass Daten über das Umfeld, die Bedingungen usw. aus anderen Quellen als den biographischer Interviews den lebensgeschichtlichen Daten zugeordnet werden. Die lebensgeschichtlichen Erinnerungen werden eingebettet in sozialgeschichtliche Information über den Lebensumkreis, über das Sozialmilieu, über die zeitgeschichtlichen Bedingungen. Diese additive Lösung präsentiert sowohl den Blick des Einzelnen aus und auf seine Lebensgeschichte als auch den Blick des an allgemeinen Strukturen, Verhältnissen und Prozessen interessierten Sozialwissenschaftlers.

Querschnittsauswertung

Beim Kodieren der Antworten auf offene Fragen in einer standardisierten Untersuchung werden die Antworten einem vorweg bestimmten Kategoriensystem zugeordnet, das möglichst knapp und eindeutig die Varianz der vorgefundenen Antworten repräsentiert. Analog verfahren Auswertungen der Protokolle biographischer (oder allgemeiner: offener) Interviews, wenn Stellen, Aussagen, Zitate identifiziert werden im Hinblick auf ein vorweg (oder nach erster Durchsicht des Datenmaterials) konstruiertes Kategoriensystem. Die Interviewprotokolle werden zerlegt in Aussagen, die dann für sich interpretiert und nach Gesichtspunkten geordnet werden, die theoretisch interessant sind (z.B. berufsbezogene Aussagen; solche, die sich auf das Privatleben beziehen; solche, die die Gesellschaftsgeschichte ansprechen). Die so herausgeschriebenen Stellen werden dann aus dem Kontext der biographischen Erzählung gelöst und nach anderen Kriterien nebeneinander gestellt. Querschnittsauswertung ist die angemessene Bezeichnung für diesen Auswertungsweg: Äußerungen aus verschiedenen Lebensgeschichten werden unter theoretischen Gesichtspunkten geordnet.

Ein Forschungsprojekt zum Thema Berufsarbeit und Hausarbeit bei Arbeiterinnen ist diesem Auswertungsweg gefolgt. Die Autorinnen haben sich dafür entschieden, die Phasen des Familienzyklus als Ausgangspunkt für die Strukturierung des qualitativen Materials zu nehmen. Stationen in der Lebensentwicklung der Arbeiterinnen also werden als Suchinstrumente benutzt, um in den Interviewtexten Zitate aufzufinden, und um dann dieses qualitative Material im Forschungsbericht einordnen zu können. Folgende Phasen des Familienzyklus werden strukturierend eingesetzt:

„- die Phase des Aufbaus der Familienkarriere, oft ‚Vorkinderphase' genannt,

- erste Phase des familialen Zyklus, in der Klein- und Vorschulkinder zu betreuen sind,

- zweite Phase des familialen Zyklus, in der Schulkinder im Alter zwischen 6 und 15 Jahren zu betreuen sind,

- dritte Phase des familialen Zyklus, die sogenannte ‚dritte Lebensphase' oder ‚Nachkinder-Phase der Ehe', in der die Kinder bereits in eigenen Haushalten leben, jedenfalls in absehbarer Zeit das Elternhaus verlassen werden." (Eckart/Jaerisch/Kramer 1979, 11)

Der Querschnittauswertung nach vorweg feststehenden Kriterien verwandt ist die Auswertung im Hinblick auf eine vorweg mehr oder weniger feststehende Typologie. So ist Deppe (1982) bei seiner Auswertung der Interviewprotokolle von 161 Arbeitern vorgegangen; Qualifikationsniveau, zeitgeschichtliche Erfahrung und regionale Herkunft sind hier die Hauptmerkmale, um die herum das Material geordnet und interpretiert wird (ebenso Deppe 1980; Handlungstypen bei: Krüger/Rabe 1977).

Dieses Verfahren trennt den Text gewissermaßen in (im Hinblick aufs vorweg festgelegte Auswertungsschema) passende und nicht passende Teile; letztere erfahren wenig Aufmerksamkeit. Offenherzig heißt es in einer Studie über Sozialisation und Lebensentwürfe von türkischen jungen Frauen der zweiten Generation: „Interviewpassagen, die sich thematisch nicht unter das Kategorienschema subsumieren ließen, fielen aus der Auswertung heraus." (Riesner 1991, 68) Wichtiger aber noch ist: Querschnittsauswertung legt von vornherein geringen Wert auf die biographischen Verläufe im Einzelfall. Solche Auswertungsverfahren sind deshalb angemessen, wenn es nicht um „die minutiöse Interpretation einer Einzelbiographie" geht, sondern um die Herauslösung der „für eine sozialwissenschaftliche Problemstellung wesentlichen Informationen aus einem komplexen Gesprächstext" (Mühlfeld/Windolf/Lampert/Krüger 1981, 327).

Gegen dies Verfahren lässt sich einwenden, dass es Informationen verschenkt, die bereits erhoben sind, insbesondere die über den Kontext der Stellen in den einzelnen biographischen Interviews. Die Sequenzstelle einer Äußerung in einem Interview, die Bedeutung der Äußerung in einer Lebensgeschichte – diese Informationen bleiben bei Querschnittsauswertung unberücksichtigt. Damit übergeht dies Verfahren, dass es sich beim Interview um eine Interaktion handelt, in der die Texte nicht nur im Hinblick auf die Darstellung von Sachverhalten der Lebensgeschichte produziert werden, sondern dabei gleichzeitig im Hinblick auf den Interviewer, als Momente einer Interaktion. Hier sehen Sozialwissenschaftler, die an Konversationsanalysen arbeiten, ein Vorurteil wirksam: „Dieses Vorurteil besteht in der Annahme des interpretierenden Wissenschaftlers, daß jede Stelle des Interpretationstextes unabhängig von ihrer Situiertheit interpretiert werden kann." (Cremers/Reichertz 1980, 236) Und grundsätzlicher noch lässt sich der Einwand, den Hitzler/Honer (1997, 23) gegen die konventionelle Inhaltsanalyse vorgebracht haben, auch gegen jegliche Querschnittsauswertung vorbringen: „Textelemente, die ‚eigentlich' ihre Bedeutung aus dem Kontext beziehen, werden wie selbständig existierende Einheiten behandelt ... Die Methode bestimmt letztlich die Bedeutung des Textes, nicht der Text selber."

In der letzten Zeit sind ein, zwei Versuche vorgelegt worden, Anregungen von Glaser und Strauss (*grounded theory*-Verfahren) zu einem „offenen Kodieren" aufzunehmen und möglichst nahe an den Aufgaben der Forschungspraxis zu entwickeln (Kelle/Kluge 1999,

54ff.). Sie bieten, auch wenn man ja nicht allen Schritten folgen muss, eine Unterstützung bei der praktischen Organisation der eigenen Interpretationsbemühungen. Ähnliches gilt für die verschiedenen *software*-Angebote zur Analyse qualitativer Daten, z.B. Atlas.ti, Ethnograph, Winmax (vgl. Kuckartz 1997; Kelle 2000; Ohlbrecht 2000, 667ff.).

Querschnittsauswertungen erfordern geringeren Aufwand bei der Transkription des Tonbandmaterials. Denn die kommunikativen Akte im Interview (auch die parasprachlichen), die genaue Abfolge der Äußerungen usw. sind für das Endprodukt von untergeordneter oder keiner Bedeutung.

Im Zusammenhang mit der Querschnittsauswertung sind nach wie vor quantifizierende Aussagen verbreitet, die angesichts der meist kleinen Fallzahl und wegen dem nicht auf Repräsentativität angelegten Auswahlverfahrens sinnlos sind. Neben pseudogenauen Prozentuierungen (z.B. 20% von 18 Fällen), die Gott sei Dank selten geworden sind, handelt es sich meist um implizit quantifizierende Schlussfolgerungen. In einer Längsschnittuntersuchung von zehn Arbeitslosen heißt es z.B.: „Zwar stellten die Probanden mehrheitlich zum zweiten Befragungstermin die politischen Verhältnisse vermehrt in Frage und sahen politische Zusammenhänge differenzierter, doch diese Haltung änderte sich wieder bis zum dritten Gespräch." (Barwinski Fäh 1990, 1) Gewiss, eine Geltung über die zehn Befragten hinaus wird hier nicht beansprucht; andererseits ist klar, dass hier wegen Auswahl und Fallzahl Aussagen über Mehrheit und Minderheit keinen Sinn haben.

Sozialwissenschaftliche Paraphrasierung

Die sozialwissenschaftliche Paraphrasierung ist durch vorsichtigen Verstehenszugang gekennzeichnet. Resultate, eindeutige Feststellungen, knappe Kennzeichnungen können sich nicht gleich ergeben, sondern sind erst aufgrund eines intensiven und zeitaufwendigen Eindringens in das Gesprächsprotokoll absehbar. In mehreren Umkreisungen wendet sich die theoretisch begründete Aufmerksamkeit des Sozialforschers dem Text zu, in einer Hin- und Herbewegung zwischen dem Material und den aus sozialwissenschaftlicher Theorie gewonnenen

Anhaltspunkten, Ordnungsmöglichkeiten und Sichtweisen. Dieser Interpretationsweg will sich dem Prozess des Verstehens im Alltag nachbilden, orientiert sich daran, wie zwei Menschen einander verstehen in alltäglichen Situationen (Heinze/Klusemann 1979; 1980). Die Interpreten tun gewissermaßen so, als ob sie sich bei der Tätigkeit des Interpretierens eines Interviewprotokolls im Gespräch mit dem „Autor" der Lebensgeschichte, mit dem Befragten befänden. Um zu verstehen, was der Text bedeutet, versuchen sie, die gleichen Regeln des Verstehens anzuwenden wie in einem wirklichen Gespräch: Übernahme der Perspektive des anderen; Rückfrage, ob diese Übernahme korrekt bzw. detailliert genug gelungen ist; erneuter Versuch der Übernahme der Perspektive des anderen, bis sich der Zustand herstellt, in dem die Übernahme gelungen ist, das Verstehen des anderen (vorläufig) abgeschlossen ist.

Im Unterschied jedoch zur Alltagskommunikation, in der die Leitkonzepte der Verstehensversuche der Gesprächspartner selten expliziert werden, verlangen Heinze/Klusemann für ihre Übertragung in eine sozialwissenschaftliche Interpretationsmethode gezielte Skepsis gegenüber diesen Ausgangspunkten und Leitlinien des Verstehensversuchs. „Wie in Umgangssprache und Alltagskommunikation versuchen wir also als Wissenschaftler (Interpreten), die Bedeutungs- und Sinngehalte aus den Interviewprotokollen zu erschließen, nur, daß wir der eigenen Alltagsinterpretation gegenüber ein prinzipielles Mißtrauen entwickeln und sie durch ein systematisches Verfahren, in dem Aufmerksamkeitsrichtungen expliziert werden, erweitern. Die jeweils entwickelten Aufmerksamkeitsrichtungen steuern die Interpretation der Interviewprotokolle; sie liefern die zentralen Gesichtspunkte und Relevanzkriterien." (Heinze/Klusemann 1979, 184)

Aufmerksamkeitsrichtungen „können Theoriekonzepte (z.B. interaktionistische und psychoanalytische Ansätze zur Identitätskonstruktion), Annahmen oder nur Fragen sein ..." Im Einzelnen werden zwei Interpretationsschritte auseinandergehalten: „Ein Interpretationsverfahren stützt sich auf Theorien, die induktiv entwickelt werden durch Rückgriff auf die in den Interviews niedergelegten Aussagen über die eigene Biographie und über die gesellschaftlichen Bedingungen der

Interviewten. Ein anderes Interpretationsverfahren hingegen verwendet elaborierte wissenschaftliche Theorien, die gleichsam von außen an die Protokolle herangetragen werden." (Heinze/Klusemann 1979, 194)

Als Grenze dieser Analogie lässt sich festhalten: Ein Text kann die Verstehensversuche des „Gesprächspartners" nicht so hartnäckig zurückweisen wie ein wirklicher Gesprächspartner. Auch die Korrekturen eines ersten Verstehensversuchs muss sich der interpretierende Sozialforscher gewissermaßen selbst in den Weg legen – ganz anders als im Alltag. Diesen Einwand nehmen Heinze/Klusemann auf: Weil sie keine Rückmeldung aus dem Text bekommen, der ihre Verstehensversuche interaktiv anleitet, nehmen sie zu Beginn alle möglichen Bedeutungsvarianten einer Textstelle auf und erstellen eine Liste solcher Bedeutungen.

Zweitens und grundsätzlicher: Die Analogie übergeht, dass der vorliegende Text, der jetzt fiktiv als „Gesprächspartner" des interpretierenden Sozialwissenschaftlers genommen wird, selbst bereits Resultat von Verstehens- und Interpretationsvorgängen ist, nämlich von denen, die im Interview zwischen Befragtem und Interviewer stattgefunden haben. Der Text dokumentiert bereits kommunikative Akte vielfältigster Art, gelungene oder misslungene Verstehensversuche. Auch dieser Einwand ist Heinze/Klusemann bekannt. Jedoch findet sich kein Hinweis, wie denn die verschiedenen Ebenen des „Verstehens" und „Interpretierens" zueinander stehen (außer, dass sie aufeinander folgen) und wie die Interpretation des Sozialforschers angesichts des Texts die bereits im Text steckende kommunikative Verstehensleistung von Befragtem und Interviewer berücksichtigen kann.

Ziel der Interpretation ist die Rekonstruktion des Bildes, das die Befragten von sich und ihrer Lebenswelt haben. „Wie begreifen sie sich im Verhältnis zu ihrer Familie, im Verhältnis zu ihren Freunden oder im Verhältnis zur sonstigen Umwelt? Bei der Interpretation geht es also zunächst nicht um die Ermittlung der objektiven Bedingungen: Wie sind die Interviewten wirklich? Es geht vielmehr darum, die subjektiven Muster, die sich im sprachlichen Material (Protokolle) darstellen, nachzuvollziehen." (Heinze/Klusemann 1979, 186) Verknappt dargestellt werden kann dieses Bild des Befragten von sich und seiner Lebenswelt ergebnisartig als „Kernaussage", formuliert möglichst nahe an der Sprache des Interviewprotokolls.

Als Verfahren hat sich die sozialwissenschaftliche Paraphrasierung nicht durchgesetzt. In einzelnen Überlegungen jedoch war der Vorschlag erfolgreich; insbesondere die Idee, zu „Kernaussagen" der Befragten zu gelangen, um deren biographische Selbstdeutung prägnant zu charakterisieren, wird in anderen Studien genutzt (z.B. Siebers 1994). Auch Ergebnisdarstellungen, die „Porträts" von einzelnen Befragten zeichnen, sind der sozialwissenschaftlichen Paraphrasierung verwandt, so z.B. der Versuch, „ein Bild des interviewten Arbeitslosen zu zeichnen, mit dem sowohl seine soziale Situation als auch sein seelisches Befinden und der Umgang mit der eigenen Arbeitslosigkeit anschaulich wird." (Barwinski Fäh 1990, 39)

Narratives Verfahren

Schütze (1976b, 184) nimmt an, „daß der Erzähler, hat er erst einmal mit dem Erzählen angefangen, mehr oder weniger verpflichtet ist, die Erzählung bis zu ihrer Pointe zuende zu bringen. Bis er dort anlangt, ist er gezwungen, eine logische Abfolge von Ereignissen vorzubringen, und er kann dabei in den Zwang zur unbeabsichtigten Gestaltschließung und Detaillierung geraten. Der Versuch, derartigen Detaillierungszwängen zu entkommen, drückt sich in Hemmungsphasen aus und im Umschalten auf die Ebene des Sprechens in ‚Allsätzen' anstelle des Sprechens in narrativen Sätzen." An dieser Stelle erweist sich die Notwendigkeit einer Transkription, die nicht nur die verbalen Teile der Kommunikation im Interview aufzeichnet, sondern auch Hemmungsphasen, Verlegenheitspausen usw. Aus ihnen kann jetzt geschlossen werden, an welcher Stelle der Präsentation der Geschichte der Befragte aus dem „Erzählschema" aussteigen wollte, wo er sich durch den Fortgang der Erzählung plötzlich in den Zwang verwickelt sah, Informationen preiszugeben, die er nicht preisgeben wollte.

Anhand der Transkription merkt man oft auch erst endgültig und genau belegbar, dass ein narratives Interview nicht zustande gekommen ist. Woran hat es gelegen? Zunächst wird man dafür Gründe im

Interviewerverhalten suchen und also die Interaktionszüge zwischen Interviewer und Befragtem durchsehen. Wenn sich keine Anhaltspunkte dafür finden, dass das Interview wegen falscher Interviewführung misslungen ist, bleibt nur die Vermutung, dass es Gründe auf Seiten des Befragten gibt, die es ihm erschweren oder unmöglich machen, seine Lebensgeschichte zu erzählen.

Erstens gibt es Menschen, die eine Selbstauffassung haben, die es ihnen nicht gestattet, sich auf die Erzählung ihrer Lebensgeschichte einzulassen, weil hierbei problematische und Leiderfahrungen für sie selbst wieder sichtbar würden, misslungene Lebenszüge und übermächtige heteronome Bedingungen; an die zu denken, das verbietet ihnen ihr Selbstbild als jemand, der aus eigener Kraft und mit starker Kontrolle der Bedingungen sein Leben (erfolgreich) führt. Rosenthal (1993, 115ff.) entwickelt diesen Typus am Beispiel einer Prostituierten, die als Domina arbeitet: „Über ihr Erleiden möchte diese Frau ... nicht erzählen; sie will sich vielmehr als Macht ausübende und alles beherrschende Frau präsentieren, die in allen Lebenslagen autonom und kompetent die Schwierigkeiten meistert. Daher darf sie sich auch nicht in Geschichten verfangen, da Geschichten von Handlungsblockierungen handeln und damit auch Erleiden enthüllen."

Zweitens gibt es Menschen, die in ihrem Leben kaum selbst gehandelt haben, etwa weil sie durch Institutionen geschoben worden sind, oder weil sie – aufgrund seelischer Störungen – die Fähigkeiten zur selbständigen Lebensführung nicht haben. „Langjährige Insassen von totalen Institutionen ... wie der Psychiatrie, des Gefängnisses oder des Klosters sind in ihrer Handlungspraxis eingeschränkt und haben wenig aktiven Anteil an der Planung und Gestaltung ihrer Zukunft." (Rosenthal 1993, 109) Hier kann die Erzählbarkeit der Lebensgeschichte stark gemindert oder ganz unmöglich sein.

Drittens gibt es Menschen, deren Lebensgestaltung gewaltsam unterbrochen und gefährdet worden ist. „Blickt der Autobiograph ... auf einen extrem fragmentiertes, zerrissenes und verwirrendes Leben zurück, wurde er durch Lebensereignisse nachhaltig traumatisiert, so sind einige Anstrengung und Konstruktionsleistung vonnöten, damit sich ihm die erlebte Lebensgeschichte insgesamt – und nicht nur einzelne Lebensphasen – als gestaltet darbieten kann." (Rosenthal 1993, 120) Eindringlich kann das bei Überlebenden der nationalsozialistischen Vernichtungslager gezeigt werden: „Die Verfolgung, die physische und psychische Vernichtung ihres Lebensumfelds und von Teilen ihrer selbst, zerstörte ihr Kontinuitätsgefühl nachhaltig. Die erlebte Lebensgeschichte bietet sich diesen Menschen als ‚zerrissene' und fragmentarische dar, und ein Zusammenhang zwischen einzelnen Lebensphasen – und dies bedeutet hier: zwischen der Zeit vor der Verfolgung, der Verfolgungszeit und der Zeit nach dem Überlebthaben – kann nur schwer hergestellt werden." (Rosenthal 1993, 120f.)

Wenn das narrative Interview insgesamt gelungen ist, so ist ein erster Schritt der Interpretation die Durchsicht des Protokolls daraufhin, wo der Befragte versucht hat, nicht weiter zu erzählen, an welcher Stelle er begonnen hat zu berichten oder zu argumentieren, wo er versucht hat, den Interviewer zu einem Eingriff zu ermuntern, damit er mit dem Erzählen aufhören kann, wo er in Hemmungsphasen geriet (Schütze 1977, 3). Solange derartige Brüche des Erzähltexts nicht auftreten, wird er prinzipiell als zutreffende und vollständige Quelle dafür angenommen, wie der Erzähler die Ereignisse erfahren und seine Handlungen durchgeführt hat.

Dieser Analyseschritt erweitert sich zu einer "formalen Textanalyse", zur Durchsicht daraufhin, wie die narrativen Teile aneinander anschließen, wie sie miteinander verknüpft sind, und zur „Segmentierung", zur Einteilung in Erzählsegmente, die durch „Rahmenschaltelemente" voneinander unterschieden sind (also durch „Ein Jahr später passierte folgendes...", „Ja und dann..." o.ä.). „Es kann jetzt durch die (möglichst vergleichende) Analyse von Erzählungen eigenerlebter Erfahrungen geklärt werden, welche wesentlichen Ereignisabläufe dem Erzähler als Handelndem begegneten, unter welchen Motivstrukturen und Relevanzgesichtspunkten er selbst handeln mußte, was seine elementaren Orientierungsbestände hinsichtlich des Interaktionstableaus waren und welche für den jeweiligen Tätigkeitsbereich spezifischen Handlungskapazitäten er selbst und andere zur Lösung der relevanten Interaktionsprobleme des zu berichtenden Ereignisablaufs freisetzen konnten." (Schütze 1976b, 199) So kann die Zusammenstellung der handelnden Personen, der Gruppen oder Institutionen in der lebensgeschichtlichen Erzählung Aufschluss darüber geben, wer nach Auffassung des Befragten in seinem Leben eine besondere Rolle gespielt hat. Die Teile der Erzählung, die der Befragte zu Situationsschilderungen ausgestaltet, vielleicht in direkter Rede dramatisiert, geben Aufschluss über Konstellationen, in denen sich nach seiner Auffassung entscheidende Wendungen seiner Lebensgeschichte ergeben haben oder von ihm vollzogen wurden. Die Segmentierung identiziziert die Teilgeschichten, die durch Schaltungen voneinander getrennt sind (Beispiel: Brüsemeister 2000, 169ff.), die Gesprächsteile, die voneinander unterscheidbar sind, die thematischen Schwerpunkte darin. Damit sind die Voraussetzungen gegeben, um eine Herausarbeitung der Prozessstrukturen im Lebenslauf und der Entwicklung der „biographischen Gesamtformung", der Identitätsentwicklung im weiteren Sinne vornehmen zu können.

Im Einzelnen wird nun Segment für Segment nacheinander und in sich jeweils strikt sequenziell (Satz für Satz o.ä.) interpretiert. Diese Sequenzanalyse ist zunächst einmal praktisch hilfreich, weil sie kleinere Textteile nacheinander in die Aufmerksamkeit der Interpretierenden rückt. Darüberhinaus begründet sie sich daraus, dass der Befragte im Interview seine Erzählungen usw. nacheinander und aufeinander folgend produziert hat (vgl. Lucius-Hoene/Deppermann 2002, 100), sowie weiterhin daraus, dass die – jedenfalls in erzählenden Segmenten – mitgeteilten Ereignisse, Handlungen, Erfahrungen damals ebenfalls sequenziell aufgetreten sind.

Als Grundlage für entsprechende Interpretationsgänge hat sich Schütze um die Herausarbeitung von Prozessstrukturen des Lebensablaufs bemüht, um theoretische Konzepte, die – erarbeitet auf der Basis von Lebensgeschichten von Arbeitslosen, Auswanderern, Alkoholikern und psychiatrischen Patienten – für die Analyse der Lebenserzählungen auch aus anderen Sozialgruppen tauglich sein sollen. Unter Prozessstrukturen sind dabei nicht Deutungsmuster oder Auffassungsstrukturen der einzelnen Menschen von ihrem Lebensschicksal zu verstehen, sondern faktische Ablaufstrukturen in Abschnitten oder im gesamten Lebensablauf (die sicher auch gedeutet und zum Teil von biographischen Gesamtansichten überlagert werden, erst einmal jedoch unterhalb von Deutungen und biographischen Gesamtkompositionen als Ablaufstrukturen des faktischen Geschehens im Lebensablauf herausgestellt werden sollen). „Die Fragestellung ‚Wie deutet der Biographieträger seine Lebensgeschichte?' ist meines Erachtens erst dann zufriedenstellend zu klären, wenn der Forscher die interpretierenden theoretischen Anstrengungen des Biographieträgers in den Zusammenhang faktischer Prozeßabläufe seines Lebens einbetten kann. Erst dann können auch Feststellungen getroffen werden wie: ‚Der Biographieträger folgt einer illusionären Lebensorientierung'; ‚Er täuscht sich über sich selbst'; ‚Er hat sich eine wirkungsvolle Rechtfertigungsgeschichte zurechtgelegt'; ‚Er hat ein falsches Bewußtsein hinsichtlich seiner faktischen Lebenslage' usw." (Schütze 1980, 131f.)

Die Prozessstrukturen, die Schütze herausarbeitet und in Richtung auf ein Tableau von möglichen Ablaufformen des Lebenslaufs (bzw. von Abschnitten des Lebenslaufs) beschreibt (kritisch: Kohli 1980b; Brüsemeister 1998, 38ff.), können hier nicht ausführlich wiedergegeben werden, nicht zuletzt deshalb, weil die empirischen Indikatoren detailliert angegeben werden müssten, damit man sich ein vollständiges Bild machen kann. Im Groben unterscheidet er zwischen intentionalen Abläufen, Prozessen, in denen man sich einem institutionellen Ablaufmuster überlässt, Verlaufskurven und Wandlungsprozessen.

Zu den *intentional getragenen Prozessstrukturen* gehören biographische Entwürfe im Sinne von Lebenszielen, von weit gesteckten Handlungsrichtungen; „biographische Initiativen zur Änderung der Lebenssituation", also absichtlich begonnene Lebensschritte, die aus einer gegebenen Situation herausführen sollen; Handlungsformen, in denen man sich ohne klare Absicht einer Situation überlässt, in der man Neues erfahren kann, von dem sich dann erst nachträglich herausstellt, welche Bedeutung das für die Biographie hat; Handlungsformen, die einen Abschnitt der Lebenszeit als „Auszeit" bestimmen, in der sich also für die Biographie nichts Relevantes ereignen könne, z.B. Moratorien. Gemeinsam ist ihnen, dass die Handlungskraft vom Ich ausgeht und auf förderliche oder hemmende Bedingungen in der sozialen Umwelt stößt, weiter: dass das Handeln als Verwirklichung der eigenen Identität aufgefasst wird.

Institutionelle Ablaufmuster des Lebenslaufs sind vorgegebene Sequenzmuster, denen man sich überlässt, von denen man sich im Leben bewegen lässt: Schulbesuch, die Sequenz der Ausbildungsschritte, der Familienzyklus, Berufskarrieren sind solche Prozessstrukturen, in denen man durchs Leben geschoben wird. Das Verhältnis von Ich und Sozialwelt ist hier eines der Anpassung bzw. der Kritik und Distanzierung gegenüber vorgefundenen und sozial festgelegten „Fahrplänen" und deren Verlässlichkeit. In Interviewtexten tauchen diese Formen nach Schütze eher als Hintergrundorientierung auf, sie werden selten thematisch, eben weil sie eine Prozessstruktur aus sich heraus haben.

Verlaufskurven (trajectories) sind Prozessstrukturen, in denen nicht intentionale Lebensformen wirken, sondern Vorgänge des Erleidens. Dem Einzelnen tritt eine Verkettung von Ereignissen und Bedingungen gegenüber, die seine Handlungsfähigkeit zunehmend einschränken, seine Intentionalität zum Zusammenbruch bringen können (vgl. Schütze 1996, 125ff.; Brüsemeister 2000, 141ff.). An einer schweren Krankheit erkranken, vertrieben oder deportiert werden, das seelische Gleichgewicht auf Dauer verlieren sind Beispiele. „Mit Individuen, die von sozialen Prozessen dieser Art erfaßt sind (‚Betroffene') geschieht etwas, das nicht ihren eigenen Aktivitätsimpulsen entstammt bzw. von diesen ausgelöst ist. Die Ereignisse und Erlebnisse, die ihnen widerfahren, können nicht im Bezugsrahmen eigener intentionaler Hervorbringung wahrgenommen und interpretiert werden." (Schütze 1980, 39) Die Lebensführung des Einzelnen wird zunehmend beeinflusst durch Geschehnisse, durch „äußere" Bedingungen strukturiert. Er gerät in den Sog einer Sequenzordnung, die ihn bis zum Zusammenbruch seiner Handlungsfähigkeit und oft zu einer nachfolgenden biographischen Neuorientierung führen kann. Schütze weist daraufhin – und das ist ein neuer Beitrag zur Untersuchung von Lebensgeschichten –, dass es sich bei solchen Verlaufskurven keineswegs um chaotisch-ungeordnete Zerfallsprozesse handelt, sondern um sequenziell geordnete.

Wandlungsprozesse gehen darauf zurück, dass sich neben der eigenen
Handlungsplanung weitere Kräfte des Selbst bemerkbar machen, die
zunächst nicht eingeordnet und auf Dauer nur dadurch ins Handlungs-
und Selbstverständnis integriert werden, indem sich letzteres verändert. Fürs Ich ergeben sich solche Wandlungsprozesse unerwartet; sie
müssen – fast ähnlich wie eine Krise – ordnend bearbeitet werden
(durch Selbstveränderung), werden aber im Nachhinein als Zuwachs
von Handlungs- und Erlebnisfähigkeit erfahren, als Erreichen einer
höheren Stufe von Einsicht, Kreativität oder Handlungskraft (eine
bildungstheoretische Diskussion des Konzepts der Wandlung: Marotzki 1990, 116ff.).

Wichtig ist nun, dass sich die Identität des Einzelnen nicht im selben Rhythmus bewegt wie die Prozessstrukturen des Lebensablaufs.
Was der Einzelne von sich hält und wie er seine Biographie auffasst –
Schütze nennt das biographische Gesamtformung – folgt einer lang-
sameren, einer anderen Schrittfolge. Darin sieht er den Schlüssel zur
Untersuchung und zum Verständnis von Selbst- und Lebensauffassungen, die gegenüber den wirklichen Prozessstrukturen illusionär
oder verklärend wirken.

Übrigens hat Schütze das Konzept der Verlaufskurve versuchswei-
se auf kollektiv-historische Prozesse übertragen, insbesondere auf den
Verfall der kollektiven Moral der Deutschen während des Nationalsozialismus und des Zweiten Weltkrieges (Schütze 1989), um den ver-
wickelten Beziehungen zwischen individuell-biographischen Verlaufskurven und geschichtlich-kollektiven Prozessen auf die Spur
kommen zu können.

Das narrative Verfahren (ebenso wie die Objektive Hermeneutik)
erwartet, dass Befragter und Interpret die gleiche Sprache sprechen.
Nur so ist es möglich, dass auf der Ebene der Syntax, der Wortwahl
usw. liegende Besonderheiten als Indikatoren für die dargestellten
Sachverhalte bzw. für die Haltung des Befragten zum Sachverhalt
interpretiert werden können. Von hieraus wird klar, dass es nicht
leicht sein wird, ein Interview in einer Sprache durchzuführen, über
die der Interviewer nur als Fremdsprache verfügt, oder aber Arbeits-
migranten in Deutschland zu befragen, die des Deutschen nur mehr

oder weniger gut mächtig sind (vgl. die Interpretation von Interviews mit Migrantinnen aus Italien bei Philipper 1997, 72ff.).

Manche Studien, die dem narrativen Verfahren folgen, lösen dessen Grundgedanken unzureichend ein. Dies gilt insbesondere für die Zahl der Fälle, auf deren Interpretation eine Ergebnisdarstellung (im Sinne einer Typologie, mindestens eines für das ganze Feld gedachten Vergleiches) gewagt wird. Schütze selbst traut sich an Aussagen über die Kriegserfahrungen von deutschen und amerikanischen Soldaten im Zweiten Weltkrieg anhand jeweils eines einzigen Falles heran. Riemann (1987) stellt seine Interpretationen von nur zwei Fällen vor, fügt ergänzende Kurzinterpretationen aus drei weiteren hinzu und wendet sich dann einer die Biographieebene verlassenden Querschnittsanalyse mehrerer anderer Fälle nach thematischen Gesichtspunkten zu. Philipper (1997) bietet in ihrer Untersuchungen über italienische Migrantinnen der ersten Generation nach Deutschland zwei ausführlich interpretierte Fälle (von 15 erhobenen), um dann zu Überlegungen zur kollektiven Migrationserfahrung zu gelangen. Hierbei folgt die Autorin teilweise der Logik der quantitativen Sozialforschung („Die Mehrzahl der Frauen des Samples...", 324; vgl. allgemein: Fuchs-Heinritz 1993, 254f.).

Typologien als Ergebnis des narrativen Verfahrens werden in verschiedenen Studien nach recht unterschiedlichen Überlegungen gebildet. Manche Typologie verwendet am Schluss dann doch wieder „äußere" Bedingungen der Lebensführung. Die Studie von Nienaber (1995) über Aussiedler aus Russland, Rumänien und Polen z.B. hat als Resultat, dass sich die biographischen Grundstrukturen anhand der drei Herkunftsländer und darin wieder nach Zugehörigkeit zu zwei Geburtskohorten (1930-1942 und 1949-1959) gliedern. Die Argumente für eine solche Typologie sind, dass die historischen Ereignisse, die die Geburtskohorten in den drei Ländern jeweils geprägt haben (Verschleppung und Zwangsarbeit bzw. Assimilierungsdruck in der Nachkriegszeit), von durchgreifender Kraft waren (Nienaber 1995, 185).

Einen handwerklich orientierten, gründlichen Überblick über die Interpretation von narrativen Interviews (allerdings nur im Hinblick auf „narrative Identität", wenn auch breiter nutzbar) bieten Lucius-

Hoene/Deppermann (2002, 95ff.). Den besten Einblick in die Auswertung im Rahmen des narrativen Verfahrens erbringen aber einschlägige Forschungsberichte. Als m.e. besonders instruktive können folgende empfohlen werden: eine Studie über psychiatrische Patienten (Riemann 1987) und eine Interpretation der Biographie einer Lehrerstudentin (Marotzki 1990, 234ff.). Im Übrigen leitet F.Schütze an der Universität Magdeburg (wie schon zuvor an der Universität Kassel) eine Forschungswerkstatt, eine Gruppe von Studenten, Doktoranden und Wissenschaftlern, die gemeinsam die Anlage von Forschungen erörtern und entsprechende Daten interpretieren. Aus verständlichen Gründen ist es nicht einfach, daran als Gast teilnehmen zu können.

Unter *narrativer Analyse* versteht man übrigens in der englischsprachigen Methodenliteratur gewöhnlich etwas anderes als das von F.Schütze vorgeschlagene Interpretationsverfahren, nämlich allgemein die Analyse von Erzähltexten auf innere Gliederung, thematische Abfolge, Zeitperspektivik, Subjekthorizonte usw. (vgl. Roberts 2002, 155ff.).

Objektive Hermeneutik

Die Interpretationsverfahren der Objektiven Hermeneutik haben die Entzifferung der objektiven Sinnstrukturen des sozialen Handelns zum Ziel. Sie unterscheiden sich nach Oevermann u.a. (1979, 391) erkenntnislogisch nicht von den Interpretationsverfahren, die wir im Alltag anwenden, um Sinn zu erschließen. Sie unterscheiden sich jedoch handlungslogisch von diesen, weil sie nicht unterm Zeitdruck des alltäglichen Sinnverstehens stehen, sondern extensiv und ausdrücklich Verstehen problematisierend vorgehen. Insofern handelt es sich bei ihnen um eine „Kunstlehre", für deren Gelingen außer der Interpretationskompetenz des normalen Gesellschaftsmitglieds einige pragmatische Bedingungen angegeben werden: Die Interpreten sollten nicht selbst noch im Sozialisationsprozess stehen. Sie sollten die Lebenswelt der Sprecher, die die Texte produziert haben, gut kennen. Sie sollten nicht allzu neurotisch sein, „jedenfalls nicht so neurotisch, daß die Befähigung zur intuitiv angemessenen Primärerfassung sozialer Sachverhalte darunter stark leidet" (Oevermann/Allert/Konau/Krambeck 1979, 393). Die Interpretation sollte durch eine Gruppe erarbeitet werden, damit sich je persönliche Beschränkungen ausgleichen können. Die Texte müssen extensiv ausgelegt werden; es geht nicht um eine rasche Verdichtung des ersten oder zweiten Eindrucks, sondern um die Prüfung abgelegener und unwahrscheinlicher Lesarten, damit der Text möglichst konturenreich wird. Kein Detail des Textes sollte als nebensächlich und hinweislos angesehen werden. „Für den objektiven Hermeneuten ist nichts zufällig oder zu unauffällig." (Oevermann 1993, 129)

„Kunstlehre" heißt natürlich auch und vor allem, dass das Verfahren nicht wie ein Methodenrezept aus einem Lehrbuch übernommen (vgl. Reichertz 1994, 127), sondern nur in längerer eigener Forschungsarbeit (unter Anleitung) erlernt werden kann.

Wie dann interpretiert wird, dafür finden sich bei Oevermann und bei denen, die sich bei ihren Forschungen auf die objektive Hermeneutik berufen, unterschiedliche Vorschläge und Erfahrungen. „Entgegen einem weitverbreiteten Irrtum gibt es nicht ein Verfahren der objektiv-hermeneutischen Textinterpretation." (Reichertz 1997, 36) Reichertz (1991, 225; 1994, 129f.; 1997, 36ff.; 2000, 516f.) arbeitet hauptsächlich drei von Oevermann und anderen vorgeschlagene bzw. praktizierte Interpretationswege heraus: Feinanalyse, Sequenzanalyse, Interpretation der objektiven Daten. Selbst wenn diese Unterscheidung schärfer sein sollte als nötig (so Garz 1997, 535), so hat sie doch den Vorzug, das in der Forschungspraxis der objektiven Hermeneutik liegende Auswertungspotenzial zu verdeutlichen. Deshalb soll dieser Unterscheidung hier gefolgt werden.

a) Feinanalyse

Hierbei handelt es sich um eine Art Leitfaden für die Interpretation, gegliedert in acht „Ebenen" (detailliert in: Oevermann/Allert/Konau/Krambeck 1979, 394ff). Ebene 0 sieht die Beschreibung des Zustandes einer Interaktionskonstellation, die dem zu analysierenden Interaktionszug unmittelbar vorausgeht, vor. Auf diese Weise kann der Möglichkeitsraum des Handelns, der für den jetzt Interagierenden offensteht, expliziert werden. Auf Ebene 1 wird die Bedeutung des jetzt realisierten Interakts mit den Möglichkeiten eines kompetenten Sprechers paraphrasiert. In Ebene 2 wird die Intention des handelnden Subjekts expliziert (und zwar nach ähnlichen Regeln, wie sie im sozialen Alltag verfolgt werden, wenn es darum geht zu verstehen, was der Andere will und meint). Ebene 3, besonders wichtig, verlangt die Herausarbeitung der „objektiven Motive des Interakts und seiner objektiven Konsequenzen", also der Ausgangspunkte und Resultate des Handelns, die dem Handelnden als Absicht und als eigenes Handlungsverständnis nicht verfügbar sind. Abgesehen von einer Analyse der nun durch das Interakt erreichten neuen Interaktionskonstellation werden hierzu auch äußere Informationen (über die Persönlichkeitsstruktur des Handelnden, über ähnliche Handlungskonstellationen usw.) herangezogen. In Ebene 4 wird untersucht, inwiefern das in Rede stehende Interakt den Interaktionsprozess insgesamt bestimmt und lenkt (also die Reaktionen der anderen einschränkt usw.). Ebene 5 meint die Untersuchung der sprachlichen Formen des Interakts, Ebene 6 die Untersuchung des Interakts im Hinblick auf durchgehende Strukturen der Interaktionskonstellation, der Persönlichkeit des Handelnden, der Optionen, die er typischerweise aus dem gegebenen Möglichkeitsraum auswählt. Ebene 7 stellt den Zusammenhang zu vorliegenden soziologisch-theoretischen Zusammenhängen her.

Ziel der Feinanalyse ist es, die wahrscheinlichste Handlungsfigur in einem sozialen Feld bzw. Kontext herauszuarbeiten und dann damit den vorliegenden Fall zu vergleichen, um gegebenenfalls auf abweichende Tendenzen oder gestörte Potenziale zu schließen.

b) Sequenzanalyse
Grundregel ist hier, dass die Interpretation Schritt für Schritt vorgeht, dass sie nicht die Sequenziertheit des Textes überspringen darf, also keine Informationen aus späteren Textstellen zur Aufschlüsselung derjenigen heranziehen darf, die jetzt zur Interpretation ansteht. Insofern sei „die Methode selbst dem wirklichen Reproduktionsprozeß nachgebaut" (Oevermann/Allert/Konau/Krambeck 1979, 422; vgl. Wernet 2000, 16f. und 27ff.), weil sie in der Sequenzanalyse den Prozess der Selektion von Optionen (Auswahl von Möglichkeiten aus dem objektiven Bedeutungsbereich bei der Textproduktion der Sprecher) rekonstruiert.

Ein erster kleinerer Textteil wird ausführlich interpretiert, und zwar so, dass „Lesarten" (also soziale Konstellationen samt Handlungsbedingungen und -regeln) gedankenexperimentell erfunden werden, die den Interaktionsschritt bzw. die Mitteilung in diesem Textteil sinnvoll machen könnten (Beispiele: Wernet 2000, 39ff.). Es ist nützlich, möglichst viele Lesarten zu explizieren, um den Möglichkeitsraum, in dem der Interaktionszug bzw. die Mitteilung im Textstück pragmatisch Sinn machen könnte, so weit wie möglich beschreiben zu können.

Dann werden die Lesarten mit dem verglichen, was der Handelnde empirisch tut bzw. sagt (wobei es zunächst wenig darauf ankommt, welche Interpretation er selbst von seinem Tun hat). So stellt sich heraus, welche Option der Handelnde gewählt hat. „Einige Möglichkeiten wurden gewählt, andere verworfen. Aufschlußreich ist deshalb nicht allein, was gewählt wurde, ebenso aussagekräftig für die Rekonstruktion der Fallstruktur ist die Abwahl von Handlungsmöglichkeiten." (Reichertz 1997, 45) Dann wird der zweite, dann der dritte usw. kürzere Textteil auf die gleiche Weise interpretiert, wobei sich die Lesarten, die zutreffend sein können, zunehmend vermindern. Häufig gelingt bereits anhand relativ weniger Interaktionsschritte nach intensiver Interpretation die Formulierung der latenten Sinnstruktur, vorerst jedoch noch als eine Lesart unter mehreren formuliert. Denn: „Die ersten Äußerungen in einem offenen Interview sind immer signifikant. Hier muß sich die zur Rede gestellte Person buchstäblich ins Nichts entwerfen, was oft dazu führt, daß bereits in den ersten völlig unscheinbaren Äußerungen das Ganze eines Lebens zum Vorschein kommt." (Bude 1998, 252)

Erst nach Überprüfung dieser Lesart an folgenden Textteilen in unabhängigen Interpretationsgängen kann sie als begründete und belegte Fallanalyse gelten. Die Interpretationsarbeit kann dann abgebrochen werden, wenn diejenige Lesart gefunden ist, die den weiteren Verlauf der Interaktion bzw. Mitteilung voraussagen kann.

c) Interpretation der objektiven Daten
Zuerst werden anhand der objektiven Daten in einem Text mithilfe von Kenntnissen über die Normalität, Durchschnittlichkeit und im gegebenen soziokulturellen Milieu Vernünftigkeit von Entscheidun-

gen und biographischen Optionen Vermutungen über zugrundeliegende Sinnstrukturen herausgearbeitet. Zentral ist hier, „daß zunächst die
objektive Bedeutung des tatsächlichen Handelns einer Person sowie
die objektive Bedeutung der präsentierten Rechtfertigungen dieses
Handelns in Begriffen der idealtypisch explizierbaren Regeln und
Normen rekonstruiert werden, die in der soziokulturellen Lebenswelt
der handelnden Person als geltend vorab zwingen angenommen werden müssen" (Oevermann/Allert/Konau 1980, 21; zur Begründung:
Bohler 1994).

Objektive Daten sind solche, die über die milieugeprägte und le-
benslaufbestimmende Ausgangskonstellation eines Individuums vorliegen. Bohler (1994, 18f.) hält folgende objektive Daten für notwendig: Informationen über den sozialen Kontext (das Milieu usw.), in
dem ein Leben gelebt wird; Informationen über die Stationen, in denen weitreichende Festlegungen getroffen wurden (Schulbesuch, Berufsausbildung, Heirat, Kinder usw.); Informationen über die Familiengeschichte (mindestens bis zu den Großeltern), weil „biographiere-
levante Familienkrisen" weit zurückreichen können, und auch wegen
der Erfahrungen der Eltern und Großeltern mit den Modernisierungs-
prozessen der neuesten Zeit; Informationen über räumliche Mobilität
in der Familiengeschichte.

Anhand dieser Daten (noch ohne Rücksicht darauf, was der Handelnde empirisch tut) und anhand des Wissens der Soziologen, was
unter gegebenen Bedingungen sozial normal ist (bzw. war), werden
Lesarten entwickelt, was der Handelnde normalerweise tun würde.
„Aus der Interpretation der objektiven Daten geht eine erste Struktur-
hypothese über die objektiv mögliche biographische Fallstruktur hervor. Sie enthält Vermutungen sowohl für die einzelne biographische
Sequenz wie für die biographische Gestalt als ganze. Diese stellen für
den inneren biographischen Kontext der Feinanalysen einen formalen
Rahmen bereit." (Bohler 1994, 20 f.) Sind diese Lesarten zu den biographischen Entscheidungen und Schritten detailliert und vielfältig
genug erarbeitet, können sie dann mit den im Datenmaterial gegebenen Informationen über den empirischen Verlauf der Biographie (bzw.
der Familienentwicklung) verglichen werden (Oevermann/Allert/Ko-

nau 1980, 27ff.). Auf diesem Wege können diejenigen Lesarten herausgefunden werden, die die dem Fall eigenen Entscheidungen zu erklären vermögen, können – wie Brose/Wohlrab-Sahr/Corsten (1993, 72) vereinfachend sagen – die „jeweils besonderen, individuellen Verwirklichungen objektiver Möglichkeiten, d.h. die Nutzung von Chancen, Umgehung oder Vermeidung von Konditionierungen, bzw. die Erduldung von Restriktionen" herausgearbeitet werden.

Von der Sequenzanalyse unterscheidet sich dieser Interpretationsweg also hauptsächlich durch die prioritäre Bedeutung von objektiven Daten (sowie der mit ihnen entworfenen Normalitätsfolie) sowie durch eine weitaus geringere Bedeutung der Sequenziertheit des Textes (z.B. Interview oder Interaktionsprotokoll), ja des Textes generell. Einen Vorteil kann man darin sehen, dass dadurch der Blick „zunächst einmal weg von den persönlichen Deutungen und subjektiven Theorien der Befragten hin auf die Logik des Biographieverlaufs" gelenkt wird (so Wohlrab-Sahr 1994, 278; zu den Gefahren: Reichertz 1994, 138ff.).

Ein forschungspraktischer Einwand gegen die Objektive Hermeneutik hebt hervor, dass ihre Verfahren derart arbeits- und zeitaufwendig sind, „daß eine Interpretation nach den Regeln der objektiven Hermeneutik leicht ein ganzes Forscherleben füllen könnte" (Küchler 1980a, 383). In der Tat, die Angaben zum Zeitaufwand sind erschreckend: „Wir benötigten in den Anfängen für den ersten Durchgang der Interpretation einer Seite eines verschrifteten Protokols, die ca. zwei bis vier Minuten Interaktionsdauer entspricht, innerhalb einer Gruppe von drei bis sieben Mitgliedern in der Regel 10 bis 15 Stunden. Mehrere Durchgänge in Zeitabständen sind nötig und die ausführliche schriftliche Fixierung der kompletten Interpretation nimmt in der Regel 40 bis 60 Seiten in Anspruch." (Oevermann/Allert/Konau/Krambeck 1979, 393) Andererseits: Ein systematisches Argument ist der Hinweis auf den großen Zeitaufwand nicht!

Theoretische Einwände gegen den Vorschlag der objektiven Hermeneutik fragen, ob es sich im Kern nicht um ein mit einem soziologischen Überbau versehenes psychoanalytisches Deutungsverfahren handelt. Oder sie halten gegen Oevermann daran fest, dass die Lebensgeschichte einer Person oder eines Interaktionssystems nicht ein für allemal durch früher entstandene latente Sinnstrukturen bestimmt ist, sondern durchaus Wandlungsprozesse kennt, Transformationsprozesse auch der latenten Sinnstrukturen (Bude 1982, 138f.). „Manchmal ist der Wissenschaftler eben doch noch an anderem interessiert als an der Herausarbeitung so einer solitären Figur wie der einer ,latenten Sinnstruktur' für einen konkreten Fall von Lebensgeschichte, Familieninteraktion usw. – es geht ihm auch um die Brüche und Widersprüche, den Variantenreichtum und subjektiv-realen Erfahrungskern sozialer Geschichte innerhalb solcher Strukturen, um Entwicklungen und nicht bloß um statische Erfassungen ..." (Wahl/Honig/Gravenhorst 1982, 176)

Natürlich hat auch die von Oevermann nahegelegte Vorstellung, jenseits der denkenden und handelnden Menschen, Gruppen und Gesellschaften gäbe es ein diese regierendes Reich der Strukturen, kritische Anmerkungen gefunden (Reichertz 1997, 36; Lüders/Meuser 1997, 61ff.; Bude 1994, 122f.) und hat zu Anpassungsversuchen an andere Konzepte (Relativierung der Annahme zugunsten von Graden der Latenz) angeregt (Bohnsack 1999, 105).

Ähnlich wie das narrative Verfahren ist die Objektive Hermeneutik in der europäischen Soziologie und der internationalen im weiteren Sinne so gut wie unbekannt (vgl. Reichertz 1991, 227; Reichertz 2000, 519; Wohlrab-Sahr 2000b, 210). Irgendwie handelt es sich bei beiden offenbar um ganz und gar deutsche Gewächse.

Mit Oevermanns Verfahren kann man sich genauer bekanntmachen durch Teilnahme an einem der von ihm außerhalb der Universitätslehre angebotenen *workshops*. Folgende Veröffentlichung sei zum Einstieg empfohlen: Oevermann/Allert/Konau 1980 (Interpretation eines Interviews mit einer Fernstudentin).

Weitere Interpretationsverfahren

Mit dem narrativen Verfahren und der Objektiven Hermeneutik sind beileibe nicht alle soziologischen Interpretationsansätze vorgestellt, sondern nur die in den letzten Jahrzehnten wichtigsten. Zunächst gibt es daneben Mischformen, Versuche also, Momente beider Verfahren gleichzeitig zu nutzen. Soweit sich absehen lässt, sind diese Versuche noch nicht zu systematischen Lösungen gelangt. Aber einzelne Anleihen beim jeweils anderen Verfahren – was spricht dagegen? So stützt sich z.b. Rosenthal (1993) bei der Begründung des qualitativen Ansatzes und bei der Erhebungsmethode häufig auf Schütze, bei ihren Überlegungen zur Interpretation hingegen häufig auf Oevermann (auch: Rosenthal/Fischer-Rosenthal 2000, 460; Rosenthal 2001, 272f.). „Biographische Fallrekonstruktion" nennt sie ihr Vorgehen (Rosenthal 2002, 144). Allgemein betont Allert (1998, 14) die Erfahrung, „daß beim forschungspraktischen Vorgehen die erkenntnistheoretisch dramatisierten Differenzen in dem Maße ihre Trennschärfe verlieren, in dem die Arbeit an der Sache in den Vordergrund rückt."

Schließlich finden sich selbständige Ansätze zur Interpretation und auch Verlängerungen von älteren theoretischen und methodologischen Traditionen, so z.B. die „Beispielhermeneutik" (Hahn 1994; 1998) und die Interpretation „problemzentrierter Interviews" (Witzel 1996). Über ihre Triftigkeit kann auch deshalb nichts Abschließendes gesagt werden, weil sie noch Vorschläge sind, dargelegt in einigen Veröffentlichungen eines Autors oder einer Autorengruppe, aber noch kaum in Forschungsprojekten erprobt und von anderen angewendet. Anders steht es mit der dokumentarischen Methode der Interpretation und einem Vorschlag, an Webers Idealtypus anzuknüpfen.

Der Vorschlag zu einem zweistufigen Auswertungsverfahren stammt von Bohnsack (1989; 1997; vgl. Straub 1989, 255ff.; Fritzsche 2003, 73ff.), entwickelt aus einem Forschungsprojekt über jugendliche Milieus mit Hilfe der Methode der Gruppendiskussion. Mit der Bezeichnung „dokumentarische Methode der Interpretation" nimmt Bohnsack einen von K.Mannheim geprägten, in dessen Wissenssoziologie zentralen Begriff auf. „Mannheim unterscheidet zwischen ‚Verstehen' und ‚Interpretieren'. Diejenigen, die durch gemeinsame Erlebniszusammenhänge miteinander verbunden sind, die zu einem bestimmten ‚Erfahrungsraum' gehören, verstehen einander unmittelbar. Sie müssen einander nicht erst interpretieren. Damit verbunden sind zwei fundamental unterschiedliche Modi der Erfahrung bzw. der Sozialität: die auf unmittelbarem Verstehen basierende ‚konjunktive'

Erfahrung und die in wechselseitiger Interpretation sich vollziehende
‚kommunikative' Beziehung." (Bohnsack 1997, 195; vgl. Bohnsack
1999, 67ff.)

Gegenstand der dokumentarischen Methode sind nun die Sinnzusammenhänge der „konjunktiven" Erfahrungsräume, die in Gruppen
und Milieus artikuliert werden, und die dem Individuum immer schon
vorgegeben sind, die also jeglichem subjektiven Sinn vorangehen.
Damit verbindet sich übrigens eine Kritik an der „modernisierungs-
theoretisch argumentierenden Lebenslaufanalyse vor allem im Bereich
der Soziologie. An die Stelle traditionaler kollektiver Bindungen tritt –
dieser Argumentation zur Folge – die Institution des individuellen
Lebenslaufs." (Bohnsack 1998, 213)

Bei der Analyse wird zunächst die „formulierende Interpretation"
durchgeführt, dann die „reflektierende Interpretation". Die erste dient
der Erschließung des Sachgehalts, die zweite der Analyse des Erfah-
rungsraumes einer Gruppe, eines Milieus. „Die Grundstruktur der
Formulierenden Interpretation ist die thematische Gliederung, die
Thematisierung von Themen, die Entschlüsselung der weitgehend
impliziten thematischen Struktur. Erst im nächsten Schritt, derjenigen
der eigentlichen dokumentarischen Interpretation, wird auf den erleb-
nismäßigen und diskursiven Herstellungsprozeß von Wirklichkeit reflektiert – vor dem Hintergrund von Vergleichshorizonten..." (Bohnsack 1997, 202 f.; ausführlicher: Bohnsack 1989, 343ff., Bohnsack
1999, 148ff.) Die Vergleichshorizonte ergeben sich aus der Heranziehung weiterer Fälle usw., in denen alternative Handlungsformen verwirklicht sind, also im Wege des Fallvergleichs.

Die Ergebnisstruktur dieses Verfahrens besteht aus einer kontrastiv
aufgebauten Typologie (vgl. Marotzki 1999, 118f.; ein Beispiel in:
Wagner 1999, 81ff.). Angeregt durch Elemente aus dem narrativen
Verfahren kann die dokumentarische Methode auch zur Analyse von
Biographien herangezogen werden (Bohnsack 1998, 224; Bohnsack
1999, 78f.).

U.Gerhardt (1991; 1996) hält einen Rückgriff auf M.Webers Idealtypus für (allein) geeignet, ein Konzept von Biographie (bzw. Lebenslauf) zu erarbeiten, das die Kluft zwischen Mikro- und Makro-

Perspektive überwindet und zu methodologisch begründeter Forschung anleitet. Hierbei verallgemeinert sie Webers Gedanken, nach
dem ein „reiner Fall" hin und wieder im empirischen Material aufzufinden sei (und der Idealtyp sonst aber eine absichtliche Zuspitzung
gegenüber den empirischen Daten ist): Die Biographieforschung „findet den Idealtypus oder die Idealtypen für die untersuchten Fallverläu-
fe unter den empirisch erhobenen Materialien. Das Erkenntnisinteres-
se bzw. das Forschungsproblem gibt jeweils eine Perspektive vor,
unter der innerhalb des Gesamt der untersuchten ... Biographien gesucht werden kann nach einem einzelnen Fall (oder einer Gruppe sehr
ähnlicher Fälle), worin ein ‚reiner' Typus des Gegenstandes im Rahmen der gegebenen Datenanalyse zu erkennen ist." (Gerhardt 1998,
200)

Für die Auswertung sind drei Schritte vorgesehen (Gerhardt 1998,
200ff.): 1. Die Fallrekonstruktion arbeitet die besonderen Entwick-
lungsformen der einzelnen Biographien o.ä. durch Berücksichtigung
ihrer Werdeprozesse heraus, wobei sich die Fragestellung der Forschung durchaus ordnend bemerkbar machen soll. 2. Vergleichend
wird nun danach gefragt, welche Fälle in ihrem Verlaufsormen ähnlich (im Sinne von Clustern), welche hingegen voneinader verschieden sind. 3. Auf der Suche nach dem Fall, der jeweils im Sinne des
hier benutzten Verständnis von Idealtyp eine Gruppe von Fällen bzw.
Verlaufsformen insgesamt „rein" abbildet, wendet sich die Auswertung noch einmal zurück aufs Ausgangsmaterial und identifiziert hier
– eventuell anhand nur weniger, aber charakteristischer Merkmale –
diese prägnanten Fälle. Von ihnen her kann dann durch erneute Ver-
gleichsverfahren das Feld der Fälle neu und abschließend geordnet
werden. Die Idealtypen gelten als Abbildungen der im Sachbereich
systematisch wirksamen gesellschaftlichen Verlaufsformen o.ä.. Von
ihnen her könne erklärt werden, weshalb einzelne Fälle besondere
Abweichungen aufweisen. Diese Auswertungsstrategie ist insbesondere in einer Studie über Patientenkarrieren (Gerhardt 1986) erprobt
worden.

Schließlich stammt von Schmeiser (2003, 59ff.) der Vorschlag, als
ersten Schritt einer jeden Interpretration „eine biographische Agenda

und dann eine ausführliche biographische Anamnese" zu erarbeiten. Die biographische Agenda besteht aus drei Spalten: In die erste wird, beginnend beim Geburtsdatum und endend beim Datum des Interviews, eine Chronologie angelegt, in der zweiten werden die Angaben zum jeweiligen Alter des Befragten hinzugefügt, in die die dritte werden alle Lebensereignisse (einschließlich der von Bezugspersonen), die sich aus allen Teilen des Interviews (Ersterzählung wie Nachfrageteil) ergeben, eingetragen. Diese Agenda kann deshalb für die weitere Interpretation relevant sein, „als sie auf Anhieb nicht sichtbare Verdichtungen von Ereignissen erkennbar macht, Parallel- und Mehrfachführungen von Handlungssträngen deutlich werden lässt, oder auch das manchmal auf Anhieb nicht offenkundige Ausstrahlen der Biographien der Familienangehörigen auf die Biographie des zu untersuchungen Falles sichtbar macht."

Im zweiten Schritt werden biographische Anamnesen erstellt. Sie sind „komprimierte, aber dennoch so umfassend wie möglich verfertigte, d.h. perspektivisch vollständige (a), in der Sprache des Falles gehaltene (b), im kontinuierlichen Präsens (c) und der dritten Person (d) verfasste, und chronologisch geordnete Beschreibungen (e) der Werdegänge der interviewten Personen." (Schmeiser 2003, 61) Zusammen mit dem Interviewtranskript bilden Agenda und Anamnese die Arbeitsgrundlagen für die Interpretation.

Zur Begründung führt Schmeiser an, dass die meisten biographischen Studien ihre Interpretation Stück für Stück am Interviewtranskript entlang durchführen. Das habe für den Leser den Nachteil, dass er sich nur mühsam über den Lebenslauf insgesamt informieren kann. Darüber hinaus nennt Schmeiser (2003, 67f.) einen systematischen Grund: Erst Agenda und Anamnese könnten den Verlauf der Lebensführung und deren Möglichkeitsraum deutlich machen, zu deren Rekonstruktion ja die Interpretation unternommen wird. Hier schließt sich Schmeiser an einschlägige Vorschläge von Bourdieu (1997) an.

Sicherung der Interpretation

Bekommt der Befragte das letzte Wort über die Stimmigkeit der Interpretation seiner lebensgeschichtlichen Erzählungen? Macht der Sozialforscher seine Bearbeitung davon abhängig, was der Befragte in einem abschließenden Gespräch davon hält? Kommunikative Validierung heißt, dass die Gültigkeit einer Interpretation bzw. der Auswertung durch Diskussion und Einigung zwischen Sozialforscher und Befragtem ermittelt wird. Die Bearbeitungen der im Interview hergestellten lebensgeschichtlichen Daten durch den Sozialforscher werden gewissermaßen als Vorschläge an den Befragten angesehen. Dieser Vorschlag zur Validierung ist zusammen mit einer Kritik an der hergebrachten Sozialforschung aufgetreten; dem Befragten gegenüber handele es sich um ein forschungsethisch vertretbares Vorgehen. Es sei auch das Verfahren, das optimale Sicherung der Interpretation erbringen kann, weil der Befragte – als Experte im Themenbereich seiner Lebensgeschichte – mehr wisse und besser urteilen könne als der Sozialforscher (vgl. Kannonier-Finster/Meinrad 1996, 56ff.).

Gegen die bei kommunikativer Validierung implizierten Vorstellungen von einer gleichberechtigten Arbeitssituation von Befragtem und Sozialforscher sind Einwände erhoben worden. „Eine Symmetrie der in den Prozeß der kommunikativen Validierung Eintretenden ist aus grundsätzlichen Gründen nicht denkbar. Nicht nur, weil das zum Interpretationssubjekt geadelte Interpretationsobjekt ein Interesse an Vortäuschung hat oder gar Selbsttäuschung unterliegen kann, sondern vor allem deshalb, weil eines der Interpretationssubjekte – der Forscher – eben nur Interpret von Daten und das andere –- der Handelnde – Interpret und Produzent der zu interpretierenden Daten ist. Der Nur-Interpret kann sich in dem distanzierten Spiel der Erzeugung immer neuer Ansätze gefallen, während der Produzent-Interpret als unmittelbar Betroffener in der Position dessen ist, der Interpretation und Rechtfertigung in einem zu leisten hat. Der Nur-Interpret übt auf diese Weise über den Produzent-Interpreten eine subtile Macht aus ...“ (Heinze/Loser/Thiemann 1981, 35; auch: Cremers/Reichertz 1980, 242)

Hinzu kommt die Klarstellung, dass kommunikative Validierung
nicht für alle Forschungsansätze angemessen ist: „Kommunikative
Validierungsverfahren haben genau dort ihren Sinn und unaufhebbare
Notwendigkeit, wo die theoretischen Interpretationen von Aussagen,
insbesondere Selbstdarstellungen, die Funktion haben, eine mit den
Befragten gemeinsame Praxis vorzubereiten und zu strukturieren – die
klassischen Beispiele sind ... das psychoanalytische Modell Freuds
und die enquête ouvrière von Marx." (Klüver 1979, 86)

Abgesehen von der Validierung durch Rücksprache mit dem Befragten gibt es weitere Wege zur Sicherung der Interpretationen des
biographischen Materials (die natürlich auch kombiniert eingesetzt
werden können): Die Überprüfung der „ökologischen Validität", die
gegenseitige Überprüfung in einer Forschergruppe und die Triangulierung, die Überprüfung durch Hinzuziehung zweiter oder dritter Informationsquellen.

Unter „ökologischer Validität" versteht man (nach Cicourel) den
Grad der Angepasstheit der Datenerhebung an den Lebensraum, über
den die Daten Auskunft geben sollen, den Grad, zu dem sie auf künst-
liche Interventionen verzichten und sich den Gewohnheiten im entsprechenden Feld anschmiegen. Dabei handelt es sich nicht um eine
als Maßstab darstellbare Forderung an die Qualität der Datenerhebung
(vgl. Lamnek 1995, 1, 165), sondern eher um ein allgemeines Deside-
rat, dem der Forschungsprozess in vielen seiner Schritte genügen
muss. Positiv gesagt: Ökologische Validität ist schon bei der Erhebung erreicht worden (oder nicht). Im Rückblick gegen Ende der Forschungsarbeit bleibt so nicht viel mehr als eine erneute (selbstkriti-
sche) Überprüfung der gelungenen und misslungenen Schritte bei der
Erhebung.

Eine wichtige Bedingung der gegenseitigen Überprüfung der Interpretation in der Gruppe der Sozialforscher ist, dass der zweite oder
dritte Interpret unabhängig vom ersten verfährt, sich noch einmal das
ganze Interviewmaterial ansieht bzw. anhört. Hilfreich ist dabei der
Vorsatz, solange nach Stellen, Hinweisen, eigenen Auffassungen von
der Bedeutung des Textes zu suchen, bis die Interpretation keinen Widerspruch mehr aus dem Datenmaterial erfährt.

Triangulierung bezeichnet eine Sicherung der Interpretation dadurch, dass möglichst unterschiedliche Datengrundlagen herangezogen werden, um durch sie die zuerst gewonnene Interpretation zu überprüfen. So haben Thomas/Znaniecki ihre Auffassung, der autobiographische Text von Wladek sei im Großen und Ganzen glaubwürdig, durch eine Heranziehung von Briefen aus seiner Familie überprüft. Denzin (1975, 224) sieht ebenfalls Möglichkeiten, die Interpretation dadurch zu sichern, dass möglichst viele und unterschiedliche Quellen zur Ergänzung der *own story* aufgenommen und mitgeteilt werden. „Eine vollständige Lebensgeschichte wird so viele primäre und sekundäre Quellen miteinander kombinieren wie möglich, dabei den Bericht um das persönliche Dokument des Subjekts gruppieren."

Sozialpädagogische Gutachten, jugendgerichtlich relevante Schriftstücke usw. hatte schon Shaw in seinem Ansatz der *own story* herbeigezogen. Bei seiner Untersuchung von Jugendlichen in einer Erziehungsanstalt verlässt sich Gruhle (1912, 8ff.) nicht auf die Angaben der Jugendlichen allein – sie wissen manches über ihre Herkunftsfamilie nicht, verstehen die Fragen nicht, weil sie schwachsinnig sind, oder könnten lügen, sondern durchforscht die Akten der Anstalt über die Befragten, lässt sich Strafregister der Eltern schicken, fragt bei Pfarrern nach. Allerdings weiß er, dass diese Akten keine *per se* bessere Quelle bilden als die Befragung: „Ganz abgesehen von den Schutzmannsmeldungen, die zuweilen sichtlich übertrieben, zuweilen durch Verwendung allgemeiner Ausdrücke wenig Brauchbares enthielten, schienen auch in den übrigen Mitteilungen der Akten manche Zustände mehr vermutet als beobachtet zu sein. In diesen Fällen wurde lediglich das wirklich Beobachtete verwertet."

Diese Überlegung von Gruhle, welchem Informationsbereich denn bei Widerspruch oder mangelhafter Kongruenz ausschlaggebende Kraft zugesprochen wird, macht auf eine allgemeine Problematik der Triangulation aufmerksam: Wenn die Ergebnisse aus zwei (oder mehr) Datenbereichen übereinstimmen, so heißt das noch nicht, dass beide richtig sein müssen. Wenn beide nicht übereinstimmen, was ist dann zu tun? (zu dieser Problematik: Lamnek 1995, 1, 251ff.)

7. Publikation

Auch dann, wenn der Sozialforscher die Stimmigkeit seiner Bearbeitung bzw. Interpretation nicht von der Zustimmung des Befragten abhängig macht, stellt sich die Frage, ob er jetzt am Befragten vorbei die Veröffentlichung vorbereiten soll. In einem Falle ist der Sachverhalt auch juristisch eindeutig: Wenn der Befragte, in einem Projekt der Oral History etwa, selbst als Autor, Koautor oder Herausgeber des Textes auftreten wird. Dann hat er selbstverständlich Einspruchsrechte. Auch in einem zweiten Fall ist die Sache klar: wenn der Sozialforscher ergänzend zur Befragung versucht hat, eine thematisch orientierte Gruppe zu initiieren, einen Gesprächskreis, eine Auffangstruktur. Dann hat er aus der gemeinsamen Teilnahme am Gesprächskreis zum Befragten inzwischen ein Verhältnis gewonnen, das kollegial ist, oft freundschaftlich. Dass er sein wissenschaftliches Projekt dann zur Diskussion stellt, ergibt sich fast von selbst. Schließlich können auch Orientierungen an dialogischen Interpretationsverfahren nahelegen, die Befragten in die Bearbeitung der Texte einzubeziehen. So hat Combe (1983, 215) den von ihm porträtierten Lehrern Entwürfe der Fallgeschichten vorgelegt und ihnen „jede Möglichkeit zur Stellungnahme, zu Verbesserungs- und Veränderungsvorschlägen" gegeben.

Aber nicht in jedem Falle ist die Rückgabe der Interpretation an den Befragten vertretbar. „Diese direkte Rückmeldung von Interpretationsergebnissen an diejenigen Personen, deren Texte interpretiert wurden, ist nicht von vorn herein ein angemessenes oder ethisch legitimiertes Verfahren, vielmehr muß der Schutz der Integrität und Würde der jeweiligen Person Vorrang haben vor einer Rückmeldung von Untersuchungsergebnissen an Befragte." (Fischer/Schöll 1993, 10) Zudem ist die Rückgabe an den Befragten mit der Bitte um Zustimmung zur Veröffentlichung ein riskanter Vorgang: Er kann aus den verschiedensten Gründen scheitern (Ratschläge bei: Baum 1991, 86ff.).

So wie für den Befragten während des biographischen Interviews unsichtbar Personen und Gruppen anwesend waren, so steht der Sozialforscher in allen Arbeitsschritten in unsichtbarer Beziehung zu Kollegen, zu Freunden und Gegnern, zu einem oder mehreren Leserkreisen. Charakteristisch ist, dass diese heimlich bereits mitdiskutierenden Zuhörerkreise unterschiedliche, auch widersprüchliche Anforderungen stellen. Jetzt, bei der Vorbereitung und Planung einer Publikation, wird die Notwendigkeit unabweisbar, Entscheidungen zu treffen, wer als Leserkreis in erster Linie in Frage kommt und wie andere Interessenkreise gleichzeitig zufrieden gestellt werden können. Erwarten die Fachkollegen einen methodisch reflektierten und theoretisch interessanten Beitrag, so erwarten die Befragten in erster Linie eine vorteilhafte Präsentation ihrer biographischen Informationen, sind an der Einhaltung spezieller methodischer Regeln kaum interessiert. Mancher Befragte könnte sich „dadurch betrogen fühlen, ... daß ... aus den Interviews nicht einfach eine Zitatcollage zusammengesetzt oder seine vermutlichen Intentionen in die Hochsprache übersetzt und literarisiert" werden (Niethammer 1983, 21). Diese unterschiedlichen Erwartungen ans Endergebnis der biographischen Befragung alle zufrieden zu stellen, ist unmöglich.

Forschungspublikationen können einen Beitrag zu einem Berufsweg im Universitätsbereich haben. Da liegt es nahe, den Befragten und die eigenen Bindungen ans Feld, die sich inzwischen ergeben haben, zu vergessen. Auch Forschungen, die als „Projekte" ausdrücklich an praktischen Problemen (etwa von Lehrern oder von Schülern im Stadtteil) orientiert waren, haben oft dazu beigetragen, dass die Autoren später aus eben dieser Berufsgruppe entkommen sind und inzwischen im Umkreis der Hochschulen arbeiten. Dem schweren Gewicht, das alle Veröffentlichungen in die Richtung der sozialwissenschaftlichen Fachgemeinschaft zieht, kann und soll nicht widersprochen werden. Die Anerkennung bei Fachkollegen ist in den meisten Fällen der wichtigste Gradmesser für die Güte einer Forschungsarbeit.

Dennoch muss das nicht heißen, dass der Forscher bei seiner Veröffentlichungsstrategie seine Loyalität zu den Befragten über Bord wirft. Schließlich: „Die Kompetenz des Forschers und seine Zugehörigkeit zu einer anderen kulturellen Entwicklungsstufe verhelfen ihm zu Einsichten, die nicht nur für die Wissenschaft, sondern auch für die

‚Betroffenen' selbst von Interesse sind. Das will heißen, daß solche Ergebnisse in geeigneter Form auch denen zurückgegeben werden müssen, denen wir solche Einblicke in aktuelle Kulturprozesse verdanken", fordert ein Volkskundler (Brednich 1982, 66).

Eine Lösung des Problems, unterschiedliche Adressaten über die Ergebnisse der Forschung zu informieren, besteht darin, dass man für sie jeweils speziell verfasste Berichte herausgibt. Ist zum Beispiel eine lokale Gruppe von Gewerkschaftern biographisch untersucht worden, liegt es nahe, ein Referat vorzubereiten und es ausdrücklich für die Gewerkschafter am Ort vorzutragen. Auch an eine Bildungsveranstaltung kann gedacht werden oder an selbst erstellte Broschüren (so z.B. die von der Berliner Projektgruppe Lehrerlebensläufe in Verbindung mit der Gewerkschaft Erziehung und Wissenschaft herausgegebene Reihe „Lehrerlebensgeschichten"). Videofilme können vorgeführt werden im Rahmen eines Gesprächskreises, Ausstellungen lebensgeschichtlicher Materialien als Momente einer Sozial- und Kulturgeschichte einer Region, eines Sozialmilieus, eines Verbandes können organisiert werden (Ruppert 1980; 1982). Für den sozialwissenschaftlichen Leserkreis hingegen kann ein wissenschaftlicher Bericht erarbeitet werden, der sich an die Kriterien für eine „gute Studie" hält.

Eine Untersuchung über Frauen in Pflegeberufen hat folgende Möglichkeiten gewählt: „Buchveröffentlichungen, die (1) auf eine heterogene Leserschaft auch außerhalb von Wissenschaft und Fachöffentlichkeit (z.B. Pflegekräfte und ihre Organisation) oder (2) eher für ‚Insider' theoretisch und methodisch angelegt sind; Artikel in Fachzeitschriften, die einen Aspekt des Pflegeberufs herausgreifen und praxisbezogen thematisieren (z.B. für den Altenpflegebereich); didaktische Aufbereitung u.a. der berufspolitischen Aspekte der Untersuchung im Rahmen von Fortbildungsmaßnahmen im Pflegebereich." (Ostner 1982, 66)

Eine andere Lösung besteht darin, die unterschiedlichen Erwartungen und Lesegewohnheiten in ein und derselben Publikation zu befriedigen. Warum sollten sich sozialwissenschaftliche Fachleute nicht daran gewöhnen, dass die Güte einer Studie nicht von der Anzahl der Anmerkungen pro Seite abhängt? Warum sollten sich Laien nicht daran gewöhnen, dass Forschungsergebnisse auch Perspektiven enthalten, die ihren Alltagstheorien fremd sind? Anders als die englische oder die amerikanische Sozialwissenschaft hat die deutsche allerdings kaum Traditionen für solche Lösungen. In unserem Lande haben Sozialwissenschaftler wenig Energie darauf verwendet, ihre Arbeitsergebnisse lesbar *und* fundiert, spannend *und* gehaltvoll zu präsentieren.

Bei der Vorbereitung und Abfassung des Forschungsberichts stellt sich die Frage, welche Informationen nicht aufgenommen werden dürfen, was auf keinen Fall veröffentlicht werden darf. Der Sozialforscher befindet sich hier in einer dem Journalisten vergleichbaren Situation: Er muss abwägen zwischen der Notwendigkeit der wahrheitsgetreuen Information und der Pflicht, durch die Veröffentlichung dem Befragten (und anderen) nicht zu schaden.

Diese Problematik verdeutlicht ein Hinweis aus einer Befragung von ehemaligen Widerstandskämpfern gegen den Nationalsozialismus (darunter auch Kommunisten): „Manche unserer Gewährsleute hatten Angst, bestimmte Auskünfte zu geben, und wir waren nicht bereit, sie zu überreden, diese Angst sei unbegründet. Sie sind zu oft angegriffen und weniger befragt als verhört worden, als daß ihr Zögern, ihre Angst verwundern könnte. So wurde ihnen Mißtrauen bei der Weitergabe von Informationen zu einer grundsätzlichen Verhaltensregel... Unsere Gesprächspartner haben uns manches nicht gesagt, wir haben aus Furcht vor Nachteilen für unsere Informanten manches Gesagte nicht veröffentlicht." (Poppinga/Barth/Roth 1977, 12) Ähnlich problematisch ist die Veröffentlichung von biographischen Texten, die von gewalttätigen Jugendlichen stammen: Eine einschlägige Studie (Böttger 1998, 18) entscheidet sich aus Gründen des Datenschutzes dazu, weder ganze biographische Interviews noch auch nur längere Passagen daraus in den Forschungsbericht aufzunehmen.

Der Sozialforscher muss weiter darauf achten, dass er sich durch die Veröffentlichung keinen langwierigen Rechtsstreit mit jemandem einhandelt, der sich durch die Veröffentlichung beeinträchtigt sieht, und darf dennoch die Daten nicht anders darstellen, als er sie gewonnen hat. Hat die Erhebung lebensgeschichtlicher Erinnerungen den Zweck verfolgt, die Funktionsweise bestimmter Institutionen (Gefängnis, Heim, Schule, Krankenhaus) aus der Erfahrungswelt der Insassen und der Klienten heraus zu beschreiben und kritisch zu überprüfen, berührt die Veröffentlichung die Interessen dieser Institutionen. Ihnen liegt an einer „positiven Öffentlichkeitswirkung". Sie halten meist wenig von einer Überprüfung ihrer Funktionsweise.

Zugleich hat der Sozialforscher Pflichten gegenüber dem Befragten, fühlt sich ihm meist verpflichtet. Was ist wichtiger: Die persönliche Loyalität zum Befragten oder die Loyalität zu den Normen der
Wissenschaftlergemeinschaft? Problematisch wird die Beziehung zum
Befragten insbesondere dann, wenn die Veröffentlichung eine Interpretation enthält, die mit dem Befragten nicht durchgesprochen ist,
und zwar deshalb nicht, weil er den Text so hätte nie akzeptieren können. Interpretationen, die davon ausgehen, dass der Sozialforscher den
Befragten besser versteht als der Befragte sich selbst, sind solche Texte, die vom Befragten nicht akzeptiert werden können. Forschungen
aus dem Umkreis der psychoanalytischen Tradition (auch aus marxistischer Tradition) können zu Interpretationen führen, die im Grunde
gegen den Befragten veröffentlicht werden müssen, weil davon ausgegangen wird, dass der Interpretierende mehr weiß als der Befragte
über sich selbst. Weil man gleichzeitig aber keine Chance sieht, das
mit dem Befragten in Ruhe zu besprechen und ihn von der von außen
gewonnenen Sichtweise auf seine Lebensgeschichte zu überzeugen,
bleibt hier nur die Einhaltung der Anonymität.

Wie und in welchem Umfang soll das Datenmaterial in seiner Ursprungsfassung – also vor Interpretation oder vor literarischer Umarbeitung – dem Leser vorgestellt werden? Zu den Normen sozialwissenschaftlicher Berichterstattung gehört die möglichst vollständige
Dokumentation der Arbeitsgänge und der Daten (Hoerning 1980,
684), damit der Leser möglichst viele Chancen hat, Bearbeitung und
Schlussfolgerungen kritisch nachzuvollziehen. Die Glaubwürdigkeit
der Forschungsarbeit und die der dabei entdeckten theoretischen Konzepte hängen stark von der Form der Publikation ab (vgl. Lamnek
1995, 1, 185). Nun entstehen bei biographischen Forschungen aber
meist derart umfangreiche Texte, dass kein Verlag noch am Druck
interessiert wäre, ja, dass auch die meisten Leser überfordert wären.

Gerade bei den Publikationsformen, die sich über die wissenschaftliche Fachgemeinschaft hinaus an eine breitere Leserschaft wenden, dürfte die umfassende Dokumentation des Urmaterials die Aufnahmebereitschaft stark beeinträchtigen.

Zwei Lösungsmöglichkeiten sind bekannt: Man kann sich auf auszugsweise, illustrierende Dokumentation von Interviewteilen und Ausschnitten beschränken. Dies Verfahren hat natürlich nur dann Sinn, wenn beschönigende Tendenzen aus dem Spiel bleiben. Es ist klar, dass das angesichts des Drucks, möglichst keine Schnitzer gemacht zu haben, keine leicht erfüllbare Forderung ist. Die andere, Kluckhohn (1951, 150ff.) zufolge einzig mögliche Lösung besteht darin, neben der Veröffentlichung für ein breiteres Publikum das Datenmaterial für diejenigen Fachkollegen bereitzuhalten, die einen genauen Einblick nehmen wollen. Ihnen kann man anbieten, dass sie einen Kopiensatz (gegen Erstattung der Unkosten) der Interviewmaterialien und anderer Quellen der Forschung erhalten können. Diese Möglichkeit, die im Regelfall auch bei quantitativen Studien besteht (deren Daten kann man eventuell bei Datenarchiven anfordern), sollte im Forschungsbericht angekündigt werden.

Wenn das Manuskript trotz aller Klippen endlich fertig ist, bleibt ein letzter Durchgang. Der Sozialforscher wird noch einmal überprüfen, ob er seine Garantien, die er den Befragten gegenüber eingegangen ist, eingehalten hat. Meist wird es darum gehen, den Text so zu verfassen, dass die Befragten für die künftigen Leser nicht erkennbar sind. Zur Sicherung der Anonymität gehört übrigens nicht nur, dass Eigennamen unkenntlich gemacht werden, sondern dass auch Angaben zu Zeit und Ort (Straßen- und Stadtviertelangaben) unkenntlich gemacht werden. Publikationen können von Nachbarn oder Gegnern der Befragten oft dann noch entschlüsselt werden, wenn die Eigennamen fehlen; auch ist ja oft im sozialen Feld bekannt geworden, dass der Forscher bestimmte Gesprächspartner befragt hat. Teile des Materials zu verändern, um solches Wiedererkennen zu verhindern, dürfte allerdings kein wissenschaftlich vertretbares Verfahren sein (Langness 1965, 49).

8. Datenarchive

Für die Oral History ist seit längerem klar: Mehr Daten werden erhoben als ausgewertet; viele Daten könnten von anderen als denen ausgewertet werden, die sie erhoben haben, gäbe es nur brauchbare Dokumentations- und Erschließungssysteme (so Grele 1985, 198). Das gilt mehr oder weniger für die biographische Forschung insgesamt. Manchmal sind auch, weil die Datenerhebung nicht nach dem Prinzip der theoretischen Sättigung angelegt wurde, von Anfang an zuviele Daten erhoben worden. Auch könnten durch einschlägige Datenarchive die verschiedenen Materialformen zusammengeführt und gemeinsam verzeichnet werden: Tonbandaufnahmen und Protokolle von biographischen Interviews, gedruckte wie ungedruckte schriftliche Autobiographien (vgl. Schulze 1996, 23f.), Schüleraufsätze usw. Natürlich spielt bei dieser Debatte auch der Vergleich mit den gut ausgebauten und staatlich geförderten Datenarchiven der quantitativen Sozialforschung eine Rolle. Folgende Leistungen und Funktionen könnten Archive qualitativer Daten erbringen (vgl. Wild/Beck 1998, 6ff.):

- Andere Forscher könnten mit Daten aus abgeschlossenen Projekten Re-Analysen durchführen (unter der gleichen Fragestellungen), ohne selbst Daten erheben zu müssen. Neuerliche Analysen von bereits analysiertem Material könnten zur Stabilisierung von Interpretationsverfahren beitragen.

- Andere Forscher könnten mit archivierten Daten Analysen unter neuen Fragestellungen durchführen (soweit die damalige Datenerhebung und Datenaufbereitung das zulassen). Eine eigene Datenerhebung würde hier (als Arbeits- und Kostenfaktor) ebenfalls entfallen.

- Die Archivierung würde Material für in der Zukunft interessante Fragestellungen bereitstellen, also z.B. Vergleichsstudien in ein, zwei Jahrzehnten mit brauchbaren Daten versehen.

- Ganz allgemein kann man in einschlägigen Archiven ein Mittel sehen, die professionelle Verantwortung und Genauigkeit der Forscher zu erhöhen.

- Allgemein könnte sich die Transparenz der Forschungsberichte erhöhen, wenn Dritte die zugrundegelegten Daten einsehen können (in den Forschungsbreicht können sie wegen ihres Umfangs im Normalfall nicht aufgenommen werden).

- Archive können Anschauungs- und Übungsmaterial für Seminare und studentische Projektgruppen im Rahmen der universitären Lehre bereitstellen.

- Gegebenenfalls können Archive auch von Personen und Vorhaben außerhalb des wissenschaftlichen Bereichs (Lehrerschaft usw.) genutzt werden.

Für die Technik und Organisation der Archivierung gibt es noch keine eindeutig empfehlenswerte Lösung. Die Aufbewahrung in Papierform hat ersichtliche Nachteile (keine „Volltextsuche" möglich). Die *software*-Angebote für die Aufbewahrung und Bearbeitung von qualitativen Daten (z.B. Atlas.ti, Nudist, Ethnograph, Winmax) haben jeweils eigene Nachteile; selbst wenn sich die Archivare zu einem dieser Programme entschließen, bleibt immer noch die Frage, ob sich ein jeder künftiger Benutzer des Archivs in ein solches Spezialprogramm einarbeiten will (vgl. Wild/Beck 1998, 10f.).

Wahrscheinlich wichtiger als die technischen Fragen der Archivierung sind solche des Datenschutzes und der Forschungsethik: Unter welchen Bedingungen (Zustimmung des Befragten, Anonymisierung der Informationen) darf ein Interviewprotokoll in einem Datenarchiv aufbewahrt und für künftige Sekundärforschung bereitgehalten werden? Hopf (2000, 597) gibt deshalb den gut gemeinten, aber vielleicht zu misstrauischen Rat, man sollte „der Aufforderung, Textdateien zur zentralen Archivierung und Weitergabe zur Verfügung zu stellen, mit Vorsicht und Skepsis begegnen."

Die wichtigsten Datenarchive sind:

Archiv für alltägliches Erzählen im Institut für Volkskunde der Universität Hamburg
Dieses Archiv wurde 1986 in der Folge von biographischen Forschungsprojekten (Arbeiter in Hamburg; Kriegsgefangene; Flüchtlinge) des Volkskundlers A.Lehmann und seiner Mitarbeiter eingerichtet (vgl. Schröder 1988; Heinritz 1991b, 94f.). Anschrift: Archiv für all-

tägliches Erzählen, Universität Hamburg, Institut für Volkskunde, Bogenallee 11, D-2000 Hamburg 13

Archiv *Deutsches Gedächtnis* im Institut für Geschichte und Biographie, Fernuniversität Hagen
Vorbereitet seit 1986 erhielt das Archiv 1993 seinen Sitz im Institut für Geschichte und Biographie unter Leitung von A. von Plato. Seine Sammlungen enthalten vor allem rund 1400 biographische Interviews (auf Tonkassette, größtenteils auch transkribiert) aus den verschiedenen, von L.Niethammer und anderen durchgeführten Oral-History-Projekten seit Ende der 1970er Jahre. Dazu sammelt es autobiographische Zeugnisse aus anderer Herkunft. Unter anderem verwahrt dieses Institut auch die umfangreiche Sammlung von Schüleraufsätzen, die der Pädagoge und Sozialpsychologe Roessler in den 1950er Jahren erhoben und gesammelt hat (Abels/Krüger/Rohrmann 1989). Anschrift: Institut für Geschichte und Biographie, Fernuniversität Hagen, Liebigstr. 11, D-58511 Lüdenscheid

Kempowski-Archiv für unpublizierte Biographien, Nartum
Seit 1979 sammelt der Schriftsteller W.Kempowski unveröffentlichte Autobiographien, Tagebücher, Familienchroniken, Poesiealben, Reiseberichte, Briefe und Briefwechsel, Fotoalben in seinem Hause. Aufgrund von Inseraten in Zeitungen und wegen seiner Bekanntheit als Autor der „Deutschen Chronik" wandten sich viele Einsender an ihn und vertrauten ihm ihre Unterlagen an (Heinritz 1991, 88ff.). Ein Teil dieses Materials ist in Kempowskis Werk „Echolot" eingegangen. Die Nutzung zu wissenschaftlichen Zwecken ist nach Verabredung möglich. Anschrift: Kempowski-Archiv für unpublizierte Biographien, Haus Kreienhoop, D-27404 Nartum

Archiv Kindheit Jugend an der Universität Siegen
Diese Sammlung entstand aus einschlägigen Forschungsprojekten von J.Zinnecker, I.Behnken und Mitarbeitern und wurde nach einer Aufbauphase an der Universität Marburg an der Universität Siegen ausgebaut. Es verfolgt „das Ziel, vorhandene Zeugnisse zu sammeln, die die Geschichte und Gegenwart von Kindheit und Jugend im deutschsprachigen Raum seit Ende des 19. Jahrhunderts beschreiben, und diese einer interessierten Öffentlichkeit zugänglich zu machen." (Behn-

ken/Zinnecker 1990, 114) Für Biographieforscher dürfte besonders
der umfangreiche Bestand von Selbstzeugnissen von Jugendlichen
(Tagebücher, Poesiealben, Briefwechsel, Gedichte, Essays und Aufsätze) interessant sein, der durch mehrere große Aufrufe (zuerst im
Rahmen der Shell-Jugendstudie 1985) zusammengetragen wurde. Anschrift: Archiv Kindheit Jugend, Universität-Gesamthochschule Siegen, Fachbereich 2, Dr.Imbke Behnken und Prof.Dr.Jürgen Zinnecker,
Adolf-Reichwein-Str., D-5900 Siegen

Dokumentation lebensgeschichtlicher Aufzeichnungen, Wien
Diese Sammlung entstand aus Seminaren und Aufrufen des Wiener
Sozialgeschichtlers M.Mitterauer und seiner Mitarbeiter, zunächst zur
Land-Stadt-Wanderung und der traditionell ländlichen Lebensweise,
dann auch zu Kindheitserinnerungen und weiteren Themen (Hämmerle 1991a, 261ff.; 1991b). Bevorzugt wurden autobiographische Texte
und Fotografien (von Menschen vom Lande bzw. aus den Unterschichten, von Menschen aus aussterbenden Berufen – Mädge, Knech-
te, Landhebammen usw. - sowie von Menschen jüdischer Herkunft)
inventarisiert, nebenbei auch Briefe und Tagebücher. Anschrift: Dokumentation lebensgeschichtlicher Aufzeichnungen, Institut für Wirt-
schafts- und Sozialgeschichte der Universität Wien, Dr.Karl-Lueger-
Ring 1, A-1010 Wien

Archivio Diaristico Nazionale, Pieve San Stefano
1985 gegründet von dem Journalisten S.Tutino; zunächst durch Aufrufe in der Presse, dann auch durch Einsendungen gesammelte Autobiographien, Tagebücher, Briefe und Briefwechsel mit einem Schwer-
punkt auf den Jahren des Zweiten Weltkriegs (Risse 1998). Die Einrichtung versteht sich zugleich als Kulturinitiative (Beteiligung von
interessierten Bürgern, Auswahl des besten Textes des Jahres und
Vorstellung im Rahmen eines Volksfestes in Pieve San Stefano) und
als Archiv, das für wissenschaftliche Studien genutzt wird (Tuti-
no/Valoti 1998). Anschrift: Fondazione Archivio Diaristico Nazionale, Piazza Plinio Pellegrini 1, I-52036 Pieve Santo Stefano AR

*Association pour l'autobiographie et le patrimoine autobiographi-
que*
Dieser Verein wurde 1992 gegründet und hat sein Zentrum in der
Stadtbücherei von Ambérieu-en-Bugey, einer Kleinstadt in der Nähe
von Lyon. Er sammelt autobiographische Materialien, die eingesandt
werden, korrespondiert mit den Autoren und bewahrt die Dokumente
auf. Diese Aktivitäten werden als Beitrag zum kulturellen Erbe des
Landes verstanden. Die Zeitschrift „La faute à Rousseau" berichtet
über Neuerwerbungen, Treffen und Tagungen, und reflektiert die methodischen und theoretischen Fragen, die mit dem autobiographischen
Schreiben verbunden sind. Anschrift: Association pour l'autobiographie et le patrimoine autobiographique. La Grenette, 10, rue Amé-
dée Bonnet, F-01500 Ambérieu-en-Bugey
Tagebuch-Archiv Emmendingen
Nach dem Vorbild des Archivio Diaristico in Pieve San Stefano 1997
durch die Kommunalpolitikerin Frauke von Troschke gegründet. Dieses Archiv will durch Aufrufe nicht nur Tagebücher, sondern auch
andere autobiographische Materialien sammeln und ordnen, einerseits
der wissenschaftlichen Auswertung zur Verfügung stellen, andererseits interessierte Bürger zur Mitarbeit gewinnen und die entsprechenden kulturpolitischen Möglichkeiten auf kommunaler Ebene nutzen.
Anschrift: Tagebuch-Archiv Emmendingen, Frauke von Droschke,
Hölderlinstr. 34, D-79312 Emmendingen
The Mass-Observation Archive, Universität von Sussex
1937 gegründet, um eine „Anthropologie der Britischen Inseln" durch
Dokumente aus dem Alltagsleben zu erarbeiten (Sheridan 1995), in
den 1980er Jahren verstärkt wieder fortgeführt durch die Sammlung
von lebensgeschichtlichen Zeugnissen. Das Archiv enthält u.a. Tagebücher aus den Jahren des Zweiten Weltkriegs, schriftliche Lebensbeschreibungen („life writings"), die durch offene Fragebögen und Aufrufe in Lokalzeitungen angeregt worden sind (vgl. die Informationen
an die Einsender bei Sheridan 1991, 78ff.). Dazu kommen Erinne-
rungszeugnisse zu Themen der Zeitgeschichte (Falklandkrieg, Wahlen, Streiks) und Korrespondenzunterlagen mit den Einsendern und

Autoren. Anschrift: The Mass-Observation Archive, The University Library, University of Sussex, Brighton, BN1 9QL, England

In Frankreich (gefördert durch den Autobiographieforscher Ph.Lejeune) und in Italien sind die Bemühungen zur Einrichtung, zum Ausbau und zur (auch internationalen) Zusammenarbeit von einschlägigen Archiven besonders tatkräftig. Über Sammlungen in den skandinavischen Ländern informiert Erikson (1988), über solche in der Tschechischen Republik Vosahlíková (1993).

Natürlich finden sich auch in Stadt- und Regionalarchiven und in vielen, zu ganz anderen Zwecken angelegten Sammlungen autobiographische Materialien, meist jedoch nicht als solche gesondert verzeichnet. Hier ist man auf die eigene Findigkeit und auf den Rat der fachkundigen Archivare angewiesen.

Ausblick

Eine günstige Bedingung für die Zukunft der biographischen Forschung ist, dass ihre Erneuerung Moment einer Erneuerung der qualitativen Sozialforschung insgesamt ist. Zwar wird auch an diese die Frage „Modetrend oder Neuanfang?" gestellt (Küchler 1980a); dennoch überwiegen hier optimistische Zwischenbilanzen, mindestens im Sinne eines kräftigen „methodologischen Gegenstroms" (Hoffmann-Riem 1980, 341).

Eine günstige Bedingung ist auch, dass die Biographieforschung eine Gegenstandsdimension öffnete und zahllose Fragestellungen nahelegte, die so zuvor noch nicht gesehen worden waren. Vor allem für jüngere, in den Universitäten noch nicht etablierte Wissenschaftler war das attraktiv: Sie konnten sich einer neuen Forschungsrichtung anschließen, sich von älteren und etablierteren Kollegen methodologisch und methodisch unterscheiden und das durch in viele Richtungen wählbare Forschungsthemen belegen. Dieses Versprechen steckt in Thompsons (1988, 8) Bemerkung, dass Oral History-Projekte „überall durchgeführt werden können. In jeder Ecke des Landes gibt es einen Überfluß von Fragestellungen, die vor Ort untersucht werden können; die Geschichte einer örtliche Industrie oder eines Handwerks, die sozialen Beziehungen in einer besonderen Gemeinde, Kultur und Dialekt, Wandel der Familie, die Folgen von Kriegen und Streiks usw."

Günstige Bedingung ist auch, dass biographische Forschung heute nicht allein an die theoretische Perspektive des Interaktionismus gebunden ist; kann doch in dieser Bindung seit den Zeiten der Chicago-Schule auch ein Nachteil gesehen werden – nicht nur der Nachteil der Definierbarkeit der biographischen Forschung zur Spezialität der symbolischen Interaktionisten im Streit der Schulen um die Hegemonie, sondern auch ein realer Nachteil der Reichweite von Fragestellungen und Forschungsabsichten. Sozialstrukturelle Beziehungen, Produktionsverhältnisse, sozialgeschichtliche Prozesse haben ja nie zu den privilegierten Forschungsgegenständen der Interaktionisten gehört

(Bertaux 1980a, 198f.). Nun stammen aber wichtige Vorstöße in Richtung auf Wiederaufnahme der biographischen Forschung in den 1970er Jahren nicht aus der interaktionistischen Arbeitsrichtung, sondern kommen – übrigens nicht nur in Westdeutschland, sondern auch in England und Frankreich – aus marxistischen Anregungen, aus dem Umkreis der kritischen Theorie, aus sozialgeschichtlichem Interesse. Für Westdeutschland kann hier auf das Projekt am Sozialwissenschaftlichen Forschungsinstitut Göttingen verwiesen werden (Osterland 1973), für Frankreich auf die Initiativen von Bertaux, für England auf die Öffnung der Sozialgeschichtsschreibung für die mündliche Erinnerung. Solche Differenzierung und Vervielfältigung der theoretischen Horizonte und Forschungsgegenstände – das alte Bündnis von biographischer Forschung und Interaktionismus besteht dabei in Teilbereichen durchaus fort – können als verbreiterte Existenzgrundlage für biographische Forschung in Zukunft gelten.

An diese erste Erweiterung in verschiedene Theorieströmungen hinein hat sich eine zweite, ebenso wichtige Entwicklung ergeben: Die Konzepte der Biographieforschung stehen in großer Nähe zu meinungsführenden Theoriekonzepten der Allgemeinen Soziologie, insbesondere zur Individualisierungsthese, wie sie U.Beck und andere vorgebracht haben (vgl. Marotzki 1990, 19ff.; Klein 1994, 91ff.), zu Giddens' Konzept der „Strukturierung" (vgl. Kannonier-Finster/ Meinrad 1996, 16ff.), zur Soziologie des Lebenslaufs als sozialer Institution (Kohli 1978, 1985, 1988), zur Untersuchung der Kulturbedeutung und Kulturgeschichte der biographischen Selbstthematisierungen (Kohli 1981, Hahn/Kapp 1987).

Eine günstige Bedingung liegt natürlich auch im Entwicklungsstand des „Konkurrenten", der quantitativen Sozialforschung. Bei aller Verfeinerung und teilweise auch Erweiterung der quantitativen Verfahren und Ansätze (z.B. Netzwerkanalyse, Analyse von Prozessdaten) und bei aller staatlichen und halbstaatlichen Förderung von Großinstituten, Forschungsbereichen und Datenarchiven scheint die quantitative Sozialforschung auf der Stelle zu treten. „Betrachtet man die Entwicklung der quantitativen Sozialforschung – etwa der letzten 30 Jahre – so muß verwundern, daß trotz einer in sich relativ geschlosse-

nen Methodologie, trotz des rapide gestiegenen Einsatzes der elektro-
nischen Datenverarbeitung und trotz quantitativer Zunahme der empirischen Forschung der Erkenntnishorizont der Sozialwissenschaftlen
nicht entscheidend erweitert werden konnte. Die Suche nach empirisch bewährten Theorien war offenbar nicht sehr erfolgreich." (Lamnek 1995, 1, 247f.)

Als ungünstiges Indiz für die weiteren Chancen der biographischen
Forschung muss angeführt werden: Viele Bücher und Aufsätze legitimieren die Methode und den Ansatz ausführlich statt durch ihre Anwendung zu überzeugen. Immer wieder aufs Neue werden mit ähnlichen Argumenten die Grenzen der quantitativen Forschung benannt,
wird dagegen die Hoffnung gesetzt, mittels biographischer Forschung
zu angemesseneren Lösungen kommen zu können. Schon 1986 hatte
Pollak (1986, 12; vgl. Hildenbrand 1999, 10) die öden Widerholungen
angeprangert, zu denen das führt. Dass diese Unsitte teilweise bis heute fortbesteht, spricht für eine innere Unsicherheit der biographischen
Forschung (ähnlich, wenn auch hofffnungsvoller: Bohnsack/Marotzki
1998, 9). Zur Entschuldigung für diese fortgesetzte Selbststilisierung
könnte man allenfalls anführen, dass die Biographieforschung sich in
den Disziplinen zeitversetzt geltend gemacht hat: zuerst in Soziologie
und Geschichtswissenschaft, dann in Erziehungswissenschaft und
Psychologie, danach in der Gesundheitsforschung und Pflegewissenschaft (vgl. Schaeffer 2002, 13f.) sowie in der Theologie. So haben
immer wieder neue Protagonisten immer wieder aufs Neue „große
Worte" führen müssen, also eine umfassende Veränderung der Leistungen der gesamten Disziplin versprochen (für die Praktische Theologie z.B. eine Wende zum Erfahrungsbezug: Klein 1994). Wegen
dieser Zeitverschiebung zwischen den Disziplinen (und in gewisser
Weise auch international) kommt es, dass trotz Intensivierung und
Verbreiterung der Forschungsarbeit immer wieder Texte erscheinen,
die die biographische Forschung als ungeheure paradigmatische Neuerung verkünden (z.B. als „biographical turn in social science", Cham-
berlayne/Bornat/Wengraf 2000, 2) – und dabei mehr oder weniger
stehen bleiben.

Ein auf den ersten Blick äußeres Handikap muss darin gesehen werden, dass wichtige Texte nicht leicht auffindbar sind. Sowohl Oevermann wie auch Schütze z.b. betreiben keine sehr gezielte Publikationsstrategie. Manchmal hat man geradezu den Eindruck, als ob sie ihre Texte absichtlich in einer wenig verbreiteten Zeitschrift oder einem abgelegenen Sammelband versteckten. Beide haben bislang keine Übersichtsdarstellung ihrer Forschungserfahrungen und auch nicht ihrer Konzepte vorgelegt. „So notwendig in diesem Feld unbestritten die Weitergabe der ‚Kunst der Auslegung' in praktischen Forschungszusammenhängen ist und so nahe damit die Bildung von ‚Interpretenschulen' liegt, so entsteht doch bisweilen der Eindruck einer gewissen Abgeschlossenheit. Diese mag zwar ihren eigenen Reiz entwickeln und wissenschaftliche Bindung erzeugen, der Rezeption außerhalb des eingeweihten Zirkels jedoch ist sie nicht unbedingt förderlich." (Wohlrab-Sahr 2000b, 210)

Hierhin gehört auch die Problematik, dass auf die Forschungspraxis gerichtete Anleitungen zum Interviewen, zur Transkiption und zum Auswerten lange Jahre selten waren. Einerseits hat das die irreführende Einstellung bestärkt, dass es zur Führung von offenen Interviews keine besondere Schulung brauche (vgl. Rosenthal 1999, 701). Andererseits mussten sich die Studierenden und die jüngeren Wissenschaftler die Regeln für ihre eigene Arbeit mühsam aus methodologischen Entwürfen, aus Methodenbegründungen und aus heterogenen Studien zusammensuchen und zusammenbasteln (vgl. Helfferich 2004, 7f.). Diese Situation nun hat sich in den letzten Jahren sehr verbessert: Manuale, forschungspraktische Anleitungen und Regelvorschläge liegen inzwischen zahlreich vor (z.B. in der von R.Bohnsack, Chr.Lüders und J.Reichertz herausgebenen Reihe „Qualitative Sozialforschung", jetzt: Verlag für Sozialwissenschaften).

Im Hinblick auf ihre Produktivität seit ihrem Neubeginn braucht sich die biographische Forschung wahrlich nicht zu verstecken. Es liegt „eine Fülle von empirischen Einzelarbeiten vor, die den gegenwärtigen Leistungsstand einer sozialwissenschaftlich orientierten Biographieforschung dokumentieren." (Marotzki 1991a, 183) Die einschlägigen Bibliographien weisen hunderte von Forschungsberichten, konzeptionellen Schriften, Aufsätzen, Essays, Anwendungsbeispiele nach. Und dennoch steckt in dieser Vielfalt auch ein Nachteil: Es fehlen die paradigmatischen Schriften, die zwei oder drei Bücher, an denen sich viele orientieren können und die man in der breiteren sozialwissenschaftlichen Öffentlichkeit als die überzeugenden Werke vorweisen könnte. Schon der Neuanfang in den 1970er Jahren stützte sich nicht auf einige große und als exemplarisch anerkannte Studien, sondern auf in kürzeren Texten vorgelegte konzeptionelle Perspektiven und methodische Versprechungen. Auf weitaus höherer Ebene der Entfaltung und trotz der großen Anzahl der Einzelforschungen und theoretischen Überlegungen ist diese Ausgangskonstellation wirksam geblieben. Man merkt das allen geschichtlichen Rückblicken auf die Biographieforschung bzw. die biographische Methode an: Es gab zwar ein paradigmatisches Werk zu Beginn (Thomas/Znaniecki), nicht aber bei der Renaissance seit den 1970er Jahren – eine einigermaßen merkwürdige Situation!

In diesem Zusammenhang eine zweite Problematik: Das Arbeitsfeld der biographischen Forschung (und der qualitativen Sozialforschung insgesamt) ist von starken Spannungslinien durchzogen. Die Vertreter der verschiedenen Ansätze zitieren sich oft gegenseitig nicht, die Autoren in der zweiten Reihe und die Adepten in den Reihen dahinter halten sich an diese Ignoranz. Ernsthafte Auseinandersetzungen mit einem konkurrierenden Ansatz sind ziemlich selten (vgl. Hildenbrand 2000, 41); fast eine Ausnahme ist Oevermanns (1993) Kritik der psychoanalytisch orientierten Tiefenhermeneutik. Das kann nur bedeuten, dass die Zuneigung zu diesem oder jenem Ansatz nicht nur argumentativ begründet ist (für die qualitative Forschung insgesamt: Knoblauch 2000, 630). Im Hintergrund dieser Kleinlichkeit ahnt man die eigentliche Problematik: Die biographische Forschung (und die qualitative Sozialforschung insgesamt) verfügt (noch) nicht über ein übersichtlich-einheitliches Modell der Forschung, das ähnlich legitimierend und einigend wirken könnte wie das der quantitativen Sozialforschung (so Kelle 1994, 55).

Schließlich haben ganz andere Umstände dazu geführt, dass die an die biographische Forschung geknüpften Hoffnungen nicht allzu hoch gewachsen sind: Die Biographieforscher wurden ebenso wie fast alle Sozial- und Kulturwissenschaftler vom Zusammenbruch der kommunistischen Regimes in Osteuropa, von der Wiedervereinigung Deutschlands und vom Ende der von den Siegermächten in Potsdam verabredeten Nachkriegsordnung in Europa überrascht. Mit einer derart geschichtsmächtigen Veränderung – noch dazu auf friedlichem Wege – hatte niemand gerechnet. Es ist hier nicht der Ort zu überlegen, wie es zu dieser Überraschung kommen konnte. Wichtig ist hier: Angesichts des veränderten Handlungsfeldes der Staaten und Gesellschaften wirkt das Konzept Biographie ein wenig kleinformatig. In der vorangegangenen Periode, als sich Westdeutschland vom Wind der Geschichte verschont glauben konnte (weil es im Windschatten anderer Mächte und deren Konstellation lag), als man bei „Gesellschaft" ganz selbstverständlich an die Bundesrepublik Deutschland dachte, da konnte das Konzept Biographie aufschlussreich wirken zur Erklärung innerer Problemlagen. Aber jetzt stehen auch sozialwissenschaftlich Fragen von anderem Kaliber an. Das wird die biographische Forschung gewiss nicht überflüssig machen. Schließlich wird es, wie schon bisher, in jedem Falle geboten sein, die Wirkungen von geschichtlichen Großereignissen und -konstellationen – also etwa der europäischen Währungsunion oder der Konfrontation mit dem „Islamismus" – auf und in Biographien zu untersuchen. Aber in der Biographieforschung den Ansatz für eine Allgemeine Soziologie zu sehen, wird künftig nur möglich sein, wenn sie ihre prozesstheoretischen Pontenziale umfassend ausbaut.

Literaturverzeichnis

Abel, Theodore, The Nazi Movement. Why Hitler Came to Power. New York: A-therton Press 1966 (zuerst 1938)

Abels, Heinz, Heinz-Hermann Krüger, Hartmut Rohrmann, „Jugend im Erziehungs-feld. Schüleraufsätze aus den fünfziger Jahren im Roessler-Archiv", BIOS. Zeitschrift für Biographieforschung und Oral History 2 (1989), 139-150

Adamski, Wladyslaw W., „Die autobiographisch orientierte Soziologie: Zwischen intuitiver und quantitativer Ausrichtung" in: J. Matthes, A. Pfeifenberger, M. Stosberg, Hrsg., Biographie in handlungswissenschaftlicher Perspektive. Nürnberg: Verlag der Nürnberger Forschungsvereinigung 1980, 31-54

Adolphy, Erika, „Einige Gedanken zu der Frage: Was ist eigentlich eine normale Frauenbiographie?", Beiträge zur feministischen Theorie und Praxis (1982,7), 8-9

Aich, Prodosh, Hrsg., Da weitere Verwahrlosung droht ... Fürsorgeerziehung und Verwaltung. Zehn Sozialbiographien aus Behördenakten. Reinbek bei Hamburg: Rowohlt 1973

Alheit, Peter, „‚Patchworkers': Über die Affinität biographischer Konstruktionen und professioneller Habitualisierungen - Eine Fallstudie über Weiterbildungsstu-denten" in: Erika M.Hoerning und Michael Corsten, Hrsg., Institution und Biographie. Die Ordnung des Lebens. Pfaffenweiler: Centaurus 1995, 57-69

Alheit, Peter, „Biographizität und Struktur" in: Ders., Bettina Dausien, Andreas Hanses, Antonius Scheuermann, Biographische Konstruktionen. Beiträge zur Biographieforschung. Werkstattberichte des Forschungsschwerpunkts „Arbeit und Bildung", Band 19. Universität Bremen 1992

Alheit, Peter, und Erika M.Hoerning, Biographisches Wissen. Beiträge zu einer Theorie lebensgeschichtlicher Erfahrung. Frankfurt am Main und New York: Campus 1989

Allert, Tilman, Die Familie. Fallstudien zur Unverwüstlichkeit einer Lebensform. Berlin und New York: de Gruyter 1998

Allert, Tilman, „Objektive Hermeneutik und fallrekonstruktive Forschung – Potenziale der soziologischen Perspektive für die klinische Forschung" in: Doris Schaeffer und Gabriele Müller-Mundt, Hrsg., Qualitative Gesundheits- und Pflegeforschung. Bern, Göttingen, Toronto, Seattle: Huber 2002, 103-118

Allport, Gordon W., The Use of Personal Documents in Psychological Science. Prepared for the Committee on Appraisal of Research. New York: Social Science Research Council 1947 (zuerst 1942)

Allport, Gordon W., J.S.Bruner, E.M.Jandorf, „Personality under Social Catastrophe. Ninety Life-Histories of the Nazi Revolution" in: Clyde Kluckhohn und Henry A. Murray, Hrsg., Personality in Nature, Society and Culture. New York 1949, 347-366 (zuerst 1941)

Anderson, Nels, The Hobo. The Sociology of the Homeless Man. Chicago: University of Chicago Press 1961 (zuerst 1923)

Angell, Robert C., „A Critical Review of the Development of the Personal Document Method in Sociology 1920-1940" in: Luis Gottschalk, Clyde Kluckhohn, Robert C. Angell, The Use of Personal Documents in History, Anthropology, and Sociology. New York: Social Science Research Council 1951, 177-232 (zuerst 1945)

Apitzsch, Ursula, „Biographieforschung" in: Barbara Orth, Thomas Schwietring und Johannes Weiß, Hrsg., Soziologische Forschung: Stand und Perspektiven. Ein Handbuch. Opladen: Leske und Budrich 2003, 85-110

Apitzsch, Ursula, und Lena Inowlocki, „Biographical analysis? A ‚German' school?" in: Prue Chamberlayne, Joanna Bornat und Tom Wengraf, Hrsg., The Turn to Biographical Methods in Social Science. Comparative issues and examples. London und New York: Routledge 2000, 53-70

Auernheimer, Georg, „Sozialisationserfahrungen in Autobiographien", einundzwanzig. Randgänge der Pädagogik (1978, 8), 62-76

Aron-Schnapper, Dominique, und Danièle Hanet, „Archives orales et histoire des institutions sociales", Revue française de sociologie 19 (1978), 261-275

Aufenanger, Stefan, „Medienbiographische Forschung" in: Heinz-Hermann Krüger und Winfried Marotzki, Hrsg., Handbuch erziehungswissenschaftliche Forschung. Opladen: Leske und Budrich 1999, 487-497

Baacke, Dieter, „Ausschnitt und Ganzes – Theoretische und methodologische Probleme bei der Erschließung von Geschichten" in: D. Baacke und Theodor Schulze, Hrsg., Aus Geschichten lernen. Zur Einübung pädagogischen Verstehens. München: Juventa 1979, 11-50

Baerenreiter, Harald, „Computerinteresse in der Jugendbiographie. Eine Fallgeschichte", BIOS. Zeitschrift für Biographieforschung und Oral History 2 (1989, 2), 239-253

Baerenreiter, Harald, und Werner Fuchs, „Übergangsprobleme. Vier biographische Porträts" in: Null Bock auf euer Leben. Braunschweig: Westermann 1983, 99-130

Baerenreiter, Harald, Werner Fuchs-Heinritz und Rolf Kirchner, Jugendliche Computer-Fans: Stubenhocker oder Pioniere? Biographieverläufe und Interaktionsformen. Opladen: Westdeutscher Verlag 1990

Bahrdt, Hans Paul, „Erzählte Lebensgeschichte von Arbeitern" in: Martin Osterland, Hrsg., Arbeitssituation, Lebenslage und Konfliktpotential. Frankfurt a.M.: EVA 1975, 9-37

Bahrdt, Hans Paul, „Identität und biographisches Bewußtsein. Soziologische Überlegungen zur Funktion des Erzählens aus dem eigenen Leben für die Gewinnung und Reproduktion von Identität" in: Rolf Wilh. Brednich u.a., Hrsg., Lebenslauf und Lebenszusammenhang. Autobiographische Materialien in der volkskundlichen Forschung. Freiburg i.Br.: Abt. Volkskunde des Dt. Seminars der Universität Freiburg 1982, 18-45

Bajohr, Stefan, „‚Oral History'-Forschung zum Arbeiteralltag", Das Argument (1980, 123), 667-676

Baker, Paul J., „Die Lebensgeschichten von W.I. Thomas und Robert E. Park" in: Wolf Lepenies, Hrsg., Geschichte der Soziologie, Band I. Frankfurt a.M.: Suhrkamp 1981, 244-269 (zuerst 1973)

Barwinski Fäh, Rosemarie, Die seelische Verarbeitung der Arbeitslosigkeit. Eine qualitative Längsschnittstudie mit älteren Arbeitslosen. München: Profil 1990

Baum, Willa K., Transcribing and Editing Oral History. Nashville: American Association for State and Local History 1991

Baumeister, Hella, Doris Bollinger, Birgit Geissler und Martin Osterland, Berufsbiographie und Arbeitsmarktkrise. Eine Untersuchung zu individuellen Arbeitsmarktstrategien von Facharbeitern. Opladen: Leske und Budrich 1991

Bausinger, Hermann, „Strukturen des alltäglichen Erzählens", Fabula 1 (1958), 239-254

Bausinger, Hermann, „Zum Geleit" in: Rolf Wilh. Brednich u.a., Hrsg., Lebenslauf und Lebenszusammenhang. Autobiographische Materialien in der volkskundlichen Forschung. Freiburg i.Br.: Abt. Volkskunde des Dt. Seminars der Universität Freiburg 1982, 5-7

Beck, Johannes, Heiner Boehncke, Werner Heinz, Gerhard Vinnai, „Terror und Hoffnung 1933 bis 1945" in: Dies., Hrsg., Terror und Hoffnung in Deutschland 1933-1945. Leben im Faschismus. Reinbek bei Hamburg: Rowohlt 1980, 9-13

Beck, Ulrich, „Jenseits von Klasse und Stand? Soziale Ungleichheit, gesellschaftliche Individualisierungsprozesse und die Entstehung neuer sozialer Formationen und Identitäten", Soziale Welt, Sonderband 2 (1983), 35-74

Beck, Walter, „Die biographische Methode in der Sozialpsychologie", Psychologische Rundschau 3 (1952), 203-213

Becker, Howard S., „Introduction" in: Clifford R. Shaw, The Jack-Roller. A Delinquent Boy`s Own Story. Chicago und London: University of Chicago Press 5. Aufl. 1966, V-XVIII

Becker, Howard S., Außenseiter. Frankfurt a.M.: Fischer 1979

Becker, Howard S., und Blanche Geer, „Teilnehmende Beobachtung: die Analyse qualitativer Felddaten" in: Klaus Gerdes, Hrsg., Explorative Sozialforschung. Stuttgart: Enke 1979, 158-183 (zuerst 1960)

Becker-Schmidt, Regina, „Diskontinuität und Nachträglichkeit. Theoretische und methodische Überlegungen zur Erforschung weiblicher Lebensläufe" in: Angelika Diezinger, Hedwig Kitzer, Ingrid Anker, Irma Bingel, Erika Haas, Simone Odierna, Hrsg., Erfahrung mit Methode. Wege sozialwissenschaftlicher Frauenforschung. Freiburg i.Brsg.: Kore 1994, 155-182

Behnken, Imbke, und Theodor Schulze, Hrsg., Tatort: Biographie. Spuren, Zugänge, Orte, Ereignisse. Opladen: Leske und Budrich 1997

Behnken, Imbke, und Jürgen Zinnecker, „Archiv Kindheit Jugend an der Universität-Gesamthochschule Siegen", BIOS. Zeitschrift für Biographieforschung und Oral History 3 (1990, 1), 113-119

Behnken, Imbke, und Jürgen Zinnecker, „Kindheit und Biographie" in: Ralf Bohnsack und Winfried Marotzki, Hrsg., Biographieforschung und Kulturanalyse. Transdisziplinäre Zugänge qualitativer Forschung. Opladen: Leske und Budrich 1998, 152-166

Behrendt, Rainer, und Dieter Grösch, Hrsg., Alltag, Lebensgeschichte, Geschichte. Psychosoziale Ansätze in der Bildungsarbeit mit Arbeiterjugendlichen. Berlin: Wannseeheim für Jugendarbeit o.J.

Beneker, Hanna, „‚Liebe Erfahrungen...' – Erlebte und erzählte Lebensgeschichten von Migrantinnen in der Pflege" in: Doris Schaeffer und Gabriele Müller-Mundt,

Hrsg., Qualitative Gesundheits- und Pflegeforschung. Bern, Göttingen, Toronto, Seattle: Huber 2002, 149-165

Bennett, James, Oral History and Deliquency. The Rhetoric of Criminology. Chicago und London: University of Chicago Press 1981

Berger, Peter L., Einladung zur Soziologie. Eine humanistische Perspektive. Olten und Freiburg i.br.: Walter 1969 (zuerst 1963)

Berger, Peter L., Brigitte Berger, Hansfried Kellner, Das Unbehagen in der Modernität. Frankfurt a.M. und New York: Campus 1975 (zuerst 1973)

Berger, Peter L., und Hansfried Kellner, „Die Ehe und die Konstruktion der Wirklichkeit. Eine Abhandlung zur Mikrosoziologie des Wissens", Soziale Welt 16 (1965), 220-235

Berger, Peter L., und Thomas Luckmann, Die gesellschaftliche Konstruktion der Wirklichkeit. Eine Theorie der Wissenssoziologie. Frankfurt a.M.: Fischer 1969 (zuerst 1966)

Berk, Richard A., und Joseph M. Adams, „Kontaktaufnahme zu devianten Gruppen" in: Klaus Gerdes, Hrsg., Explorative Sozialforschung. Stuttgart: Enke 1979, 94-109 (zuerst 1970)

Bernart, Yvonne, und Stefanie Krapp, Das narrative Interview. Ein Leitfaden zur rekonstruktiven Auswertung. Landau: Verlag Empirische Pädagogik 1998

Bernfeld, Siegfried, Trieb und Tradition im Jugendalter. Kulturpsychologische Studien an Tagebüchern. Frankfurt a.M.: päd.extra 1978 (zuerst 1931)

Bertaux, Daniel, „L'approche biographique. Sa validité méthodologique, ses potentialités", Cahiers internationaux de Sociologie 69 (1980a), 197-225

Bertaux, Daniel, „Note on the Use of the Life-History Approach to Study a Whole Sector of Production: The Artisanal Bakery in France" in: Joachim Matthes, Arno Pfeifenberger, Manfred Stosberg, Hrsg., Biographie in handlungswissenschaftlicher Perspektive. Nürnberg: Verlag der Nürnberger Forschungsvereinigung 1980b, 283-286

Bertaux, Daniel, „Introduction" in: Ders., Hrsg., Biography and Society. The Life History Approach in the Social Sciences. London and Beverly Hills: Sage 1981a, 5-15

Bertaux, Daniel, „From the Life-History Approach to the Transformation of Sociological Practice" in: Ders., Hrsg., Biography and Society. London und Beverly Hills: Sage 1981b, 29-45

Bertaux, Daniel, „Families and Mobility: The European Experience", Innovation 7 (1994, 1), 89-104

Bertaux, Daniel, „Social Genealogies Commented On and Compared: An Instrument for Observing Social Mobility Processes in the ‚Longue Durée‘", Current Sociology 43 (1995, 2/3), 69-88

Bertaux, Daniel, „Transmission in Extreme Situations: Russian Families Expropriated by the October Revolution" in: Daniel Bertaux und Paul Thompson, Hrsg., Pathways to Social Class. A Qualitative Approach to Social Mobility. Oxford: Clarendon Press 1997, 230-258

Bertaux, Daniel, und Isabelle Bertaux-Wiame, „Autobiographische Erinnerungen und kollektives Gedächtnis" in: Lutz Niethammer, Hrsg., Lebenserfahrung und kollektives Gedächtnis. Die Praxis der ‚Oral History‘. Frankfurt a.M.: Syndikat 1980, 108-122

Bertaux, Daniel, und Isabelle Bertaux-Wiame, „Life Stories in the Bakers` Trade" in: Daniel Bertaux, Hrsg., Biography and Society. The Life History Approach in the Social Sciences. London und Beverly Hills: Sage 1981, 169-189

Bertaux, Daniel, und Isabelle Bertaux-Wiame, „«Was du ererbt von deinen Vätern...» Transmissionen und soziale Mobilität über fünf Generationen", BIOS. Zeitschrift für Biographieforschung und Oral History 4 (1991, 1), 13-40

Bertaux-Wiame, Isabelle, „The Life History Approach to the Study of Internal Migration" in: Daniel Bertaux, Hrsg., Biography and Society. London und Beverly Hills: Sage 1981, 249-265

Biefang, Sibylle, Die Befragung des Patienten. Interview und Anamnese. Heidelberg: Hüthig 1977

Bittner, Günther, „Zur psychoanalytischen Dimension biographischer Erzählungen", Neue Sammlung 18 (1978), 332-338

Blossfeld, Hans-Peter, und Johannes Hunink, „Lebensverlaufsforschung als sozialwissenschaftliche Forschungsperspektive. Themen, Konzepte, Methoden und Probleme", Bios. Zeitschrift für Biographieforschung und Oral History 14 (2001, 2), 5-31

Blumer, Herbert, An Appraisal of Thomas` and Znaniecki`s The Polish Peasant in Europe and America. With statements by William I. Thomas and Florian Znaniecki, a panel discussion, and summary and analysis by Red Bain. New York: Social Science Research Council 1939

Böhm, Andreas, „Theoretisches Codieren. Textanalyse in der Grounded Theory" in: Uwe Flick, Ernst von Kardorff, Ines Steinke, Hrsg., Qualitative Forschung. Ein Handbuch. Reinbek bei Hamburg: Rowohlt 2000, 475-485

Böttger, Andreas, Gewalt und Biographie. Eine qualitative Analyse rekonstruierter Lebensgeschichten von 100 Jugendlichen. Baden-Baden: Nomos 1998

Böttger, Andreas, und Stephan Wolff, „Text und Biographie. Zur textlichen Organisation von Lebensbeschreibungen in psychiatrischen Gerichtsgutachten", BIOS. Zeitschrift für Biographieforschung und Oral History 5 (1992, 1), 21-47

Bog, Ingomar, „Die Leichenpredigt als Quelle der geschichtlichen Sozialwissenschaften. Untersuchungen zu Berufsweg, Unternehmung, Schicht und Status reichsstädtischen Bürgertums vom 16.-18. Jahrhundert" in: Rudolf Lenz, Hrsg., Leichenpredigten als Quelle historischer Wissenschaften. Köln: Böhlau 1975, 146-165

Bohler, Karl Friedrich, „Der Interpretationsansatz der objektiven Hermeneutik in der qualitativen Biographieforschung und die Rekonstruktion der objektiven Daten" in: Gerd Vonderach, Hrsg., Qualitative Biographieforschung am Fallbeispiel eines beruflichen Rehabilitanden. Bamberg: Wissenschaftlicher Verlag 1994, 5-22

Bohnsack, Ralf, Generation, Milieu und Geschlecht. Ergebnisse aus Gruppendiskussionen mit Jugendlichen. Opladen: Leske und Budrich 1989

Bohnsack, Ralf, „Auf der Suche nach habitueller Übereinstimmung. Peer-groups: Cliquen, Hooligans und Rockgruppen als Gegenstand rekonstruktiver Sozialforschung" in: Heinz-Hermann Krüger und Winfried Marotzki, Hrsg., Erziehungswissenschaftliche Biographieforschung. 2. durchges. Aufl. Opladen: Leske und Budrich 1996, 258-275

Bohnsack, Ralf, „Dokumentarische Methode" in: Ronald Hitzler und Anne Honer, Hrsg., Sozialwissenschaftliche Hermeneutik. Eine Einführung. Opladen: Leske und Budrich 1997, 191-212

Bohnsack, Ralf, Rekonstruktive Sozialforschung. Einführung in Methodologie und Praxis qualitativer Forschung. 3. überarb. Aufl. Opladen: Leske und Budrich 1999 (zuerst 1991)

Bohnsack, Ralf, „Dokumentarische Methode und die Analyse kollektiver Biographien" in: Gerd Jüttemann und Hans Thomae, Hrsg., Biographische Methoden in den Humanwissenschaften. Weinheim: Psychologie Verlagsunion 1998, 213-230

Bohnsack, Ralf, und Winfried Marotzki, „Einleitung" zu: Dies., Hrsg., Biographie-forschung und Kulturanalyse. Transdisziplinäre Zugänge qualitativer Forschung. Opladen: Leske und Budrich 1998, 7-18

Bohnsack, Ralf, und Bodo Wild, „Cliquen, Banden und Vereine: Die Suche nach Milieuzugehörigkeit" in: Imbke Behnken und Theodor Schulze, Hrsg., Tatort: Biographie. Spuren, Zugänge, Orte, Ereignisse. Opladen: Leske und Budrich 1997, 161-180

du Bois-Reymond, Manuela, „Berliner Lehrerlebensläufe", BIOS. Zeitschrift für Biographieforschung und Oral History 7 (1994, 1), 135-138

du Bois-Reymond, Manuela, und Bruno Schonig, „Lehrerleben", Ästhetik und Kommunikation 10 (1980, 39), 61-73

du Bois-Reymond, Manuela, und Bruno Schonig, Lehrerlebensgeschichten. Lehre-rinnen und Lehrer aus Berlin und Leiden (Holland) erzählen. Weinheim und Ba-sel: Beltz 1982

Bollenbeck, Georg, Zur Theorie und Geschichte der frühen Arbeiterlebenserinne-rungen. Kronberg/Taunus: Scriptor 1976

Boocock, Sarane Spence, „Historical and Sociological Research on the Family and the Life Cycle: Methodological Alternatives" in: John Demos und Sarane Spence Boocock, Hrsg., Turning Points: Historical and Sociological Essays on the Fam-ily. American Journal of Sociology 84, Suppl. 1978. Chicago und London, 366-394

Borsdorf, Ulrich, „Historische Wandlungsprozesse im gewerkschaftlichen Füh-rungspersonal", Gewerkschaftliche Monatshefte 29 (1978), 602-616

Bourdieu, Pierre, „Die biographische Illusion", BIOS. Zeitschrift für Biographiefor-schung und Oral History 3 (1990, 1), 75-81

Bourdieu, Pierre, et al., Das Elend der Welt. Zeugnisse und Diagnosen alltäglichen Leidens an der Gesellschaft. Konstanz: UVK 1997

Brednich, Rolf Wilhelm, „Zur Anwendung der biographischen Methode in der volkskundlichen Feldforschung", Jahrbuch für ostdeutsche Volkskunde 22 (1979), 279-329

Brednich, Rolf Wilhelm, „Zum Stellenwert erzählter Lebensgeschichten in komple-xen volkskundlichen Feldprojekten" in: Ders. u.a., Hrsg., Lebenslauf und Le-benszusammenhang. Autobiographische Materialien in der volkskundlichen For-schung. Freiburg i.Br.: Abt. Volkskunde des Dt. Seminars der Universität Frei-burg 1982, 46-70

Brock, Ditmar, und Hans-Rolf Vetter, „Die Arbeiterexistenz als biographischer Lernprozeß: Vorschläge zur Neuorientierung des industriesoziologischen Lernbegriffs", Zeitschrift für Soziologie 8 (1979), 209-219

Brock, Ditmar, und Hans-Rolf Vetter, Alltägliche Arbeiterexistenz. Soziologische Rekonstruktionen des Zusammenhangs von Lohnarbeit und Biographie. Frankfurt a.m. und New York: Campus 1982

Brockhaus, Allgemeine deutsche Real-Encyklopädie für die gebildeten Stände. Conversations-Lexikon in fünfzehn Bänden. Leipzig, 10. Aufl. 1851

Brose, Hanns-Georg, Die Erfahrung der Arbeit. Zum berufsbiographischen Erwerb von Handlungsmustern bei Industriearbeitern. Opladen: Westdeutscher Verlag 1983

Brose, Hanns-Georg, und Bruno Hildenbrand, „Biographisierung von Erleben und Handeln" in: Dies., Hrsg., Vom Ende des Individuums zur Individualität ohne Ende. Opladen: Leske und Budrich 1988, 11-30

Brose, Hanns-Georg, Monika Wohlrab-Sahr, Michael Corsten, Soziale Zeit und Biographie. Über die Gestaltung von Alltagszeit und Lebenszeit. Opladen: Westdeutscher Verlag 1993

Brüsemeister, Thomas, Lernen durch Leiden? Biographien zwischen Perspektivlosigkeit, Empörung und Lernen. Wiesbaden: Deutscher Universitäts-Verlag 1998

Brüsemeister, Thomas, Qualitative Forschung. Ein Überblick. Wiesbaden: Westdeutscher Verlag 2000

Brusten, Manfred, „Prozesse der Kriminalisierung – Ergebnisse einer Analyse von Jugendamtsakten" in: Hans-Uwe Otto und Siegfried Schneider, Hrsg., Gesellschaftliche Perspektiven der Sozialarbeit, 2. Halbband. Neuwied und Berlin: Luchterhand 1973, 85-125

Bude, Heinz, „Text und soziale Realität. Zu der von Oevermann formulierten Konzeption einer ‚objektiven Hermeneutik'", Zeitschrift für Sozialisationsforschung und Erziehungssoziologie 2 (1982), 134-143

Bude, Heinz, Deutsche Karrieren. Lebenskonstruktionen sozialer Aufsteiger aus der Flakhelfergeneration. Frankfurt am Main: Suhrkamp 1987

Bude, Heinz, „Die soziologische Erzählung" in: Thomas Jung und Stefan Müller-Doohm, Hrsg., ‚Wirklichkeit' im Deutungsprozeß. Verstehen und Methoden in den Kultur- und Sozialwissenschaften. Frankfurt am Main: Suhrkamp 1993, 409-429

Bude, Heinz, „Das Latente und das Manifeste. Aporien einer ‚Hermeneutik des Verdachts'" in: Detlef Garz und Klaus Kraimer, Hrsg., Die Welt als Text. Theorie, Kritik und Praxis der objektiven Hermeneutik. Frankfurt am Main: Suhrkamp 1994, 114-124

Bude, Heinz, „Lebenskonstruktionen als Gegenstand der Biographieforschung" in: Gerd Jüttemann und Hans Thomae, Hrsg., Biographische Methoden in den Humanwissenschaften. Weinheim: Psychologie Verlagsunion 1998, 247-258

Bühler-Niederberger, Doris, „Analytische Induktion" in: U. Flick u.a., Hrsg., Handbuch Qualitative Sozialforschung. Grundlagen, Konzepte, Methoden und Anwendungen. München: Psychologie Verlagsunion 1991, 446-450

Bürgel, Peter, „Brief" in: Werner Faulstich, Hrsg., Kritische Stichwörter zur Medienwissenschaft. München: Fink 1979, 26-47

Buhr, Petra, Dynamik von Armut. Dauer und biographische Bedeutung von Sozialhilfebezug. Opladen: Westdeutscher Verlag 1995

Buhr, Petra, und Christine Hagen, „Die subjektive Bedeutung von Sozialhilfeverläufen" in: Susann Kluge und Udo Kelle, Hrsg., Methodeninnovation in der Lebenslaufforschung. Integration qualitativer und quantitativer Verfahren in der Lebenslauf- und Biographieforschung. Weinheim und München: Juventa 2001, 189-216

Bukowski, Jacek, „Biographical Method in Polish Sociology", Zeitschrift für Soziologie 3 (1974), 18-30

Burgess, Ernest W., „Research Methods in Sociology" in: Georges Gurvitch und Wilbert E. Moore, Hrsg., Twentieth Century Sociology. New York: Philosophical Library 1945, 20-41

Burgess, Ernest W., „Discussion" in: Clifford R. Shaw, The Jack-Roller. A Delinquent Boy`s Own Story. Chicago und London 5. Aufl. University of Chicago Press 1966, 184-197 (zuerst 1930)

Burgess, Ernest W., „Editor's Preface" in: Clifford R. Shaw, The Natural History of a Delinquent Career. New York 1968a, XI-XII (zuerst 1931)

Burgess, Ernest W., „Discussion" in: Clifford R. Shaw, The Natural History of a Delinquent Career. New York 1968b, 235-254

Burzan, Nicole, Zeitgestaltung im Alltag älterer Menschen. Eine Untersuchung im Zusammenhang mit Biographie und sozialer Ungleichheit. Opladen: Leske und Budrich 2002

Caunce, Stephen, Oral History and the Local Historian. London und New York: Longman 1994

Cavalli, Alessandro, u.a., Il tempo dei giovani. Bologna: Il Mulino 1985

Cavan, Roth Shonle, Philip M. Hauser und Samuel A. Stouffer, „Note on the Statistical Treatment of Life-History Material", Social Forces 9 (1930), 200-203

Cavan, Ruth Shonle, und Katherine Howland Ranck, The Family and the Depression. A Study of One Hundred Chicago Families. Chicago 1938

Chalasinski, Józef, „The Life Records of the Young Generation of Polish Peasants as a Manifestation of Contemporary Culture" in: D. Bertaux, Hrsg., Biography and Society. The Life History Approach in the Social Sciences. London und Beverly Hills: Sage 1981, 119-132

Chamberlayne, Prue, Joanna Bornat und Tom Wengraf, „Introduction. The biographical turn" in: Dies., The Turn to Biographical Methods in Social Science. Comparative issues and examples. London und New York: Routledge 2000, 1-30

Chanfrault-Duchet, Marie-Françoise, „Le récit de vie: donnée ou texte?", Cahiers de recherche sociologique 5 (1987, 2), 11-28

Chanfrault-Duchet, Marie-Françoise, „Biographical Research in Former West Germany", Current Sociology 43 (1993), 209-219

Cicourel, Aaron V., The Social Organization of Juvenile Justice. New York, London und Sydney 1968

Cicourel, Aaron V., „Mark" in: Martin Kohli, Hrsg., Soziologie des Lebenslaufs. Darmstadt und Neuwied: Luchterhand 1978, 291-310 (Auszug aus: Cicourel 1968)

Cicourel, Aaron V., „Interviews, Surveys, and the Problem of Ecological Validity", The American Sociologist 17 (1982), 11-20

Clausen, John A., „Die gesellschaftliche Konstitution individueller Lebensläufe" in: Klaus Hurrelmann, Hrsg., Sozialisation und Lebenslauf. Empirie und Methodik sozialwissenschaftlicher Persönlichkeitsforschung. Reinbek bei Hamburg: Rowohlt 1976, 203-220 (zuerst 1972)

Clauser, Günther (unter Mitarbeit von Eggert Holm), Lehrbuch der biographischen Analyse. Theorie und Praxis lebensgeschichtlich orientierter Krankheitsbetrachtung und Krankenbehandlung. Stuttgart 1963

Cohen, Stanley, und Laurie Taylor, Ausbruchversuche. Identität und Widerstand in der modernen Lebenswelt. Frankfurt a.M.: Suhrkamp 1977

Combe, Arno, Alles Schöne kommt danach. Die jungen Pädagogen – Lebensentwürfe und Lebensgeschichten der Nachkriegsgenerationen. Eine sozialpsychologische Deutung. Reinbek bei Hamburg: Rowohlt 1983

Comenius-Institut (Münster), Hrsg., Religion in der Lebensgeschichte. Interpretative Zugänge am Beispiel der Margret E. Gütersloh: Gütersloher Verlagsanstalt 1993

Contini, Giovanni, Hrsg., Un'isola in terra ferma. Storia orale di una communità mineraria dell'Amiata. Siena: Il Leccio 1995

Corbin, Juliet M., „Die Methode der Grounded Theory im Überblick" in: Doris Schaeffer und Gabriele Müller-Mundt, Hrsg., Qualitative Gesundheits- und Pflegeforschung. Bern, Göttingen, Toronto, Seattle: Huber 2002, 59-70

Cremers, Erhart, und Jo Reichertz, „Interaktionstyp: ‚Interview'. Zur Bedeutung des Sequenzierungsaspektes innerhalb konversationsanalytisch orientiertet Datenanalyseverfahren" in: Thomas Heinze, Hans-W. Klusemann, Hans Georg Soeffner, Hrsg., Interpretationen einer Bildungsgeschichte. Bensheim: päd.extra 1980, 235-272

Cressey, Paul G., The Taxi-Dance Hall. A Sociological Study in Commercialized Recreation and City Life. Chicago: University of Chicago Press 1932

Dausien, Bettina, „Biographieforschung als ‚Königinnenweg'? Überlegungen zur Relevanz biographischer Ansätze in der Frauenforschung" in: Angelika Diezinger, Hedwig Kitzer, Ingrid Anker, Irma Bingel, Erika Haas, Simone Odierna, Hrsg., Erfahrung mit Methode. Wege sozialwissenschaftlicher Frauenforschung. Freiburg i.Brsg.: Kore 1994, 129-153

Dausien, Bettina, „Biographie und/oder Sozialisation? Überlegungen zur paradigmatischen und methodischen Bedeutung von Biographie in der Sozialisationsforschung" in: Margret Kraul und Winfried Marotzki, Hrsg., Biographische Arbeit. Opladen: Leske und Budrich 2002, 65-91

Denzin, Norman K., The Research Act. A Theoretical Introduction to Sociological Methods. London: McGraw Hill 1978

Denzin, Norman K., „The Interactionist Study of Social Organization: A Note on Method" in: D. Bertaux, Hrsg., Biography and Society. The Life History Approach in the Social Sciences. London und Beverly Hills: Sage 1981, 149-167

Deppe, Wilfried, „Arbeits- und Lebenserfahrungen ungelernter Industriearbeiter. Ein Beitrag zur qualitativen Sozialforschung und zur sozio-biographischen Methode", Sozialwissenschaftliche Informationen für Unterricht und Studium 9 (1980), 69-77

Deppe, Wilfried, „Lebenslauf und Biographieanalyse bei Industriearbeitern. Einige programmatisch-provokative Anmerkungen" in: Joachim Matthes, Hrsg., Lebenswelt und soziale Probleme. Verhandlungen des 20. Soziologentages. Frankfurt a.m. und New York: Campus 1981, 650-656

Deppe, Wilfried, Drei Generationen Arbeiterleben. Eine sozio-biographische Darstellung. Frankfurt a.M. und New York: Campus 1982

Diezinger, Angelika, „Individualisierungsprozesse in den Biographien junger Frauen: Exemplarische Fallanalysen zum Verhältnis von Anforderungen, Ansprüchen und Ressourcen" in: Arno Combe und Werner Helsper, Hrsg., Hermeneutische Jugendforschung. Theoretische Konzepte und methodologische Ansätze. Opladen: Westdeutscher Verlag 1991, 27-49

Dittmar, Norbert, Transkription. Ein Leitfaden mit Aufgaben für Studenten, Forscher und Laien. 2.Aufl. Wiesbaden: Verlag für Sozialwissenschaften 2004

Dollard, John, Criteria for the Life History. With Analyses of Six Notable Documents. New York: Yale University Press 1949a (zuerst 1935)

Dollard, John, „The Life History in Community Studies" in: Clyde Kluckhohn und Henry A. Murray, Hrsg., Personality in Nature, Society and Culture. New York 1949b, 424-436 (zuerst 1938)

Dröll, Dieter, Erfolgreich bewerben. Frankfurt a.M. 3. Aufl. Societaets-Verlag 1978

Ecarius, Jutta, Familienerziehung im historischen Wandel. Eine qualitative Studie über Erziehung und Erziehungserfahrungen von drei Generationen. Opladen: Leske und Budrich 2002

Eckart, Christel, Ursula G. Jaerisch, Helgard Kramer, Frauenarbeit in Familie und Fabrik. Eine Untersuchung von Bedingungen und Barrieren der Interessenwahrnehmung von Industriearbeiterinnen. Frankfurt a.M. und New York: Campus 1979

Ehlich, Konrad, „Der Alltags des Erzählens" in: Ders., Hrsg., Erzählen im Alltag. Frankfurt a.M.: Suhrkamp 1980, 11-27

Eickhoff-Vigelahn, Karin, „Nazigegner erzählen die Geschichte ihres Kiezes", Literatur und Erfahrung 3 (1982, 10), 53-64

Elder, Jr., Glen H., „Family History and the Life Course" in: Tamara K. Hareven, Hrsg., Transitions. The Family and the Life Course in Historical Perspective. New York, San Francisco, London: Academy Press 1978, 17-64

Elder, Jr., Glen H., und Richard C.Rockwell, „Historische Zeit im Lebenslauf" in: Martin Kohli, Hrsg., Soziologie des Lebenslaufs. Darmstadt und Neuwied: Luchterhand 1978, 78-101

Emmerich, Wolfgang, Hrsg., Proletarische Lebensläufe. Autobiographische Dokumente zur Entstehung der Zweiten Kultur in Deutschland. 2 Bände. Reinbek bei Hamburg: Rowohlt 1974/1975

Engelhardt, Michael von, Lebensgeschichte und Gesellschaftsgeschichte. Biographieverläufe von Heimatvertriebenen des Zweiten Weltkriegs. München: Iudicium 2001

Engels, Degenhard, Die erfolgreiche Bewerbung. München 4. Aufl. Florentz 1979 (zuerst 1976)

Erikson, Anne (in Zusammenarbeit mit Svend Aage Andersen, Stefan Bohman und Ulla-Maija Peltonen), „Lebensgeschichtliche Sammlungen in Skandinavien", BIOS. Zeitschrift für Biographieforschung und Oral History 1 (1988, 1), 75-103

Erikson, Erik H., Identität und Lebenszyklus. Drei Aufsätze. Frankfurt a.m.: Suhrkamp 1966 (zuerst 1959)

Erzberger, Christian, und Susann Kluge, „Repräsentativität qualitativer Untersuchungen. Lebensverlaufsmuster als Basis für Auswahlentscheidungen" in: Walter R.Heinz, Hrsg., Übergänge. Individualisierung, Flexibilisierung und Institutionalisierung des Lebensverlaufs. Beiheft 3 der Zeitschrift für Soziologie der Erziehung und Sozialisation (2000), 298-313

Faraday, Annabel, und Kenneth Plummer, „Doing Life Histories", Sociological Review 27 (1979), 773-798

Faris, Robert E. L., Chicago Sociology 1920-1932. Chicago und London: University of Chicago Press 1970 (zuerst 1967)

Ferrarotti, Franco, „On the Autonomy of the Biographical Method" in: D. Bertaux, Hrsg., Biography and Society. The Life History Approach in the Social Sciences. London und Beverly Hills: Sage 1981, 19-27

Fischer, Arthur, Werner Fuchs, Jürgen Zinnecker, „Zusammenfassung der wichtigsten Ergebnisse" in: Jugendwerk der Deutschen Shell, Hrsg., Jugend '81. Lebensentwürfe, Alltagskulturen, Zukunftsbilder. Band 1, Hamburg: Jugendwerk der Deutschen Shell 1981 (Nachdruck: Leverkusen 1982), 14-24

Fischer, Dietlind, und Albrecht Schöll, „Wie hast du's mit der Religion? Zur Einführung" in: Comenius-Institut, Hrsg., Religion in der Lebensgeschichte. Interpretative Zugänge am Beispiel der Margret E. Gütersloh: Gütersloher Verlagsanstalt 1993, 9-18

Fischer, Wolfram, „Struktur und Funktion erzählter Lebensgeschichten" in: Martin Kohli, Hrsg., Soziologie des Lebenslaufs. Darmstadt und Neuwied: Luchterhand 1978, 311-336

Fischer, Wolfram, „Alltagszeit und Lebenszeit in Lebensgeschichten von chronisch Kranken", Zeitschrift für Sozialisationsforschung und Erziehungssoziologie 2 (1982), 5-19

Fischer, Wolfram, und Martin Kohli, „Biographieforschung" in: Wolfgang Voges, Hrsg., Methoden der Biographie- und Lebenslaufforschung. Opladen: Leske und Budrich 1987, 25-49

Fischer-Rosenthal, Wolfram, „Von der «biographischen Methode» zur Biographieforschung. Versuch einer Standortbestimmung" in: Peter Alheit, Wolfram Fischer-Rosenthal und Erika M.Hoerning, Hrsg., Biographieforschung. Eine Zwischenbilanz in der deutschen Soziologie. Bremen: Universität Bremen 1990, 11-32

Fischer-Rosenthal, Wolfram, „Zum Konzept der subjektiven Aneignung von Gesellschaft" in: U. Flick u.a., Hrsg., Handbuch Qualitative Sozialforschung. Grundlagen, Konzepte, Methoden und Anwendungen. München: Psychologie Verlagsunion 1991a, 78-89

Fischer-Rosenthal, Wolfram, „Biographische Methoden in der Soziologie" in: U. Flick u.a., Hrsg., Handbuch Qualitative Sozialforschung. Grundlagen, Konzepte, Methoden und Anwendungen: München: Psychologie Verlagsunion 1991b, 253-256

Fischer-Rosenthal, Wolfram, und Gabriele Rosenthal, „Narrationsanalyse biographischer Selbstpräsentation" in: Ronald Hitzler und Anne Honer, Hrsg., Sozialwissenschaftliche Hermeneutik. Eine Einführung. Opladen: Leske und Budrich 1997, 133-164

Fleck, Christian, „Datengenese als Interpretationsproblem qualitativer Studien" in: Gerhard Botz, Christian Fleck, Albert Müller, Manfred Thaller, Hrsg., «Qualität und Quantität». Zur Praxis der Methoden der Historischen Sozialwissenschaft. Frankfurt am Main und New York: Campus 1988, 211-238

Flick, Uwe, „Stationen des qualitativen Forschungsprozesses" in: Ders. u.a., Hrsg., Handbuch Qualitative Sozialforschung. Grundlagen, Konzepte, Methoden und Anwendungen. München: Psychologie Verlagsunion 1991, 147-173

Flick, Uwe, „Design und Prozess qualitativer Forschung" in: Ders., Ernst von Kardorff, Ines Steinke, Hrsg., Qualitative Forschung. Ein Handbuch. Reinbek bei Hamburg: Rowohlt 2000, 252-265

Flick, Uwe, „Interviews in der Gesundheits- und Pflegeforschung: Wege zur Herstellung und Verwendung verbaler Daten" in: Doris Schaeffer und Gabriele Müller-Mundt, Hrsg., Qualitative Gesundheits- und Pflegeforschung. Bern, Göttingen, Toronto, Seattle: Huber 2002, 203-220

Flick, Uwe, Ernst von Kardorff, Ines Steinke, Hrsg., Qualitative Forschung. Ein Handbuch. Reinbek bei Hamburg: Rowohlt 2000

Frazier, Charles E., „The Use of Life-Histories in Testing Theories of Criminal Behavior", Qualitative Sociology 1 (1978), 122-142

Friedrich, Hans, Lebenslauf und Bewerbung. Beispiele für Inhalt, Form und Aufbau. Niedernhausen/Taunus: Falken 1978

Frindte, Wolfgang, und Jörg Neumann, Hrsg., Fremdenfeindliche Gewalttäter. Biografien und Tatverläufe. Wiesbaden: Westdeutscher Verlag 2002

Frisch, Michael, A Shared Authority. Essays on the Craft and Meaning of Oral and Public History. Albany: State University of New York Press 1990

Fritzsche, Bettina, Pop-Fans. Studie einer Mädchenkultur. Opladen: Leske und Budrich 2003

Fuchs, Werner, Todesbilder in der modernen Gesellschaft. Frankfurt a. M.: Suhrkamp 1969

Fuchs, Werner, „Empirische Sozialforschung als politische Aktion?", Soziale Welt 21/22 (1970/1971), 1-17

Fuchs, Werner, Zur Reflexivität der biographischen Methode. Werkstattbericht des Zentralen Instituts für Fernstudienforschung der Fernuniversität. Hagen 1979a

Fuchs, Werner, Arbeiterleben nach 1945. Lebensgeschichten in der Geschichte der Arbeiterschaft in Offenbach a.M. seit dem Zweiten Weltkrieg. Projektplan. Marburg: Guttandin und Hoppe 1979b

Fuchs, Werner, „Möglichkeiten der biographischen Methode" in: Lutz Niethammer, Hrsg., Lebenserfahrung und kollektives Gedächtnis. Die Praxis der ‚Oral History'. Frankfurt a.M.: Syndikat 1980a, 323-348

Fuchs, Werner, „Arbeiterbewegung: Geschichte und Lebenserfahrungen" in: Hans Karl Rupp, Hrsg., Die andere Bundesrepublik. Geschichte und Perspektiven. Marburg: Guttandin und Hoppe 1980b, 141-156

Fuchs, Werner, „Jugendbiographie" in: Jugendwerk der Deutschen Shell, Hrsg., Jugend '81. Lebensentwürfe, Alltagskulturen, Zukunftsbilder. Band 1, Hamburg: Jugendwerk der Deutschen Shell 1981a (Nachdruck: Leverkusen 1982), 124-344

Fuchs, Werner, „Einführung" in: Jugendwerk der Deutschen Shell, Hrsg., a.a.O., 1981b, Band 2, 6-18

Fuchs, Werner, „Jugendliche Statuspassage oder individualisierte Jugendbiographie?", Soziale Welt 34 (1983, 3), 341-371

Fuchs, Werner, „Der Wiederaufbau in Arbeiterbiographien" in: Lutz Niethammer und Alexander von Plato, Hrsg., „Wir kriegen jetzt andere Zeiten". Bonn: Dietz 1985, 347-360

Fuchs-Heinritz, Werner, „Methoden und Ergebnisse der qualitativ orientierten Jugendforschung" in: Heinz-Hermann Krüger, Hrsg., Handbuch der Jugendforschung. 2. erw. Aufl. Opladen: Leske und Budrich 1993, 249-275

Fuchs-Heinritz, Werner, „Soziologische Biographieforschung: Überblick und Verhältnis zur Allgemeinen Soziologie" in: Gerd Jüttemann und Hans Thomae, Hrsg., Biographische Methoden in den Humanwissenschaften. Weinheim: Psychologie Verlagsunion 1998, 3-24

Fuchs-Heinritz, Werner, Renate Kolvenbach, Charlotte Heinritz, „Aussteiger, Konvertierte und Überzeugte – Kontrastive Analysen zu Einmündung, Karriere, Verbleib und Aussieg in bzw. aus neureligiösen und weltanschaulichen Milieus oder Gruppen. Teilprojekt 4: Psychokulte/Esoterik" in: Deutscher Bundestag, Enquete-Kommission „Sogenannte Sekten und Psychogruppen", Hrsg., Neue religiöse und ideologische Gemeinschaften und Psychogruppen. Hamm: Hoheneck 1998, 231-295

Fuchs-Heinritz, Werner, und Heinz-Hermann Krüger, Feste Fahrpläne durch die Jugendphase? Jugendbiographien heute. Opladen: Leske und Budrich 1991

Fuhs, Burkhard, „Fotografie und qualitative Forschung. Zur Verwendung forografischer Quellen in den Erziehungswissenschaften" in: Barbara Friebertshäuser und Annedore Prengel, Hrsg., Handbuch Qualitative Forschungsmethoden in der Erziehungswissenschaft. Weinheim und München: Juventa 1997, 265-285

Füßl, Wilhelm, und Stefan Ittner, Hrsg., Biographie und Technikgeschichte. BIOS. Zeitschrift für Biographieforschung und Oral History, Sonderheft 1998. Opladen: Leske und Budrich 1998

Gagnon, Nicole, "Données autobiographiques et praxis culturelle", Cahiers internationaux de sociologie 69 (1980), 291-304

Galm, Heinrich, Ich war halt immer ein Rebell. Politische Erinnerungen von Heinrich und Marie Galm, nach Gesprächen zusammengestellt von Werner Fuchs und Bernd Klemm. Offenbach a.M.: Saalbau 2. Aufl. 1981 (zuerst 1980)

Gamm, Hans-Jochen, „Zur Frage einer pädagogischen Kasuistik", Bildung und Erziehung 20 (1967), 321-329

Garfinkel, Harold, „Das Alltagswissen über soziale und innerhalb sozialer Strukturen" in: Arbeitsgruppe Bielefelder Soziologen, Hrsg., Alltagswissen, Interaktion und gesellschaftliche Wirklichkeit. Band 1. Reinbek bei Hamburg: Rowohlt 1973, 189-216

Garz, Detlef, „Die Methode der Objektiven Hermeneutik. Eine anwendungsbezogene Einführung" in: Barbara Friebertshäuser und Annedore Prengel, Hrsg., Handbuch Qualitative Forschungsmethoden in der Erziehungswissenschaft. Weinheim und München: Juventa 1997, 535-543

Garz, Detlef, und Klaus Kraimer, Hrsg., Die Welt als Text. Theorie, Kritik und Praxis der objektiven Hermeneutik. Frankfurt am Main: Suhrkamp 1994

Geiger, Klaus F.: „Probleme des biographischen Interviews" in: Rolf Wilh. Brednich u.a., Hrsg., Lebenslauf und Lebenszusammenhang. Autobiographische Materialien in der volkskundlichen Forschung. Freiburg i.Br.: Abt. Volkskunde des Dt. Seminars der Universität Freiburg 1982, 154-181

Geiger, Theodor, „Zur Kritik der arbeiterpsychologischen Forschung", Die Gesellschaft 8 (1931), 237-254

Geissler, Birgit, und Mechtild Oechsle, Lebensplanung junger Frauen. Zur widersprüchlichen Modernisierung weiblicher Lebensläufe. Weinheim: Deutscher Studienverlag 1996

Gerhardt, Uta, Patientenkarrieren. Eine medizinsoziologische Studie. Frankfurt am Main: Suhrkamp 1986

Gerhardt, Uta, „Typenbildung" in: U. Flick u.a., Hrsg., Handbuch Qualitative Sozialforschung. Grundlagen, Konzepte, Methoden und Anwendungen. München: Psychologie Verlagsunion 1991, 435-439

Gerhardt, Uta, „«Ideal Type» and the Construction of the Life Course. A New Look at the Micro-Macro Link" in: Ansgar Weymann und Walter R. Heinz, Hrsg., Society and Biography. Interrelationships between Social Structure, Institutions and the Life Course. Status Passages and the Life Course, Band IX. Weinheim: Deutscher Studienverlag 1996, 21-50

Gerhard, Uta, „Die Verwendung von Idealtypen bei der fallvergleichenden biographischen Forschung" in: Gerd Jüttemann und Hans Thomae, Hrsg., Biographische Methoden in den Humanwissenschaften. Weinheim: Psychologie Verlagsunion 1998, 193-212

Giegel, Hans-Joachim, „Widersprüche zwischen gewerkschaftlicher Interessenvertretung und dem Alltagsbewußtsein von Industriearbeitern", Probleme des Klassenkampfs 12 (1982, 1), 5-24

Giegel, Hans-Joachim, „Strukturmerkmale einer Erfolgskarriere" in: Wolfram Fischer-Rosenthal und Peter Alheit, Hrsg., Biographien in Deutschland. Soziologische Rekonstruktionen gelebter Gesellschaftsgeschichte. Opladen: Westdeutscher Verlag 1995, 213-231

Giegel, Hans-Joachim, G. Frank und U. Billerbeck, Industriearbeit und Selbstbehauptung. Berufsbiographische Orientierung und Gesundheitsverhalten in gefährdeten Lebensverhältnissen. Opladen: Leske und Budrich 1988

Girtler, Roland, Vagabunden in der Großstadt. Teilnehmende Beobachtung in der Lebenswelt der ‚Sandler' Wiens. Stuttgart: Enke 1980

Girtler, Roland, „Die biographische Methode bei der Untersuchung devianter Karrieren und Lebenswelten" in: Wolfgang Voges, Hrsg., Methoden der Biographie- und Lebenslaufforschung. Opladen: Leske und Budrich 1987, 321-339

Glaser, Barney G., Theoretical Sensitivity. Advances in the Methodology of Grounded Theory. Mill Valley: Sociology Press 1978

Glaser, Barney G., und Anselm L.Strauss, The Discovery of Grounded Theory. Strategies for Qualitative Research. New York: Aldine de Gruyter 1967 (10. Aufl. 1979)

Glaser, Barney G., und Anselm L.Strauss, „Die Entdeckung gegenstandsbezogener Theorie: Eine Grundstrategie qualitativer Sozialforschung" in: Christel Hopf und Elmar Weingarten, Hrsg., Qualitative Sozialforschung. Stuttgart: Klett-Cotta 1979, 91 – 111

Glaser, Edith, und Pia Schmid, „Biographieforschung in der Historischen Pädagogik" in: Heinz-Hermann Krüger und Winfried Marotzki, Hrsg., Handbuch erziehungswissenschaftliche Biographieforschung. Opladen: Leske und Budrich 1999, 347-371

Goffman, Erving, Stigma. Über Techniken der Bewältigung beschädigter Identität. Frankfurt a.M.: Suhrkamp 1967

Goffman, Erving, „The Neglected Situation" in: Howard S.Becker, Blanche Geer, David Riesman, Robert S.Weiss, Hrsg., Institutions and the Person. Papers Presented to Everett C. Hughes. Chicago 1968, 295-299

Goffman, Erving, Rahmen-Analyse. Ein Versuch über die Organisation von Alltagserfahrungen. Frankfurt a.M.: Suhrkamp 1980 (zuerst 1974)

Gottschalk, Luis, „The Historian and the Historical Document" in: L. Gottschalk, Clyde Kluckhohn, Robert Angell, The Use of Personal Documents in History, Anthropology, and Sociology. Prepared for the Committee on Appraisal of Research. New York: Social Science Research Council 1951, 3-75 (zuerst 1945)

Graf, Werner, „Das Schreibproblem der Oral History", Literatur und Erfahrung 3 (1982, 10), 100-105

Grathoff, Richard, „Zur Bestimmung der soziologischen Struktur von Biographien" in: J.Matthes, A.Pfeifenberger, M.Stosberg, Hrsg., Biographie in handlungswissenschaftlicher Perspektive. Nürnberg: Verlag der Nürnberger Forschungsvereinigung 1980, 293-309

Grele, Ronald J., „Ziellose Bewegung. Methodologische und theoretische Probleme der Oral History" in: Lutz Niethammer, Hrsg., Lebenserfahrung und kollektives Gedächtnis. Die Praxis der ‚Oral History'. Frankfurt a.M.: Syndikat 1980, 143-186 (orig. 1975)

Grele, Ronald J., „Hört auf ihre Stimmen. Zwei Fallstudien zur Interpretation von Oral-History-Interviews", Literatur und Erfahrung 3 (1982, 10), 6-24 (orig. 1979)

Grele, Ronald J., Envelopes of Sound. The Art of Oral History. 2. überarb. und erw. Aufl. Chicago: Precedent Publishing 1985 (zuerst 1975)

Grele, Ronald J., „The Development, Cultural Pecularities and State of Oral History in the United States", BIOS. Zeitschrift für Biographieforschung und Oral History 2 (1990, Sonderheft), 3-15

Gruhle, Hans W., Die Ursachen der jugendlichen Verwahrlosung und Kriminalität. Abhandlungen aus dem Gesamtgebiete der Kriminalpsychologie (Heidelberger Abhandlungen), Heft 1. Berlin: Julius Springer 1912

Gruhle, Hans W., „Die Selbstbiographie als Quelle historischer Erkenntnis" in: Melchior Palyi, Hrsg., Hauptprobleme der Soziologie. Erinnerungsgabe für Max Weber. Band 1. München und Leipzig: Duncker und Humblot 1923, 155-177

Grunenberg, Antonia, und Bodo Voigt, „Das merkwürdige Interesse an Biographien", Berliner Hefte (1977, 5), 28-37

Grunert, Cathleen, und Heinz-Hermann Krüger, „Biographieforschung und pädago-
gische Kindheitsforschung" in: Heinz-Hermann Krüger und Winfried Marotzki,
Hrsg., Handbuch erziehungswissenschaftliche Biographieforschung. Opladen:
Leske und Budrich 1999, 227-242

Gullestad, Marianne, und Reidar Almàs, „Ecrivez votre vie. Un concours d'autobiographie en Norvège", Cahiers de Sémiotique Textuelle (1991, 20), 43-62

Gumbrecht, Hans Ulrich, „Lebensläufe, Literatur, Alltagswelten" in: J. Matthes,
A.Pfeifenberger, M.Stosberg, Hrsg., Biographie in handlungswissenschaftlicher
Perspektive. Nürnberg: Verlag der Nürnberger Forschungsvereinigung 1980,
231-250

Hämmerle, Christa, „«Ich möchte das, was ich schon oft erzählt habe, schriftlich
niederlegen ...» Entstehung und Forschungsaktivitäten der «Dokumentation lebensgeschichtlicher Aufzeichnungen» in Wien", BIOS. Zeitschrift für Biographieforschung und Oral History 4 (1991a 2), 261-278

Hämmerle, Christa, „Les archives «Récits de vie» à Vienne", Cahiers de Sémiotique
Textuelle (1991b, 20), 10-113

Hahn, Achim, „Praxisorientierung, Pragmatismus und Beispielhermeneutik" in:
Gerd Vonderach, Hrsg., Qualitative Biographieforschung am Fallbeispiel eines
beruflichen Rehabilitanden. Bamberg: Wissenschaftlicher Verlag 1994, 23-37

Hahn, Achim, „Narrative Pragmatik und Beispielhermeneutik. Zur soziologischen
Beschreibung biographischer Situationen" in: Gerd Jüttemann und Hans Tho-
mae, Hrsg., Biographische Methoden in den Humanwissenschaften. Weinheim:
Psychologie Verlagsunion 1998, 259-283

Hahn, Alois, und Volker Kapp, Hrsg., Selbstthematisierung und Selbstzeugnis: Bekenntnis und Geständnis. Frankfurt am Main: Suhrkamp 1987

Halbwachs, Maurice, Das Gedächtnis und seine soziale Bedingungen. Berlin und
Neuwied: Luchterhand 1966 (zuerst 1925)

Halbwachs, Maurice, Das kollektive Gedächtnis. Stuttgart: Enke 1967

Hanses, Andreas, Epilepsie als biographische Konstruktion. Eine Analyse von
Erkrankungs- und Gesundungsprozessen anfallserkrankter Menschen anhand erzählter Lebensgeschichten. Bremen: Donat 1996

Hartz, Stefanie, Biographizität und Professionalität. Eine Fallstudie zur Bedeutung
von Aneignungsprozessen in organisatorischen Modernisierungsstrategien.
Wiesbaden: Verlag für Sozialwissenschaften 2004

Heinemeier, Siegfried, Zeitstrukturkrisen. Biographische Interviews mit Arbeitslosen. Opladen: Leske und Budrich 1991

Heinemeier, Siegfried, Joachim Matthes, Cornelia Pawelcik, Günter Robert, „Arbeitslosigkeit und Biographie-Konstruktion. Bericht über ein laufendes Forschungsprojekt" in: J.Matthes, A.Pfeifenberger, M.Stosberg, Hrsg., Biographie in handlungswissenschaftlicher Perspektive, Nürnberg: Verlag der Nürnberger Forschungsvereinigung 1980, 169-189

Heinritz, Charlotte, „Das Kemposwki-Archiv für unpublizierte Biographien" in: Walter Kempowski zum 60. Geburtstag. München und Hamburg: Knaus 1989, 21-46

Heinritz, Charlotte, „World War II as ‚facteur' or generator of autobiographies. The promise of significance in German autobiographies after 1945", Paper presented at the XIIth World Congress of Sociology, als Kurzfassung gedruckt in: Sociological Abstracts. Madrid 1990, 100

Heinritz, Charlotte, Der Klassenrundbrief. Geschrieben 1953-1989 von den Schülerinnen des Abschlußjahrgangs der Altstädter Höheren Mädchenschule in Dresden. Opladen: Leske und Budrich 1991a

Heinritz, Charlotte, „Les archives biographiques en Allemagne", Cahiers de Sémiotique Textuelle (1991b, 20), 87-102

Heinritz, Charlotte, „Das Kind in der autobiographischen Kindheitserinnerung", BIOS. Zeitschrift für Biographieforschung und Oral History 7 (1994, 2), 165-184

Heinritz, Charlotte, „Autobiographien als erziehungswissenschaftliche Quellentexte" in: Barbara Friebertshäuser und Annedore Prengel, Hrsg., Handbuch Qualitative Forschungsmethoden in der Erziehungswissenschaft. Weinheim und München: Juventa 1997, 341-353

Heinritz, Charlotte, Auf ungebahnten Wegen. Frauenautobiographien um 1900. Königstein im Taunus: Ulrike Helmer 2000

Heinritz, Charlotte, und Angela Rammstedt, „Biographieforschung in Frankreich", BIOS. Zeitschrift für Biographieforschung und Oral History 2 (1989, 2), 255-300

Heinritz, Charlotte, und Petra Thiele, Wir Weiber machens ja doch! Frauen aus einem sozialen Brennpunkt erzählen. Bensheim: päd.extra 1979

Heinz, Walter R., „Einleitung. Widersprüche in der Modernisierung von Lebensläufen: Individuelle Optionen und institutionelle Rahmungen" in: Lutz Leisering, Birgit Geissler, Ulrich Mergner und Ursula Rabe-Kleberg, Hrsg., Moderne Lebensläufe im Wandel. Weinheim: Deutscher Studienverlag 1993, 11-19

Heinze, Thomas, und Hans-W. Klusemann, „Ein biographisches Interview als Zugang zu einer Bildungsgeschichte" in: Dieter Baacke und Theodor Schulze, Hrsg., Aus Geschichten lernen. München: Juventa 1979, 182-225

Heinze, Thomas, und Hans-W. Klusemann, „Versuch einer sozialwissenschaftlichen Paraphrasierung am Beispiel des Ausschnittes einer Bildungsgeschichte" in: Thomas Heinze, Hans-W. Klusemann, Hans Georg Soeffner, Hrsg., Interpretationen einer Bildungsgeschichte. Bensheim: päd.extra 1980, 97-152

Heinze, Thomas, Fritz W. Loser, Friedrich Thiemann, Praxisforschung. Wie Alltagshandeln und Reflexion zusammengebracht werden können. München, Wien, Baltimore: Urban und Schwarzenberg 1981

Heinze, Thomas, und Friedrich Thiemann, „Kommunikative Validierung und das Problem der Geltungsbegründung", Zeitschrift für Pädagogik 27 (1982), 635-642

Helfferich, Cornelia, Die Qualität qualitativer Daten. Manual für die Durchführung qualitativer Interview. Wiesbaden: Verlag für Sozialwissenschaften 2004

Helsper, Werner, Hermann J. Müller, Eberhard Nölke, Arno Combe, Jugendliche Außenseiter. Zur Rekonstruktion gescheiterter Bildungs- und Ausbildungsverläufe. Opladen: Westdeutscher Verlag 1991

Hennig, Eike, „Beziehungsfallen und Berührungsängste. ‚Oral-history-Interviews' mit ehemaligen Nationalsozialisten", Medien Magazin 2 (1982, 3), 58-62

Henningsen, Jürgen, „Autobiographie und Erziehungswissenschaft. Eine methodologische Erörterung", Neue Sammlung (1962), 450-461

Herbert, Ulrich, „‚Die guten und die schlechten Zeiten'. Überlegungen zur diachronen Analyse lebensgeschichtlicher Interviews" in: Lutz Niethammer, Hrsg., „Die Jahre weiß man nicht, wo man die heute hinsetzen soll". Faschismus-Erfahrungen im Ruhrgebiet. Berlin und Bonn: Dietz 1983, 67-96

Herlyn, Ingrid, und Dorothea Krüger, Hrsg., Späte Mütter. Eine empirisch-biographische Untersuchung in West- und Ostdeutschland. Opladen: Leske und Budrich 2003

Herlyn, Ulfert, „Lebensgeschichte und Stadtentwicklung. Zur Analyse lokaler Bedingungen individueller Verläufe" in: Joachim Matthes, Hrsg., Lebenswelt und soziale Probleme. Frankfurt a.M. und New York: Campus 1980, 480-491

Hermann, Ulrich, „‚Innenansichten'. Erinnerte Lebensgeschichte und geschichtliche Lebenserinnerung, oder: Pädagogische Reflexion und ihr ‚Sitz im Leben'" in: Christa Berg, Kinderwelten. Frankfurt am Main: Suhrkamp 1991, 41-67

Hermanns, Harry, Das narrative Interview in berufsbiographisch orientierten Untersuchungen. Wissenschaftliches Zentrum für Berufs- und Hochschulforschung, Gesamthochschule Kassel 1981

Hermanns, Harry, „Narratives Interview" in: U. Flick u.a., Hrsg., Handbuch Qualitative Sozialforschung. Grundlagen, Konzepte, Methoden und Anwendungen. München: Psychologie Verlagsunion 1991, 182-185

Hermanns, Harry, „Interviewen als Tätigkeit" in: Uwe Flick, Ernst von Kardorff, Ines Steinke, Hrsg., Qualitative Forschung. Ein Handbuch. Reinbek bei Hamburg: Rowohlt 2000, 360-368

Hermanns, Harry, Christian Tkocz, Helmut Winkler, Berufsverlauf von Ingenieuren. Biografie-analytische Auswertung narrativer Interviews. Frankfurt am Main und New York: Campus 1984

Hess, Henner, und Achim Mechler, Ghetto ohne Mauern. Ein Bericht aus der Unterschicht. Frankfurt a.M.: Suhrkamp 1973

Hildenbrand, Bruno, Alltag und Krankheit. Ethnographie einer Familie. Stuttgart: Klett-Cotta 1983

Hildenbrand, Bruno, „Biographieanalysen im Kontext von Familiengeschichten: Die Perspektive einer Klinischen Soziologie" in: Ralf Bohnsack und Winfried Marotzki, Hrsg., Biographieforschung und Kulturanalyse. Transdisziplinäre Zugänge qualitativer Forschung. Opladen: Leske und Budrich 1998, 205-224

Hildenbrand, Bruno, Fallrekonstruktive Familienforschung. Anleitungen für die Praxis. Opladen: Leske und Budrich 1999

Hildenbrand, Bruno, „Anselm Strauss" in: Uwe Flick, Ernst von Kardorff, Ines Steinke, Hrsg., Qualitative Forschung. Ein Handbuch. Reinbek bei Hamburg: Rowohlt 2000, 32-42

Hirschberg, Susanne, Das Bildungsschicksal des gewerblichen Proletariats im Lichte der Arbeiterautobiographie. Köln 1928

Hitzler, Ronald, „Verstehen: Alltagspraxis und wissenschaftliches Programm" in: Thomas Jung und Stefan Müller-Doohm, Hrsg., ‚Wirklichkeit' im Deutungsprozeß. Verstehen und Methoden in den Kultur- und Sozialwissenschaften. Frankfurt am Main: Suhrkamp 1993, 223-240

Hitzler, Ronald, „Sinnrekonstruktion. Zum Stand der Diskussion (in) der deutschsprachigen interpretativen Soziologie", Schweizerische Zeitschrift für Soziologie 26 (2000, 3), 459-484

Hitzler, Ronald, und Anne Honer, Hrsg., Sozialwissenschaftliche Hermeneutik. Eine Einführung. Opladen: Leske und Budrich 1997

Hitzler, Ronald, und Anne Honer, „Einleitung: Hermeneutik in der deutschsprachigen Soziologie heute" in: Dies., Hrsg., Sozialwissenschaftliche Hermeneutik. Eine Einführung. Opladen: Leske und Budrich 1997, 7-27

Hoerning, Erika M., „Zweiter Bildungsweg – eine Statuspassage?" in: Martin Kohli, Hrsg., Soziologie des Lebenslaufs. Darmstadt und Neuwied: Luchterhand 1978, 251-266

Hoerning, Erika M., „Biographische Methode in der Sozialforschung", Das Argument 22 (1980a, 123), 677-687

Hoerning, Erika M., „Soziale Alterszuschreibungen, Situationsanpassungen und Bindungen. Biographische Konzeptionen weiblicher Büroangestellter über 35 Jahre" in: J.Matthes, A.Pfeifenberger, M.Stosberg, Hrsg., Biographie in handlungswissenschaftlicher Perspektive. Nürnberg: Verlag der Nürnberger Forschungsvereinigung 1980b, 311-329

Hoerning, Erika, „Frauen als Kriegsbeute" in: Lutz Niethammer und Alexander von Plato, Hrsg., „Wir kriegen jetzt andere Zeiten." Bonn: Dietz 1985, 327-344

Hoerning, Erika M., „Soziologische Dimensionen der Biographieforschung" in: Dies. u.a., Biographieforschung und Erwachsenenbildung. Bad Heilbrunn: Klinkhardt 1991, 11-134

Hoerning, Erika M., „Der alltägliche Kalte Krieg in Berlin 1948 bis 1961", BIOS. Zeitschrift für Biographieforschung und Oral History 6 (1993, Sonderheft), 73-93

Hoerning, Erika M., und Michael Corsten, Hrsg., Institution und Biographie. Die Ordnung des Lebens. Pfaffenweiler: Centaurus 1995

Hoerning, Erika M., u.a., Biographieforschung und Erwachsenenbildung. Hrsgg. von der Pädagogischen Arbeitsstelle des Deutschen Volkshochschul-Verbandes. Bad Heilbrunn: Klinkhardt 1991

Hoffmann, Dieter, „Kann persönliche Erfahrung von Geschichte eine Rolle in historischen Ausstellungen einnehmen?" in: Rolf Wilh. Brednich u.a., Hrsg., Lebenslauf und Lebenszusammenhang. Autobiographische Materialien in der volkskundlichen Forschung. Freiburg i.Br.: Abt. Volkskunde des Dt. Seminars der Universität Freiburg 1982, 255-268

Hoffmann-Richter, Ulrike, „Das Verschwinden der Biographie in der Krankengeschichte. Eine biographische Skizze", BIOS. Zeitschrift für Biographieforschung und Oral History 8 (1995, 2), 204-221

Hoffmann-Richter, Ulrike, und Asmus Finzen, „Die Krankengeschichte als Quelle. Zur Nutzung der Krankengeschichte als Quelle für Wissenschaft und psychiatrischen Alltag", BIOS. Zeitschrift für Biographieforschung und Oral History 11 (1998, 2), 280-297

Hoffmann-Riem, Christa, „Die Sozialforschung einer interpretativen Soziologie. Der Datengewinn", Kölner Zeitschrift für Soziologie und Sozialpsychologie 32 (1980), 339-372

Hoffmann-Riem, Christa, „Sozialforschung, Lebenswelt und Erzählung", Soziologische Revue 5 (1982), 177-189

Hopf, Christel, „Die Pseudo-Exploration. Überlegungen zur Technik qualitativer Interviews in der Sozialforschung", Zeitschrift für Soziologie 7 (1978), 97-115

Hopf, Christel, „Norm und Interpretation. Einige methodische und theoretische Probleme der Erhebung und Analyse subjektiver Interpretationen in qualitativen Untersuchungen", Zeitschrift für Soziologie 11 (1982), 307-329

Hopf, Christel, „Qualitative Interviews in der Sozialforschung. Ein Überblick" in: U. Flick u.a., Hrsg., Handbuch Qualitative Sozialforschung. Grundlagen, Konzepte, Methoden und Anwendungen. München: Psychologie Verlagsunion 1991, 177-182

Hopf, Christel, „Hypothesenprüfung und qualitative Sozialforschung" in: Rainer Strobl und Andreas Böttger, Hrsg., Wahre Geschichten? Zu Theorie und Praxis qualitativer Interviews. Baden-Baden: Nomos 1996, 9-21

Hopf, Christel, „Qualitative Interviews – ein Überblick" in: Uwe Flick, Ernst von Kardorff, Ines Steinke, Hrsg., Qualitative Forschung. Ein Handbuch. Reinbek bei Hamburg: Rowohlt 2000, 349-360

Hopf, Christel, „Forschungsethik und qualitative Forschung" in: Uwe Flick, Ernst von Kardorff, Ines Steinke, Hrsg., Qualitative Forschung. Ein Handbuch. Reinbek bei Hamburg: Rowohlt 2000, 589-600

Hüffell, Angelika, Schülerbewegung 1967-1977. Erfahrungen, Porträts, Dokumente. Gießen: Focus 1978

Hutching, Megan, Talking History. Wellington: Bridget Williams 1993

Iwert, Manfred, Vom narrativen Interview zur narrativen Gesprächsführungsmethode. Eine Konzeption des gezielten Fremdverstehens für den Anwendungsbereich pädagogischer Tätigkeiten. Stuttgart: ibidem 2003

Jäger, Herbert, und Lorenz Böllinger, „Studien zur Sozialisation von Terroristen" in: Herbert Jäger, Gerhard Schmidtchen, Lieselotte Süllwold, Lebenslaufanalysen. Studien zum Terrorismus 2. Opladen: Westdeutscher Verlag 1981, 118-243

Jaide, Walter, Junge Arbeiterinnen. München: Juventa 1969

Jakob, Gisela, Zwischen Dienst und Selbstbezug. Eine biographieanalytische Untersuchung ehrenamtlichen Engagements. Opladen: Leske und Budrich 1993

Jakob, Gisela, „Ehrenamtliches Engagement im sozialkatholischen Milieu: Biographische Grundlegungen und verbandliche Rahmenbedingungen" in: Erika M.Hoerning und Michael Corsten, Hrsg., Institution und Biographie. Die Ordnung des Lebens. Pfaffenweiler: Centaurus 1995, 221-236

Joas, Hans, „Einleitung" in: Agnes Heller, Das Alltagsleben. Versuch einer Erklärung der individuellen Reproduktion. Frankfurt a.M.: Suhrkamp 1978, 7-23

Jüttemann, Gerd, „Genetische Persönlichkeitspsychologie und Komparative Kasuistik" in: Ders. und Hans Thomae, Hrsg., Biographische Methoden in den Humanwissenschaften. Weinheim: Psychologie Verlagsunion 1998, 111-131

Kade, Jochen, und Wolfgang Seitter, „Erwachsenenbildung und Biographieforschung. Metamorphosen einer Beziehung" in: Ralf Bohnsack und Winfried Marotzki, Hrsg., Biographieforschung und Kulturanalyse. Transdisziplinäre Zugänge qualitativer Forschung. Opladen: Leske und Budrich 1998, 167-182

Kalicki, B., Lebensverläufe und Selbstbilder. Die Normalbiographie als psychologisches Regulativ. Opladen: Leske und Budrich 1996

Kallmeyer, Werner, und Fritz Schütze, „Zur Konstitution von Kommunikationsschemata der Sachverhaltsdarstellung" in: Dirk Wegner, Hrsg., Gesprächsanalyse. Hamburg: Buske 1976, 159-274

Kannonier-Finster, Waltraud, und Meinrad Ziegler, Frauen-Leben im Exil. Biographische Fallgeschichten. Wien, Köln, Weimar: Böhlau 1996

Karle, Albert, „,Ich war ein großer Nationalsozialist'. Nationalsozialismus eines Dorfbewohners" in: Johannes Beck, Heiner Boehncke, Werner Heinz, Gerhard Vinnai, Hrsg., Terror und Hoffnung in Deutschland 1933-1945. Reinbek bei Hamburg: Rowohlt 1980, 156-190

Keddi, Barbara, Patricia Pfeil, Petra Strehmel und Svendy Wittmann, Lebensthemen junger Frauen – die andere Vielfalt weiblicher Lebensentwürfe. Eine Längsschnittuntersuchung in Bayern und Sachsen. Opladen: Leske und Budrich 1999

Kelle, Udo, Empirisch begründete Theoriebildung. Zur Logik und Methodologie interpretativer Sozialforschung. Status Passages and the Life Course, Band VI. Weinheim: Deutscher Studienverlag 1994

Kelle, Udo, „Die Bedeutung theoretischen Vorwissens in der Methodologie der Grounded Theory" in: Rainer Strobl und Andreas Böttger, Hrsg., Wahre Geschichten? Zu Theorie und Praxis qualitativer Interviews. Baden-Baden: Nomos 1996, 23-47

Kelle, Udo, „Computergestützte Analyse qualitativer Daten" in: Uwe Flick, Ernst von Kardorff, Ines Steinke, Hrsg., Qualitative Forschung. Ein Handbuch. Reinbek bei Hamburg: Rowohlt 2000, 485-502

Kelle, Udo, und Christian Erzberger, „Die Integration qualitativer und quantitativer Forschungsergebnisse" in: Susann Kluge und Udo Kelle, Hrsg., Methodeninnovation in der Lebenslaufforschung. Integration qualitativer und quantitativer Verfahren in der Lebenslauf- und Biographieforschung. Weinheim und München: Juventa 2001, 89-133

Kelle, Udo, und Susann Kluge, Vom Einzelfall zum Typus. Fallvergleich und Fallkontrastierung in der qualitativen Sozialforschung. Opladen: Leske und Budrich 1999

Kerouac, John, Unterwegs. Reinbek bei Hamburg: Rowohlt 1968

Kieper, Marianne, „Ein biographisches Interview als Zugang zum Lebenslauf eines Heimmädchens" in: Dieter Baacke und Theodor Schulze, Hrsg., Aus Geschichten lernen. München: Juventa 1979, 226-262

Kinstle, Theo, Udo Pobel, Sybille Schlegel, Jugendarbeit auf dem Lande. Ländliche Lebensbedingungen, jugendlicher Alltag und soziale Arbeit. Weinheim und Basel: Beltz 1978

Klafki, Wolfgang, „Zwischen Führerglauben und Distanzierung. Autobiographisches zur politischen Identitätsbildung in Kindheit und Jugend unter dem Nationalsozialismus" in: Wilfried Breyvogel und Hartmut Wenzel, Hrsg., Subjektivität und Schule. Pädagogisches Handeln zwischen subjektivem Sinn und institutioneller Macht. Essen: Neue Deutsche Schule 1983, 100-126

Klein, Stephanie, Theologie und empirische Biographieforschung. Methodische Zugänge zur Lebens- und Glaubensgeschichte und ihre Bedeutung für eine erfahrungsbezogene Theologie. Stuttgart, Berlin, Köln: Kohlhammer 1994

Kluckhohn, Clyde, „The Personal Document in Anthropological Science" in: Luis Gottschalk, Clyde Kluckhohn, Robert C.Angell, The Use of Personal Documents in History, Anthropology, and Sociology. Prepared for the Committee on Appraisal of Research. New York: Social Science Research Council 1951, 79-173 (zuerst 1945)

Klucsarits, Richard, und Friedrich G.Kürbisch, Hrsg., Arbeiterinnen kämpfen um ihr Recht. Autobiographische Texte zum Kampf rechtloser und entrechteter „Frauenspersonen" in Deutschland, Österreich und der Schweiz des 19. und 20. Jahrhunderts. Wuppertal: Hammer 1975

Klüver, J., „Kommunikative Validierung – einige vorbereitende Bemerkungen zum Projekt ‚Lebensweltanalyse von Fernstudenten'" in: Thomas Heinze, Hrsg., Lebensweltanalyse von Fernstudenten. Werkstattbericht der Fernuniversität Hagen 1979, 68-94

Kluge, Susann, Empirisch begründete Typenbildung. Zur Konstruktion von Typen und Typologien in der qualitativen Sozialforschung. Opladen: Leske und Budrich 1999

Kluge, Susann, „Strategien zur Integration qualitativer und quantitativer Erhebungs- und Auswertungsverfahren. Ein methodischer und methodologischer Bericht aus dem Sonderforschungsbereich 186 ‚Statuspassagen und Risikolagen im Lebensverlauf'" in: Dies. und Udo Kelle, Hrsg., Methodeninnovation in der Lebenslaufforschung. Integration qualitativer und quantitativer Verfahren in der Lebenslauf- und Biographieforschung. Weinheim und München: Juventa 2001, 37-88

Knigge, Adolph Freiherr von, Über den Umgang mit Menschen. Eingeleitet von Max Rychner. Bremen: Schünemann 1964 (zuerst 1788)

Knoblauch, Hubert, „Zukunft und Perspektiven qualitativer Forschung" in: Uwe Flick, Ernst von Kardorff, Ines Steinke, Hrsg., Qualitative Forschung. Ein Handbuch. Reinbek bei Hamburg 2000, 623-632

Koch, Adelbert, „Arbeitermemoiren als sozialwissenschaftliche Erkenntnisquelle", Archiv für Sozialwissenschaft und Sozialpolitik 61 (1929), 128-167

Köhler, Jochen, Klettern in der Großstadt. Volkstümliche Geschichten vom Überleben in Berlin 1933-1945. Berlin: Wagenbach 1979 (Neuausgabe Berlin 1981)

Körner, Cornelius, Astrologische Weisheit. Der Steinbock. Seine Natur, sein Schicksal, seine Verbindungen. München: Lichtenberg 1967

Kohli, Martin, Hrsg., Soziologie des Lebenslaufs. Darmstadt und Neuwied: Luchterhand 1978

Kohli, Martin, „Erwartungen an eine Soziologie des Lebenslaufs" in: Ders., Hrsg., Soziologie des Lebenslaufs. Darmstadt und Neuwied: Luchterhand 1978, 9-31

Kohli, Martin, „Zur Theorie der biographischen Selbst- und Fremdthematisierung" in: Joachim Matthes, Hrsg., Lebenswelt und soziale Probleme. Frankfurt a.M. und New York: Campus 1980a, 502-520

Kohli, Martin, „Biographische Organisation als Handlungs- und Strukturproblem. Zu Fritz Schütze: ‚Prozeßstrukturen des Lebensablaufs'" in: J.Matthes, A.Pfeifenberger, M.Stosberg, Hrsg., Biographie in handlungswissenschaftlicher Perspektive. Nürnberg: Verlag der Nürnberger Forschungsvereinigung 1980b, 157-168

Kohli, Martin, „Alternsprozesse als Sozialisationseffekte von Erwerbsarbeit", aktuelle gerontologie 10 (1980c), 527-533

Kohli, Martin, „Lebenslauftheoretische Ansätze in der Sozialisationsforschung" in: Klaus Hurrelmann und Dieter Ulich, Hrsg., Handbuch der Sozialisationsforschung. Weinheim und Basel: Beltz 1980d, 299-317

Kohli, Martin, „Biography: Account, Text, Method" in: D. Bertaux, Hrsg., Biography and Society. The Life History Approach in the Social Sciences. London und Beverly Hills: Sage 1981a, 61-75

Kohli, Martin, „Wie es zur ‚biographischen Methode' kam und was daraus geworden ist. Ein Kapitel aus der Geschichte der Sozialforschung", Zeitschrift für Soziologie 10 (1981b), 273-293

Kohli, Martin, „‚Von uns selber schweigen wir'. Wissenschaftsgeschichte aus Lebensgeschichten" in: Wolf Lepenies, Hrsg., Geschichte der Soziologie. Band 1. Frankfurt a.M.: Suhrkamp 1981c, 428-465

Kohli, Martin, „Zur Theorie der biographischen Selbst- und Fremdthematisierung" in: Joachim Matthes, Hrsg., Lebenwelt und soziale Probleme. Frankfurt am Main und New York: Campus 1981d, 502-520

Kohli, Martin, „Antizipation, Bilanzierung, Irreversibilität – Dimensionen der Auseinandersetzung mit beruflichen Problemen im mittleren Erwachsenenalter", Zeitschrift für Sozialisationsforschung und Erziehungssoziologie 2 (1982), 39-52

Kohli, Martin, „Die Institutionalisierung des Lebenslaufs. Historische Befunde und theoretische Argumente", Kölner Zeitschrift für Soziologie und Sozialpsychologie 37 (1985), 1-29

Kohli, Martin, „Normalbiographie und Individualität. Zur institutionellen Dynamik des gegenwärtigen Lebenslaufregimes" in: Hans-Georg Brose und Bruno Hildenbrand, Hrsg., Vom Ende des Individuums zur Individualität ohne Ende. Opladen: Leske und Budrich 1988, 33-53

Kokemohr, Rainer, und Winfried Marotzki, Hrsg., Biographien in komplexen Institutionen. Studentenbiographien I. Frankfurt am Main, Berlin, New York, Paris: Peter Lang 1989

Kokemohr, Rainer, und Hans-Christoph Koller, „Die rhetorische Artikulation von Bildungsprozessen. Zur Methodologie erziehungswissenschaftlicher Biographieforschung" in: Heinz-Hermann Krüger und Winfried Marotzki, Hrsg., Erziehungswissenschaftliche Biographieforschung. 2. durchges. Aufl. Opladen: Leske und Budrich 1996, 90-102

Kosmann, Marianne, Wie Frauen erben. Geschlechterverhältnis und Erbprozeß. Opladen: Leske und Budrich 1998

Kowal, Sabine, und Daniel C.O'Connell, „Zur Transkription von Gesprächen" in: Uwe Flick, Ernst von Kardorff, Ines Steinke, Hrsg., Qualitative Forschung. Ein Handbuch. Reinbek bei Hamburg: Rowohlt 2000, 437-447

Kraul, Margret, „Biographieforschung und Frauenforschung" in: Heinz-Hermann Krüger und Winfried Marotzki, Hrsg., Handbuch erziehungswissenschaftliche Biographieforschung. Opladen: Leske und Budrich 1999, 455-469

Kröll, Friedhelm, „Biographie. Ein Sozialforschungsweg?", Das Argument 23 (1981, 126), 181-196

Kröll, Friedhelm, Joachim Matthes, Manfred Stosberg, „Zehn Thesen zur Einbeziehung biographisch orientierter Konzepte in soziologische Forschung" in: J.Matthes, A.Pfeifenberger, M.Stosberg, Hrsg., Biographie in handlungswissenschaftlicher Perspektive. Nürnberg: Verlag der Nürnberger Forschungsvereinigung 1981, 15-29.

Krüger, Detlev, und Bernd Rabe, „‚Das Wesentliche hat man Euch verschwiegen!' Sozialdemokratische Charaktere aus der Zeit der Weimarer Republik", Politikon (1977, 56), 10-21

Krüger, Heinz-Hermann, „Entwicklungslinien, Forschungsfelder und Perspektiven der erziehungswissenschaftlichen Biographieforschung" in: Ders. und Winfried

Marotzki, Hrsg., Handbuch erziehungswissenschaftliche Biographieforschung. Opladen: Leske und Budrich 1999, 13-32

Krüger, Heinz-Hermann, Jutta Ecarius, Cathleen Grunert, Dirk Michelmann, „Kinderbiographien: Verselbständigungsschritte und Lebensentwürfe" in: Manuela du Bois-Reymond, Peter Büchner, Heinz-Hermann Krüger, Jutta Ecarius, Burkhard Fuhs, Kinderleben. Modernisiertung von Kindheit im interkulturellen Vergleich. Opladen: Leske und Budrich 1994, 221-271

Krüger, Heinz-Hermann, und Winfried Marotzki, „Einführung" zu: Dies., Hrsg., Erziehungswissenschaftliche Biographieforschung. 2. durchges. Aufl. Opladen: Leske und Budrich 1996, 7-9

Krüger, Helga, „Übergänge und Mythen: Geschlecht im Strudel der Forschung" in: Axel Bolder und Andreas Witzel, Hrsg., Berufsbiographien. Beiträge zur Theorie und Empirie ihrer Bedingungen, Genese und Gestaltung. Eine etwas andere Festschrift für Walter R.Heinz aus Anlass seines 60.Geburtstags. Opladen: Leske und Budrich 2003, 148-167

Kuckartz, Udo, „Qualitative Daten computergestützt auswerten: Methoden, Techniken, Software" in: Barbara Friebertshäuser und Annedore Prengel, Hrsg., Handbuch Qualitative Forschungsmethoden in der Erziehungswissenschaft. Weinheim und München: Juventa 1997, 584-595

Kudera, Sabine, „Erfahrungen des Nationalsozialismus in kleinbürgerlichen Gruppen: HJ-Identifikation, Lebensverlauf und heutiges politisches Bewußtsein bei Männern in der 1930er Kohorte, insbesondere HJ-Führern und «Eliteschülern»" in: Peter Alheit und Erika M.Hoerning, Hrsg., Biographisches Wissen. Beiträge zu einer Theorie lebensgeschichtlicher Erfahrung. Frankfurt am Main und New York: Campus 1989, 70-98

Kübler, Hans-Dieter, und H.Gerd Würzberg, „Medienforschung" in: H. Jürgen Kagelmann und Gerd Wenninger, Hrsg., Medienpsychologie. Ein Handbuch in Schlüsselbegriffen. München, Wien, Baltimore: Urban und Schwarzenberg 1982, 96-117

Küchler, Manfred, „Qualitative Sozialforschung. Modetrend oder Neuanfang?", Kölner Zeitschrift für Soziologie und Sozialpsychologie 32 (1980a), 373-386

Küchler, Manfred, „Kontext – Eine vernachlässigte Dimension empirischer Sozialforschung" in: Joachim Matthes, Hrsg., Lebenswelt und soziale Probleme. Frankfurt a.M. und New York: Campus 1980b, 344-354

Kuhn, H., Bruch mit dem Kommunismus. Über autobiographische Schriften von Ex-Kommunisten im geteilten Deutschland. Münster: Westfälisches Dampfboot 1990

Labov, William, und Joshua Waletzky, „Erzählanalyse: Mündliche Versionen persönlicher Erfahrung" in: Jens Ihwe, Hrsg., Literaturwissenschaft und Linguistik, Band 2. Frankfurt a.M.: Athenäum 1973, 78-126 (zuerst 1967)

Lamnek, Siegfried, Qualitative Sozialforschung. Band 1, Methodologie. Band 2, Methoden und Techniken. 3.korr.Aufl. Weinheim: Beltz/Psychologie Verlagsunion 1995 (zuerst 1988)

Lanfranchi, Andrea, Immigranten und Schule. Transformationsprozesse in traditionalen Familienwelten als Voraussetzung für schulisches Überleben von Immigrantenkindern. Opladen: Leske und Budrich 1993

Langness, Lewis L., The Life History in Anthropological Science. New York, Chicago, San Francisco, Toronto, London 1965

Lazarsfeld, Paul F., „Eine Episode in der Geschichte der empirischen Sozialforschung" in: Talcott Parsons, Edward Shils, Paul F. Lazarsfeld, Soziologie - autobiographisch. Stuttgart: Enke 1975, 147-225

Leccardi, Carmen, „Die Zeit der Jugendlichen. Was heißt männlich und weiblich in der Zeiterfahrung?" in: Manuela du Bois-Reymond und Mechtild Oechsle, Hrsg., Neue Jugendbiographie? Zum Strukturwandel der Jugendphase. Opladen: Leske und Budrich 1990, 95-114

Lehmann, Albrecht, „Autobiographische Erhebungen in den sozialen Unterschichten. Gedanken zu einer Methode der empirischen Forschung", Zeitschrift für Volkskunde 73 (1977), 161-180

Lehmann, Albrecht, „Erzählen eigener Erlebnisse im Alltag. Tatbestände, Situationen, Funktionen", Zeitschrift für Volkskunde 74 (1978), 198-215

Lehmann, Albrecht, „Autobiographische Methoden. Verfahren und Möglichkeiten", Ethnologia Europaea 11 (1979/80), 1, 36-54

Lehmann, Albrecht, „Rechtfertigungsgeschichten. Über eine Funktion des Erzählens eigener Erlebnisse im Alltag", Fabula 21/22 (1980/81), 56-69

Lehmann, Albrecht, „Leitlinien des lebensgeschichtlichen Erzählens" in: Rolf Wilh. Brednich u.a., Hrsg., Lebenslauf und Lebenszusammenhang. Autobiographische Materialien in der volkskundlichen Forschung. Freiburg i.Br.: Abt. Volkskunde des Dt. Seminars der Universität Freiburg 1982, 71-87

Lehmann, Albrecht, „Flüchtlingserinnerungen im Erzählen zwischen den Generationen", BIOS. Zeitschrift für Biographieforschung und Oral History 2 (1989, 2), 183-206

Lehmann, Albrecht, „Zur Typisierung alltäglichen Erzählens" in: Thomas Jung und Stefan Müller-Doohm, Hrsg., ‚Wirklichkeit' im Deutungsprozeß. Verstehen und Methoden in den Kultur- und Sozialwissenschaften. Frankfurt am Main: Suhrkamp 1993, 430-437

Lehr, Ursula, „Kontinuität und Diskontinuität im Lebenslauf" in: Leopold Rosenmayr, Hrsg., Die menschlichen Lebensalter. Kontinuität und Krisen. München und Zürich: Piper 1978, 315-339

Lejeune, Philippe, „Le pacte autobiographique", Poétique 14 (1973), 137-162

Lejeune, Philippe, Der autobiographische Pakt. Frankfurt am Main: Suhrkamp 1994 (orig. Paris 1975)

Lejeune, Philippe, „Verzeichnisse autobiographischer Texte", BIOS. Zeitschrift für Biographieforschung und Oral History 11 (1998, 1), 103-130

Lemert, Edwin M., Social Pathology. A Systematic Approach to the Theory of Sociopathic Behavior. New York, Toronto und London: McGraw Hill 1951

Lenz, Karl, Alltagsleben von Jugendlichen. Eine empirische Studie über jugendliche Handlungstypen. Frankfurt am Main und New York: Campus 1986

Lenz, Karl, „Prozeßstrukturen biographischer Verläufe in der Jugendphase und danach. Methodische Grundlagen einer qualitativen Langzeitstudie" in: Arno Combe und Werner Helsper, Hrsg., Hermeneutische Jugendforschung. Theoretische Konzepte und methodologische Ansätze. Opladen: Westdeutscher Verlag 1991, 50-70

Lequin, Yves, und Jean Métral, „Auf der Suche nach einem kollektiven Gedächtnis. Die Rentner der Metallindustrie von Givors" in: Lutz Niethammer, Hrsg., Lebenserfahrung und kollektives Gedächtnis. Die Praxis der ‚Oral History'. Frankfurt a.M.: Syndikat 1980, 249-271 (zuerst 1980)

Levy, René, Der Lebenslauf als Statusbiographie. Die weibliche Normalbiographie in makrosoziologischer Perspektive. Stuttgart: Enke 1977

Levy, René, „Ungleichheit und Lebenslauf. Anstiftung zu einem Perspektiventransfer" in: Axel Bolder und Andreas Witzel, Hrsg., Berufsbiographien. Beiträge zu Theorie und Empirie ihrer Bedingungen, Genese und Gestaltung. Eine etwas andere Festschrift für Walter R.Heinz aus Anlass seines 60.Geburtstags. Opladen: Leske und Budrich 2003, 215-238

Lewis, Oscar, Die Kinder von Sanchez. Selbstporträt einer mexikanischen Familie. Frankfurt a.M., Wien, Zürich: Econ 1965

Ley, Kaatharina, „Von der Normal- zur Wahlbiographie?" in: Martin Kohli und Günther Robert, Hrsg., Biographie und soziale Wirklichkeit. Stuttgart: Metzler 1984, 239-260

Liebel, Manfred, und Bruno Schonig, „Soziobiographische Zugänge zur Geschichte der Arbeiterjugend (Vorüberlegungen zu einem Forschungsprojekt, Juli 1978)", Probleme des Klassenkampfs 8 (1978, 33), 127-146

Littmann, Franz, Der ‚normale' Mittelweg zum ‚wahren' Selbst. Analyse und Kritik grundlegender Denkfiguren der Gruppendynamik. Marburg: Guttandin und Hoppe 1980

Loch, Ulrike, und Gabriele Rosenthal, „Das narrative Interview" in: Doris Schaeffer und Gabriele Müller-Mundt, Hrsg., Qualitative Gesundheits- und Pflegeforschung. Bern, Göttingen, Toronto, Seattle: Huber 2002, 221-232

Löwenthal, Leo, „Die biographische Mode" in: Theodor W.Adorno und Walter Dirks, Hrsg., Sociologica 1. Aufsätze, Max Horkheimer zum sechzigsten Geburtstag gewidmet. Frankfurt a.M. und Köln: EVA 1955, 363-386

Lofland, John, „Feld-Notizen" in: Klaus Gerdes, Hrsg., Explorative Sozialforschung. Stuttgart: Enke 1979, 110-120 (zuerst 1971)

Lubas-Bartoszynska, Regina, „Autobiographische Wettbewerbe und soziologische Biographieforschung in Polen nach 1945", BIOS. Zeitschrift für Biographieforschung und Oral History 7 (1994, 2), 240-254

Lucius-Hoene, Gabriele, und Arnulf Deppermann, Rekonstruktion narrativer Identität. Ein Arbeitsbuch zur Analyse narrativer Interviews. Opladen: Leske und Budrich 2002

Lüders, Christian, und Michael Meuser, „Deutungsmusteranalyse" in: Ronald Hitzler und Anne Honer, Hrsg., Sozialwissenschaftliche Hermeneutik. Eine Einführung. Opladen: Leske und Budrich 1997, 57-79

Lüderssen, Klaus, „Autobiographische Texte und Kriminalpolitik. Authentizität und Repräsentativität durch ‚Formwillen' und ‚Theorie', befreiende oder erdrückende Situationsdefinitionen des ‚Täters'?", in: Ders. und Th.M.Seibert, Hrsg., Autor und Täter. Frankfurt a.M.: Suhrkamp 1978, 9-52

Lugowski, Clemens, Die Form der Individualität im Roman. Frankfurt a.M.: Suhrkamp 1976 (zuerst 1932)

Lummis, Trevor, Listening to History. The authenticity of oral evidence. London, Melbourne, Sydney, Auckland, Johannesburg: Hutchinson Education 1987

Lundberg, George A., „Case Work and the Statistical Method", Social Forces 5 (1926), 61-65

Maaßen, Monika, Biographie und Erfahrung von Frauen. Ein feministisch-theologischer Beitrag zur Relevanz der Biographieforschung für die Wiedergewinnung der Kategorie Erfahrung. Münster: 1993

Madge, John, The Origins of Scientific Sociology. New York: Free Press 1968 (zuerst 1962)

Mahnkopf, Birgit, „Geschichte und Biographie in der Arbeiterbildung" in: Adolf Brock, Hans Dieter Müller, Oskar Negt, Hrsg., Arbeiterbildung, Soziologische Phantasie und exemplarisches Lernen in Theorie, Kritik und Praxis. Reinbek bei Hamburg: Rowohlt 1978, 87-123

Mahrholz, Werner, Deutsche Selbstbekenntnisse. Ein Beitrag zur Geschichte der Selbstbiographie von der Mystik bis zum Pietismus. Berlin: Furche 1919

Mannheim, Karl, „Das Problem der Generationen" in: Martin Kohli, Hrsg., Soziologie des Lebenslaufs. Darmstadt und Neuwied: Luchterhand 1978, 509-565

Markiewicz-Lagneau, Janina, „L'autobiographie en Pologne ou de l'usage social d'une technique sociologique", Revue française de sociologie 17 (1976), 591-613

Markiewicz-Lagneau, Janina, „Florian Znaniecki, sociologue de l'action sociale et de la méthode analytique", Revue française de sociologie 23 (1982), 171-193

Marotzki, Winfried, Entwurf einer strukturalen Bildungstheorie. Biographietheoretische Auslegung von Bildungsprozessen in hochkomplexen Gesellschaften. Weinheim: Deutscher Studienverlag 1990

Marotzki, Winfried, „Bildungsprozesse in lebensgeschichtlichen Horizonten" in: Erika M.Hoerning u.a., Biographieforschung und Erwachsenenbildung. Bad Heilbrunn: Klinkhardt 1991a, 182-205

Marotzki, Winfried, „Ideengeschichtliche und programmatische Dimensionen pädagogischer Biographieforschung" in: Dietrich Hoffmann, Hrsg., Bilanz der Paradigmendiskussion in der Erziehungswissenschaft. Leistungen, Defizite, Grenzen. Weinheim: Deutscher Studienverlag 1991b, 81-110

Marotzki, Winfried, „Forschungsmethoden der erziehungswissenschaftlichen Biographieforschung" in: Heinz-Hermann Krüger und Ders., Hrsg., Erziehungswissenschaftliche Biographieforschung. 2. durchges. Aufl. Opladen: Leske und Budrich 1996, 35-89

Marotzki, Winfried, „Forschungsmethoden und -methodologie der Erziehungswissenschaftlichen Biographieforschung" in: Heinz-Hermann Krüger und Winfried Marotzki, Hrsg., Handbuch erziehungswissenschaftliche Biographieforschung. Opladen: Leske und Budrich 1999, 109-133

Marotzki, Winfried, „Qualitative Biographieforschung" in: Uwe Flick, Ernst von Kardorff, Ines Steinke, Hrsg., Qualitative Forschung. Ein Handbuch. Reinbek bei Hamburg: Rowohlt 2000, 175-186

McMahan, Eva M., Elite Oral History Discourse. A Study in Cooperation and Coherence. Tuscaloosa und London: The University of Alabama Press 1989

McMahan, Eva M., und Kim Lacy Rogers, Hrsg., Interactive Oral History Interviewing. Hillsdale, N.J.: Lawrence Erlbaum 1994

Melchionni, Maria Grazia, ISTOR. Colui che racconta in veste di testimone. Manualetto per praticare la storia orale. Rom: Kappa 1994

Mietzner, Ulrike, Enteignung der Subjekte – Lehrer und Schule in der DDR. Eine Schule in Mecklenburg von 1945 bis zum Mauerbau. Opladen: Leske und Budrich 1998

Morin, Françoise, „Pratiques anthropologiques et histoire de vie", Cahiers internationaux de sociologie 69 (1980), 313-339

Moszeik, C., Hrsg., Aus der Gedankenwelt einer Arbeiterfrau. Von ihr selbst erzählt. Groß-Lichterfelde – Berlin: Runge 1909

Mühlfeld, Claus, Paul Windolf, Norbert Lampert, Heidi Krüger, „Auswertungsprobleme offener Interviews", Soziale Welt 32 (1981), 325-352

Müller, Siegfried, Aktenanalyse in der Sozialarbeitsforschung. Weinheim und Basel: Beltz 1980

Müller-Handl, U., „Die Gedanken laufen oft zurück..." Flüchtlingsfrauen erinnern sich an ihr Leben in Böhmen und Mähren und an den Neuanfang in Hessen nach 1945. Wiesbaden: Historische Kommission für Nassau 1993

Mutz, Gerd, „Institutionalisierung reflexiver Erwerbsverläufe in West- und Ostdeutschland. Erwerbsbiographische Stabilität und Kontinuität" in: Erika M.Hoerning und Michael Corsten, Hrsg., Institution und Biographie. Die Ordnung des Lebens. Pfaffenweiler: Centaurus 1995, 131-146

Mutz, Gerd, W.Ludwig-Mayerhoffer, E.J.Koenen, K.Eder und W.Bonß, Diskontinuierliche Erwerbsverläufe. Analysen zur postindustriellen Arbeitslosigkeit. Opladen: Leske und Budrich 1995

Nagel, Ulrike, Engagierte Rollendistanz. Professionalität in biographischer Perspektive. Opladen: Leske und Budrich 1997

Neugarten, Bernice L., und Nancy Datan, „Lebenslauf und Familienzyklus - Grundbegriffe und neue Forschungen" in: Leopold Rosenmayr, Hrsg., Die menschlichen Lebensalter. München und Zürich: Piper 1978, 165-188 (zuerst 1973)

Neumann, Bernd, Identität und Rollenzwang. Zur Theorie der Autobiographie. Frankfurt a.M.: Athenäum 1970

Neumann, Siegfried, „Arbeitserinnerungen als Erzählungsinhalt" in: G. Heilfurth und I.Weber-Kellermann, Hrsg., Arbeit und Volksleben. Göttingen 1967, 274-284

Nienaber, Ursula, Migration – Integration und Biographie. Biographieanalytische Untersuchungen auf der Basis narrativer Interviews am Beispiel von Spätaussiedlern aus Polen, Rumänien und der UdSSR. Münster und New York: Waxmann 1995

Niethammer, Lutz, „Oral History in USA. Zur Entwicklung und Problematik diachroner Befragungen", Archiv für Sozialgeschichte 18 (1978), 457-501

Niethammer, Lutz, „Einführung" in: Ders., Hrsg., Lebenserfahrung und kollektives Gedächtnis. Die Praxis der ‚Oral History'. Frankfurt a.M.: Syndikat 1980, 7-26

Niethammer, Lutz, „Oral History as a Channel of Communication between Workers and Historians" in: Paul Thompson with Natasha Burchardt, Hrsg., Our Common History. The Transformation of Europe. London: Pluto Press 1982, 23-37

Niethammer, Lutz, „Einleitung des Herausgebers" in: Ders., Hrsg., „Die Jahre weiß man nicht, wo man die heute hinsetzen soll". Faschismus-Erfahrungen im Ruhrgebiet. Berlin und Bonn: Dietz 1983, 7-29

Niethammer, Lutz, „Annäherung an den Wandel. Auf der Suche nach der volkseigenen Erfahrung in der Industrieprovinz der DDR", BIOS. Zeitschrift für Biographieforschung und Oral History 1 (1988, 1), 19-66

Niethammer, Lutz, Alexander von Plato und Dorothee Wierling, Die volkseigene Erfahrung. Eine Archäologie des Lebens in der Industrieprovinz der DDR. Berlin: Rowohlt 1991

Nittel, Dieter, Die lebensweltlichen Grundlagen der biographischen Methode unter besonderer Berücksichtigung andragogischer Aspekte. Werkstattbericht der Pädagogischen Arbeitsstelle des Deutschen Volkshochschul-Verbandes (Projekt HAWA) 1983

Nittel, Dieter, Gymnasiale Schullaufbahn und Identitätsentwicklung. Eine biographieanalytische Studie. Weinheim: Deutscher Studienverlag 1992

Nittel, Dieter, „Das Erwachsenenleben aus der Sicht der Biographieforschung" in: Heinz-Hermann Krüger und Winfried Marotzki, Hrsg., Handbuch erziehungswissenschaftliche Biographieforschung. Opladen: Leske und Budrich 1999, 301-323

Oberlaender, Franklin A., „Zwischen den Stühlen. Zur Problematik katholischer Deutscher jüdischer Herkunft, dargestellt am Fallbeispiel des Pfarrers Fuchs", BIOS. Zeitschrift für Biographieforschgung und Oral History 3 (1990, 2), 189-223

Oberlaender, Franklin A., „Wir aber sind nicht Fisch und nicht Fleisch". Christliche „Nichtarier" und ihre Kinder in Deutschland. Opladen: Leske und Budrich 1996

Oechsle, Mechthild, und Birgit Geissler, „Zeitperspektive und Zeitknappheit in der Lebensplanung junger Frauen" in: Lutz Leisering, Birgit Geissler, Ulrich Mergner und Ursula Rabe-Kleberg, Hrsg., Moderne Lebensläufe im Wandel. Weinheim: Deutscher Studienverlag 1993, 61-73

Oevermann, Ulrich, „Eine exemplarische Fallrekonstruktion zum Typus versozialwissenschaftlichter Identitätsformation" in: Hanns-Georg Brose und Bruno Hildenbrand, Hrsg., Vom Ende des Individuums zur Individualität ohne Ende. Opladen: Leske und Budrich 1988, 243-286

Oevermann, Ulrich, „Die objektive Hermeneutik als unverzichtbare methodologische Grundlage für die Analyse von Subjektivität. Zugleich eine Kritik der Tiefenhermeneutik" in: Thomas Jung und Stefan Müller-Doohm, Hrsg., ‚Wirklichkeit' im Deutungsprozeß. Verstehen und Methoden in den Kultur- und Sozialwissenschaften. Frankfurt am Main: Suhrkamp 1993, 106-189

Oevermann, Ulrich, Tilman Allert, Elisabeth Konau, „Zur Logik der Interpretation von Interviewtexten. Fallanalyse anhand eines Interviews mit einer Fernstudentin" in: Thomas Heinze, Hans-W. Klusemann, Hans-Georg Soeffner, Hrsg., Interpretationen einer Bildungsgeschichte. Überlegungen zur sozialwissenschaftlichen Hermeneutik. Bensheim: päd.extra 1980, 15-69

Oevermann, Ulrich, Tilman Allert, Elisabeth Konau, Jürgen Krambeck, „Die Methodologie einer ‚objektiven Hermeneutik' und ihre allgemeine forschungslogische Bedeutung in den Sozialwissenschaften" in: Hans-Georg Soeffner, Hrsg., Interpretative Verfahren in den Sozial- und Textwissenschaften. Stuttgart: Metzler 1979, 352-434

Ohlbrecht, Heike, „Serviceteil" in: Uwe Flick, Ernst von Kardorff, Ines Steinke, Hrsg., Qualitative Forschung. Ein Handbuch. Reinbek bei Hamburg: Rowohlt 2000, 653-671

Olagnero, Manuela, und Chiara Saraceno, Che vita è. L'uso dei materiali biografici nell'analisi sociologica. Rom: La Nuova Italia Scientifica 1993

Osterland, Martin, „Lebensgeschichtliche Erfahrung und gesellschaftliches Bewußtsein. Anmerkungen zur soziobiographischen Methode", Soziale Welt 24 (1973), 409-417

Osterland, Martin, „Lebensbilanzen und Lebensperspektiven von Industriearbeitern" in: Martin Kohli, Hrsg., Soziologie des Lebenslaufs. Darmstadt und Neuwied: Luchterhand 1978, 272-290

Ostner, Ilona, „Zur Vergleichbarkeit von Aussagen in lebensgeschichtlichen Interviews", Beiträge zur feministischen Theorie und Praxis (1982, 7), 61-75

Papastefanou, Georg, und Angelika Tölke, „Zur Adäquanz retrospektiver Daten" in: Joachim Matthes, Hrsg., Lebenswelt und soziale Probleme. Frankfurt a.M. und New York: Campus 1981, 629-634

Park, Robert E., und Herbert A.Miller, Old World Traits Transplanted. New York: Arno Press 1969 (zuerst 1921)

Paul, Sigrid, Begegnungen. Zur Geschichte persönlicher Dokumente in Ethnologie, Soziologie und Psychologie. 2 Bände. Hohenschäftlarn: Klaus Renner 1979

Paul, Sigrid, „Funktionen der Biographieforschung in der Ethnologie" in: Gerd Jüttemann und Hans Thomae, Hrsg., Biographische Methoden in den Humanwissenschaften. Weinheim: Psychologie Verlagsunion 1998, 24-43

Peneff, Jean, La méthode biographique. De l'Ecole de Chicago à l'histoire orale. Paris: Armand Lolin 1990

Peneff, Jean, „Les grandes tendances de l'usage des biographies dans la sociologie française", Politix (1994, 27), 25-31

Personal-Enzyklopädie. Das Wissen über Menschen und Menschenführung in modernen Organisationen. München: Moderne Industrie 1977

Philipper, Ingeborg, Biographische Dimensionen der Migration. Zur Lebensgeschichte von Italienerinnen der ersten Generation. Weinheim: Deutscher Studienverlag 1997

Picard, Hans Rudolf, Autobiographie im zeitgenössischen Frankreich. Existentielle Reflexion und literarische Gestaltung. München: Fink 1978

Pieper, Michael, Erwachsenenalter und Lebenslauf. Zur Soziologie der Altersstufen. München: Kösel 1978

Plato, Alexander von, „Erfahrungsgeschichte – von der Etablierung der Oral History" in: Gerd Jüttemann und Hans Thomae, Hrsg., Biographische Methoden in den Humanwissenschaften. Weinheim: Psychologie Verlagsunion 1998, 60-74

Plummer, Ken, Documents of Life. An Introduction to the Problems and Literature of a Humanistic Method. London: George Allen und Unwin 1983

Polit, Denise F., Cheryl Tatano Beck und Bernadette P.Hungler, Lehrbuch Pflegeforschung. Methodik, Beurteilung und Anwendung. Bern, Göttingen, Toronto, Seattle: Huber 2004

Pollak, Michael, „Pour un inventaire" in: Questions à l'histoire orale. Table ronde du 20 Juin 1986. Cahiers de l'Institut d'Histoire du Temps Présent, No 4. Paris 1986, 11-31

Pollak, Michael, „Auswertungsverfahren in der mündlichen Geschichte" in: Gerhard Botz, Christian Fleck, Albert Müller, Manfred Thaller, Hrsg., «Qualität und Quantität». Zur Praxis der Methoden der Historischen Sozialwissenschaft. Frankfurt am Main und New York: Campus 1988, 239-251

Polligkeit, Wilhelm, „Menschen und Schicksale. Aus Lebensläufen von Landstreichern" in: Bayerischer Landesverband für Wanderdienst, Hrsg., Der nichtseßhafte Mensch. Ein Beitrag zur Neugestaltung der Raum- und Menschenordnung im Großdeutschen Reich. München: Beck 1938, 371-428

Poppinga, Onno, Hans Martin Barth, Hiltraud Roth, Ostfriesland. Biographien aus dem Widerstand. Frankfurt a.M.: Syndikat 1977

Portelli, Alessandro, The Death of Luigi Trastulli and Other Stories. Form and Meaning in Oral History. Albany: State University of New York Press 1991

Projektgruppe Jugendbüro, Hrsg., Karin Q.: Wahnsinn, das ganze Leben ist Wahnsinn. Ein Schülertagebuch. Frankfurt a.M.: päd.extra 1978

Quasthoff, Uta, „Eine interaktive Funktion von Erzählungen" in: Hans-Georg Soeffner, Hrsg., Interpretative Verfahren in den Sozial- und Textwissenschaften. Stuttgart: Metzler 1979, 104-126

Rabe, Bernd, Der sozialdemokratische Charakter. Drei Generationen aktiver Parteimitglieder in einem Arbeiterviertel. Frankfurt a.m. und New York: Campus 1978

Redfield, Robert, „Foreword" in: Gordon W. Allport, The Use of Personal Documents in Psychological Science. New York: Social Science Research Council 1947, VII-X (zuerst 1942)

Redlich, Fritz, „Frühindustrielle Unternehmer und ihre Probleme im Lichte ihrer Selbstzeugnisse" in: Wolfram Fischer, Hrsg., Wirtschafts- und sozialgeschichtliche Probleme der frühen Industrialisierung. Berlin 1968, 339-412

Reichertz, Jo, Probleme qualitativer Sozialforschung. Zur Entwicklungsgeschichte der Objektiven Hermeneutik. Frankfurt am Main und New York: Campus 1986

Reichertz, Jo, „Objektive Hermeneutik" in: U. Flick u.a., Hrsg., Handbuch Qualitative Sozialforschung. Grundlagen, Konzepte, Methoden und Anwendungen. München: Psychologie Verlagsunion 1991, 223-228

Reichertz, Jo, „Von Gipfeln und Tälern. Bemerkungen zu einigen Gefahren, die den objektiven Hermeneuten erwarten" in: Detlef Garz und Klaus Kraimer, Hrsg., Die Welt als Text. Theorie, Kritik und Praxis der objektiven Hermeneutik. Frankfurt am Main: Suhrkamp 1994, 125-152

Reichertz, Jo, „Objektive Hermeneutik" in: Ronald Hitzler und Anne Honer, Hrsg., Sozialwissenschaftliche Hermeneutik. Eine Einführung. Opladen: Leske und Budrich 1997, 31-55

Reichertz, Jo, „Objektive Hermeneutik und hermeneutische Wissenssoziologie" in: Uwe Flick, Ernst von Kardorff, Ines Steinke, Hrsg., Qualitative Forschung. Ein Handbuch. Reinbek bei Hamburg: Rowohlt 2000, 514-524

Reinke, Ellen Katharina, Leiden schützt vor Strafe nicht. Sozialtherapeutisehe Erfahrungen mit dem Gefangenen K. Frankfurt a.M. und New York: Campus 1977

Rettig, Richard P., Manuel J.Torres, Gerald G.Garrett, Manny. A Criminal-Addict`s Story. Boston: Houghton Mifflin 1977

Riemann, Gerhard, „Zur empirischen Erfassung von Alltagswissen: Ein Beispiel aus der Obdachlosenforschung" in: Hans-Georg Soeffner, Hrsg., Interpretative Verfahren in den Sozial- und Textwissenschaften. Stuttgart: Metzler 1979, 127-139

Riemann, Gerhard, „Biographieverläufe psychiatrischer Patienten: eine soziologische Sichtweise" in: J. Matthes, A. Pfeifenberger, M. Stosberg, Hrsg., Biographie in handlungswissenschaftlicher Perspektive. Nürnberg: Verlag der Nürnberger Forschungsvereinigung 1980, 407-437

Riemann, Gerhard, Das Fremdwerden der eigenen Biographie. Narrative Interviews mit psychiatrischen Patienten. München: Fink 1987

Riesner, Silke, Junge türkische Frauen der zweiten Generation in der Bundesrepublik Deutschland. Eine Analyse von Sozialisationsbedingungen und Lebensentwürfen anhand lebensgeschichtlich orientierter Interviews. 2. Aufl. Frankfurt am Main: Verlag für Interkulturelle Kommunikation 1991 (zuerst 1990)

Risse, Stefanie, „Archivio Diaristico Nazionale: Das nationale Tagebucharchiv in Pieve San Stefano (Toskana)", BIOS. Zeitschrift für Biographieforschung und Oral History 11 (1998, 2), 298-301

Roberts, Brian, Biographical research. Buckingham und Philadelphia: Open University Press 2002

Rosenmayr, Leopold, „Die menschlichen Lebensalter in Deutungsversuchen der europäischen Kulturgeschichte" in: Ders., Hrsg., Die menschlichen Lebensalter. Kontinuität und Krisen. München und Zürich: Piper 1978, 23-79

Rosenmayr, Leopold, „Lebensalter, Lebensverlauf und Biographie" in: Grete Klingenstein, Heinrich Lutz, Gerald Stourzh, Hrsg., Biographie und Geschichtswissenschaft. München: Oldenbourg 1979, 47-67

Rosenstock-Huessy, Eugen, Soziologie. Band II: Die Vollzahl der Zeiten. Stuttgart: Kohlhammer 1958

Rosenthal, Gabriele, „... wenn alles in Scherben fällt". Von Leben und Sinnwelt der Kriegsgeneration. Typen biographischer Wandlungen. Opladen: Leske und Budrich 1987

Rosenthal, Gabriele, Erlebte und erzählte Lebensgeschichte. Gestalt und Struktur biographischer Selbstbeschreibungen. Frankfurt am Main und New York: Campus 1993

Rosenthal, Gabriele, „Überlebende der Shoah: Zerstörte Lebenszusammenhänge – Fragmentierte Lebenserzählungen" in: Wolfram Fischer-Rosenthal und Peter Alheit, Hrsg., Biographien in Deutschland. Soziologische Rekonstruktionen gelebter Gesellschaftsgeschichte. Opladen: Westdeutscher Verlag 1995, 432-455

Rosenthal, Gabriele, „Verstehensprozesse in der Interviewsituation" in: Hermann Schwengel, Hrsg., Grenzenlose Gesellschaft? 29.Kongress der Deutschen Gesellschaft für Soziologie. Band II/1: Sektionen, Forschungskomitees, Arbeitsgruppen. Pfaffenweiler: Centaurus 1999, 701-704

Rosenthal, Gabriele, „Biographieforschung" in: Heiner Keupp und Klaus Weber, Hrsg., Psychologie. Ein Grundkurs. Reinbek bei Hamburg: Rowohlt Taschenbuchverlag 2001, 266-276

Rosenthal, Gabriele, „Biographische Forschung" in: Doris Schaeffer und Gabriele Müller-Mundt, Hrsg., Qualitative Gesundheits- und Pflegeforschung. Bern, Göttingen, Toronto, Seattle: Huber 2002, 133-147

Rosenthal, Gabriele, und Wolfram Fischer-Rosenthal, „Analyse narrativ-biographischer Interviews" in: Uwe Flick, Ernst von Kardorff, Ines Steinke, Hrsg., Qualitative Forschung. Ein Handbuch. Reinbek bei Hamburg: Rowohlt 2000, 456-468

Runge, Erika, Frauen. Versuche zur Emanzipation. Frankfurt a.M.: Suhrkamp 1970

Ruppert, Wolfgang, Hrsg., Lebensgeschichten. Zur deutschen Sozialgeschichte 1850-1950. Opladen: Leske und Budrich 1980

Ruppert, Wolfgang, „Lebensgeschichten. Bericht über ein Nürnberger Ausstellungsprojekt" in: Rolf Wilh. Brednich u.a., Hrsg., Lebenslauf und Lebenszusammenhang. Autobiographische Materialien in der volkskundlichen Forschung. Freiburg i.Br.: Abt. Volkskunde des Dt. Seminars der Universität Freiburg 1982, 242-254

Samuel, Raphael, „Oral-History in Großbritannien" in: Lutz Niethammer, Hrsg., Lebenserfahrung und kollektives Gedächtnis. Die Praxis der ‚Oral History'. Frankfurt a.M.: Syndikat 1980, 55-73

Sander, Uwe, „Biographie und Nationalität" in: Heinz-Hermann Krüger und Winfried Marotzki, Hrsg., Erziehungswissenschaftliche Biographieforschung. 2. durchges. Aufl. Opladen: Leske und Budrich 1996, 239-257

Sander, Uwe, und Ralf Vollbrecht, Zwischen Kindheit und Jugend. Träume, Hoffnungen und Alltag 13-bis 15jähriger. Weinheim und München: Juventa 1985

Sander, Uwe, und Ralf Vollbrecht, „Biographische Medienforschung", BIOS. Zeitschrift für Biographieforschung und Oral History 2 (1989, 1), 15-29

Schaeffer, Doris, „Geschichte und Entwicklungsstand qualitativer Gesundheits- und Pflegeforschung im deutschsprachigen Raum" in: Dies. und Gabriele Müller-Mundt, Hrsg., Qualitative Gesundheits- und Pflegeforschung. Bern, Göttingen, Toronto, Seattle: Huber 2002, 13-31

Schapp, Wilhelm, In Geschichten verstrickt. Zum Sein von Mensch und Ding. Hamburg: Meiner 1953

Schapp, Wilhelm, Philosophie der Geschichten. Leer: Rautenberg 1959

Scharang, Michael, Einer muß immer parieren. Dokumentationen von Arbeitern über Arbeiter. Darmstadt und Neuwied: Luchterhand 1973

Schatzman, Leonard, und Anselm L. Strauss, Field Research. Strategies for a Natural Sociology. Englewood Cliffs: Prentice-Hall 1973

Schenda, Rudolf, „Autobiographien erzählen Geschichten", Zeitschrift für Volkskunde 77 (1981), 67-87

Schenda, Rudolf, „Schriftliche Autobiographien älterer Mitbürger. Erste Ergebnisse und Schwierigkeiten bei der Analyse einer Aktion in Winterthur" in: Rolf Wilh.Brednich u.a., Hrsg., Lebenslauf und Lebenszusammenhang. Autobiographische Materialien in der volkskundlichen Forschung. Freiburg i.Br.: Abt. Volkskunde des Dt. Seminars der Universität Freiburg 1982a, 107-115

Schenda, Rudolf, Hrsg., Lebzeiten. Autobiographien der Pro Senectute-Aktion. Zürich: Unionsverlag 1982b

Schimank, Uwe, „Biographie als Autopoiesis – Eine systemtheoretische Rekonstruktion von Individualität" in: Hanns-Georg Brose und Bruno Hildenbrand, Hrgs., Vom Ende des Individuums zur Individualität ohne Ende. Opladen: Leske und Budrich 1988, 55-72

Schmeiser, Martin, Akademischer Hasard. Das Berufsschicksal des Professors und das Schicksal der deutschen Universität 1870-1920. Eine verstehend soziologische Untersuchung. Stuttgart: Klett-Cotta 1994

Schmeiser, Martin, ‚Missratene' Söhne und Töchter. Verlaufsformen des sozialen Abstiegs in Akademikerfamilien. Konstanz: UVK 2003

Schnepp, Wilfried, Familiale Sorge in der Gruppe der rußlanddeutschen Spätaussiedler. Funktion und Gestaltung. Diss. Utrecht 2001

Schnepp, Wilfried, Mia Duijnstee und Mieke Grypdonck, „Ergründung der Funktion und Gestaltung von Pflege im familiären Kontext russlanddeutscher Spätaussiedler: ein Rückblick auf den Forschungsprozess" in: Doris Schaeffer und Gabriele Müller-Mundt, Hrsg., Qualitative Gesundheits- und Pflegeforschung. Bern, Göttingen, Toronto, Seattle: Huber 2002, 87-102

Schöll, Albrecht, und Dietlind Fischer, „Deutungsmuster und Sinnbildung. Ein sequenzanalytischer Zugang nach der ‚objektiven Hermeneutik'" in: Comenius-

Institut, Hrsg., Religion in der Lebnsgeschichte. Interpretative Zugänge am Beispiel der Margret E. Gütersloh: Gütersloher Verlangsanstalt 1993, 19-49

Schonig, Bruno, Hrsg., Arbeiterkindheit. Kindheit und Schulzeit in Arbeiterlebenserinnerungen. Bensheim: päd.extra 1979

Schottlaender, Felix, „Biographie und Technik. Zur Frage der Lehrbarkeit der Psychotherapie" in: Ders., Das Ich und seine Welt. Stuttgart: Klett 1959, 171-189

Schraml, Walter, „Das Psychodiagnostische Gespräch (Exploration und Anamnese)" in: R.Heiss, Hrsg., Psychologische Diagnostik. Band 6 des Handbuchs der Psychologie in zwölf Bänden. Göttingen: Hogrefe 1964, 868-897

Schraml, Walter, „Die Psychoanalyse und der menschliche Lebenslauf", Psyche 19 (1965), 250-268

Schröder, Hans Joachim, „Archiv für «Alltägliches Erzählen» im Hamburger Institut für Volkskunde", BIOS. Zeitschrift für Biographiefoschung und Oral History 1 (1988, 1), 113-119

Schröder, Hans Joachim, „Das Kriegserlebnis als individuell-biographische und kollektiv-historische Erfahrung. Ehemalige Mannschaftssoldaten erzählen vom Zweiten Weltkrieg", BIOS. Zeitschrift für Biographieforschung und Oral History 1 (1988, 2), 39-48

Schüngel, Claus Ulrich, Berufsverläufe freischaffender Theaterkünstler. Biographieanalytische Auswertung narrativer Interviews. Opladen: Leske und Budrich 1996

Schütze, Fritz, „Zur soziologischen und linguistischen Analyse von Erzählungen", Int. Jahrbuch für Wissens- und Religionssoziologie 10 (1976a), 7-41

Schütze, Fritz, „Zur Hervorlockung und Analyse von Erzählungen thematisch relevanter Geschichten im Rahmen soziologischer Feldforschung – dargestellt an einem Projekt zur Erforschung von kommunalen Machtstrukturen" in: Arbeitsgruppe Bielefelder Soziologen, Hrsg., Kommunikative Sozialforschung. München: Fink 1976b, 159-260

Schütze, Fritz, Die Technik des narrativen Interviews in Interaktionsfeldstudien – dargestellt an einem Projekt zur Erforschung von kommunalen Machtstrukturen. Arbeitsberichte und Forschungsmaterialien der Fakultät für Soziologie, Universität Bielefeld 1977 (2. Aufl. 1978)

Schütze, Fritz, „Zur Konstitution sprachlicher Bedeutungen in Interaktionszusammenhängen" in: Uta Quasthoff, Hrsg., Sprachstruktur - Sozialstruktur. Zur linguistischen Theoriebildung. Königstein/Taunus: Scriptor 1978, 98-113

Schütze, Fritz, „Prozeßstrukturen des Lebensablaufs" in: J. Matthes, A. Pfeifenberger, M.Stosberg, Hrsg., Biographie in handlungswissenschaftlicher Perspektive. Nürnberg: Verlag der Nürnberger Forschungsvereinigung 1980, 67-156

Schütze, Fritz, „Narrative Repräsentation kollektiver Schicksalsbetroffenheit" in: Eberhard Lämmert, Hrsg., Erzählforschung. Ein Symposion. Stuttgart: Metzler 1982, 568-590

Schütze, Fritz, „Biographieforschung und narratives Interview", Neue Praxis 13 (1983, 3), 283-293

Schütze, Fritz, „Kollektive Verlaufskurve oder kollektiver Wandlungsprozeß. Dimensionen des Vergleichs von Kriegserfahrungen amerikanischer und deutscher Soldaten im Zweiten Weltkrieg", BIOS. Zeitschrift für Biographieforschung und Oral History 2 (1989, 1), 31-109

Schütze, Fritz, „Die Fallanalyse. Zur wissenschaftlichen Fundierung einer klassischen Methode der Sozialen Arbeit" in: Thomas Rauschenbach, Friedrich Ortmann und Maria-Eleonora Karsten, Hrsg., Der sozialpädagogische Blick. Lebensweltorientierte Methoden in der Sozialen Arbeit. Weinheim und München: Juventa 1993, 191-221

Schütze, Fritz, „Verlaufskurven des Erleidens als Forschungsgegenstand der interpretativen Soziologie" in: Heinz-Hermann Krüger und Winfried Marotzki, Hrsg., Erziehungswissenschaftliche Biographieforschung. 2. durchges. Aufl. Opladen: Leske und Budrich 1996, 116-157

Schulze, Theodor, „Autobiographie und Lebensgeschichte" in: Dieter Baacke und Theodor Schulze, Hrsg., Aus Geschichten lernen. München 1979, 51-98

Schulze, Theodor, „Pädagogische Dimensionen der Biographieforschung" in: Erika M.Hoerning u.a., Biographieforschung und Erwachsenenbildung. Bad Heilbrunn: Klinkhardt 1991, 135-181

Schulze, Theodor, „Erziehungswissenschaftliche Biographieforschung. Anfänge – Fortschritte – Ausblicke" in: Heinz-Hermann Krüger und Winfried Marotzki, Hrsg., Erziehungswissenschaftliche Biographieforschung. 2. durchges. Aufl. Opladen: Leske und Budrich 1996, 10-31

Schulze, Theodor, „Biographieforschung und Allgemeine Erziehungswissenschaft" in: Margret Kraul und Winfried Marotzki, Hrsg., Biographische Arbeit. Opladen: Leske und Budrich 2002, 22-48

Schulze, Winfried, Hrsg., Ego-Dokumente: Annäherung an den Menschen in der Geschichte. Berlin: Akademie Verlag 1996

Scott, Marvin B., und Stanford M.Lyman, „Praktische Erklärungen" in: Manfred Auwärter, Edit Kirsch, Klaus Schröter, Hrsg., Seminar: Kommunikation, Interaktion, Identität. Frankfurt a.M.: Suhrkamp 1976, 73-114 (zuerst 1968)

Semenova, Victoria, „Sozioökonomische Krisen in den Lebenserfahrungen von russischen Familien: Geschichte und Gegenwart", BIOS. Zeitschrift für Biographieforschung und Oral History 6 (1993, 1), 71-91

Shaw, Clifford R., The Jack-Roller. A Delinquent Boy`s Own Story. Chicago und London 5. Aufl. 1966 University of Chicago Press (zuerst 1930)

Shaw, Clifford R., The Natural History of a Delinquent Career (in collaboration with Maurice E. Moore). New York 1968 (zuerst 1931)

Sheridan, Dorothy, „Mass-Observation: des «capsules» de vie quotidienne", Cahiers de Sémiotique Textuelle (1991, 20), 75-85

Sheridan, Dorothy, „Themenzentrierte Lebensbeschreibungen. Das britische «Mass-Observation»-Projekt", BIOS. Zeitschrift für Biographieforschung und Oral History 8 (1995, 2), 254-261

Siebers, Ruth, „Gedanken zur Interpretation einer Gesprächsaufzeichnung" in: Gerd Vonderach, Hrsg., Qualitative Biographieforschung am Fallbeispiel eines beruflichen Rehabilitanden. Bamberg: Wissenschaftlicher Verlag 1994, 39-48

Simmel, Georg, Lebensanschauung. Vier metaphysische Kapitel. München und Leipzig: Duncker und Humblot 1918

Sjoberg, Gideon, und Roger Nett, A Methodology for Social Research. New York, Evanston und London: Harper und Row 1968

Sloterdijk, Peter, Literatur und Organisation von Lebenserfahrung. Autobiographien der Zwanziger Jahre. München: Hanser 1978

Starr, Louis M., „Oral History in den USA. Probleme und Perspektiven" in: Lutz Niethammer, Hrsg., Lebenserfahrung und kollektives Gedächtnis. Die Praxis der ‚Oral History'. Frankfurt a.M.: Syndikat 1980, 27-54 (zuerst 1971)

Steinbach, Lothar, „Lebenslauf, Sozialisation und ‚erinnerte Geschichte'" in: Lutz Niethammer, Hrsg., Lebenserfahrung und kollektives Gedächtnis. Die Praxis der ‚Oral History'. Frankfurt a.M.: Syndikat 1980, 291-322

Stöckle, Frieder, „Zum praktischen Umgang mit Oral History" in: Herwart Vorländer, Hrsg., Oral History. Mündlich erfragte Geschichte. Acht Beiträge. Göttingen: Vandenhoeck und Ruprecht 1990, 131-158

Straub, Jürgen, Historisch-psychologische Biographieforschung. Theoretische, methodologische und methodische Argumentationen in systematischer Absicht. Mit einem Vorwort von Heiner Legewie. Heidelberg: Roland Asanger 1989

Strauss, Anselm L., Spiegel und Masken. Die Suche nach Identität. Frankfurt a.M.: Suhrkamp 1968 (zuerst 1959)

Strauss, Anselm L., Qualitative Analysis for Social Scientists. Cambridge: Cambridge University Press 1987

Strauss, Anselm L., Grundlagen qualitativer Sozialforschung. Datenanalyse und Theoriebildung in der empirischen soziologischen Forschung. München: Fink 1994

Synge, Jane, „Cohort Analysis in the Planning and Interpretation of Research Using Life Histories" in: D.Bertaux, Hrsg., Biography and Society. The Life History Approach in the Social Sciences. London und Beverly Hills: Sage 1981, 235-247

Szczepanski, Jan, „Die biographische Methode" in: René König, Hrsg., Handbuch der empirischen Sozialforschung. Hand 4, Stuttgart 3. Aufl. Enke 1974, 226-252 (zuerst 1962)

Szczepanski, Jan, „The Use of Autobiographies in Historical Social Psychology" in: Daniel Bertaux, Hrsg., Biography and Society. The Life History Approach in the Social Sciences. London und Beverly Hills: Sage 1981, 225-234

Terkel, Studs, Hard Times. An Oral History of the Great Depression. New York, Toronto, London: Pantheon Books 1970 (auszugsweise übersetzt: Der Große Krach. Frankfurt a.M. 1972)

Terkel, Studs, Amerikanische Bilder. Gespräche um Leben und Tod. München und Zürich: Diana 2004

Theweleit, Klaus, Männerphantasien. 2 Bände. Frankfurt a.M.: Roter Stern 1977/1978

Thomae, Hans, Das Individuum und seine Welt. Eine Persönlichkeitstheorie. Göttingen: Hogrefe 1968

Thomae, Hans, „Die biographische Methode in den anthropologischen Wissenschaften" in: Ders., Vita Humans. Beiträge zu einer genetischen Anthropologie. Frankfurt a.M. und Bonn 1969, 75-100 (zuerst 1952)

Thomae, Hans, „Vergleichende Psychologie der Lebensalter" in: Leopold Rosenmayr, Hrsg., Die menschlichen Lebensalter. Kontinuität und Krisen. München und Zürich: Piper 1978, 293-314

Thomae, Hans, „Psychologische Biographik. Theoretische und methodische Grundlagen" in: Gerd Jüttemann und Ders., Hrsg., Biographische Methoden in den Humanwissenschaften. Weinheim: Psychologie Verlagsunion 1998, 75-97

Thomas, William I., und Dorothy Swaine Thomas, „Die Definition der Situation" (Auszug aus: The Child in America. 1928) in: H.Steinert, Hrsg., Symbolische Interaktion. Stuttgart: Klett 1973, 333-335

Thomas, William I., und Florian Znaniecki, The Polish Peasant in Europe and America. New York 1958, Neuausgabe nach der 2. Aufl. von 1928, 2 Bände (zuerst 1918-1922)

Thompson, Paul, „Problems of Method in Oral History", Oral History 1 (1973, 4), 1-47

Thompson, Paul, „Oral History in North America", Oral History 3 (1975, 1), 26-40

Thompson, Paul, „Das Problem der Repräsentativität am Beispiel eines Familienprojekts" in: Lutz Niethammer, Hrsg., Lebenserfahrung und kollektives Gedächtnis. Frankfurt a.M.: Syndikat 1980, 273-285

Thompson, Paul, „Life Histories and the Analysis of Social Change" in: Daniel Bertaux, Hrsg., Biography and Society. The Life History Approach in the Social Sciences. London und Beverly Hills: Sage 1981, 289-306

Thompson, Paul, The Voice of the Past. Oral History. Oxford und New York: Oxford University Press 2. Aufl. 1988 (zuerst 1978)

Thurnwald, Hilde, Gegenwartsprobleme Berliner Familien. Eine soziologische Untersuchung an 498 Familien. Berlin und Frankfurt a.M.: Weidmann 1948

Trebitsch, Michel, „Du mythe à l'historiographie" in: Daniel Voldman, Hrsg., La bouche de la vérité? La recherche historique et les sources orales. Cahiers de l'Institut d'Histoire du Temps Présent, No 21 (November 1992), 13-32

Tutino, Saverio, und Maria Pia Valoti, „Lettres à l'Archivio de Pieve S.Stefano", Cahiers de Sémiotique Textuelle (1991, 20), 13-42

Vonderach, Gerd, „Lebenssituation nach dem Unfall, Biographievergegenwärtigung und Bewältigungsweise - Schrittfolge einer Fallanalyse" in: Ders., Hrsg., Qualitative Biographieforschung am Fallbeispiel eines beruflichen Rehabilitanden. Bamberg: Wissenschaftlicher Verlag 1994, 49-90

Vonderach, Gerd, „Geschichtenhermeneutik" in: Ronald Hitzler und Anne Honer, Hrsg., Sozialwissenschaftliche Hermeneutik. Eine Einführung. Opladen: Leske und Budrich 1997, 165-189

Vonderach, Gerd, Ruth Siebers und Ulrich Barr, Arbeitslosigkeit und Lebensge-schichte. Eine empirische Untersuchung unter jungen Langzeitarbeitslosen. Opladen: Leske und Budrich 1992

Vorländer, Herwart, „Mündliches Erfragen von Geschichte" in: Ders., Hrsg., Oral History. Mündlich erfragte Geschichte. Acht Beiträge. Göttingen: Vandenhoeck und Ruprecht 1990, 7-28

Vosahlíková, Pavla, „Biographische Quellen in tschechischen Archiven", BIOS. Zeitschrift für Biographieforschung und Oral History 6 (1993, 2), 259-266

Wagner, Hans-Josef, Rekonstruktive Methodologie. George Herbert Mead und die qualitative Sozialforschung. Opladen: Leske und Budrich 1999

Wahl, Klaus, Michael-Sebastian Honig, Lerke Gravenhorst, Wissenschaftlichkeit und Interessen. Zur Herstellung subjektivitätsorientierter Sozialforschung. Frankfurt a.M.: Suhrkamp 1982

Wald, Renate, Industriearbeiter privat. Eine Studie über Lebensformen und Interes-sen. Stuttgart: Enke 1968

Wander, Karl Friedrich Wilhelm, Hrsg., Deutsches Sprichwörter-Lexikon. Darm-stadt: Wissenschaftliche Buchgesellschaft 1964

Wax, Rosalie H., „Das erste und unangenehmste Stadium der Feldforschung" in: Klaus Gerdes, Hrsg., Explorative Sozialforschung. Stuttgart: Enke 1979, 68-74 (zuerst 1971)

Wensierski, Hans-Jürgen von, Mit uns zieht die alte Zeit. Biographie und Lebens-welt junger DDR-Bprger im Umbruch. Opladen: Leske und Budrich 1994

Wensierski, Hans-Jürgen von, „Abschied von der DDR – Zur Biographisierung eines gesellschaftlichen Transformationsprozesses" in: Heinz-Hermann Krüger und Winfried Marotzki, Hrsg., Erziehungswissenschaftliche Biographiefor-schung. 2.Aufl. Opladen: Leske und Budrich 1996, 218-238

Wernet, Andreas, Einführung in die Interpretationstechnik der Objektiven Herme-neutik. Opladen: Leske und Budrich 2000

Weyrather, Irmgard, „Die braune Fassade. Über das Zusammenleben von Nazis, Kommunisten, Juden, Sozialdemokraten, Bürgern und Arbeitern im Berliner Mietshaus", Literatur und Erfahrung 3 (1982, 10), 38-52

Wheeler, Stanton, Hrsg., On Record. Files and Dossiers in American Life. New Brunswick, N.J.: Russell 1976 (zuerst 1969)

Wiedemann, Peter, „Gegenstandsnahe Theoriebildung" in: U.Flick u.a., Hrsg., Handbuch Qualitative Sozialforschung. Grundlagen, Konzepte, Methoden und Anwendungen. München: Pschologie Verlagsunion 1991, 440-445

Wild, Klaus-Peter, und Klaus Beck, „Wege zu einer umfassenden Dokumentation und öffentlichen Zugänglichkeit qualitativer Forschungsdaten", Erziehungswissenschaft 9 (1998, 17), 5-15

Witzel, Andreas, Verfahren der qualitativen Sozialforschung. Überblick und Alternativen. Frankfurt am Main und New York: Campus 1982

Witzel, Andreas, „Auswertung problemzentrierter Interviews: Grundlagen und Erfahrungen" in: Rainer Strobl und Andreas Böttger, Hrsg., Wahre Geschichten? Zu Theorie und Praxis qualitativer Interviews. Baden-Baden: Nomos 1996, 49-75

Wohlrab-Sahr, Monika, „Vom Fall zum Typus. Die Sehnsucht nach dem ,Ganzen' und dem ,Eigentlichen' – ,Idealisierung' als biographische Konstruktion" in: Angelika Diezinger, Hedwig Kitzer, Ingrid Anker, Irma Bingel, Erika Haas, Simone Odierna, Hrsg., Erfahrung mit Methode. Wege sozialwissenschaftlicher Frauenforschung. Freiburg i.Brsg.: Kore 1994, 269-299

Wohlrab-Sahr, Monika, „Erfolgreiche Biographie – Biographie als Leistung" in: Wolfgang Fischer-Rosenthal und Peter Alheit, Hrsg., Biographien in Deutschland. Soziologische Rekonstruktionen gelebter Gesellschaftsgeschichte. Opladen: Westdeutscher Verlag 1995, 232-249

Wohlrab-Sahr, Monika, „«Protestantische Ethik» im islamischen Gewand. Habitusreproduktion und religiöser Wandel – Das Beispiel der Konversion eines Afroamerikaners zum Islam" in: Ralf Bohnsack und Winfried Marotzki, Hrsg., Biographieforschung und Kulturanalyse. Transdisziplinäre Zugänge qualitativer Forschung. Opladen: Leske und Budrich 1998, 183-201

Wohlrab-Sahr, Monika, „Biographieforschung jenseits des Konstruktivismus?" in: Ulrich Beck und André Kieserling, Hrsg., Ortsbestimmungen der Soziologie: Wie die kommende Generation Gesellschaftswissenschaften betreiben will. Baden-Baden: Nomos 2000a, 151-162

Wohlrab-Sahr, Monika, „Qualitative Methoden: Die ,Texte' lösen sich von den Intentionen der Erfinder", Soziologische Revue Sonderheft 3 (2000b), 207-216

Wohlrab-Sahr, Monika, „Prozessstrukturen, Lebenskonstruktionen, biographische Diskurse. Positionen im Feld soziologischer Biographieforschung und mögliche Anschlüsse nach außen", Bios. Zeitschrift für Biographieforschung und Oral History 15 (2002, 1), 3-23

Wuthenow, Ralph-Rainer, Das erinnerte Ich. Europäische Autobiographie im 18. Jahrhundert. München: Beck 1974

Young, Kimball, Personality and Problems of Adjustment. London: Kegan Paul 1947

Young, Kimball, „Contributions of William Isaac Thomas to Sociology", Sociology and Social Research 47 (1962/63), 381-397

Yow, Valerie Raleigh, Recording Oral History. A Practical Guide for Social Scientists. Thousand Oaks, London, Neu Delhi: Sage 1994

Zarca, Bernard, Les artisans. Gens de métier, gens de parole. Paris: Editions L'Harmattan 1987

Ziehe, Thomas, „Trendanalyse zur Situation der jungen Generation aus psychologischer Sicht" in: Wilhelm von Ilsemann, Hrsg., Jugend zwischen Anpassung und Ausstieg. Hamburg: Jugendwerk der Deutschen Shell 1980, 47-55

Ziehe, Thomas, und Herbert Stubenrauch, Plädoyer für ungewöhnliches Lernen. Ideen zur Jugendsituation. Reinbek bei Hamburg: Rowohlt 1982

Zinnecker, Jürgen, „Jugend 1981: Porträt einer Generation" in: Jugendwerk der Deutschen Shell, Hrsg., Jugend '81. Lebensentwürfe, Alltagskulturen, Zukunftsbilder, Band 1. Hamburg: Jugendwerk der Deutschen Shell 1981a (Nachdruck: Leverkusen 1982), 80-122

Zinnecker, Jürgen, „Einige strategische Überlegungen zur hermeneutisch-lebensgeschichtlichen Forschung", Zeitschrift für Sozialisationsforschung und Erziehungssoziologie 2 (1982), 297-306

Zinnecker, Jürgen, „Accessoires. Ästhetische Praxis und Jugendkultur" in: Jugendwerk der Deutschen Shell, Hrsg., Näherungsversuche. Eine Studie, eine Tagung, Reaktionen. Leverkusen: Leske und Budrich 1983, 15-312

Znaniecki, Florian, „Über die Sammlung und Verwertung des soziologischen Materials", Zeitschrift für Völkerpsychologie und Soziologie 3 (1927), 274-293

Znaniecki, Florian, The Method of Sociology. New York: Rinehart 1934

Znaniecki, Florian, On Humanistie Sociology. Selected Papers, ed. and with an Introduction by R. Bierstedt. Chicago und London: University of Chicago Press 1969

Zorbaugh, Harvey W., Gold Coast and the Slum A Sociological Study of Chicagos Near North Side. Chicago: University of Chicago Press 1929